高等职业教育“十三五”规划教材

高职高专会计专业精品课程系列教材

财务管理实务

Financial Management Practice

主　编　周　兵

副主编　金静静　李　真　唐晓帆

钱金花　袁育明

中国轻工业出版社

图书在版编目（CIP）数据

财务管理实务/周兵主编 . —北京：中国轻工业出版社，2019. 1
高等职业教育“十三五”规划教材
ISBN 978-7-5184-2243-2

Ⅰ. ①财… Ⅱ. ①周… Ⅲ. ①财务管理—高等职业教育—教材
Ⅳ. ①F275

中国版本图书馆 CIP 数据核字（2018）第 300422 号

责任编辑：张文佳　　责任终审：张乃柬　　整体设计：锋尚设计
版式设计：砚祥志远　　责任校对：吴大鹏　　责任监印：张　可

出版发行：中国轻工业出版社（北京东长安街 6 号，邮编：100740）
印　　刷：三河市国英印务有限公司
经　　销：各地新华书店
版　　次：2019 年 1 月第 1 版第 1 次印刷
开　　本：787×1092　1/16　印张：18. 25
字　　数：410 千字
书　　号：ISBN 978-7-5184-2243-2　定价：48. 00 元
邮购电话：010-65241695
发行电话：010-85119835　传真：85113293
网　　址：http：//www. chlip. com. cn
Email：club@ chlip. com. cn
如发现图书残缺请与我社邮购联系调换
181290J2X101ZBW

前言 Preface

本书基于高职院校财经类、管理类专业财务管理课程实施模块化教学的需要而编写。本教材具有以下特点：

一是“教、学、做”一体化。它以企业财务管理工作为背景，按其所需的基础知识和典型工作任务设置财务管理入门、筹资管理、投资管理、营运资金管理、收益分配管理、财务分析、Excel 在财务管理中的典型应用七个模块。每个模块设置若干个任务，每个任务又基于学生的认知规律，按任务描述→知识准备→任务操作→职业能力训练→职业能力拓展来编排。为增强学生学习的趣味性和互动性，在各模块中穿插了案例导入、知识卡片、理财技巧、财富故事、知识窗、名人名言、职业道德与企业伦理等学习内容。充分考虑了学生接受知识、运用知识的特点，体现以学生为本、工学结合、教学做一体化、能力与素质培养相统一的现代高职教育理念。

二是理论适度、重在应用。本教材以高等职业教育新专业标准为依据，结合中小企业财务管理工作的实际需要，对内容进行了精心选择，充分体现理论够用、重在应用的原则，使教材成为教师好用、学生爱用的优质教学资源。

三是兼顾中高职衔接和管理会计课程的衔接。根据目前高职财会类专业招生现状和今后发展趋势，教材编写必须考虑中高职“财务管理”课程在内容上的衔接，本教材结合教育部现行《中职财务管理教学大纲》和《高等职业学校教学标准（试行）》进行修订；为避免与管理会计课程内容上的重复交叉，删去了传统的“财务预算管理”“财务控制”两个模块。

四是与时俱进、推陈出新。在目前“互联网+”、大数据、云计算的时代背景下，为了使学生能够顺应时代潮流，最后一个模块结合财务管理实训课程安排了“Excel 在财务管理中的典型应用”的内容，使学生掌握财务管理各模块的基本技能，能够使用财务管理软件对企业所涉及的财务管理业务进行相应的处理，运用 Excel 工具构建模型进行财务数据分析、预测、决策等，为今后从事实际应用工作打下良好基础。

本书由江苏食品药品职业技术学院周兵教授担任主编，由江苏食品药品职业技术学院金静静、李真、唐晓帆，苏州相城中等专业学校钱金花，江苏农牧科技职业学院袁育明任副主编。负责相关模块的人员分别是：周兵（模块一、模块四、模块五、模块六）；金静静、钱金花（模块二），唐晓帆、袁育明（模块三），李真（模块七）。本教材编写大纲由周兵拟定，金静静、李真、唐晓帆参加了全书的讨论和修改，最后，由周兵对全书进行总纂定稿。

本书在编写过程中得到了江苏中央新亚百货股份有限公司李锦祥财务总监和淮安三淮会计师事务所王亚杰所长的帮助，特此致谢。

由于编者水平有限，若有不当之处，敬请读者批评指正。

编者

2018年 11 月

Contents 目录

模块一
财务管理入门

职业能力目标

知识目标

1. 了解企业财务管理的含义、内容。
2. 明了企业的财务活动、财务关系。
3. 理解财务管理的目标、环节、环境等。
4. 掌握资金时间价值、风险与收益的相关计算。

技能目标

1. 能确定实际企业的财务管理目标、财务管理内容，评价企业的财务环境。
2. 能计算并分析资金的时间价值、风险与收益，初步具备制定工作方案的能力。

项目导航

现代企业制度的一个显著特点就是所有权与经营权分离，正是因为这种分离的存在导致投资者与经营者之间利益存在差异，这就是企业设置财务管理系统的前提。企业既要合理地应用稀缺资源，又要使投资者取得理想的投资回报，因此建立合理的财务管理系统是非常有必要的。财务管理的实质就是理财，既要保证生产经营顺畅，又要满足各方利益，因而需要建立一系列的管理活动。建立这些活动包括哪些内容？受哪些环境因素制约？作为财务管理人员，必须对公司财务管理的内容进行全面理解并具备相关基本技能，才能进行公司财务管理，也才能管理好公司的财务。

【理财名言】

这些名言说明了什么？

善理财者，不加赋而国用足。——王安石

善治财者，养其所自来，而收其所有余，故用之不竭，而上下交足也。——司马光

一个人一生能积累多少钱，不是取决于他能够赚多少钱，而是取决于他如何投资理财，人找钱不如钱找钱，要知道让钱为你工作，而不是你为钱工作。——沃伦·巴菲特

聪明的投资者，要学会在担心和恐慌中买进，而在贪婪和歇斯底里状态中卖出。——吉姆·罗杰斯

你不理财，财不理你。——《财经周刊》

【案例导入】

佳丽公司的财务管理问题

王军是某高校会计专业的应届毕业生，他按照学校的要求到家族企业进行毕业顶岗实习。王军的父亲拥有一家中型的五金零配件生产企业——佳丽五金零配件有限责任公司（以下简称“佳丽公司”）。该公司的发展规模在近几年迅速扩张，而王军的父亲是搞技术管理出身的，对公司的财务不太了解，因此对王军到佳丽公司实习寄予很高的期望。他希望王军能够充分利用学校所学的专业知识，帮助公司解决目前存在的财务问题，为以后接管公司奠定基础。

王军立志不辜负父亲对他的期望，帮助父亲搞好家族企业的管理。王军深入企业一线，经过一个月的调查和了解，发现佳丽公司存在以下主要问题：①公司大量招聘、使用临时工，没有签订正式用工合同；②公司没有预算管理，没有编制业务预算和财务预算；③公司采购行为无计划和审批程序，导致一些存货积压时间过长，而另一些存货则出现缺货现象，影响生产进度；④产品质量控制不严格，部分工序没有质量检验程序；⑤公司建立投资管理制度，投资项目存在“一言堂”现象；⑥公司产品销售多采用赊销形式，应收账款收账期远远高于同类企业；⑦公司筹资存在随意性现象，资金周转困难时就向银行贷款解决或者使用民间借贷解决；⑧公司所得税税款缴纳不及时，时常要支付滞纳金。

问题：请分析在佳丽公司的上述问题中哪些属于财务管理问题。

从案例可以看出，佳丽公司存在的财务管理问题主要包括②、③、⑤、⑥、⑦、⑧。引例涉及了企业财务管理的基本内客，即筹资管理、投资管理、资金营运管理、收益分配管理等。本模块将为你提供相关方面分析问题、解决问题的思路和方法。

任务一 认识财务管理

任务描述

张凯是一名即将走出高职院校大门的毕业生，将应聘到风华有限公司从事财务管理工作，他非常高兴，但也很忐忑。什么是企业财务管理？企业财务管理工作内容有哪些？如何着手进行相关的财务管理工作？作为初入职场的新手，张凯要想成为一名合格的财务管理人员，必须学习并掌握财务管理的基础知识。

知识准备

一、财务管理概念

财务管理是基于企业再生产过程中客观存在的财务活动和财务关系而产生的，是企业组织财务活动、处理财务关系的一项经济管理工作，它是企业管理的重要组成部分。

【知识卡片】

理财学作为一门复合性和专业性很强的学科，在当今社会日益受到人们的重视。以理财主体分类，理财学可分为公共理财学（财政学）、企业理财学（财务管理学）和私人理财学（家政学）。

（一）企业财务活动

财务活动是指资金的筹集、投放、使用、收回及分配等一系列行为。

1. 筹资活动

筹资活动，是指企业为了满足投资和用资的需要，筹措和集中所需资金的过程。

企业出于正常经营、扩大再生产、对外投资等目的，需要大量资金。这些资金可以通过企业内部积累来提供，但往往不够，还必须通过外部渠道取得，如向银行借款、发行公司债券、扩大发行普通股等。企业通过筹资通常可以形成两种不同性质的资金来源：一是企业权益资金；二是企业债务资金。

2. 投资活动

投资活动，是指以收回现金并取得收益为目的而发生的现金流出活动。

企业为了正常运转和扩大再生产，一是要补充流动资金缺口即进行流动资产投资，二是须完成设备重置和扩张性投资。当企业有现金节余时，有时会投资于金融性资产，以便获取股利或利息收益。在投资管理中，我们应该区别不同投资时限和不同种类的投资并作出相应的决策。对于短期投资主要应遵从成本—效益原则确定其合理的占用量，并尽量加快其周转速度，提高资金的利用效率。而长期投资由于时间长，风险大，决策应该更重视货币的时间价值和投资风险价值的计算，使投资项目的净现值大于零，即通过投资可以给企业增加价值。

3. 资金营运活动

资金营运活动，是指企业在日常生产经营过程中所发生的资金收付活动。

企业在日常生产经营活动中，会发生一系列的资金收付行为。首先，企业需要采购材料或商品，从事生产和销售活动，并支付工资和其他营业费用；其次，当企业把商品或产品售出后，便可取得收入、收回资金；最后，如果资金不能满足企业经营需要，还要采取短期借款方式来筹集所需资金。为满足企业日常营业活动的需要而垫支的资金，称为营运资金。因企业日常经营而引起的财务活动，也称为资金营运活动。在一定时间内，营运资金周转速度越快，资金的利用效率就越高，企业就可能生产出更多的产品，取得更多的收入，获取更多的利润。

4. 分配活动

分配是指对投资收入和利润进行分割和分派的过程。

从广义来看，分配包括对收入（如销售收入）的分配和对利润的分配。本书中我们仅讨论狭义的概念，即利润分配。利润分配过程实际是利润在国家（税收）、企业（留存收益）和投资者（股利）之间的划分。这种划分既要遵守相关的法律、章程，又要结合企业当时的外部环境和内部条件来决定留存比率。在利润分配决策过程中起码应明确两点：一是利润分配过程绝不是一个孤立的过程，它与企业后续的投资和融资紧密关联；二是分配的数额与方式会影响到股票价格及人们对公司的预期。

上述四个方面的财务活动并不是孤立的，而是相互联系、相互依存又相互区别的。筹资活动是起点和基础，投资活动和营运活动是主体，分配活动是资金循环的终点和新的起点。这四个方面共同构成了企业财务活动的完整过程，同时也成为财务管理的基本内容，如图 1-1 所示。

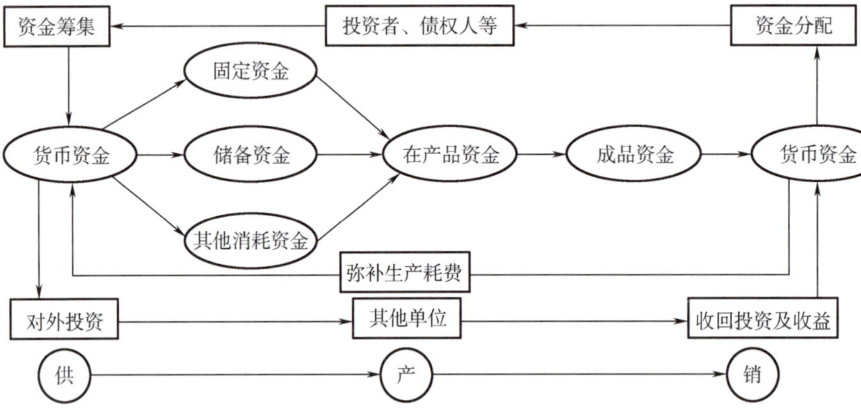

图 1-1　企业财务活动流程

请联想：财务活动与哪些会计业务工作有关？

（二）企业财务关系

企业财务关系就是企业组织财务活动过程中与有关各方所发生的经济利益关系，包括以下几个方面。

1. 企业与投资者之间的财务关系

主要是指企业的投资者向企业投入资金，企业向投资者支付报酬所形成的经济关系。

2. 企业与债权人之间的财务关系

主要是指企业向债权人借入资金，并按借款合同的规定按时支付利息和归还本金所形成的经济关系。

3. 企业与受资者之间的财务关系

主要是指企业以购买股票或直接投资的形式向其他企业投资所形成的经济关系。

4. 企业与债务人之间的财务关系

主要是指企业将其资金以购买债券、提供借款或商业信用等形式出借给其他单位所形成的经济关系。

5. 企业与政府之间的财务关系

主要是指政府作为社会管理者，强制和无偿参与企业利润分配所形成的经济关系。

6. 企业内部各单位之间的财务关系

主要是指企业内部各单位之间在生产经营各环节中相互提供产品或劳务所形成的经济关系。

7. 企业与职工之间的财务关系

主要是指企业向职工支付劳动报酬过程中所形成的经济关系。

【课堂活动】

假定甲公司向乙公司赊销产品，并持有丙公司的债券和丁公司的股票，且向戊公司支付公司债券利息。假定不考虑其他条件，从甲公司的角度来看，甲公司分别与乙公司、丙公司、丁公司和戊公司具体属于什么性质的财务关系？

（三）财务管理的特点

企业管理有多方面内容，如生产管理、技术管理、人力资源管理、设备管理、销售管理、财务管理等，财务管理是企业管理的一个重要组成部分，它有别于其他管理，具有自身的特点。它是通过价值形式把企业的物质条件、经营过程和经营成果合理地规划和控制，达到提高经济效益、增加企业财富的目的。价值管理这一特点是财务管理最基本的特点。

1. 财务管理涉及面广

企业在生产经营中，每一项活动都要涉及资金的收支，每一个部门都要通过资金的使用与财务部门发生关系，每一个部门都要在合理使用资金、节约资金等方面接受财务部门的指导和监督，同时财务部门也需要与这些部门密切配合，以实现财务管理目标。财务管理涉及筹资管理，金融市场作为筹资的场所，企业的财务活动必然要融入金融市场体系，这就使财务活动由企业内部扩展到企业外部。由于企业管理的任何内容都要在资金运动和价值的变化上反映出来，因而决定了财务管理具有广泛性。

2. 财务管理综合程度强

企业财务管理是围绕资金运动展开的，而企业生产经营活动各方面的质量和效果，多数可以通过资金运动过程和结果反映出来，资金运动具有综合性，这就决定了财务管理具有综合性。财务管理所使用的指标是以价值形式综合反映企业经营能力、成果水平和财务状况，及时组织资金供应，合理使用资金，严格控制生产费用，努力增加收入，合理分配收益，都会对企业产生综合影响。

3. 财务管理灵敏度高

企业的一切活动都通过财务指标反映到财务部门。财务部门通过对财务指标的分析、计算、整理、综合，可以掌握企业各部门的动态。例如，生产部门可能没有发现生产流程中存在的问题而导致产品质量的下降，但是，财务部门可能从销售退回及急增的维修费用中发现问题。

请回顾比较：财务管理与会计的联系和区别有哪些？

二、财务管理内容

由于资金的投放、使用和收回又称为投资，所以从整体上看，企业的财务活动由筹资、投资、分配三个环节组成。因此，企业的筹资管理、投资管理和利润（股利）分配管理便成为企业财务管理的基本内容。

1. 筹资管理

筹资管理是企业财务管理的首要环节，是企业投资活动的基础。筹资管理对企业来讲，就是要分析研究如何用较少的代价筹集到足够的资金，以满足企业生产经营的需要。

2. 投资管理

投资管理是企业财务管理的重要环节，是为了获得收益或避免风险而进行的资金投放活动。在投资过程中，企业必须考虑投资规模，同时，企业还必须通过投资方向和投资方式的选择，确定合理的投资结构，以提高投资效益、降低投资风险。

投资按其方式可分为直接投资和间接投资。直接投资是指将资金投放在生产经营性资产上，以便获得利润的投资，如购买设备、兴建厂房、开办商店等。间接投资又称证券投资，是指将资金投放在金融商品上，以便获得利息或股利收入的投资，如购买政府债券、企业债券和企业股票等。

投资按其影响的期限长短可分为长期投资和短期投资。长期投资是指其影响超过一年以上的投资，如固定资产投资和长期证券投资。固定资产投资又称资本性投资。短期投资是指其影响和回收期限在一年以内的投资，如应收账款、存货和短期证券投资。短期投资又称流动资产投资或营运资金投资。由于长期投资涉及的时间长、风险大，直接决定着企业的生存和发展，因此，在决策分析时更重视资金时间价值和投资风险价值。

投资按其范围可分为对内投资和对外投资。对内投资是对企业自身生产经营活动的投资，如购置流动资产、固定资产、无形资产等。对外投资是以企业合法资产对其他单位或对金融资产进行投资，如企业与其他企业联营、购买其他企业的股票或债券等。

3. 利润（股利）分配管理

利润（股利）分配管理就是公司分配政策的选择，即公司是否分配利润，分配多少利润。如果过高地支付股利，会影响企业再投资的能力，使未来收益减少，不利于企业长期发展；而过低地支付股利，又可能引起股东的不满，股价也会下跌。因此，企业财务管理当局在进行股利分配决策时，关键是确定合理的利润（股利）的支付率，既要维护投资者的利益，又要考虑公司的长远发展。

【拓展提高】

财务特殊业务管理

财务管理内容分为财务基本业务管理和财务特殊业务管理。财务基本业务管理内容包括筹资管理、投资管理和利润分配管理，财务特殊业务管理包括外汇管理，跨国公司财务管理，企业兼并、收购与清算管理等。

三、财务管理的目标

管理离不开目标，企业管理的目标是企业的生存、发展和获利。企业财务管理作为企业管理的一个重要组成部分，其管理目标服务于总目标，并与之融为一体。

（一）财务管理的总体目标

财务管理的总体目标是在特定的理财环境中，通过组织财务活动，处理财务关系所要达到的目的。根据现代企业财务管理理论和实践，最具有代表性的财务管理目标主要有以下几种观点。

1. 利润最大化

这种观点认为：利润代表了企业新创造的财富，利润越多，则企业财富增加越多；另外，在市场经济中，企业获取利润的多少表明了企业竞争能力的大小，决定了企业的生存和发展；假定企业的投资预期收益确定，财务管理行为将朝着有利于企业利润最大化的方向发展。

这种观点最容易被财务人员接受，也通俗易懂。但是，以利润最大化作为理财目标存在以下缺点：

（1）没有考虑资金的时间价值。因为利润的取得是与一定时期相联系的，没有考虑利润的形成时间，也就没有考虑资金的时间价值。一项长期投资可能带来高额利润，但若考虑资金时间价值，其高额利润的实际价值可能会低于同一笔资金在近期内可带来较低利润的价值。显然，今年获利 100 万元和明年获利 100 万元对企业的影响是不同的。

（2）没有考虑风险因素。在复杂的市场经济条件下，忽视获利与风险并存，可能会导致企业管理当局不顾风险大小而盲目追求利润最大化。一般而言，报酬越高，风险越大。例如，同样投入1 000万元，本年获利 100 万元，其中，一个企业的获利为现金形式，而另一个企业的获利则表现为应收账款。显然，如果不考虑风险大小，就难以正确地判断哪一个更符合财务的目标。

（3）没有考虑投入与产出之间的关系。利润额是一个绝对数，无法在不同时期、不同规模企业之间以利润额大小来比较、评价企业的经济效益。比如，同样获得 100 万元的利润，一个企业投入资本1 000万元，另一个企业投入1 500万元，哪一个更符合财务的目标？

（4）片面追求利润最大化，容易造成企业短期行为。利润是按照会计期间计算出的短期阶段性指标。追求利润最大化会导致企业财务决策者的短期行为，只顾实现企业当前的最大利润，而忽视了企业长远的战略发展。例如，忽视产品开发、人才开发、生产安全、设备更新、生活福利设施和履行社会责任等，这种急功近利的做法最终只能使企业在市场竞争中处于劣势。因此，将利润最大化作为企业的理财目标存在一定的片面性。

【想一想】

问一问身边的亲朋好友，看看有没有从账面上看是盈利的企业却出现资金困难的局面，分析为什么会这样。

【相关链接】

利润最大化作为财务目标的由来

将利润最大化作为企业财务目标，是 19 世纪初发展起来的，而那时企业的特征是私人筹资、私人财产和独资形式。单个业主的唯一目的就是增加私人财富。显然，这可以通过利润最大化的目标得到满足。然而，现代企业的主要特征是经营权和所有权分离，企业由业主（股东）进行投资，而由职业经理集团来控制和管理。此外，债权人、消费者、雇员、政府和社会等，都是与企业有关的利益集团。在企业特征发生了如此巨大的变化之后，19 世纪的业主经理逐渐被职业经理所代替，职业经理必须协调与企业有关各方面的利益。在这种情况下，以利润最大化作为企业的财务目标就不适当了。

2. 资本利润率最大化（或每股收益最大化）

这一目标的观点认为是把企业实现的利润额同投入的资本或股本联系起来，以提高企业资本利润率或每股收益作为企业财务管理的目标。这种观点克服了利润最大化目标没有考虑投入与产出比例关系的不足，它既反映了企业的盈利能力和发展前景，又便于投资者凭借其评价企业经营状况的好坏，还可以在不同资本规模的企业或同一企业不同期间之间进行比较，揭示其盈利水平的差异。但该指标仍然存在以下三个缺点：

（1）没有考虑资金的时间价值。

（2）没有考虑风险因素。

（3）不能避免企业的短期行为。

3. 企业价值最大化

企业价值最大化是指通过企业财务上的合理经营，采用最优的财务政策，充分考虑资金的时间价值和风险与报酬的关系，在保证企业长期稳定发展的基础上，使企业总价值达到最大。企业价值最大化的观点，体现了对经济效益的深层次认识，它是现代财务管理的最优目标。

以企业价值最大化作为财务管理的目标具有以下优点：

（1）考虑了资金的时间价值。在理论上，企业价值的评定采用时间价值原理计量，企业价值等于其未来预期实现的现金净流量的现值。

（2）考虑了风险与报酬的关系。强调风险与报酬的均衡，将风险限制在企业可以承担的范围之内，能有效地克服企业财务管理人员不顾风险大小，片面追求利润的错误倾向。

（3）克服企业在追求利润上的短期行为。因为不仅目前的利润会影响企业的价值，预期未来的利润对企业价值的影响所起的作用更大。

（4）注重在企业发展中考虑各方利益关系。包括强调关心本企业职工利益，加强与债权人的沟通，关心客户，讲求信誉，保护消费者权益，防止环境污染，积极参与和履行社会责任等。

当然，以企业价值最大化作为理财目标也存在以下缺点：

（1）对于股票上市公司虽可通过股票价格的变动揭示企业价值，但股价是受多种因素影响的结果，特别是即期市场上的股价不一定能够直接揭示企业的获利能力，只有长期趋势才能做到这一点。

（2）为了控股或稳定购销关系，不少现代企业采用环形持股的方式，相互持股。法人股东对股票市价的敏感程度远不及个人股东，对股价最大化目标没有足够兴趣。

（3）对于非股票上市企业，只有对企业进行专门的评估才能真正确定其价值。而在评估企业的资产时，由于受评估标准和评估方式的影响，这种估价不易做到客观和准确，这也导致企业价值确定的困难。

（二）企业财务管理的具体目标

财务管理的总体目标给出了财务管理活动的指导思想，是一切财务活动的导向。要实现总体目标，则必须在实际的财务管理活动的各环节，树立具体目标。具体目标取决于财务管理的具体内容。财务管理的具体目标，是指为实现财务管理总体目标而确定的企业各项具体财务活动所要达到的目的。

1. 企业筹资管理目标

企业筹资管理的具体目标是：在满足生产经营需要的情况下，以较低的筹资成本和较小的筹资风险，获取同样多或较多的资金。

2. 企业投资管理目标

企业投资管理的具体目标就是：以较小的投资额与较低的投资风险，获取同样多或较多的投资收益。

3. 企业营运资金管理目标

企业营运资金管理的目标就是：合理使用资金，加速资金周转，尽可能提高营运资金利用效果。

4. 企业利润分配管理目标

利润分配管理的目标就是：合理确定利润的留成比例和分配形式，提高企业潜在的收益能力，从而提高企业总价值。

【相关链接】

财务管理目标的其他观点

目前，人们对财务管理基本目标的认识尚未统一，中外关于财务管理目标问题争议一直较大，有学者统计过，目前在国内外公开发表的观点有17种之多。财务管理目标的其他观点主要有：现金流量最优化、企业各利益相关者收益最大化、每股收益最大化、每股净资产最大化，等等。

（三）财务管理目标的协调

企业财务管理目标是企业价值最大化，根据这一目标，财务活动所涉及的不同利益主体如何进行协调是财务管理必须解决的问题。

1. 所有者与经营者利益冲突与协调

在现代企业中，经营者一般不拥有占支配地位的股权，他们只是所有者的代理人。所有者期望经营者代表他们的利益工作，实现所有者财富最大化，而经营者则有其自身的利益考虑，二者的目标会经常不一致。通常而言，所有者支付给经营者报酬的多少，在于经营者能够为所有者创造多少财富。经营者和所有者的主要利益冲突，就是经营者希望在创造财富的同时，能够获取更多的报酬、更多的享受；而所有者则希望以较小的代价（支付较小的报酬）实现更多的财富。

为了协调这一利益冲突，通常可采取以下方式解决：

（1）解聘。这是一种通过所有者约束经营者的办法。所有者对经营者予以监督，如果经营者绩效不佳，就解聘经营者；经营者为了不被解聘就需要努力工作，为实现财务管理目标服务。

（2）接收。这是一种通过市场约束经营者的办法。如果经营者决策失误，经营不力，绩效不佳，该企业就可能被其他企业强行接收或吞并，相应经营者也会被解聘。经营者为了避免这种接收，就必须努力实现财务管理目标。

（3）激励。激励就是将经营者的报酬与其绩效直接挂钩，以使经营者自觉采取能提高所有者财富的措施。激励通常有两种方式：

①股票期权。它是允许经营者以约定的价格购买一定数量的本企业股票，股票的市场价格高于约定价格的部分就是经营者所得的报酬。经营者为了获得更大的股票涨价益处，就必然主动采取能够提高股价的行动，从而增加所有者财富。

②绩效股。它是企业运用每股收益、资产收益率等指标来评价经营者绩效，并视其绩效大小给予经营者数量不等的股票作为报酬。如果经营者绩效未能达到规定目标，经营者将丧失原先持有的部分绩效股。这种方式使经营者不仅为了多得绩效股而不断采取措施提高经营绩效，而且为了使每股市价最大化，也会采取各种措施使股票市价稳定上升，从而增加所有者财富。但即使由于客观原因股价并未提高，经营者也会因为获取绩效股而获利。

2. 所有者与债权人的利益冲突与协调

所有者的目标可能与债权人期望实现的目标发生矛盾。首先，所有者可能要经营者改变举债资金的原定用途，将其用于风险更高的项目，这会增大偿债风险，债权人的负债价值也必然会降低，造成债权人风险与收益的不对称。因为高风险的项目一旦成功，额外的利润就会被所有者独享；但若失败，债权人却要与所有者共同负担由此而造成的损失。其次，所有者可能在未征得现有债权人同意的情况下，要求经营者举借新债，因为偿债风险相应增大，从而致使原有债权的价值降低。

所有者与债权人的上述利益冲突，可以通过以下方式解决：

（1）限制性借债。债权人通过事先规定借债用途限制、借债担保条款和借债信用条件，使所有者不能通过以上两种方式削弱债权人的债权价值。

（2）收回借款或停止借款。当债权人发现企业有侵蚀其债权价值的意图时，采取收回债权或不再给予新的借款的措施，从而保护自身权益。

3. 所有者目标与社会目标的矛盾与协调

所有者与政府（社会）之间的关系，主要体现在企业对政府（社会）承担的责任上。一般情况下，企业财务预算目标与社会目标基本上是一致的。但有时企业为了自身的利益会作出忽视甚至背离政府（社会）利益的行为。当企业财务目标与社会目标相一致时，企业为了生存，生产出物美价廉、符合顾客需要的新产品，满足社会的需求；企业为了发展，企业扩大生产规模，增加职工人数，解决社会就业问题；企业为了获利，提高劳动生产率，改进产品质量和服务，从而提高了社会生产效率和公众的生活质量，同时企业的利税是对社会的贡献，企业支持社会公益事业的发展。当企业可能为了自身的利益而背离社会的利益时，就生产伪劣产品，损害职工的健康和利益，污染环境，损害其他企业的利益。为了防止所有者与政府（社会）的冲突加剧，可以采取以下几种协调方法：

（1）立法。通过立法，规定企业承担应有的社会责任。如反垄断法、反暴利法、环境保护法、消费者权益保护法等。

（2）建立行业自律准则。通过行业，建立行业自律准则，使企业受到商业道德约束。

（3）社会监督。要求企业随时接受舆论媒体、群众和政府有关部门的监督。

【想一想】

1. 企业价值最大化这个财务管理目标的价值该如何确定？

2. 如何协调股东和经营者的矛盾？

四、财务管理的环节

财务管理环节是企业财务管理的工作步骤与一般工作程序。一般而言，企业财务管理包括以下几个环节。

（一）财务预测

财务预测是企业根据财务活动的历史资料，考虑现实条件与要求，运用特定方法对企业未来的财务活动和财务成果作出科学的预计或测算。财务预测是进行财务决策的基础，是编制财务预算的前提。

财务预测所采用的方法主要有两种：一是定性预测，是指企业在缺乏完整的历史资料或有关变量之间不存在较为明显的数量关系的情况下，专业人员进行的主观判断与推测。二是定量预测，是指企业根据比较完备的资料，运用数学方法，建立数学模型，对未来财务活动及其结果进行预测。在实际工作中，通常将两者结合起来进行财务预测。

（二）财务决策

财务决策是企业财务人员按照企业财务管理目标，利用专门方法对各种备选方案进行比较分析，并从中选出最优方案的过程。它是在财务预测的基础上，通过对备选方案提出问题、分析问题和解决问题全过程后作出的决定。正确的决策可使企业起死回生，错误的决策可导致企业毁于一旦，所以财务决策是企业财务管理的核心，其成功与否直接关系到企业的兴衰成败。

（三）财务预算

财务预算是一系列专门反映企业未来一定时期内财务状况、经营成果和现金收支等价值指标的各种预算的总称。财务预算是以财务决策确定的方案和财务预测提供的信息为基础编制的，是决策目标的具体化、系统化和定量化，是财务控制和财务分析的依据，贯穿企业财务活动的全过程。

（四）财务控制

财务控制是在财务管理过程中，利用有关信息和特定手段，对企业财务活动所施加的影响和进行的调节，目的是确保财务目标的实现。实行财务控制是落实财务预算、保证预算实现的有效措施，也是责任绩效考评与奖惩的重要依据。

（五）财务分析

财务分析是以会计核算和报表资料及其他相关资料为依据，采用系列专门的分析技术和方法，对企业财务活动过程及其结果进行分析和评价的一项工作。财务分析既是本期财务活动的总结，也是下期财务预测的前提，具有承上启下的作用。通过财务分析，可以掌握企业财务预算的完成情况，评价企业的财务状况和经营成果，研究和掌握企业财务活动的规律，改善财务预测、财务决策、财务预算和财务控制，提高企业财务管理水平。

【想一想】

财务管理的工作环节有哪些？各自在财务管理中的地位如何？

五、财务管理的环境

财务管理环境又称理财环境，是指对企业财务活动和财务管理产生影响作用的企业内外的各种条件或因素的统称。它是企业财务管理赖以生存的土壤，企业只有在理财环境的各种因素作用下实现财务活动的协调平衡，才能得以生存和发展，并最终获利。研究理财环境，有助于正确地制定理财策略。

理财环境按其存在的空间不同可分为外部理财环境和内部理财环境。外部理财环境是指存在于企业外部，可对企业财务行为施加影响的客观因素的集合。如国家经济发展水平、产业政策、金融市场状况等，它对各类企业的理财管理都会产生影响。而内部理财环境是指存在于企业内部，对企业财务行为施加影响的客观因素的集合。如企业生产技术条件、经营管理水平、人力资源状况等，均存在于企业内部，因此它只对特定企业的理财管理产生影响。相对而言，内部环境比较简单，企业容易把握，而外部环境企业则难以控制和改变，更多的是适应和因势利导。

（一）财务管理的外部环境

1. 经济环境

财务管理作为一种微观管理活动，与其所处的经济管理体制、经济结构、经济发展状况、宏观经济调控政策等经济环境密切相关。

（1）经济管理体制。经济管理体制，是指在一定的社会制度下，生产关系的具体形式以及组织、管理和调节国民经济的体系、制度、方式和方法的总称。它分为宏观经济管理体制和微观经济管理体制两类。宏观经济体制对企业财务行为的影响主要体现在，企业必须服从和服务于宏观经济管理体制，在财务管理的目标、财务主体、财务管理的手段与方法等方面与宏观经济管理体制的要求相一致。微观经济管理体制对企业财务行为的影响与宏观经济体制相联系，主要体现在如何处理企业与政府、企业与所有者之间的财务关系。

（2）经济结构。经济结构，是指从各个角度考察社会生产和再生产的构成，包括产业结构、地区结构、分配结构和技术结构等。经济结构对企业财务行为的影响主要体现在产业结构上。一方面，产业结构会在一定程度上影响甚至决定财务管理的性质，不同产业所要求的资金规模或投资规模不同，不同产业所要求的资本结构也不一样。另一方面，产业结构的调整和变动要求财务管理做出相应的调整和变动，否则企业日常财务运作艰难，财务目标难以实现。

（3）经济发展状况。市场经济条件下，经济发展与运行带有一定的波动性，大体上经历复苏、繁荣、衰退和萧条几个阶段的循环，这种循环叫作经济周期。经济发展的周期性波动对企业的财务管理有着重大的影响。在繁荣阶段市场需求旺盛，销售大幅度上升，企业为了满足市场需要，就要扩大生产经营，追加投资，这就要求财务人员迅速地筹集所需资金；在衰退阶段，整个宏观环境的不景气，很可能导致企业处于紧缩状态之中，销量下降，存货积压，投资锐减，现金流转不畅，有时资金紧缺，有时又出现资金闲置。因此，企业财务人员必须清醒地认识到经济周期的影响，适时调整财务政策，掌握在经济发展波动中的理财本领，以保证企业健康、稳定、持续地发展。

不同经济周期阶段的理财策略，如表 1-1 所示。

表 1-1　　不同经济周期下的理财策略

复苏	繁荣	衰退	萧条
1. 增加厂房设备 2. 实行长期租赁 3. 建立存货 4. 引进新产品 5. 增加劳动力	1. 扩充厂房设备 2. 继续建立存货 3. 提高价格 4. 开展营销规划 5. 增加劳动力	1. 停止扩张 2. 出售多余设备 3. 停产不利产品 4. 停止长期采购 5. 削减存货 6. 停止雇员	1. 建立投资标准 2. 保持市场份额 3. 缩减管理费用 4. 放弃次要利益 5. 削减存货 6. 裁减雇员

（4）宏观经济调控政策。宏观经济政策主要包括产业发展、财政、税收、金融等方面的政策。在特定时期，政府为了协调经济发展，往往通过产业发展计划、财税、金融等手段对国民经济总运行机制及子系统提出一些具体的政策措施。这些宏观经济调控政策对企业财务管理的影响是直接的，企业必须按国家政策办事，否则将寸步难行。例如，国家采取收缩的调控政策时，会导致企业的现金流入减少，现金流出增加，资金紧张，投资压缩。反之，当国家采取扩张的调控政策时，企业财务管理则会出现与之相反的情形。

2. 法律环境

法律环境是指企业理财活动所应遵守的各种法律、法规和规章。市场经济是法制经济，法律为企业的经营活动规定了活动的空间，同时也为企业在相应的空间内自主经营提供了法律保护。所以，企业的理财活动，无论是筹资、投资还是股利分配，都应遵守有关的法律规范。企业财务管理中应遵循的法律法规主要包括：

（1）企业组织法规。企业按其组织形式不同可分为独资企业、合伙企业和公司三种类型。不同类型的企业所适用的法律规范有所不同。因此了解企业的组织形式，有助于企业财务管理活动的开展。

独资企业。独资企业也称个体企业，是指由一个自然人出资，财产为投资人个人所有，投资人以其个人财产对企业债务承担无限责任的经营实体。独资企业的优点是：组建手续简便，所需费用较少；结构简单、权力集中；利润独享，无须双重纳税。其缺点是：出资者对企业债务承担无限责任；企业规模较小，信用较低，对外筹资困难，经营风险较大。

合伙企业。合伙企业是由两个或两个以上的合伙人通过签订合伙协议，共同出资兴办的营利性组织。合伙企业的法律特征有：①有两个以上合伙人，且都是具有完全民事行为能力、依法承担无限责任的人；②有书面合伙协议，合伙人依照合伙协议享有权利、承担义务；③有各合伙人实际缴付的出资，合伙人可以用货币、实物、土地使用权、知识产权或其他属于合伙人的合法财产及财产权利出资，经全体合伙人协商确定；④有关合伙企业改变名称、向企业登记机关申请办理变更登记手续、处分不动产或财产权利、为他人提供担保、聘任企业管理人员等重要事务，均须经全体合伙人一致同意；⑤合伙企业的利润或亏损，由合伙人依照合伙协议约定的比例分配和分担、合伙协议未约定利润分配和亏损分担比例的，由各合伙人平均分配和分担；⑥各合伙人对合伙企业债务承担无限连带责任。合伙企业的优点是：容易开办、限制较少；相对于独资企业，合伙企业的资本实力相对雄厚，信用较佳；业主只需缴纳个人所得税。其缺点是：合伙企业的权力相对分散，可能导致决策缓慢，贻误商机；与公司相比，所有权的转移较困难，难以筹集大量的资金；各合伙人对合伙企业债务承担无限连带责任。

公司。公司是依照《公司法》设立的以营利为目的的企业法人。作为法人，公司具有许多与自然人相同的权利，它以公司的名义拥有财产，具有法律身份。公司可以签订合同，为公司的债务承担责任，当然也要为公司获得的利润缴纳所得税。

根据不同的标准，对公司有不同的分类。在法律上，按照股东对公司所负的责任不同，将公司分为有限责任公司、股份有限公司、无限责任公司、两合公司等类型。其中，有限责任公司和股份有限公司是两种基本类型，也是《公司法》所指的公司形式，国际上采用得比较多的也是这两种形式。

有限责任公司是指由 50 个以下的股东共同出资，每个股东以其认缴的出资额对公司承担有限责任，公司以其全部资产对其债务承担责任的企业法人。有限责任公司的特征有：股东只承担有限责任，即每个股东以其认缴的出资额对公司承担有限责任，公司依其全部资产对其债务承担责任；股东可以是自然人，也可以是法人或政府，股东人数不能超过一定限额；不能发行股票，不能公开募股，只以出资证明书来证明股东出资份额；股东以其出资比例享受权利、承担义务；股东的出资不能随意转让，具有严格的限制，如需转让，需经股东会讨论通过或由董事会讨论通过方可；财务不必公开，但应当按公司章程规定的期限将财务会计报告送交各股东。

股份有限公司是指全部资本由等额股份构成并通过发行股票筹集资本，股东以其认购的股份对公司承担责任，公司以其全部资产对公司债务承担责任的企业法人。股份有限公司的特征有：公司的全部资本必须划分为等额的股份，同股同权，同股同利；公司的股份采取股票的形式；股东必须达到法定人数。如我国《公司法》规定应有2~200人为发起人；股东负有限责任；公司经批准可向社会公开发行股票筹集资本，且股票可以交易或转让；财务必须公开。

股份有限公司的优点有：股东在公司中的投资所冒的风险仅限于投资额本身；便于筹集到巨额资本，这是个体、合伙企业所无法做到的；股份可以转让，特别是股份有限公司的股票，在市场上可以公开出售或转让，其流动性很强；公司与个体、合伙企业相比，具有永久存在的可能，因其不会因股东退出或死亡而告终；由于公司的所有权和经营权分离，因此公司由专业管理人员经营，这就比股东自己管理公司要有效得多。股份有限公司的缺点有：双重纳税，即公司若盈利，须交企业所得税；如股东分红还须缴纳个人所得税；由于股份分散，公司容易被少数人控制，某些管理者可能追求个人利益而忽视或损害股东的利益；法律上对公司的限制较多。

（2）税收法规。国家财政收入的主要来源是企业缴纳的税金，而国家财政状况和财政政策，对于企业资金供应和税收负担等都有重要的影响；其次，国家各种税种的设置、税率的调整，都具有调节生产经营的作用。企业的财务决策应当适应税收政策的导向，合理安排资金投放，以追求最佳的经济效益。

我国目前与企业相关的税种主要有以下几类：

①所得税类：包括企业所得税、个人所得税。

②流转税类：包括增值税、消费税。

③资源税类：包括资源税，城镇土地使用税。

④财产税类：包括房产税。

⑤行为税类：包括印花税、车船使用税。

⑥特定目的税类：包括城市维护建设税、耕地占用税、土地增值税。

⑦关税：对进出中国关境的货物、物品征收的一种税。

税负是企业的一种费用，会增加企业的现金流出，对企业的财务活动产生重要的影响。企业都希望在不违反税法的前提下减少税务负担，因此，企业的财务人员应当熟悉国家税收的法律规定，不仅要了解各种税种的计征范围、计征依据和税率，而且要了解差别税率的制定精神和减税、免税的原则规定，自觉按照税收政策导向进行经营活动和理财活动。

（3）财务法规。企业财务法规制度是规范企业财务活动、协调企业财务关系的法令文件。我国目前企业财务管理法规制度有《企业财务通则》《行业财务制度》和《企业内部财务制度》三个层次。《企业财务通则》在企业财务法规中起统帅作用。

（4）其他法规。其他法规，如《会计法》《证券法》《票据法》《银行法》等。

从整体上说，法律环境对企业财务管理的影响和制约主要表现在以下方面：

在筹资活动中，国家通过法律规定了筹资的最低规模和结构，如《公司法》规定股份有限公司的注册资本的最低限额为人民币1 000万元，规定了筹资的前提条件和基本程序，如《公司法》就对公司发行债券和股票的条件做出了严格的规定。

在投资活动中，国家通过法律规定了投资的方式和条件，如《公司法》规定股份公司的发起人可以用货币资金出资，也可以用实物、工业产权、非专利技术、土地使用权作价出资，规定了投资的基本程序、投资方向和投资者的出资期限及违约责任，如企业进行证券投资必须按照《证券法》所规定的程序来进行，企业投资必须符合国家的产业政策，符合公平竞争的原则。

在分配活动中，国家通过法律如《会计法》《税法》《公司法》《企业财务通则》及《企业财务制度》规定了企业成本开支的范围和标准，企业应缴纳的税种及计算方法，利润分配的前提条件、利润分配的去向、一般程序及重大比例。在生产经营活动中，国家规定的各项法律也会引起财务安排的变动或者说在财务活动中必须予以考虑。

3. 金融环境

金融环境是企业最为主要的环境因素。企业生产经营所需资金，除了所有者投入以外，主要从金融市场取得。金融政策和利率的变化必然影响企业的筹资与投资。影响财务管理的主要金融环境因素有金融机构、金融工具与金融市场。

（1）金融机构。社会资金从资金供应者手中转移到资金需求者手中，大多要通过金融机构。金融机构主要包括：

①银行。银行是指经营存款、放款、汇兑、储蓄等金融业务，承担信用中介的金融机构。银行的主要职能是充当信用中介、充当企业之间的支付中介、提供信用工具、充当投资手段和充当国民经济的宏观调控手段。我国银行主要包括：

中国人民银行：是我国的中央银行，它代表政府管理全国的金融机构和金融活动、管理国库。

商业银行：是以经营存款、放款、办理转账结算为主要业务，以营利为主要经营目标的金融企业。我国的商业银行包括国有独资商业银行（如中国工商银行、中国农业银行、中国银行和中国建设银行）和股份制商业银行（如交通银行、中信实业银行、广东发展银行、招商银行、光大银行等）。

国家政策性银行：是指由政府设立，以贯彻国家产业政策、区域发展政策为目的，不以营利为目的的金融机构。我国目前有三家政策性银行：中国进出口银行、国家开发银行和中国农业发展银行。

②非银行金融机构。非银行金融机构主要包括保险公司、信托投资公司、证券公司、财务公司、金融资产管理公司、金融租赁公司。

（2）金融工具。金融工具是指融通资金双方在金融市场上进行资金交易、转让的工具，借助金融工具，资金从供给方转移到需求方。金融工具分为基本金融工具和衍生金融工具两大类。常见的基本金融工具有货币、票据、债券、股票等。衍生金融工具又称派生金融工具，是在基本金融工具的基础上通过特定技术设计形成的新的融资工具，如各种远期合约、互换、掉期、资产支持证券等，种类非常复杂、繁多，具有高风险、高杠杆效应的特点。

（3）金融市场。金融市场是指资金供应者和资金需求者双方通过一定的金融工具进行交易而融通资金的场所。金融市场的构成要素包括资金供应者和资金需求者、金融工具、交易价格、组织方式等。金融市场为企业融资和投资提供了场所，可以帮助企业实现长短期资金转换、引导资本流向和流量，提高资本效率。金融市场的主要类型如图 1-2 所示。

金融市场对企业财务活动的影响主要有：

（1）金融市场为企业提供了良好的投资和筹资场所。当企业需要资金时，可以在金融市场上选择合适的方式筹资；而当企业有闲置的资金时，又可以在金融市场上选择合适的投资

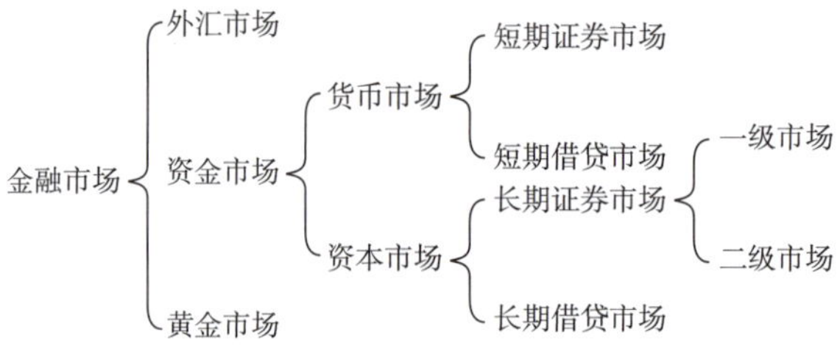

图 1-2　金融市场的主要类型

方式，为其资金寻找出路。

（2）金融市场为企业长短期资金相互转化提供了方便。企业可通过金融市场将长期资金，如股票、债券，变现转为短期资金；也可以通过金融市场购进股票、债券等，将短期资金转化为长期资金。

（3）金融市场为企业财务管理提供了有意义的信息。金融市场的利率变动反映资金的供求状况，有价证券市场的行情反映投资人对企业经营状况和盈利水平的评价。当出现市场利率上升、汇率下降、证券价格和证券指数下跌时，企业筹资的成本会加大，筹资会变得困难，此时，企业的利润分配应扩大留存收益的比例；反之，则企业筹资成本低，容易筹资，此时，企业可以扩大利润分配的额度。

【相关链接】

利用金融市场分散风险

金融市场具有分散风险的作用。金融资产购买人在获得金融资产出售人一部分收益的同时，也承担了金融市场的投资风险。在期货和期权市场上，金融市场参与者可以通过期货、期权交易进行筹资、投资的风险防范与控制。

（二）财务管理的内部环境

1. 企业管理体制和经营方式

企业管理体制由企业所有制性质和国家宏观经济管理体制所决定。在一定管理体制下，不同的企业经营方式，决定了不同的财务管理方法，产生不同的经营效果，企业必须根据自己的企业性质，研究所处的经营环境，努力争取优良的条件，发挥比较优势，快速发展。

2. 企业资本实力

企业资本实力是指企业所拥有的资本总量以及与之相应的资产总量。资本实力在一定程度上反映了企业的规模大小、生产经营的复杂程度以及财务管理的难易程度。大型企业资本实力雄厚，投资项目往往是大型的，决策难度大，所需筹集的资金多，盈利分配途径多，处理各方面的财务关系复杂。而小企业由于资本实力较弱，投资项目不多，筹资相对容易，盈利分配决策比较简单，各种财务关系也较容易处理。

3. 生产技术条件

一般来讲，企业财务管理服从和服务于其所处的生产技术环境。不同的生产技术条件要求有不同的财务行为与之相适应。如对于技术密集型的企业，无形资产、固定资产所占资本的比重较大，企业偏重于对这类资产的投资，企业所筹集的资金也大多属于长期资金；而在劳动密集型企业，流动资产所占比重较大，企业则偏重于现金、应收账款、存货等流动资产的管理，所筹集的资金也大多属于短期资金，财务管理的难点在于保持良好的资金流动性。

4. 经营管理水平

财务管理是整个企业经营管理的一部分，其职能能否充分发挥取决于企业管理基础工作的好坏、其他专业管理水平的高低以及他们之间相互的协调与配合。如果企业的管理基础较差，其他专业管理水平不高，各职能部门之间缺乏沟通与理解，再好的财务决策也难以顺利实施，这样的企业财务管理工作不可能做得太好。因此，企业在进行财务决策时，必须准确估计自身的经营管理水平，做好相互之间的协调与沟通，相互促进，共同提高，以实现企业的财务目标和整体目标。

5. 决策者的素质

一个卓越的企业领导者是企业获得成功的重要因素之一。一定意义上说，没有成功的企业领导者就没有成功的企业。领导的平庸、无能是断送企业发展前途乃至走向衰败的致命因素。企业的领导者往往是重大财务问题的最终决策者，其素质的高低直接影响决策的正确与否。如果决策者素质较高，不仅可以充分理解财务人员所提供的决策资料，而且善于抓住机遇，敢于拍板，其财务决策的正确率必然较高，也必然会给企业带来丰厚的收益；反之，决策者的素质低下，则财务工作难以顺利开展。因此，企业的决策者应该及时充实自己，完善自己，不断提高自身的素质，使自己和所管理的企业在市场经济的浪潮中立于不败之地。

【想一想】

如何理解金融市场的功能及其在公司理财中的作用？

理财小故事

袋鼠与笼子

一天动物园管理员们发现袋鼠从笼子里跑了出来，于是开会讨论，一致认为是笼子的高度过低，所以他们决定将笼子的高度由原来的10米加高到20米。结果第二天他们发现袋鼠还是跑到外面来了，所以他们决定再将高度加高到30米。

没想到隔天居然又看到袋鼠全跑到了外面，于是管理员们大为紧张，决定一不做二不休，将笼子的高度加高到100米。

一天长颈鹿和几只袋鼠在闲聊：“你们看，这些人会不会再继续加高你们的笼子？”长颈鹿问。“很难说。”袋鼠说，“如果他们再继续忘记关门的话！”

管理心得：事有“本末”“轻重”“缓急”，关门是本，加高笼子是末，舍本而逐末，当然就不得要领了。管理是什么？管理就是先分析事情的主要矛盾和次要矛盾，认清事情的“本末”“轻重”“缓急”，然后从重要的方面下手。财务管理就是门外的金锁。

职业能力训练

一、知识准备训练

（一）单项选择题

1. 关于财务管理目标的说法，（　　）反映了对企业资产保值增值的要求，并克服了管理的片面性和短期行为。

A. 资本利润率最大化　　B. 每股利润最大化
C. 企业价值最大化　　D. 利润最大化

2. 财务管理的核心工作环节为（　　）。

A. 财务预测　　B. 财务决策
C. 财务预算　　D. 财务控制

3. 财务管理作为一项综合性管理工作，其主要职能是企业组织财务、处理与利益各方的（　　）。

A. 筹资关系　　B. 投资关系　　C. 分配关系　　D. 财务关系

4. 在没有风险和通货膨胀情况下的平均利率是（　　）。

A. 基准利率　　B. 固定利率　　C. 纯利率　　D. 名义利率

5. （　　）是财务预测和财务决策的具体化，是财务控制和财务分析的依据。

A. 财务预测　　B. 财务决策　　C. 财务控制　　D. 财务预算

6. 企业财务管理活动最为主要的环境因素是（　　）。

A. 经济体制环境　　B. 财税环境
C. 金融环境　　D. 法制环境

7. 企业与政府间的财务关系体现为（　　）。

A. 债权债务关系　　B. 强制和无偿的分配关系
C. 资金结算关系　　D. 风险收益对等关系

8. 已充分考虑货币时间价值和风险报酬因素的财务管理目标是（　　）。

A. 利润最大化　　B. 资本利润率最大化
C. 每股利润最大化　　D. 企业价值最大化

9. 不属于财务管理基本环节的是（　　）。

A. 财务预测　　D. 财务决策　　C. 财务控制　　D. 资金循环

10. 不属于解决经营者和所有者之间矛盾的方法的是（　　）。

A. 解聘　　B. 监督　　C. 限制性借债　　D. 激励

11. 股东财富最大化目标和经理追求的实际目标之间总存在差异，其差异源自（　　）。

A. 股东地域上分散　　B. 所有权与经营权的分离
C. 经理与股东年龄上的差异　　D. 股东概念的模糊

12. 企业价值是指（　　）。

A. 企业账面资产的总价值　　B. 企业全部财产的市场价值
C. 企业有形资产的总价值　　D. 企业的清算价值

13. 在经济活动中，能够体现企业与其投资者之间财务关系的是（　　）。

A. 企业向国有资产投资公司交付利润　　B. 企业向国家税务机关缴纳税款

C. 企业向其他企业支付货款　　D. 企业向职工支付工资

14. 每股利润最大化的优点是（　　）。

A. 反映企业创造剩余产品的多少

B. 考虑了资金的时间价值

C. 反映企业创造利润和投入资本的多少

D. 避免了企业的短期行为

15. 反映上市公司价值最大化目标实现程度的最佳指标是（　　）。

A. 总资产报酬率　　B. 净资产收益率

C. 每股市价　　D. 每股利润

（二）多项选择题

1. 企业财务管理的基本内容包括（　　）。

A. 筹资管理　　B. 投资管理　　C. 利润分配管理　　D. 经营管理

2. 金融环境的组成要素有（　　）。

A. 金融机构　　B. 金融工具　　C. 利率　　D. 金融市场

3. 属于利率的组成因素的有（　　）。

A. 纯利率　　B. 通货膨胀补偿率

C. 风险报酬率　　D. 社会累积率

4. 关于利润最大化目标的各种说法，正确的包括（　　）。

A. 没有考虑时间因素　　B. 是个绝对数，不能全面说明问题

C. 没有考虑风险因素　　D. 不一定能体现股东利益

5. 可用来协调公司债权人与所有者矛盾的方法有（　　）。

A. 规定借款用途　　B. 规定借款的信用条件

C. 要求提供借款担保　　D. 收回借款或不再借款

6. 一般认为，处理管理者与所有者利益冲突及协调的机制主要有（　　）。

A. 解聘　　B. 接收

C. 经理人市场及竞争　　D. 绩效股

7. 企业财务活动主要包括（　　）。

A. 筹资活动　　B. 投资活动

C. 人事管理活动　　D. 分配活动

8. 属于企业筹资引起的财务活动的有（　　）。

A. 偿还借款　　B. 购买国库券

C. 支付股票股利　　D. 利用商业信用

9. 企业价值最大化在运用时也存在缺陷，表现在（　　）。

A. 追求企业的价值化，不能使企业资产保值与增值

B. 非上市企业的价值确定难度较大

C. 股票价格的变动只受企业经营因素影响

D. 股票价格的变动，除受企业经营因素影响外，还受企业无法控制因素影响

10. 风险附加率包括（　　）。

A. 违约风险报酬率　　B. 流动性风险报酬率

C. 期限风险报酬率　　　　　　　　　　D. 通货膨胀补偿率

（三）判断题

1. 企业追求利润最大化，能优化资源配置，实现资产保值增值的目的。(　　)
2. 以企业价值最大化作为财务管理目标，有利于社会资源的合理配置。(　　)
3. 解聘是一种通过市场约束经营者的办法。(　　)
4. 资本利润率最大化考虑到了利润与投入资本之间的关系，在一定程度上克服了利润最大化的缺点。(　　)
5. 在企业财务关系中最为重要的关系是指企业与作为社会管理者的政府有关部门、社会公众之间的关系。(　　)
6. 投资者在对企业价值进行评估时，更看重企业已经获得的利润，而不是企业潜在的获利能力。(　　)
7. 在金融市场，资金被当作一种特殊商品来交易，其交易价格表现为利率。(　　)
8. 企业财务管理是基于企业再生产过程中客观存在的资金运动而产生的，是企业组织资金运动的一项经济管理工作。(　　)
9. 企业组织财务活动中与有关各方所发生的经济利益关系称为财务关系，但不包括企业与职工之间的关系。(　　)
10. 股票市价是一个能较好地反映企业价值最大化目标实现程度的指标。(　　)

二、业务操作训练

实训目的

1. 了解企业财务管理组织机构设置、岗位职责。
2. 准确分析企业财务管理的环境。

任务要求

将全班同学分成若干小组，通过查阅资料、实地调研等多种途径，分析某一特定企业的理财环境，了解企业财务管理组织机构设置及岗位职责，形成书面材料。

职业能力拓展

天桥商场是一家老字号商业企业，成立于1953年。20世纪50年代，天桥商场是全国第一面“商业红旗”。20世纪80年代初，天桥商场第一个打破新中国30年工资制，将商业11级改为新8级。1993年5月，天桥商场股票在上海证券交易所上市。1998年12月30日，北大青鸟有限责任公司和北京天桥百货股份有限公司发布公告，宣布北大青鸟通过协议受让方式受让北京天桥部分法人股股权。北大青鸟出资6 000多万元，拥有天桥商场16.76%的股份，北京天桥百货商场更名为“北京天桥北大青鸟科技股份有限公司”（简称青鸟天桥）。此后天桥商场的经营滑落到盈亏临界点，面对严峻的形势，公司决定裁员，以谋求长远发展。于是就有了下面的一幕：

1999年11月18日下午，天桥商场里闹哄哄的，商场大门也挂上了“停止营业”的牌子。11月19日，很多顾客惊讶地发现，天桥商场在周末居然没开门。据一位售货员模样的人说：“商场管理层年底要和我们终止合同，我们就不给他们干活了。”员工们不仅不让商场开门营业，还把商场变成了群情激愤的论坛。1999年11月18日至12月2日，对北京天桥北大青鸟科技股份有限公司管理层和广大员工来说，是黑色的15天！在这15天里，天桥商场经历了

46年来第一次大规模裁员，天桥商场被迫停业8天之久，公司管理层经受了职业道德与人道主义的考验，作出了在改革的道路上是前进还是后退的抉择。

经过有关部门的努力，对面临失业职工的安抚有了最后实质性的举措。公司董事会开会决定，同意给予终止合同职工适当的经济补助，同意参照解除劳动合同的相关规定，对283名终止劳动合同的职工给予人均1万元、共计300万元左右的一次性经济补偿。这场风波总算平息。

☞思考与分析

（1）青鸟天桥案例给你什么启示？

（2）从案例介绍的情况来看，你能否推断该公司的财务目标？

（3）你认为青鸟天桥的最初决策是合理的吗？后来的让步又是否合适？

【职业道德与企业伦理】

62家“铁公鸡”3年不分红

案例背景：

也许，在A股市场，投资者永远想不到靠分红也能赚大钱。

纵然，低买高卖，炒股票玩的就是心跳，对一点点微薄的红利根本看不上眼，这是境内股民们的真实写照。当长长的上市公司“铁公鸡”排行榜公布于众的时候，人们才发现，众多公司十几年都没有红利可分。可想而知，在股市摸爬滚打了十几年的股民们，有谁关注过这些“铁公鸡”？有谁谴责过这些“铁公鸡”？又有谁在乎过分到手上的红利？

《投资者报》通过逐一盘点才发现A股市场竟有如此多的“铁公鸡”：62家公司连续三年不分红，然而它们却有着良好的分配能力和充沛的未分配利润。证明这些公司完全具备分红的条件和基础。

据统计，辽宁成大最近一次分红是在2006年，分红3 638万元，此后再未分红。实际上，这三年时间，除2008年净利润下滑外，2007年和2009年净利润均实现增长。与此同时，公司每年年末的未分配利润均在23亿元以上，2008年、2009年均增长约40%，2009年公司账面未分配利润为46.67亿元。账面未分配利润如此丰厚却又如此吝啬，可谓是不折不扣的“铁公鸡”。

要强调的是，在筛选“铁公鸡”公司过程中，有分红能力但不分红年数最长的是汇通能源，累计共有12年未分红。汇通能源是一家从事商业贸易的企业，于1992年在上海证券交易所上市。该公司第一次也是唯一一次分红是在其上市后第一年即1993年，分红1 751.6万元，此后12年间公司再也没有掏过腰包。其次是数源科技、刚泰控股、国恒铁路、闽福发A、双环科技、桐君阁、＊ST工新、＊ST鲁北8家公司，累计9年不分红。

（资料来源：投资者报，上市公司分红排名榜：62家“铁公鸡”3年不分红。）

问题：上市公司与投资者之间的财务关系主要指什么？分析上市公司中“铁公鸡”的行为。

分析：上市公司与投资者之间的财务关系主要指企业的投资者向企业投入资金和企业向投资者支付投资报酬所形成的经济关系。上市公司中“铁公鸡”不通过分红的方式回报投资者的行为，不符合职业道德和企业伦理。

任务二 树立资金时间价值理念

任务描述

风华有限公司准备增添一项设备，估计每年可增加收益 40 万元，使用年限为 10 年，报废时无残值。购买该设备需要 125 万元；如果租赁该设备，则每年初需付租金 15 万元。你作为公司的财务人员，请以 5%的利率比较购买和租赁两个方案哪一个好。

学习完下面知识后，你将能轻松地给领导提供科学合理的建议。

知识准备

一、资金时间价值的含义

（一）资金时间价值的概念

资金时间价值是现代财务管理的基础观念之一，因其非常重要而被广泛运用于所有的财务活动中，有人称之为理财的第一原则。

资金时间价值是指一定量的资金经过一段时间的投资和再投资所增加的价值，亦即等量资金由于使用而在不同时点上形成的价值增加额，也叫货币时间价值。

资金时间价值原理是“时间就是金钱”这一观念数量化的外化概括。日常生活中，经常会遇到这样一种现象：现在的 100 元和 1 年后的 100 元其经济价值不相等。我们将 100 元存入银行，假定 1 年期存款利率为 5%，则 1 年后这 100 元就变成了 105 元，增加了 5 元，这 5 元就是资金时间价值。

【请思考】

是否所有资金都具有时间价值？如果将一笔资金藏在箱子里，那么这笔资金具有时间价值吗？

【阅读资料】

拿破仑带给法兰西的尴尬

拿破仑于1797年 3 月在卢森堡第一国立小学演讲时说了这样一番话：“为了答谢贵校对我，尤其是对我夫人约瑟芬的盛情款待，我不仅今天呈献上一束玫瑰花，并且在未来的日子里，只要我们法兰西存在一天，每年的今天我将亲自派人送给贵校一束价值相等的玫瑰花，作为法兰西与卢森堡友谊的象征。”说完，拿破仑潇洒地把一束价值 3 个路易的玫瑰花送给该校的校长。

演讲看似浪漫又热情，然而却给法国惹来不大不小的麻烦。时过境迁，拿破仑穷于应付连绵的战争和此起彼伏的政治事件，最终惨败而流放到圣赫勒拿岛，把在卢森堡的诺言忘得一干二净。可卢森堡这个小国对这“欧洲巨人与卢森堡孩子亲切、和谐相处的一刻”念念不忘并载入史册。

1984年年底，卢森堡旧事重提向法国政府提出违背“赠送玫瑰花”诺言案的索赔，要求：要么从1797年起，用3个路易作为一束玫瑰花的本金，以5厘复利（即利滚利）计息全部清偿这笔玫瑰案；要么法国政府在法国各大报刊上公开承认拿破仑是个言而无信的小人。

起初，法国政府准备不惜重金赎回拿破仑的声誉，但却又被计算机算出的数字惊呆了：原本3个路易的许诺，本息竟高达137.559 6万法郎。最后经冥思苦想，法国政府斟词酌句的答复是：“以后，无论在精神上还是物质上，法国将始终不渝地对卢森堡大公国的中小学教育事业予以支持与赞助，来兑现我们的拿破仑将军那一诺千金的玫瑰花信誓。”这一措辞最终得到了卢森堡人民的谅解。

问题：为何本案例中每年赠送价值3路易的玫瑰花相当于在187年后一次性支付1 375 596法郎？

分析：从引例可以看出，每年赠送价值3路易的玫瑰花相当于在187年后一次性支付1 375 596法郎，是由于考虑了资金时间价值的缘故。如果不考虑资金的时间价值，每年赠送价值3路易的玫瑰花，则需要在187年后一次性支付561路易。这两个金额之间巨额的差异，是由资金时间价值问题所导致的。

（二）资金时间价值的表现形式

资金的时间价值可用绝对数（利息）和相对数（利息率）两种形式表示。通常用相对数表示。

通常情况下，资金的时间价值是指在没有风险和没有通货膨胀条件下的社会平均投资报酬率（平均资金利润率）。由于时间价值的计算方法与有关利息的计算方法相同，因而时间价值与利率容易被混为一谈。实际上，财务管理活动总是或多或少地存在风险，而通货膨胀也是市场经济中客观存在的经济现象。因此，利率不仅包含时间价值，而且也包含风险价值和通货膨胀的因素，由于在正常情况下购买国库券等政府债券时几乎没有风险，因此如果通货膨胀很低的话，可以用政府债券利率来表示资金时间价值。

对资金时间价值这一概念的理解，应掌握以下要点：

（1）资金时间价值是资金增值部分，一般情况下可理解为利息。

（2）资金的增值是在资金被当作投资资本的运用过程中实现的，不当作资本利用的资金不可能自行增值。

（3）资金时间价值的多少与时间成正比。

【相关链接】

资金时间价值实质

资金时间价值是指资金在扩大再生产的循环、周转过程中，随着时间的变化而产生的资金增值或经济效益。

它是一个动态概念，可以从两方面来理解：一方面，资金投入经济领域，经过劳动者的生产活动，伴随着时间的推移，即可增值，表现为净收益，这就是资金的“时间价值”；另一方面，如果放弃了资金的使用权，相当于失去了收益的机会，也就相当于付出了一定的代价，在一定时间内的这种代价，就是资金的“时间价值”。

二、资金时间价值的计算

既然资金在不同时期是不等值的，那么企业在进行财务决策时，就必须弄清楚不同时间投放或收到的资金价值之间的数量关系，掌握各种资金时间价值的计算方法。

1. 单利的计算

在单利方式下，本金能带来利息，不管时间多长，所生利息不加入本金重复计算利息。

在计算中，经常使用以下符号：

P 为本金，又称期初金额或现值；I 为利息；i 为利率，通常指每年利息与本金之比；F 为本金与利息之和，又称本利和或终值；n 为计算期数，一般以年为单位。

（1）单利终值的计算。单利终值是指一定量资金经过若干期后按单利计算的本利和。

当 $n=1, 2, \cdots, n$ 时，可得：

$$F_1 = P + Pi = P(1 + i)$$

$$F_2 = F_1 + Pi = P(1 + i) + Pi = P(1 + 2i)$$

$$F_3 = F_2 + Pi = P(1 + 2i) + Pi = P(1 + 3i)$$

$$\vdots$$

$$F_n = F_{n-1} + Pi = P[1 + (n - 1)i] + Pi = P(1 + ni)$$

因此，单利终值的计算公式为：

$$F=P\ (1+ni)$$

【例 1-1】某人将10 000元存入银行，年利率为 4%，按单利计算 5 年后本利和为多少？

$$F = P(1 + ni) = 10\,000 \times (1 + 5 \times 4\%) = 12\,000(\text{元})$$

（2）单利现值的计算。单利现值是指以后时间收到或付出资金按单利计算的现在价值。可用倒求本金的方法计算。由终值求现值，叫作贴现。其计算公式为：

$$P = F \div (1 + ni)$$

【例 1-2】某企业购买一台设备，若两年后付款，将支付40 000元，如果年利率为 5%，现在付款应支付多少元？

$$P = F \div (1 + ni) = 40\,000 \div (1 + 2 \times 5\%) = 36\,363.64(\text{元})$$

【想一想】

（1）如何理解货币的时间价值？

（2）请举例说明单利的终值和现值在现实经济生活中的应用。

2. 复利的计算

在复利方式下，本能生息，利息在下期则转入本金与原本金一起计息。

（1）复利终值的计算。复利终值是指一定量资金经过若干期后按复利计算的本利和。

$$F_1 = P + Pi = P(1 + i)$$

$$F_2 = F_1 + F_1 i = P(1 + i) + P(1 + i)i = P(1 + i)^2$$

$$F_3 = F_2 + F_2 i = P(1 + i)^2 + P(1 + i)^2 i = P(1 + i)^3$$

$$\vdots$$

$$F_n = F_{n-1} + F_{n-1} i = P(1 + i)^{n-1} + P(1 + i)^{n-1} i = P(1 + i)^n$$

因此，复利终值的计算公式为：

$$F=P(1+i)^n$$

【例 1-3】某人将10 000元存入银行，年利率 4%，按复利计算 5 年后本利和为多少？

$$F=P(1+i)^n=10\,000\times(1+4\%)^5=12\,170(\text{元})$$

（2）复利现值的计算。复利现值是指以后时间收到或付出资金按复利计算的现在价值。通过复利终值计算可得复利现值计算公式：

$$P=F\div(1+i)^n=F(1+i)^{-n}$$

【例 1-4】按复利计算的投资项目 4 年后可获得本利和10 000元，若投资报酬率为 8%，现在应投入多少元？

$$P=F\div(1+i)^4=10\,000\times(1+8\%)^{-4}=7\,350(\text{元})$$

在复利终值和复利现值计算公式中，$(1+i)^n$和 $(1+i)^{-n}$分别称为复利终值系数和复利现值系数。在实际工作中，为了便于计算，可直接查阅按不同利率和时期编制的复利终值系数表和复利现值系数表（见附录）。

（3）名义利率与实际利率。复利的计息期不一定总是一年，有可能是季度或月。当利息在一年内要复利几次时，给出的年利率叫作名义利率。

【例 1-5】本金1 000元，投资 5 年，年利率 8%，每季度复利一次，则：

$$\text{每季度利率}=8\%\div4=2\%$$

$$\text{复利次数}=5\times4=20$$

$$F=1\,000\times(1+2\%)^{20}=1\,000\times1.486=1\,486(\text{元})$$

$$I=1\,486-1\,000=486(\text{元})$$

一年内复利几次时，实际得到的利息要比按名义利率计算的利息高，本例的利息 486 元，要比按每年复利一次时的利息 469 ［1 000×（F/P，8%，5）－1 000］元多 17 元。本例的实际利率高于 8%，可用下述方法计算：

$$F=P(1+i)^n$$

$$1\,486=1\,000\times(1+i)^5$$

$$(1+i)^5=1.486$$

$$(F/P,\ i,\ 5)=1.486$$

查表得：

$$(F/P,\ 8\%,\ 5)=1.469$$

$$(F/P,\ 9\%,\ 5)=1.538$$

用内插法求得实际年利率为：

$$\frac{1.538-1.469}{9\%-8\%}=\frac{1.486-1.468}{i-8\%}$$

$$i=8.25\%$$

也可以将【例 1-5】的数据代入实际利率和名义利率之间关系的公式，计算实际利率：

$$1+i=\left(1+\frac{8\%}{4}\right)^4$$

$$i=\left(1+\frac{8\%}{4}\right)^4-1=1.082\,4-1=8.24\%$$

【想一想】

请举例说明复利的终值和现值在现实经济生活中的应用。

【小贴士】

复利的神奇力量

“数学有史以来最伟大的发现”，爱因斯坦曾经这样形容复利。

复利听起来复杂，说穿了就是：除了用本金赚利息，累积的利息也可以再用来赚利息。

1791 年，美国总统富兰克林过世时，捐赠给波士顿和费城这两个他最喜爱的城市各5 000美元。这项捐赠规定了提领日，提领日是捐款后的 100 年和 200 年。100 年后，两个城市分别可以提 50 万美元，用于公共计划；200 年后，才可以提领余额。

1991年，200 年期满时，波士顿和费城两个城市分别得到将近2 000万美元。

富兰克林以这个与众不同的方式，向我们显示了复利的神奇力量。富兰克林喜欢这样描述复利的好处：“钱赚的钱，会赚钱。”

3. 年金的计算

年金是指等额、定期的系列收支，如利息租金、分期付款收购、分期偿还贷款、发放养老金等，都属于年金收付形式。根据收付发生的时间不同，年金分为普通年金、预付年金、递延年金和永续年金。

（1）普通年金。普通年金也称后付年金，是指发生在每期期末的年金。

①普通年金终值的计算。普通年金终值是指每期期末收付等额款项的复利终值之和，如图 1-3 所示。

设每期期末收付金额为 A，利率为 i，期数为 n，则按复利计算的年金终值 F 为：

$$\begin{aligned} F &= A(1+i)^0 + A(1+i)^1 + A(1+i)^2 + \cdots + A(1+i)^{(n-2)} + A(1+i)^{n-1} \\ &= A[(1+i)^0 + (1+i)^1 + (1+i)^2 + \cdots + (1+i)^{n-1}] \end{aligned}$$

根据几何级数求和公式可得：

$$F = A \times \{[(1+i)^n - 1]/i\}$$

式中，$[(1+i)^n - 1]/i$ 是普通年金为 1 元，利率为 i，经过 n 期的年金终值，称为年金终值系数，记作（F/A，i，n）。为了简化年金终值的计算，编制了年金终值系数表（见附录），以供计算时查阅。据此，年金终值的计算公式为：

$$F = A \times (F/A, i, n)$$

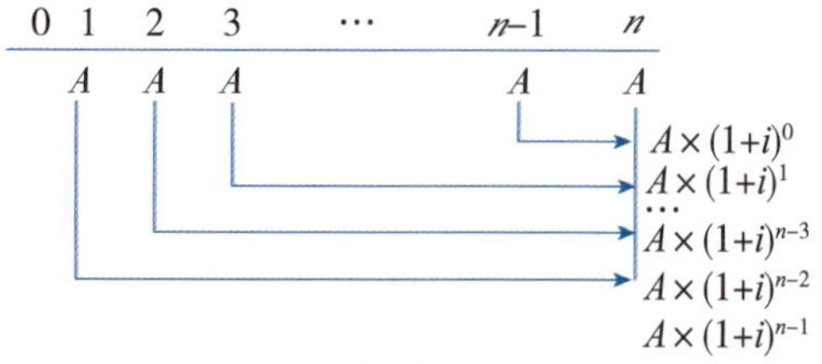

图 1-3 普通年金的终值

【例 1-6】企业向外出租一栋仓库，每年年末可收到租金4 000元，年利率为 5%，按复利计算，则 5 年后共得租金及利息多少元？

$$\begin{aligned} F &= A \times (F/A, i, n) \\ &= 4\,000 \times (F/A, 5\%, 5) \end{aligned}$$

查年金终值系数表：

$$(F/A, 5\%, 5) = 5.526$$
$$F = 4\,000 \times 5.526 = 22\,104(\text{元})$$

在实际生活中，有时需要在已知年金终值和利息率的情况下计算各年年金。

【例 1-7】某人计划 5 年后支付150 000元购买一处住房，银行存款年利率为 4%，按复利计算，问每年年末要存入多少款项才能保证 5 年后得到150 000元？

根据年金终值计算公式：

$$F = A \times (F/A, i, n)$$

有：

$$A = F/(F/A, i, n)$$
$$= 150\,000/(F/A, 4\%, 5)$$

查表：

$$(F/A, 4\%, 5) = 5.416$$
$$A = 150\,000 \div 5.416 = 27\,695.72(\text{元})$$

②普通年金现值的计算。普通年金现值是指每期收付等额款项的复利现值之和，如图 1-4 所示。设普通年金现值为 P，则：

$$P = A \times (1+i)^{-1} + A \times (1+i)^{-2} + \cdots + A \times (1+i)^{-(n-1)} + A \times (1+i)^{-n}$$
$$= A[(1+i)^{-1} + (1+i)^{-2} + \cdots + (1+i)^{-(n-1)} + (1+i)^{-n}]$$

根据几何级数求和公式可得：

$$P = A \times \{[1-(1+i)^{-n}]/i\}$$

上述公式的 $[1-(1+i)^{-n}]/i$ 是普通年金为 1 元，利率为 i，经过 n 期的年金现值，称为年金现值系数，记作 $(P/A, i, n)$。同样为了简化计算，编制了年金现值系数表（见附录），以供计算时查阅。因此，年金现值的计算公式为：

$$P = A \times (P/A, i, n)$$

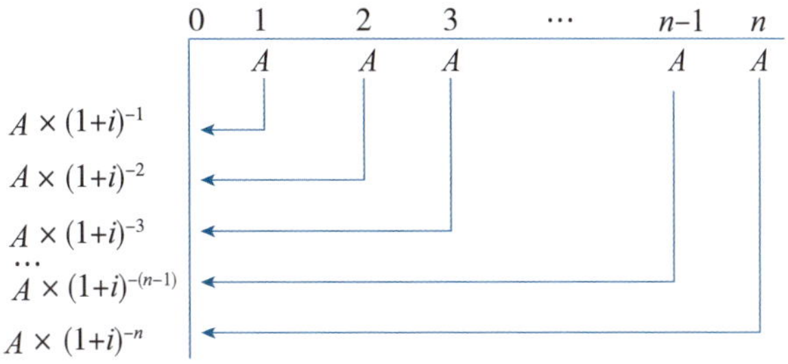

图 1-4　普通年金的现值

【例 1-8】企业自年初开始对某项目投资，从投资之日起每年可得收益30 000元，按年复利率 6%计算，则预期 10 年收益的现值为：

$$P = A \times (P/A, 6\%, 10)$$

查年金现值系数表：

$$(P/A, 6\%, 10) = 7.360$$
$$P = A \times (P/A, 6\%, 10) = 30\,000 \times 7.360 = 220\,800(\text{元})$$

【例 1-9】企业拟对一台原有设备进行更新改造，预计现在一次支付8 111元，可使全年成本节约1 000元，若银行年利率为4%，按复利计算，那么这台更新设备至少应使用多少年？

$$P = A \times (P/A, i, n)$$
$$8\,111 = 1\,000 \times (P/A, 4\%, n)$$
$$(P/A, 4\%, n) = 8.111$$

查年金现值系数表可知：

$$n = 10$$

即更新改造后的设备至少应使用10年才行。

【想一想】

请举例说明普通年金的终值和现值在现实经济生活中的应用。

（2）预付年金。预付年金是指在每期初收付的年金，又称即付年金，如图1-5所示。

①预付年金终值的计算。预付年金终值是指每期期初收付等额款项复利终值之和。

预付年金终值计算公式为：

$$F = A \times \{[(1+i)^{n+1}]/i - 1\}$$
$$= A \times [(F/A, i, n+1) - 1]$$

式中，$[(F/A, i, n+1) - 1]$为预付年金终值系数，它和普通年金终值系数$(F/A, i, n)$相比，是期数加1，系数减1。因此，预付年金终值系数可通过普通年金终值系数表查出$n+1$期的值，再减去1求得。

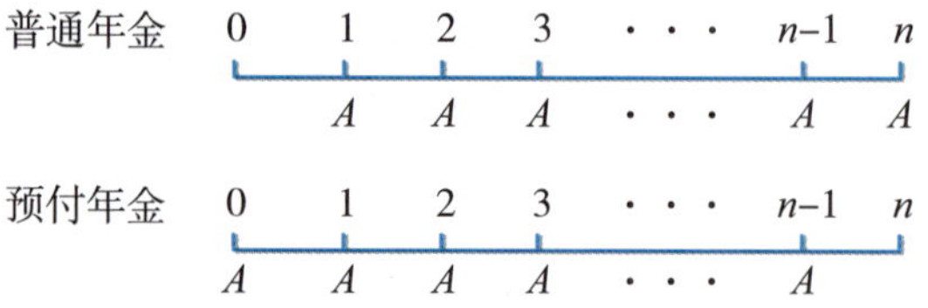

图1-5 预付年金与普通年金的区别

【例1-10】某人于每年年初存入银行1 000元，银行年利率为4%，按复利计算，第6年的本利和为多少元？

$$A = 1\,000, i = 4\%, n = 6$$
$$F = A \times [(F/A, i, n+1) - 1]$$

查普通年金终值系数表：

$$(F/A, 4\%, 7) = 7.898$$
$$F = 1\,000 \times (7.898 - 1) = 6\,898(\text{元})$$

②预付年金现值的计算。预付年金现值是指每期期初收付等额款项的复利现值之和。预付年金现值计算公式为：

$$P = A \times \{[1 - (1+i)^{-(n-1)}]/i + 1\}$$
$$= A \times [(P/A, i, n-1) + 1]$$

式中，$[(P/A, i, n-1) + 1]$为预付年金现值系数，它和普通年金现值系数$(P/A, i, n)$相比，是期数减1，系数加1。因此，预付年金现值系数可通过普通年金现值系数表查出

$n-1$ 的值，再加上 1 求得。

【例 1-11】4 年分期付款购置一台设备，每年年初付2 000元，设银行利率为 6%，按复利计算，则该设备现在一次性付款购价应为多少元？

$$P = A \times [(P/A, i, n-1) + 1]$$
$$= 2\,000 \times [(P/A, 6\%, 3) + 1]$$

查普通年金现值系数表：

$$(P/A, 6\%, 3) = 2.673$$
$$P = 2\,000 \times (2.673 + 1)$$
$$= 7\,346(\text{元})$$

【想一想】

请举例说明预付年金的终值和现值在现实经济生活中的应用。

（3）递延年金。递延年金是指第一次收付行为发生在第二期期末或第二期期末以后的年金，如图 1-6 所示。

递延年金的终值计算，与递延期无关，其计算方法与普通年金终值相同：

$$F = A(F/A, i, n)$$

递延年金的现值计算分两段进行，先根据普通年金现值计算方法，求出 n 期现值，然后再将求出的现值往前求 m 期复利现值。

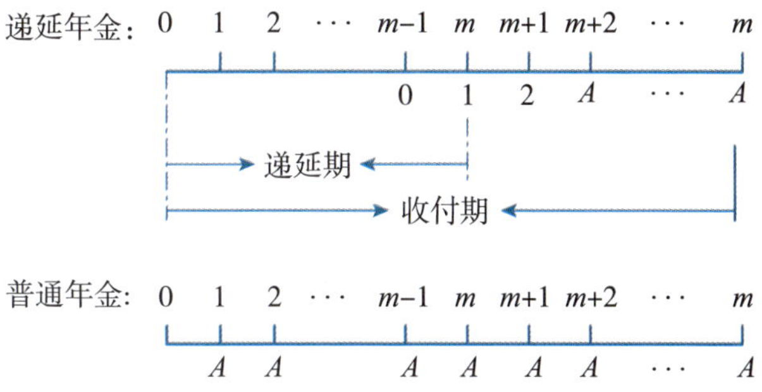

图 1-6 递延年金和普通年金的区别

【例 1-12】某投资项目于2015年动工，施工期 3 年，2018年年初投产，从投产之日起每年可得收益40 000元，按年复利率为 6%计算，则 10 年收益与2015年年初的现值为：

$$P = A \times (P/A, 6\%, 10) \times (1+6\%)^{-3}$$

查年金现值系数表：$(P/A, 6\%, 10) = 7.360$

查复利现值系数表：$(1+6\%)^{-3} = 0.840$

$$P = 40\,000 \times 7.360 \times 0.840$$
$$= 247\,296(\text{元})$$

（4）永续年金。永续年金是指无限期收付的年金。如优先股的固定股利收益，某些未规定偿还期的债券的利息收入等都可视为永续年金。

永续年金没有终止的时间，也就没有终值，永续年金的现值可以通过普通年金现值的计算公式写出：

$$P = A \times \{[1-(1+i)^{-n}]/i\}$$

当 $n \to \infty$ 时，$(1+i)^{-n}$ 的极限值为零，故上式可写成：

$$P = A \times 1/i$$

【例 1-13】某企业持有 C 公司的优先股5 000股股票，每年可获得优先股股利1 000元，若年复利率为 5%，则该优先股历年股利的现值为：

$$P = A \cdot 1/i = 1\ 000 \div 5\% = 20\ 000(\text{元})$$

【例 1-14】拟建立一项永久性奖励基金，每年计划颁发8 000元奖金，若年复利率为 5%。现在应一次性存入多少钱？

$$P = 8\ 000 \times 1 \div 5\% = 160\ 000(\text{元})$$

上述关于时间价值计算的方法，在财务管理中有广泛的应用，如租赁决策、固定资产更新决策及其他长期投资决策等。随着财务管理中的问题日趋复杂，时间价值观念日趋重要。

【想一想】

请举例说明永续年金的现值在现实经济生活中的应用。

【相关链接】

72 法则

72 法则是指使资金增倍的复利问题的快捷计算方法。该法则指出，用 72 去除投资年限 n 即可得到 n 年内使资金增加一倍的近似的利率。如王军投资 10 万元，他要在 5 年内使自己的投资翻一番，则投资报酬率必须达到14.4%（72÷5=14.4）。如果王军没有进行该投资，而是把资金购买了利率为 6%的债券，则他要实现资金翻一番的目标必须等待 12 年（72÷6=12）。

【知识拓展】

理财观念

一、理财观念的含义

理财观念，也叫财务观念，或称基本的财务原则，是指财务活动主体在进行财务决策和实施财务决策过程中，应具备的价值观念或必须遵循的基本原则，它反映理财活动的内在要求。

理财观念是财务管理的基础，观念的更新会带来管理水平的提高。财务管理过程中应具有的理财观念很多，如资金时间价值观念、风险价值观念、机会成本观念、边际观念、弹性观念、预期观念、杠杆观念等，而重点是资金时间价值观念、风险价值观念。

二、理财观念的种类

1. 资金时间价值观念

时间价值是对于资金或货币而言的，所以又称货币时间价值。它是指同一资金量在投入经济运行中，随着时间的推移而形成的价值差额。它是财务管理中的一个基本的理财观念，在投资、筹资活动中被广泛运用。

2. 风险价值观念

所谓风险，是指在一定条件下和一定时间内可能发生的各种结果的变动程度。一般而言，企业在经营活动中是讨厌风险的，但冒一定的风险可能获得额外的收益，这就是风险价值。风险价值观念是财务管理中的又一个基本的理财观念。

3. 机会成本观念

机会成本原是经济学术语。它以经济资源的稀缺性和多种选择机会的存在为前提，是指在财务决策中应由中选的最优方案负担的、按所放弃的次优方案的潜在收益计算的那部分资源损失，又叫机会损失。在财务管理活动中，尤其是在财务决策过程中，应充分考虑所选方案的机会成本，以使财务决策更加科学合理、经济资源得到有效使用，这就是财务管理中的机会成本观念。

机会成本观念是财务管理的又一项基本原则。在财务管理实践中，最佳现金持有量的确定、应收账款决策、存货决策等都必须在这一观念的指导下进行。

4. 边际观念

边际观念也是经济学术语，是指在具有内在联系的相关因素中，每增加一个单位的因素值所引起的另一因素的变动额。如每增加一个单位销售量引起的销售收入的增加额，叫边际收入；每增加一个单位的生产量或销售量而引起的生产成本（销售成本）的变动额，叫边际成本；每增加一个单位的销售量而引起的收益的变动额，叫边际利润；投资额每增加一个单位的资金量而导致投资报酬的变动额，叫边际投资报酬；每增加一个单位的筹资额而导致资金成本的变动额，叫边际资金成本；等等。在财务管理活动中，必须考虑边际成本、边际收入、边际利润等的变动情况，力求边际利润（或边际投资报酬）最优化，合理进行各项财务决策，使生产规模（或投资规模）等处于最优状态，这就是财务管理中的边际观念。

边际观念是财务管理的一个基本原则。在财务管理实践中，定价决策、资本结构决策、销售与利润决策、投资规模决策等都应在这一观念的指导下进行。

5. 弹性观念

弹性是指事物的灵活性和伸缩性。在财务活动过程中，由于客观环境的变化，原有的财务决策要能随着各种内外因素的变化而适时调整、变更，决策结果不能过死和僵化，这就是财务管理中应遵循的弹性观念。弹性观念要求财务决策能随着客观环境的变化不断地进行调整，动态地实现决策的最优。在财务管理实践中，资本结构决策、投资结构与规模决策、应收账款决策等都要运用到弹性观念。

6. 预期观念

财务管理的过程实际上就是一个预测、决策、计划、实施并进行控制、分析的过程。财务管理中的预期观念就是要求财务人员依据已知经济信息和其他有关资料，对未来的财务活动的趋势和状况进行多种可能的预计、推测和估量，以便更好地进行财务决策和计划管理。

预期观念也是财务管理的一项基本原则。在理财实践中，财务预测、预算管理、财务战略管理等要在这一观念的指导下进行。

【任务操作】

分析：两种方案的年收益相同，每年收益 40 万元的现值是：

$$PA = 40 \times (P/A,\ 5\%,\ 10)$$
$$= 40 \times 7.7217 = 308.868(\text{万元})$$

每年年初需付租金 15 万元的现值是：

$$PA = 15 \times (P/A,\ 5\%,\ 10) \times (1 + 5\%)$$

$$= 15 \times 7.7217 \times 1.05 = 121.62(\text{万元})$$

购买方案的净收益现值是：

$$308.868-125=183.868\ (\text{万元})$$

租赁方案的净收益现值是：

$$308.868-121.62=187.248\ (\text{万元})$$

租赁方案的净收益现值大于购买方案的净收益现值，所以租赁方案好。

职业能力训练

一、知识准备训练

（一）单项选择题

1. 资金时间价值的实质是（　　）。

A. 利息率　　B. 资金周转使用后的价值增值额

C. 企业的成本利润率　　D. 差额价值

2. 如果一笔资金的现值与将来值相等，那么（　　）。

A. 折现率一定很高　　B. 不存在通货膨胀

C. 折现率一定为 0　　D. 现值一定为 0

3. 存本取息可视为（　　）。

A. 即付年金　　B. 递延年金　　C. 先付年金　　D. 永续年金

4. 甲方案在五年中每年年初付款2 000元，乙方案在五年中每年年末付款2 000元，若利率相同，则两者在第五年年末时的终值（　　）。

A. 相等

B. 前者大于后者

C. 前者小于后者

D. 可能会出现上述三种情况中的任何一种

5. 某公司年初购买债券 12 万元，利率 6%，单利计息，则第 4 年年底债券到期时的本利和是（　　）。

A. 2.88万元　　B. 15.12万元　　C. 14.88万元　　D. 3.12万元

6. 一项 100 万元的借款，借款期限 5 年，年利率 10%，每半年复利一次，则实际利率比其名义利率高（　　）。

A. 5%　　B. 0.4%　　C. 0.25%　　D. 0.35%

7. 一笔贷款在 5 年内分期等额偿还，那么（　　）。

A. 利率是每年递减的

B. 每年支付的利息是递减的

C. 支付的还款是每年递减的

D. 第 5 年支付的是特大的一笔余额

（二）多项选择题

1. 货币时间价值是（　　）。

A. 货币经过一定时间的投资和再投资所增加的价值

B. 现在的一元钱和一年后的一元钱的经济效用不同

C. 没有考虑风险和通货膨胀条件下的社会平均资金利润率

D. 随着时间的延续，资金总量在循环和周转中按几何级数增长，使货币具有时间价值

2. 属于在期末发生的年金形式有（　　）。

A. 即付年金　　B. 永续年金　　C. 普通年金　　D. 递延年金

3. 年金具有（　　）。

A. 等额性　　B. 系列性　　C. 多次性　　D. 固定性

4. 递延年金的特点是（　　）。

A. 第一期没有支付额　　B. 终值大小与递延期长短有关

C. 终值计算与普通年金相同　　D. 现值计算与普通年金相同

5. 可计算终值与现值的年金有（　　）。

A. 普通年金　　B. 预付年金

C. 递延年金　　D. 永续年金

6. 关于货币时间价值的表述，正确的有（　　）。

A. 货币时间价值不可能由时间创造，只能由劳动创造

B. 只有把货币作为资金投入生产经营才能产生时间价值，即时间价值是在生产经营中产生的

C. 时间价值的相对数是扣除风险报酬和通货膨胀贴水后的平均资金利润率或平均报酬率

D. 时间价值是对投资者推迟消费的耐心给予的报酬

7. 下列表述正确的有（　　）。

A. 复利终值系数和复利现值系数互为倒数

B. 普通年金终值系数和普通年金现值系数互为倒数

C. 普通年金终值系数和偿债基金系数互为倒数

D. 普通年金现值系数和回收系数互为倒数

（三）判断题

1. 一般来说，资金时间价值是指在没有通货膨胀条件下的投资报酬率。（　　）

2. 当利息在一年内复利几次时，给出的年利率称为名义利率。（　　）

3. 风险不仅能带来超出预期的损失，呈现其不利的一面，而且能带来超出预期的收益，呈现其有利的一面。（　　）

4. 永续年金可视作期限无限的普通年金，终值与现值的计算可在普通年金的基础上求得。（　　）

5. 在通货膨胀率很低的情况下，政府债券的利率可视同资金时间价值。（　　）

6. 预付年金的终值与现值，可在普通年金终值与现值的基础上乘以（$1+i$）得到。（　　）

7. 终值系数和现值系数互为倒数，因此，年金终值系数与年金现值系数也互为倒数。（　　）

二、业务操作训练

【背景资料1】

王某拟于年初借款50 000元，每年年末还本付息均为6 000元，连续10年还清。假设预期最低借款利率为7%。

任务要求

王某能否按其计划借到款项？

【背景资料 2】

某工厂有一笔100 000元的资金，准备存入银行，希望在 7 年后利用这笔款项的本利和购买一套设备，当时的银行存款利率为复利 10%，该设备的预期价格为194 000元。

已知（P/A，10%，7）= 4.868 4

（F/P，10%，7）= 1.949

（P/F，10%，7）= 0.513 2

任务要求

试用数据说明 7 年后这家工厂能否用这笔款项的本利和购买设备。

【背景资料 3】

某企业有一个投资项目，预计在2007年至2009年每年年初投入资金 300 万元，从2010年至2019年的十年中，每年年末流入资金 100 万元。企业的贴现率为 8%。

已知（F/A，8%，3）= 3.246 4　　（P/A，8%，3）= 2.577 1

（F/A，8%，10）= 14.487　　（P/A，8%，10）= 6.710 1

任务要求

（1）计算2009年年末各年流出资金的终值之和。

（2）计算2010年年初各年流入资金的现值之和。

（3）判断该投资项目方案是否可行。

【背景资料 4】

长江实业股份有限公司发生如下业务：

（1）公司从2015年 1 月 1 日开始，每年年底向银行存入 10 万元，共 5 年，年利率为 5%，求年金终值。

（2）公司计划在 5 年后还清 10 万元的债务，从现在起每年年末等额存入银行一笔款项，年利率为 5%，求年金。

（3）公司年初租入设备一台，每年年末需要支付租金 1 万元，年利率 8%，求 5 年租金的现值。

（4）公司贷款 100 万元，在 10 年内以年利率 8%等额偿还，求每年的偿还额。

（5）公司从2018年 1 月 1 日开始，每年年初向银行存入 10 万元，年利率为 5%，期限 5 年，求年金终值。

（6）公司向银行借入一笔款项，银行贷款的年利率为 10%，每年复利一次。银行规定前 5 年不用还款，但从第 6 年至第 15 年每年年末偿还本息5 000元，求年金现值。

（7）公司拟建立一项永久性奖学金，每年计划发放20 000元奖学金。银行年利率 10%，求现在应投资多少元？

任务要求

1. 根据长江公司发生的具体业务，分别分析是哪一种年金，相应的年金终值和现值是多少？

2. 偿债基金投资回收额是多少？

【背景资料 5】

（1）李亮决定在2015年、2016年、2017年和2018年各年的 1 月 1 日分别存入5 000元，按10%利率，每年复利一次，李亮欲确定计算2018年 12 月 31 日的余额。

（2）淮海实业公司为实施某项计划，需要取得外商贷款1 000万美元，经双方协商，贷款利率为 8%，按复利计息，贷款分 5 年于每年年末等额偿还。外商告知，他们已经算好，每年年末应归还本金 200 万美元，支付利息 80 万美元。

（3）淮海实业公司决定连续 4 年于每年年初存入 300 万元作为住房基金，若年利率为10%，则该公司在第 4 年年末一次取出。

（4）淮海实业公司希望连续 5 年的年初都从银行提取 100 万元，若年利率为 6%。

（5）淮海实业公司拟购置一处房产，房主提出三种付款方案：

①从现在起，每年年初支付 20 万元，连续支付 10 次，共 200 万元。

②从第 5 年开始，每年年末支付 25 万元，连续支付 10 次，共 250 万元。

③从第 5 年开始，每年年初支付 24 万元，连续支付 10 次，共 240 万元。

假设该公司的资金成本率为 10%。

（6）淮海实业公司设立永久性奖学金，每年计划颁发50 000元奖金。若年复利率为 8%。

任务要求

1. 确定第（1）项中的复利终值、第（2）项中的复利现值。

2. 确定第（3）项、第（4）项中的即付年金终值和现值。

3. 确定第（5）项中的递延年金现值。

4. 确定第（6）项中的永续年金现值，即本金。

职业能力拓展

放在桌上的现金——货币的时间价值

“放在桌上的现金”（Cash On the Table），是西方经济学家最常使用的隐喻，指人们错过获利的机会。

用中国人的话说，“放在桌上的现金”就是“压在床板下的钱”，指人错过了获利机会，是因为货币具有时间价值。

货币的时间价值，是指当前所持有的一定量货币，比未来获得的等量货币具有更高的价值。也就是说，今天的 10 万元比 10 年后的 10 万元值钱。

到底值多少呢？如果这笔钱压在床板下，10 年来，平均每年的通货膨胀率为 3%，相对于目前的购买力水平，你 10 年后只能买相当于目前价值74 409元的物品，相当于平白损失了25 591元。

如果这笔钱放在银行，每年的利息为1. 98%，则 10 年后值121 660元；如果存 5 年定期，年利率为2. 79%，5 年后本利再存 5 年，利息不变，则值131 676元。

如果这笔钱投资某类基金，如股票类价值成长型基金，年平均回报率为 8%，则 10 年后你的 10 万元价值215 892元。

中外理财专家普遍认为，一个人或家庭应“放在桌上的现金”约相当于 36 个月的收入。拿在手里的钱，存在活期账户可以用卡支取的钱，还有信用卡中储备的钱，或者授信可以随时支取的钱，都可以作为应急现金而存在，这些钱的特点就是可以随时支取，可以通称为

“放在桌上的现金”。至于定期存款，则与债券、股票、基金等一起归属于理财规划中的投资，它们需要获得时间价值，以满足一生的财务需求。

（资料来源：business. sohu. com/2 004/07/02/59/article22。）

☞思考与分析

（1）请分析货币时间价值形成的基本条件。

（2）如何理解“放在桌上的现金”？

（3）人们为何喜欢持有“放在桌上的现金”？

任务三 树立风险收益理念

任务描述

风华股份有限公司有 A、B 两个投资项目，计划投资额均为1 000万元，其收益（净现值）的概率分布如表 1-2 所示。

表 1-2 A、B 两个项目投资收益概率分布 单位：万元

市场状况	概率	A 项目净现值	B 项目净现值
好	0.2	200	300
一般	0.6	100	100
差	0.2	50	-50

要求：

（1）分别计算 A、B 两个项目净现值的期望值。

（2）分别计算 A、B 两个项目期望值的标准差。

（3）判断 A、B 两个投资项目的优劣。

【案例导入】

谁是最合适的继承人？

有一位大富翁，为了选择谁是他最合适的家族企业继承人，决定对他的四个儿子进行考核测试。他给每个儿子 100 万元，以三年为考核期限，希望他们采取一切合法手段进行投资或经营，尽可能使这笔钱增值，三年后根据他们的投资业绩或经营业绩来确定继承人。大儿子得到 100 万元后，将这笔钱存放在家里的保险柜后，就四处找寻最能够赚钱又没有风险的投资项目，他很遗憾在三年中始终没有找到他认为最合适的项目，因而从未动用过这 100 万元。二儿子则将得到的 100 万元立刻购买了银行理财产品，年收益率为 5%，三年后获利 15 万元。三儿子将得到的 100 万元投资于某一项目，三年后亏损 9 万元。四儿子将得到的 100 万元进行抵押，再融资 80 万元，将 180 万元投资于某一投资项目，三年后获利 81 万元。

问题：请分析谁最有可能成为大富翁的继承人，并评述四个儿子各自是如何使用这 100 万元进行投资的，他们各自面临着哪些投资风险。

分析：从引例可以看出，大富翁的四个儿子对于 100 万元的投资使用方式是不同的，因此，他们所面临的投资风险与所获得的投资报酬也各不相同。这里就涉及财务管理中的投资风险价值问题。投资者应该如何权衡投资收益与风险问题呢？本节将为你提供相关方面分析问题、解决问题的思路和方法。

知识准备

一、风险的含义

风险（Risk）是指在一定条件下，一定时期内，某一项行动具有多种可能但结果不确定。风险是一个非常重要的财务概念。任何决策都有风险，这使得风险观念在理财中更具有普遍意义。财务活动经常是在有风险的情况下进行的，承担风险，就要求得到相应的额外收益。投资者由于冒风险进行投资而要求的超过资金时间价值的额外收益，就称为投资的风险价值，也称为风险收益或风险报酬。风险是客观的，人们无法回避和忽视，但是否去冒风险以及冒多大的风险，是可以选择的。企业理财时，必须研究风险，计量风险并设法控制风险，以求最大限度地扩大企业财富。因此，有人说："时间价值和风险价值是财务管理中最重要的两个基本原则。"也有人说："时间价值是理财的第一原则，风险价值是理财的第二原则。"

如果企业的一项行动有多种可能的结果，其将来的财务后果是不肯定的，就是有风险。如果这项行动只有一种结果，就是没有风险。例如，将一笔钱购买国债，可以确定在约定的期限后可以得到本利和，这就几乎没有风险。这种情况在企业投资中很少见，它的风险固然小，但报酬也很低，很难称为真正意义上的投资。

风险是指某一行动的结果具有多样性。在风险存在的情况下，人们只能估计到采取某种行动可能导致的结果，以及每种结果出现可能性的大小，而行动的真正结果如何，事先无法预知。例如在预计一个投资项目报酬时，不可能十分精确，也没有百分之百的把握，而且可能会发生人们预想不到同时还无法控制的变化，这就是风险。

风险是事件本身的不确定性，具有客观性。例如，无论企业还是个人，投资于国库券，其收益的不确定性较小；如果投资于股票，则收益的不确定性就大得多。

从财务管理角度分析风险主要是指无法达到预期报酬的可能性，或由于各种难以预料和无法控制的因素作用，使企业的实际收益与预期收益发生背离，而蒙受经济损失的可能性。风险可能带来超出预期的损失，呈现其不利的一面，也可能带来超出预期的收益，呈现其有利的一面。

【知识拓展】

风险与不确定性

有些不确定性与目标并不相关。例如，如果在湖南实施动漫设计项目，那么与湖南是否会下雨这个不确定性就是不相关的——谁会关心它呢？但是，如果决策项目是重新规划湖南的高速公路，那么湖南下雨的概率就不再仅仅是一个不确定性了——它起作用了。在前一种情况下，下雨仅仅是一个不相关的不确定性，而在后一种情况下，下雨就是一个风险。

二、风险的类型

1. 按风险能否分散分为不可分散风险和可分散风险

不可分散风险是指那些影响所有企业的风险，也称市场风险或系统风险，如战争、自然灾害、通货膨胀、利率调整、宏观经济形势的变动、国家经济政策的变化、税制改革、企业会计准则改革、世界能源状况、政治因素等。因为这些因素影响所有投资，所以不可能通过多元化投资分散风险。

可分散风险也称公司特有风险或非系统风险，是指发生于个别公司的特有事件给企业造成的风险，如罢工、新产品开发失败等。这类事件是随机发生的，仅影响与之相关的公司，它是特定企业或特定行业所特有的，与政治、经济和其他影响所有资产的市场因素无关，可以通过多元化投资分散风险。

2. 按风险形成的原因分为经营风险与财务风险

经营风险是指企业因经营上的原因导致利润变动的不确定性。如原材料供应地的政治经济情况变动、新材料的出现等因素，会给企业带来供应风险；由于生产组织的不合理而带来的生产方面的风险；由于销售决策的失误带来的销售方面的风险。经营风险是不可避免的。

财务风险也叫筹资风险，是指因借款而增加的风险，是筹资决策带来的风险。企业举债经营，全部资金除自有资金外还有部分借入资金，这会对自有资金的获利能力造成影响；同时，借入资金还需还本付息，一旦企业无力偿还到期的债务本息，便会陷入财务困境甚至破产。当企业息税前资金利润率高于借入资金利息率时，使用借入资金获得的利润除了补偿利息还有剩余，因而使自有资金利润率提高。但是，若企业息税前资金利润率低于借入资金利息率时，使用借入资金获得的利润除了补偿利息还不够支付利息，这就需要动用自有资金来支付利息，从而使自有资金利润率降低。用自有资金偿付利息，可能使企业发生亏损。若亏损严重、财务状况恶化、丧失支付能力，就会出现无法还本付息甚至导致破产的危险。财务风险是可避免的，如果企业不举债，则企业就没有财务风险。

【相关链接】

风险决策的种类

按照风险的程度大小，企业的财务决策可分为三种：

(1) 确定性决策。决策者对未来的情况是完全已知并确定的决策，称为确定性决策。

(2) 风险性决策。决策者对未来的情况不能完全确定，但知道可能出现的结果及每种结果出现的概率（概率的具体分布是已知的或能作出大致的估计），这种情况下的决策称为风险性决策。

(3) 不确定性决策。决策者对未来的情况不但不能完全确定，而且对其出现的概率也不清楚，这种情况下的决策称为不确定性决策。

三、风险衡量

风险客观存在并广泛影响企业的财务和经营活动。因此正视风险并量化风险程度，对风险进行较为准确的衡量，便成为企业财务管理的一项重要工作。但由于风险本身不易计量，要计算在一定风险条件下的投资收益，必须通过概率和统计方法。

1. 概率及其分布

在经济活动中，某一事件在相同的条件下可能发生也可能不发生，这一事件则称为随机事件。概率就是用来表示随机事件发生可能性大小的数值，概率用 P_i 表示。任何随机事件的概率都要符合以下两条原则：

（1）$0 \leqslant P_i \leqslant 1$；

（2）$\sum_{i=1}^{n} P_i = 1$。

这两条原则从理论方面说明：第一，一个随机事件的最小概率为 0，这是不可能发生的事件；随机事件最大的概率为 1，这是必然发生的事件；而一般随机事件的概率是介于 0 与 1 的数。第二，一个随机事件几种可能的概率值之和等于 1，n 为随机事件可能出现的所有结果的个数。

将随机事件所有可能的结果都列出来，而且对每一结果都给予一定的概率，便构成了概率分布。

【例 1-15】企业现有两个投资项目，投资额均为20 000元，其预期收益率及其概率分布如表 1-3 所示。

表 1-3　A、B 两项目预期收益率及其概率分布

经济情况	概率（P_i）	A 项目收益率（%）	B 项目收益率（%）
繁荣	0. 25	40	60
一般	0. 5	25	25
较差	0. 25	10	-10
合计	1. 0	—	—

概率分布有两种类型，一种是不连续的概率分布，即概率分布在几个特定的随机变量上，如【例 1-15】。这种概率分布的几何图形是几条直线，如图 1-7 所示。

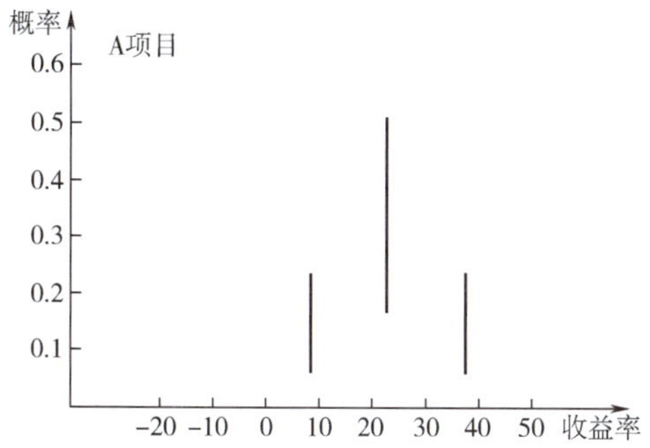

(a)A项目不连续概率分布

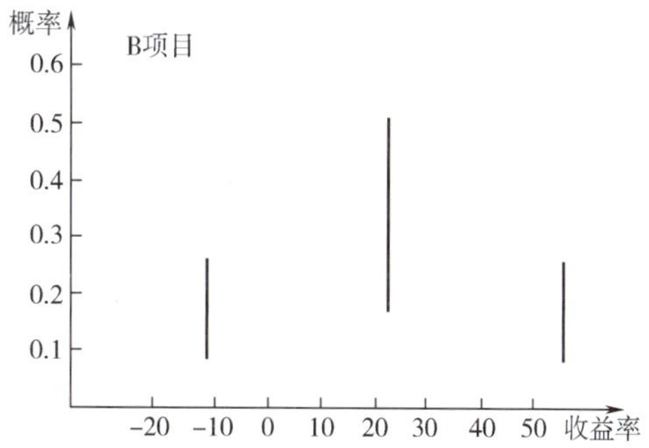

(b)B项目不连续概率分布

图 1-7　A、B 两项目不连续概率分布

另一种是连续的概率分布，即概率分布在一定区间内连续各点上，分布图形由一条曲线覆盖的平面。仍以【例 1-15】为例，因为在实际生活中，经济情况不只有繁荣、一般和较差三种情况，而是存在无数可能的情况，如果对每一种可能的结果都给予相应的概率，并分别测定其收益率，就可以绘制连续的概率分布图，如图 1-8 所示。

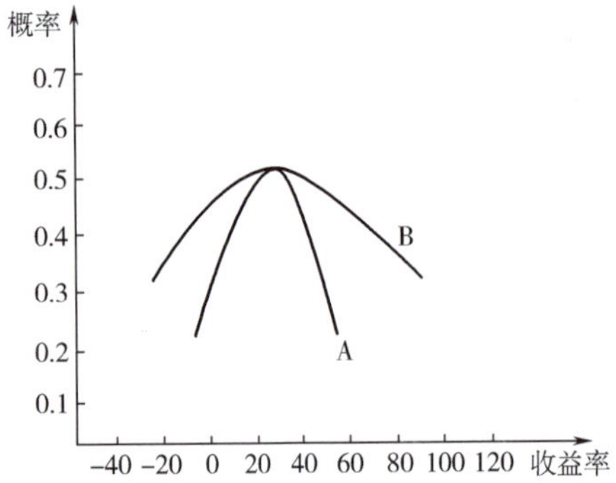

图 1-8 A、B 两项目连续概率分布

由上述两个图可以看出，A 项目投资收益率各种可能比较集中，B 项目则比较分散，所以说 A 项目投资风险小于 B 项目。

2. 期望值

预期收益率也称期望收益率，是指投资项目按所有可能的收益率与其对应概率分布计算的加权平均收益率，用来反映各种可能收益率的一般水平。计算公式为：

$$K' = \sum_{i=1}^{n} K_i P_i$$

式中，K'为预期收益率；K_i为第 i 种结果的收益率；P_i为第 i 种结果出现的概率；n 为所有可能结果的个数。

由【例 1-15】资料，分别计算 A、B 两个项目的预期收益率。

A 项目：$K'=40\%\times0.25+25\%\times0.5+10\%\times0.25=25\%$

B 项目：$K'=60\%\times0.25+25\%\times0.5+(-10\%)\times0.25=25\%$

两个投资项目的预期收益率均为 25%。但预期收益率相等并不表明两个项目的风险相等。结合上述两个图可以看出，A 项目的各种可能收益率变动范围小，收益率比较集中，概率曲线比较窄；B 项目的各种可能收益率变动范围大，收益率比较分散，概率曲线比较宽，因此可以认为 A 项目投资风险要小于 B 项目。

3. 标准差

标准差是各种可能收益率与预期收益率的综合离差。计算公式为：

$$\delta = \sqrt{\sum (K_i - K')^2 \cdot P_i}$$

式中，δ 为标准差。

A 项目中预期报酬率的标准差：

$$\begin{aligned}\delta &= \sqrt{\sum (K_i - K')^2 \cdot P_i} \\ &= \sqrt{(40\% - 25\%)^2 \times 0.25 + (25\% - 25\%)^2 \times 0.5 + (10\% - 25\%)^2 \times 0.25} \\ &= 10.6\%\end{aligned}$$

B 项目中预期报酬率的标准差：

$$\begin{aligned}\delta &= \sqrt{\sum (K_i - K')^2 \cdot P_i} \\ &= \sqrt{(60\% - 25\%)^2 \times 0.25 + (25\% - 25\%)^2 \times 0.5 + (-10\% - 25\%)^2 \times 0.25} \\ &= 24.7\%\end{aligned}$$

计算结果表明，两个投资项目的预期收益率虽然相等，但实际可能收益率与预期收益率的偏差程度是不一样的。A 项目预期收益率的标准差小，说明 A 项目的各种可能收益率与预期收益率偏差程度小；B 项目标准差大，说明偏差程度大。因此，A 项目投资风险小于 B 项目。这里，我们将预期收益率标准差作为衡量投资风险大小的一个量化指标。

需要注意的是，标准差是一个绝对数指标，用来比较两个预期收益率相等的项目的风险大小是比较适宜的；而对于预期收益率不相等的项目，需要引用标准离差率这个相对指标来说明其风险程度的大小。

4. 标准离差率

标准离差率也称变异系数。它是标准差与预期收益率的比值。计算公式为：

$$V = \delta / K' \times 100\%$$

式中，V 为标准离差率。

标准离差率是表示随机变量离散程度的相对指标，可用于比较两个不同预期收益率项目风险的大小。标准离差率越大的项目离散程度越大，说明风险越大。反之，标准离差率越小的项目离散程度越小，说明风险越小。

【例 1－16】企业有 C、D 两个投资项目，预期收益率分别是 30%和 25%，其标准差为 20.6%和18.7%，试判断两个投资项目的风险程度。

虽然 C 项目标准差大于 D 项目，但是两个投资项目的预期收益率不等，不能由此判断 C 项目的风险程度大于 D 项目。根据标准离差率计算公式分别计算：

$$\begin{aligned} V_C &= \delta / K' \times 100\% \\ &= 20.6\% \div 30\% \times 100\% \\ &= 68.7\% \\ V_D &= \delta / K' \times 100\% \\ &= 18.7\% \div 25\% \times 100\% \\ &= 74.8\% \end{aligned}$$

由于 C 项目标准离差率小于 D 项目，可以判断，C 项目的风险程度小于 D 项目。这里特别指出，在比较不同项目风险程度时，当标准差与标准离差率两个指标出现矛盾时，以标准离差率为准。

四、风险与收益的关系

人们之所以要进行风险投资，归根结底是要得到额外收益，否则就不值得去冒风险。因冒风险进行投资而获得的超过无风险收益的那部分额外收益，称为投资风险收益。风险收益有两种表示形式：一是绝对数形式，即风险收益额；二是相对数形式，即风险收益率。实际中常用的是风险收益率。

投资收益率＝无风险收益率+风险收益率

根据风险与收益的关系，风险收益率应该是风险的函数。即

风险收益率＝风险收益斜率×风险程度

式中，风险程度用标准离差率来计量。风险收益斜率可由投资者根据经验，并结合有关因素来确定。在实务操作中，根据具体项目的各种有关因素，可以由企业领导或有关专家来确定，也可以由国家有关部门组织专家来确定。

现以【例 1－16】中 C、D 两投资项目为例，假定以往同类项目的风险收益斜率为 8%，则：

C 项目风险收益率＝8%×68.7%＝5.5%

D 项目风险收益率＝8%×74.8%＝6.0%

计算结果表明了风险收益率与风险程度之间的正比例函数关系，即所冒风险越大，得到的收益率将越高。D 项目的风险大于 C 项目，所以，D 项目的收益率就大于 C 项目的收益率。

由风险收益率还可计算风险收益额：

风险收益额＝预期收益额×风险收益率/（无风险收益率+风险收益率）

假定【例 1-16】中 C、D 两项目的无风险收益率均为 5%，预期收益额均为5 000元，则：

$$C\text{项目风险收益额} = 5\,000 \times 5.5\% \div (5\% + 5.5\%) = 2\,619.05 \text{（元）}$$

$$D\text{项目风险收益额} = 5\,000 \times 6.0\% \div (5\% + 6.0\%) = 2\,727.27 \text{（元）}$$

可见，风险大的投资项目，其风险收益也高，这便是投资者甘愿冒风险的出发点。相反，风险小的投资项目，其风险收益相对也低。所以，在财务管理中讲高收益伴随高风险。

【相关链接】

风险报酬系数的确定

风险报酬系数是将标准差率转化为风险报酬的一种系数。该系数的大小主要与人们对风险的态度有关。其确定方法有以下几种：

(1) 根据以往的同类项目加以确定。

(2) 由企业领导或组织有关专家根据经验加以确定。

(3) 由国家评定各行业的风险报酬系数。

五、风险对策

风险对策是在风险识别和风险评估的基础上，根据投资主体的风险态度，制定应对风险的策略和措施。

1. 常用的风险对策

任何一个投资项目都会有风险，如何面对风险，人们有不同的选择。一是不畏风险，为了获取高收益而甘愿冒高风险；二是一味回避风险，绝不干有风险的事，因此也就失去了获得高收益的机会；三是客观地面对风险，采取措施，设法降低、规避、分散或防范风险。即使是第一种选择，也不是盲目地冒风险，而是要尽可能地降低、规避、分散或防范风险。就投资项目而言，应对风险的常用策略和措施有以下几个方面：

(1) 风险回避。风险回避是投资主体完全规避风险的一种做法，即断绝风险的来源。对于投资项目的决策而言，风险回避就意味着否决项目或推迟项目的实施。例如，风险分析显示某产品的市场存在严重风险，若采取回避风险的对策，就会作出缓建或放弃项目的决策。这样在规避风险损失的同时也丧失了获取潜在收益的可能性。因此，只有在对风险的存在和发生、对风险损失的严重性有把握的情况下才考虑采用风险回避对策。一般来说，风险回避可用于以下情况：

①风险可能造成的损失相当大，项目实现的收益根本无法抵补，且发生的频率相当高。

②风险损失无法转移，或者其他风险防范对策的代价非常高。

③存在可以实现同样目标的其他方案，且风险较低。

④投资主体厌恶风险。

(2) 风险控制。风险控制是针对风险采取的防止风险发生，减少风险损失的对策。风险控制不是放弃风险，而是通过制订计划和采取各项有效措施来降低风险出现的可能性或减少风险造成的损失。风险控制是绝大多数项目广泛采用的主要风险对策。

风险控制必须根据项目的具体情况提出有针对性的措施。通常，风险控制措施可以按控制阶段分为事前控制、事中控制和事后控制。事前控制的目的在于降低风险出现的概率，事中控制和事后控制的目标主要是为了减少风险损失的程度。

（3）风险转移。风险转移是指通过一定的方式将可能面临的风险转移给他人，以降低甚至减免投资主体的风险程度。风险转移有两种方式：一是将风险源转移出去，二是将风险损失转移出去。就投资项目而言，第一种方式实质上是风险回避的一种特殊形式。如向专业性保险公司投保；采取合资、联营、增发新股、发行债券、联合开发等措施实现风险共担；通过技术转让、特许经营、战略联盟、租赁经营和业务外包等方式实现风险转移。风险转移的主要形式是保险和合同。

（4）风险自留。风险自留就是投资主体将风险损失留给自己承担。风险自留适用于以下两种情况：

①已知有风险，但由于冒风险可能获得相应的利益，必须保留和承担这种风险，如股票投资，投资者知道投资股票有风险，但冒风险可能获得高额收益，所以还要保留和承担这个风险。

②已知有风险，但若采取某种风险对策措施，其费用支出高于自留风险的损失，投资主体常常会自动自留风险。

2. 制定风险对策的原则

（1）针对性。从总体而言，投资项目可能涉及的风险因素多种多样。就某一个具体投资项目而言，由于其具有自身的特点，就要求风险对策的制定应该具有针对性，要针对特定项目的主要或关键风险因素，制定相应的风险对策。

（2）可行性。风险对策的制定应立足于现实，提出的风险防范对策应切实可行。这种可行包括技术、人力、物力、财力等多方面。

（3）经济性。应对风险是要付出代价的，如果实行风险对策的费用远远高过风险损失，则该对策就毫无意义可言。因此，在制定风险对策时一定要考虑其经济性，对风险对策所付出的代价和风险可能造成的损失进行权衡。

财富故事

把铃铛挂在猫身上

某地的一群老鼠深为一只凶狠无比、善于捕鼠的猫所苦。于是老鼠们聚集一堂，讨论如何解决这个心腹大患。老鼠们颇有自知之明，知道自己没有猎杀猫儿的勇气，只不过想探知猫的行踪，早做防范。一只老鼠的提议立刻引来满场的叫好声，它建议在猫的身上挂个铃铛。在一片叫好声中，有一只不识时务的老鼠突然问道：“谁来挂铃铛?”顿时全场一片肃静。

管理心得：老鼠的期望是合理的，想法却是自作聪明，它的提议在巨大的风险面前就无路可行了。没有了行动，再好的创意始终只是胡思乱想，无法带来实际的价值和增量。企业的经营和财务管理要想取得预期的结果，也要切合实际进行风险衡量，不考虑风险的投资，再好的项目也可能会成为空中楼阁。

【职业道德与企业伦理】

博彩奖金的转换决定

案例背景：

1987年，罗莎琳德·塞茨费尔德赢得了一项总价值超过130万美元的博彩大奖。在以后的20年，每年她都会收到65 276.79美元的分期付款。1995年，塞茨费尔德女士接到了位于佛罗里达州西部棕榈市的西格资产理财公司的一位销售人员打来的电话，声称该公司愿意立即支付给她140 000美元以获得今后9年其博彩奖金的一半款项（也就是现在的140 000美元换算以后，9年中每年获得32 638.39美元的分期付款额）。

西格公司是一家奖金经纪公司，其职员的主要工作任务就是跟踪类似塞茨费尔德女士这样的博彩大奖的获得者。公司知道有许多人会急于将他们获得的部分甚至全部奖金马上变现。西格公司是年营业收入高达7亿美元的奖金经纪行业中的一员，它和另一家公司伍德步里奇·斯特林公司目前占据了行业中80%的业务。类似西格公司这样的经纪公司将他们收购的这种获得未来现金流的权利再转让给一些机构投资者，诸如美国太阳公司或是约翰·汉考克共同生命保险公司。

本案例中，购买这项权利的是金融升级服务集团（EFSG），它是一家从事纽约州的市政债券业务的再保险公司。西格公司已经谈好将它领取塞茨费尔德一半奖金的权利以196 000美元的价格卖给EFSG，如果塞茨费尔德答应公司的报价，公司马上就能够赚取56 000美元。最终塞茨费尔德接受了公司的报价，交易达成。

问题：请运用货币时间价值和风险价值的基本观念，分析为何西格公司能够使这笔交易获得成功并立即获得56 000美元的利润，双方的这种交易行为是否合法。

分析：机构投资者和个人投资者在不同时期有不同的消费偏好。EFSG公司有多余的现金，乐意投资196 000美元以期在以后9年中每年获得32 638.39美元，其所用贴现未来收入的贴现率为8.96%，而塞茨费尔德女士需要现金，她使用18.1%的贴现率使9年期年金32 638.39美元的现值等于140 000美元，这反映了她回避领取延迟现金流的倾向。这种交易行为符合职业道德和企业伦理。

【任务操作】

（1）$K_A=200\times0.2+100\times0.6+50\times0.2=40+60+10=110$

$K_B=300\times0.2+100\times0.6+(-50)\times0.2=60+60-10=110$

（2）$\sigma_A=[(200-110)^2\times0.2+(100-110)^2\times0.6+(50-110)^2\times0.2]^{1/2}=48.99$

$\sigma_B=[(300-110)^2\times0.2+(100-110)^2\times0.6+(-50-110)^2\times0.2]^{1/2}=111.36$

（3）因为$K_A=K_B$，$\sigma_B>\sigma_A$，所以B项目风险大，风华股份有限公司应投资于A项目。

职业能力训练

一、知识准备训练

（一）单项选择题

1. 利用标准差比较不同投资项目风险大小的前提条件是（　　）。

A. 项目所属的行业相同　　B. 项目的预期报酬相同

C. 项目的年收益相同　　D. 项目的各种可能收益发生的概率相同

2. 最接近无风险状态下的收益率的是（　　）。

A. 国库券　　B. 股票　　C. 企业债券　　D. 金融债券

3. 已知甲方案投资收益率的期望值为 15%，乙方案投资收益率的期望值为 12%，两个方案都有投资风险。比较甲、乙两方案风险大小应采用的指标是（　　）。

A. 方差　　B. 净现值

C. 标准离差　　D. 标准离差率

4. 在各种情况下均能衡量风险大小的指标是（　　）。

A. 标准差　　B. 标准差系数

C. 期望值　　D. 概率

5. 投资者愿意冒风险去投资，是因为（　　）。

A. 可获得报酬　　B. 可获得利润

C. 可获得风险报酬　　D. 可获得无风险报酬

（二）多项选择题

1. 给企业带来经营风险的有（　　）。

A. 企业过度举债　　B. 原材料价格发生变动

C. 企业产品更新换代周期过长　　D. 企业产品的生产质量不稳定

2. 不考虑通货膨胀下，投资报酬率的构成要素有（　　）。

A. 资金时间价值　　B. 风险报酬率斜率

C. 通货膨胀率　　D. 风险程度

3. 应对风险的策略有（　　）。

A. 规避风险　　B. 降低风险

C. 转移风险　　D. 接受风险

（三）判断题

1. 风险和收益是对等的。风险越大，要求的报酬率就越高。（　　）

2. 对不同的投资方案，标准差越大，风险越大；标准差越小，风险越小。（　　）

3. 风险报酬是指投资者由于冒风险进行投资而获得的超过资金时间价值的额外报酬。（　　）

4. 对于多个投资方案而言，无论各方案的期望值是否相同，标准离差率最大的方案一定是风险最大的方案。（　　）

5. 人们在进行财务决策时，之所以选择低风险的方案，是因为低风险会带来高收益，而高风险的方案则往往收益偏低。（　　）

6. 风险不仅能带来超出预期的损失，呈现其不利的一面，而且能带来超出预期的收益，呈现其有利的一面。（　　）

二、业务操作训练

【背景资料】

企业目前有两个投资项目，经过调查分析，两个投资项目在不同的经济条件下的投资收益率及其概率如表 1-4 所示。

表 1-4　　A、B 两项目投资收益率及其概率

经济情况	A 项目		B 项目	
	收益率（%）	概率	收益率（%）	概率
好	25	0.30	35	0.25
一般	20	0.50	20	0.50
差	10	0.20	-10	0.25

任务要求

1. 试计算：

（1）A、B 两个项目的预期收益率。

（2）A、B 两个项目收益率的标准差。

（3）A、B 两个项目收益率的标准离差率。

2. 衡量和比较两个投资项目风险的大小。

3. 若目前企业的无风险收益率为 4%，经专家鉴定，A、B 两个项目的风险收益斜率为 6%，试计算 A、B 两个投资项目的风险收益率及投资收益率。

职业能力拓展

假定今天是你 40 岁生日，你打算当你 65 岁生日的时候退休，目前你的投资和储蓄的组成如下：

房产投资：400 000元

股票：100 000元

现金：10 000元

房产投资预期的回报率为 3%；股票投资除了原有的金额外，你还打算从今天开始每年继续投入8 000元，预计股票市场长期投资的回报率为 9%；现金资产除了现有的金额以外，你打算未来的 10 年每年储蓄2 000元，随后的 15 年每年储蓄10 000元，预期的货币资金市场回报率为 5%。

在你 65 岁生日的时候，你重新安排你的整个投资组合，那时的回报率为 7%。

☞思考与分析

（1）在你 65 岁生日时你的资产总价会有多少？

（2）假定现在你要安排退休后 20 年的生活，并打算将100 000元捐给当地的红十字会，那么每年你的最大消费金额应是多少，才能在 85 岁生日的那天你所有的财产金额为零？

模块二
筹资管理

职业能力目标

知识目标

1. 掌握企业筹资方式、渠道。
2. 掌握销售百分比法。
3. 掌握经营杠杆、财务杠杆、复合杠杆含义及相关计算。
4. 掌握个别资金成本、综合资金成本的计算及资本结构优化的方法。

技能目标

1. 会运用销售百分比法预测筹资规模。
2. 能通过各种筹资方式的比较，为筹资方式选择提供信息。
3. 能进行筹资结构决策分析。
4. 能运用杠杆原理进行财务风险分析。

项目导航

企业常常会面临资金短缺状况，比如，要开业、扩大再生产、投资等，这时就需要筹措资金。企业筹资是财务管理最原始、最基本的内容。对于一个准备筹资的企业来说，要充分考虑企业需要筹多少资金、企业的资金有哪几方面的来源、具体如何筹到所需的资金等问题。另外，企业从事生产经营活动必须要用资金，在市场经济条件下又不可能无偿使用资金。因此，企业除了必须节约使用资金外，还必须分析把握各种来源的资金的使用代价，确定不同债务筹资方式下的筹资风险，以便做到合理使用资金，优化资本结构。

【案例导入】

海南航空筹资之路

海南航空股份公司简称海南航空、海航。海南航空最初创办资金仅为人民币 1 000 万元，经过 20 多年资本经营的实践和磨砺，成为同时拥有 A 股、B 股和 H 股上市公司的航空运输企业。到今天，海航资产增加了近 8 000 倍，航班密度和航班量进入中国民航前 4 名，被业内人士誉为“中国盈利状况最好的航空公司”。

由于中国的航空市场发展极为迅速，海航为了争夺快速增长的市场份额，在扩大资本金规模比较困难的情况下，采取了比较积极的财务融资政策，包括增加银行贷款规模建设飞行基地、购置飞机和通过融资租赁方式获得飞机等。

海航融资手段具有多样化特点：海航在摆脱了传统经营思路，从资本经营的创新中得到了收获。通过股份制改造，A 股、B 股和 H 股的上市，对其他航空企业的兼并重组、债权融资等一系列资本经营的活动，海航的资产规模急剧扩大。在敲开了资本市场的大门之后，海航的融资渠道得到了极大的拓展，为企业规模化经营铺平了道路。

问题：请简要分析海航的筹资策略与筹资方式的变迁对公司成功发展有何重要作用。

分析：从案例可以看出，海南航空在快速扩张过程中，采用了比较积极的财务融资政策以及多样化的筹资方式。海南航空通过多种权益筹资和债务筹资方式，及时为公司筹措所需资金，确保公司规模化和集团化经营目标的实现。本模块将为你提供相关方面分析问题、解决问题的思路和方法。

任务一 预测筹资规模

任务描述

风华有限公司2017年 12 月 31 日的资产负债简表如表 2-1 所示。

表 2-1　风华有限公司2017年 12 月 31 日的资产负债表　单位：万元

资产	期末数	负债与所有者权益	期末数
现金	500	应付账款	500
应收账款	1 500	应付票据	1 000
存货	3 000	短期借款	2 500
固定资产净值	3 000	长期借款	1 000
		实收资本	2 000
		留存收益	1 000
资产合计	8 000	负债与所有者权益合计	8 000

该公司2017年的销售收入为10 000万元，现在还有剩余生产能力，增加收入不需要增加固定资产投资。假定销售净利率为 10%，净利润的 60%分配给投资者，则2018年的销售收入将提高 20%。

要求：

（1）预测2018年需要增加的资金量。

（2）预测2018年需要向外筹集的资金量。

知识准备

一、企业筹资的概念

企业筹资是指企业根据其生产经营、调整资金结构等活动的需要，通过一定的渠道，采取适当的方式，获取所需资金的一种行为。

二、筹资的基本原则

（1）合理性原则。预先合理确定资金的需要量，以需定筹。既要防止筹资不足，影响生产经营的正常进行；又要防止筹资过多，造成资金闲置。

（2）及时性原则。企业筹集资金应根据资金投放使用时间来合理安排，使筹资和用资在时间上衔接。既要避免过早筹资，使资金过早到位形成资金投放前的闲置，又要避免资金到位滞后，丧失资金投放的最佳时机。

（3）效益性原则。筹集资金应从资金需要的实际情况出发，采用合适的方式操作，追求降低成本，谋求最大的经济效益。

（4）优化资金结构原则。企业的自有资金和借入资金要有合适的比例，长期资金和短期资金也应比例适当。资金筹集应注意这两方面内容，使企业减少财务风险，优化资金结构。

三、企业资金需要量预测

适当的筹资规模是筹集资金的基本原则，要合理确定筹资规模，必须先采用科学的方法预测资金需要量。资金需要量的预测有很多方法，现主要介绍销售百分比法。

销售百分比法是根据销售额与资产负债表中有关项目间的比例关系，预测各项目短期资金需要量的方法。该方法有两个基本假定：其一，假定某项目与销售额的比例已知且不变；其二，假定未来的销售额已知。销售百分比法一般通过编制预测资产负债表来确定企业的资金需用量。

预测资产负债表是利用销售百分比法原理预测外部筹资需要量的报表，其基本格式与实际资产负债表大致相同。企业通过编制预测资产负债表，可以预测资产、负债及留存收益等有关项目的数额，从而确定企业需要从外部筹资的数额。

第一，确定资产、负债中与销售额有固定比率关系的项目，这种项目称为敏感项目。敏感项目包括敏感资产项目，如现金、应收账款、存货等；还包括敏感负债项目，如应付账款、预提费用等。与敏感项目相对应的是非敏感项目，它是指在短期内不随着销售收入的变动而变动的项目，如对外投资、长期负债、实收资本等。在生产能力范围内，增加销售量一般不需增加固定资产，如果在生产能力已经饱和的情况下继续增加产销量，可能需增加固定资产投资额，因此固定资产项目既可能是非敏感性资产，也可能是敏感性资产。

第二，计算基期敏感项目与销售收入的百分比，确定需要增加的资金。

第三，确定计划年度需要增加的资金数额。

第四，确定对外筹集资金的规模。

外部资金需要量=增加的资产−增加的负债−增加的留存收益

增加的资产=增量收入×基期变动资产占基期销售额的百分比

增加的负债=增量收入×基期变动负债占基期销售额的百分比

增加的留存收益=预计销售收入×销售净利率×收益留存率

即对外筹资的需要量用公式表示为：

$$\Delta F = K(A - L) - R$$

式中，ΔF 表示企业在预测年度需从企业外部追加筹措资金的数额；K 表示预测年度销售收入对于基期年度增长的百分比；A 表示随销售收入变动而成正比例变动的资产项目基期金额；L 表示随销售收入变动而成正比例变动的负债项目基期金额；R 表示预测年度增加的可以使用的留存收益。

【例 2-1】某公司2017年销售收入为1 000万元，销售净利率为 10%，净利润的 60%分配给投资者。2017年 12 月 31 日的资产负债表（简表）如表 2-2 所示。

表 2-2　　某公司2017年 12 月 31 日资产负债表（简表）

2017年 12 月 31 日　　单位：万元

资产	期末余额	负债及所有者权益	期末余额
货币资金	100	应付账款	40
应收账款	200	应付票据	60
存货	300	长期借款	300
固定资产净值	400	实收资本	400
		留存收益	200
资产总计	1 000	负债与所有者权益总计	1 000

该公司2018年计划销售收入比上年增长 20%。据历年财务数据分析，公司流动资产与流动负债随销售额同比率增减，公司现有生产能力尚未饱和。假定该公司2018年的销售净利率和利润分配政策与上年保持一致。预测该公司2018年外部融资需求量。

解：

外部资金需要量 ΔF=增加的资产−增加的自然负债−增加的留存收益

其中：

增加的资产=增量收入×基期变动资产占基期销售额的百分比

=（1 000×20%）×（100+200+300）÷1 000=120（万元）

增加的自然负债=增量收入×基期变动负债占基期销售额的百分比

=（1 000×20%）×（40+60）÷1 000=20（万元）

增加的留存收益=预计销售收入×计划销售净利率×留存收益率

=1 000×（1+20%）×10%×（1−60%）=48（万元）

即：外部资金需要量，ΔF=（变动资产销售百分比×新增销售额）−（变动负债销售百分比×新增销售额）−［预计销售额×计划销售净利率×（1−股利支付率）］=120−20−48=52（万元）

或：外部融资需求量，ΔF=基期变动资产×销售增长率−基期变动负债×销售增长率−［计划销售净利率×预计销售额×（1−股利支付率）］=（100+200+300）×20%−（40+60）×20%−1 000×（1+20%）×10%×（1−60%）=120−20−48=52（万元）

注意掌握外部融资需求的敏感分析：销售净利率越高，外部融资越少；股利支付率越高，外部融资越多。

【相关链接】

企业资金需要量预测的其他方法——资金习性预测

资金习性预测法又称线性回归法，是假定资金需要量与业务量之间存在着线性关系，在建立数学模型后根据有关资料，用回归直线方程确定参数来预测资金需要量的方法。其预测模型为：

$$y = a + bx$$

式中，y 为资金需要量，a 为不变资金，b 为单位产销量所需变动资金，x 为业务量。

【任务操作】

解：（1）2018年需增加的资金量=20%×［（500+1 500+3 000）-500］=900（万元）

（2）2018年需向外筹集的资金量=900-10 000×（1+20%）×10%×（1-60%）= 420（万元）

职业能力训练

一、知识准备训练

（一）单项选择题

1. 在销售百分比法中，不与销售收入变动呈正比例关系的资产项目是（　　）。

A. 货币资金　　B. 应收账款　　C. 长期投资　　D. 存货

2. 采用销售百分比法预测资金需要量时，被视为不随销售收入的变动而变动的是（　　）。

A. 现金　　B. 应付账款　　C. 存货　　D. 公司债券

（二）多项选择题

1. 采用销售百分比法预测企业资金需要量时，如企业基期固定资产的剩余生产能力足以满足销售增长的需要，预测时应考虑的资产、负债项目有（　　）。

A. 应收账款　　B. 存货　　C. 固定资产　　D. 应交税费

2. 能够被视为“自然融资”的项目有（　　）。

A. 短期借款　　B. 应付账款　　C. 应付水电费　　D. 应付债券

二、业务操作训练

【背景资料 1】

风华股份有限公司2016年销售收入为 150 万元，销售净利润率为1. 8%。公司还有剩余生产能力，预计2017年销售收入为 180 万元，销售净利润率与2016年持平，净利润的 50%将作为现金股利。2016年 12 月 31 日资产负债表内容如表 2-3 所示。

表 2-3　风华公司2016年 12 月 31 日公司简要资产负债表　单位：元

资产	金额	负债及所有者权益	金额
* 现金	7 500	应付票据	50 000
* 应收账款	240 000	* 应付账款	264 000
* 存货	261 000	* 应付费用	10 500
预付费用	1 000	长期负债	5 500
固定资产净值	28 500	实收资本	25 000
		留存收益	183 000
合计	538 000	负债及所有者权益合计	538 000

任务要求

预测该公司2017年应追加的外部筹资数额。

【背景资料 2】

淮海公司2017年实现销售额300万元，销售净利率为10%，并按净利润的40%发放股利，假定该公司的固定资产利用能力已经饱和，2017年年底的资产负债表如表2-4所示。

表 2-4　　淮海公司2017年12月31日资产负债表　　单位：万元

资产	期末余额	负债及所有者权益	期末余额
货币资金	100	应付账款	250
应收账款	200	应交税费	50
存货	300	长期负债	100
固定资产	550	实收资本	600
无形资产	50	留存收益	200
资产总计	1 200	负债及所有者权益总计	1 200

若该公司计划在2018年把销售额提高到360万元，销售净利率、股利发放率仍保持2017年水平。

任务要求

运用销售百分比法预计2018年该公司的外部融资需求。

职业能力拓展

甲公司2017年实际销售收入为25 000元，销售净利率为12%，净利润的60%分配给投资者。2017年12月31日的简要资产负债表如表2-5所示。

表 2-5　　甲公司2017年12月31日资产负债表　　单位：万元

资产	期末余额	负债及所有者权益	期末余额
流动资产	12 000	应付款项	2 000
固定资产	8 000	长期借款	9 000
		实收资本	6 000
		留存收益	3 000
资产总计	20 000	负债及所有者权益总计	20 000

预计公司2018年计划销售收入为30 000万元。为实现这一目标，需要按比例相应增加固定资产。销售净利率及股利支付率保持不变。

思考与分析

运用销售百分比法预计2018年该公司的外部融资需求。

任务二 选择筹资方式

任务描述

长江实业股份有限公司2017年欲融资3 000万元，以调整公司的资本结构，现有注册资本5 000万元，其中权益资本3 000万元，债务资本2 000万元。

要求：

（1）试分析长江实业股份有限公司以权益资本的形式筹资时，可以选择的种类及筹资中注意的事项。

（2）试分析长江实业股份有限公司以负债资金的形式筹资时，可以选择的种类、操作程序、偿还方式及筹资中注意的事项。

知识准备

一、企业筹资的渠道与方式

（一）筹资的渠道

筹资的渠道主要指资金来源的对象。目前我国筹资的渠道有：

（1）国家财政资金。国家财政资金是指国家对企业的直接投资，是国有企业的主要资金来源渠道。

（2）银行信贷资金。银行对企业的各种贷款，目前是我国企业最主要的借入资金的来源渠道。我国银行分为商业银行和政策性银行两种。

（3）非银行金融机构资金。非银行金融机构包括信托投资公司、保险公司、租赁公司、证券公司、企业集团所属的财务公司等。非银行金融机构为企业及个人提供各种金融服务，包括信贷资金的投放、物资的融通及为企业承销证券等金融服务。

（4）其他法人资金。法人包括以营利为目的的企业法人，又包括社团法人，这些单位都会有一部分暂时闲置的资金，此处主要指企业法人资金。

（5）个人资金。个人拥有的资金以购买股票或企业债券等方式投入企业。个人资金已逐渐成为我国企业的重要资金来源。

（6）企业自留资金。企业自留资金是指企业内部形成的资金，又称为内部资金，包括计提时而定资产折旧、提取的盈余公积与未分配利润等。这些资金不需要企业通过一定的方式去筹集，而由企业内部自动生成或转移。

（7）外商资金。外商资金既包括外资企业又包括外国投资者及我国港、澳、台投资者的投资，我国部分企业还直接在境外及香港发行股票或债券。

（二）筹资方式

筹资方式是指企业筹集资金所采取的具体形式。筹资渠道是客观存在的，而筹资方式则是企业的主观行为。我国企业的筹资方式主要有以下几种：

（1）吸收直接投资，即直接从投资者处取得货币资金或财产物资作为资本金，用于企业的生产经营活动。

（2）发行股票，即企业通过证券市场发行股票，从投资者处取得股本金。
（3）发行债券，即企业通过证券市场发行企业债券，从投资者处借入资金。
（4）银行借款，即企业向银行借入货币资金。
（5）商业信用，即由于企业间的业务往来而发生的债权债务。
（6）融资租赁，即企业向租赁公司等机构取得固定资产而形成的债务。

【相关链接】

安然事件——震惊世界的丑闻

安然公司是一个典型示范的“金字塔”式关联企业集团，公司连续六年被《财富》杂志评选为“美国最具创新精神公司”。为了避免扩张融资危机及原有股权或加大企业风险，安然选择了利用关联企业来隐藏债务，这就使得安然华丽的外衣下隐藏着一张丑陋的面容：安然公司的大部分价值来自被隐藏的债务。诚然，安然公司的轰然倒塌有其深层原因，但这种关联交易也难辞其咎。

二、权益资金筹集

【案例导入】

阿里巴巴 IPO 融资登顶全球最大

阿里巴巴集团2014年9月22日晚间宣布，阿里巴巴 IPO 的承销商已经行使了超额配售权，此次 IPO 融资额达到250.3亿美元。这意味着阿里巴巴此次 IPO 刷新了全球 IPO 融资规模。此前全球最大的 IPO 融资规模由中国农业银行在2010年创下，全额行使超额配售权之后，农行 IPO 在 A 股和 H 股合计融资 221 亿美元。

超额配售权制度又称“绿鞋机制”，即承销商在股票上市之日起 30 天内，可以择机按同一发行价格比预定规模多发 15%（一般不超过 15%）的股份。“绿鞋机制”可以起到稳定新股股价的作用，因为美国波士顿绿鞋制造公司 IPO 时率先使用而得名。

根据此前披露的招股书，此次阿里巴巴 IPO 共发行3.2亿股美国存托股（ADS），此外阿里巴巴还赋予承销商最高 4 800 万股美国存托股的超额配售权。

阿里巴巴 9 月 19 日在纽约证券交易所上市，以每股92.7美元开盘，较 68 美元发行价上涨36.3%，最终以93.89美元收盘。以当日收盘价计算，阿里巴巴市值达到 2 314 亿美元，成为仅次于谷歌的全球第二大市值互联网公司。

问题：阿里巴巴成功登陆纽约证券交易所超额完成筹资计划的关键因素是什么？阿里巴巴成功登陆纽约证券交易所对公司未来发展有何影响？

分析：从引例可以看出，阿里巴巴成功登陆纽约证券交易所超额完成筹资计划，公开募集资金250.3亿美元，阿里巴巴的 IPO 承销商完全行使了 15%的超额配售权。阿里巴巴根据公司的组织架构和战略部署，采取在纽约证券交易所发行普通股方式筹集资金，所募集的资金属于权益资金，具有永久性，无到期日，不需归还，归公司长期使用。下面将为你提供权益筹资方面分析问题、解决问题的思路和方法。

(一) 吸收直接投资

吸收直接投资不以股票为媒介，它是非股份制企业筹措权益资本的一种基本方式。

1. 吸收直接投资的渠道

(1) 吸收国家投资。国家投资是指有权代表国家投资的政府部门或者机构以国有资产投入企业，由此形成国家资本金。

(2) 吸收法人投资。法人投资是指其他企业、事业单位以其可支配的资产投入企业，由此形成法人资本金。

(3) 吸收个人投资。个人投资是指城乡居民或本企业内部职工以其个人合法财产投入企业，形成个人资本金。

(4) 吸收外商投资。外商投资指外国投资者或我国港、澳、台地区投资者的资金投入企业，形成外商资本金。

2. 吸收直接投资的出资方式

(1) 现金投资。现金投资是企业吸收直接投资最乐于采用的方式。企业有了现金，可用于购置资产、支付费用，使用方式灵活方便。因此，企业一般都争取投资者以现金方式出资。

(2) 实物投资。实物投资是指投资者以房屋、建筑物、设备等固定资产和材料、燃料、产品等流动资产作价投资。企业吸收的实物投资一般符合以下条件：确为企业科研、生产、经营所需；技术性能比较好；作价公平合理。

(3) 无形资产投资。无形资产投资是指投资者以专利权、商标权、商誉、非专利技术、土地使用权等无形资产作价投资。企业吸收的工业产权、非专利技术作价出资的金额不得超过公司注册资本的20%，但国家对采用高新技术成果出资有特别规定的除外。

3. 吸收直接投资的程序

(1) 确定吸收直接投资的资金数量。企业新建或扩大规模而吸收直接投资时，应当合理确定所需吸收直接投资的数量，以利于正确筹集所需资金。国有企业的增资，须由国家授权投资的机构或国家授权的部门决定。合资或合营企业的增资须由出资各方协商决定。

(2) 选择吸收直接投资的具体方式。企业从哪些方面、以何种形式吸收直接投资，需要由企业和投资者双向选择，协商确定。企业应根据其生产经营等活动的需要以及协议等规定，选择吸收投资方向和具体形式。

(3) 签署合同或协议等文件。企业吸收直接投资，不论是为了新建还是为了增资，都应当由有关方面签署合同或协议等书面文件。对于国有企业，应由国家授权投资的机构等签署创建或增资合同；对于合资企业，应由合资各方共同签订合资或增资协议。

(4) 取得资金来源。签署文件后，企业应按文件规定取得资金来源。吸收现金投资的，企业应按文件约定的划款期限、每期数额及划款方式，足额取得现金。吸收出资各方以实物资产或无形资产投资的，应结合具体情况，采用适当方法，进行合理估价，然后办理产权的转移手续，取得资产。

4. 吸收直接投资的优缺点

(1) 吸收直接投资的优点。

①有利于增强企业信誉。吸收直接投资所筹集的资金属于企业的权益资金，与负债资本比较，它能提高企业的资信和借款能力。

②有利于尽快形成生产能力。吸收直接投资不仅可以筹取现金，而且能够直接获得所需

的先进设备和技术，与仅筹取现金的筹资方式相比，它能尽快地形成生产经营能力。

③有利于降低财务风险。吸收直接投资可以按照企业的经营状况支付报酬，经营状况好就多支付，经营状况不好就少支付或不支付，支付方式比较灵活。

④筹资方式简便、筹资速度快。吸收直接投资的双方直接接触磋商，没有中间环节，只要双方协商一致，筹资即可成功。

（2）吸收直接投资的缺点。

①资金成本较高。企业向投资者支付的报酬是根据企业实现的净利润和投资者的出资额计算的，不能减免企业所得税，当企业盈利丰厚时，企业向投资者支付的报酬很大。

②企业控制权分散。吸收直接投资的新投资者享有企业经营管理权，这会造成原有投资者控制权的分散与减弱。

【想一想】

吸收直接投资的优缺点有哪些？

（二）发行股票

股票是股份有限公司发行的用以证明投资者的股东身份和权益并据以获得股利的一种可转让的书面凭证。股票有很多种，按股东权利和义务的不同，可将股票分为普通股票和优先股票；按股票票面是否记名，可将股票分为记名股票和无记名股票；按股票票面有无金额，可将股票分为有面值股票和无面值股票；按股票发行时间的先后，可将股票分为始发股和新发股；按发行对象和上市地区，可将股票分为 A 股、B 股、H 股和 N 股等。

1. 普通股筹资

普通股是股份公司发行的具有管理权而股利不固定的股票，是股份制企业筹集权益资金的最主要方式。

（1）普通股的特点。

①普通股股东对公司有经营管理权。

②普通股股东对公司有盈利分享权。

③普通股股东有优先认股权。

④普通股股东有剩余财产要求权。

⑤普通股股东有股票转让权。

（2）普通股的发行价格。

①面值发行。股票的票面价格是指股票票面上所标明的金额，也叫作股票面值。股票面值通常为 1 元。

②市价发行。市价发行也称时价发行，即以股票市场上原股票现行市价为基准来确定股票发行价格，一般来说时价发行属于溢价。溢价所得款项列入公司资本公积金，归股东所有。

③中间价发行。中间价发行是取股票市场价格与面值的中间值作为股票的发行价格。一般用于股东配股。

（3）普通股筹资的优点。

①无固定股利负担。通过发行普通股进行筹资，公司对普通股股东发放股利的原则是“多盈多分、少盈少分、不盈不分”。可见普通股股利并不构成公司固定的股利负担，是否发

放股利、什么时候发放股利以及发放多少股利，主要取决于公司的获利能力和股利政策。

②无固定到期日，无须还本。通过发行普通股进行筹资，公司筹集的资金是永久性资金，也叫权益资本或自有资金，公司无须向投资人归还投资。这对于保证公司对资本的最低需要，保证公司资本结构的稳定，维持公司长期稳定发展具有重要意义。

③普通股筹资的风险小。由于普通股筹资没有固定的股利负担，没有固定的到期日，无须还本，筹集的资金是永久性资金，投资人无权要求公司破产。

④普通股筹资能增强公司偿债和举债能力。发行普通股筹集的资金是公司的权益资本或自有资金，而权益资本或自有资金是公司偿债的真正保障，是公司以其他方式筹资的基础，它反映了公司的实力。所以利用普通股筹资可增强公司的偿债能力，增强公司的信誉，进而增强公司的举债能力。

⑤普通股可在一定程度上抵消通货膨胀的影响，因而易吸收资金。从长期来看，普通股股利具有增长的趋势，而且在通货膨胀期间，不动产升值时，普通股也随之升值。

（4）普通股筹资的缺点。

①普通股筹资的资金成本较高。发行普通股进行筹资时，一方面公司要向资产评估机构或会计师事务所支付验资费、评估费，要向律师事务所支付律师费，要向证券承销机构支付委托发行费、手续费，还要支付股票印刷费、公告费和包装费等资金筹集费；另一方面从投资人角度看，由于投资于股票的风险大，所以要求的股票投资报酬率也高。而从筹资方角度看，投资人要求的投资报酬率即发行股票筹资的资金成本率，所以股票筹资的资金成本率较高。再者，普通股股利税后支付，不具有节税作用，也加大了普通股筹资的资金成本。

②普通股的追加发行，会分散公司的控制权。当公司增资发行普通股时，新股东会相应加入，新股东的加入会稀释原有股东的参与权和控制权。

③普通股的追加发行，有可能引发股价下跌。由于普通股具有同股、同权、同利的特点，所以新加入的股东会分享公司未发行新股前积累的盈余，这样公司的每股收益就会下降，从而可能导致普通股市价下跌。

【想一想】

普通股筹资的优缺点有哪些？

2. 优先股筹资

优先股是相对普通股而言的，较普通股具有某些优先权利，同时也受到一定限制的股票。优先股的含义主要体现在“优先权利”上，包括优先分配股利和优先分配公司剩余财产的权利。具体的优先条件须由公司章程予以明确规定。

（1）优先股的特征。

①优先分配固定的股利。优先股股东通常优先于普通股股东分配股利，且其股利一般是固定的，受公司经营状况和盈利水平的影响较少。所以，优先股类似固定利息的债券。

②优先分配公司剩余财产。当公司因解散、破产等进行清算时，优先股股东优先于普通股股东分配公司的剩余财产。

③优先股股东一般无表决权。在公司股东大会上，优先股股东一般没有表决权，通常也无权过问公司的经营管理，仅在涉及优先股股东权益问题时享有表决权。因此，优先股股东

不可能控制整个公司。

④优先股可由公司赎回。发行优先股的公司按照公司章程的有关规定，根据公司的需要，可以以一定的方式将所发行的优先股收回，以调整公司的资本结构。

（2）优先股筹资的优点。

①优先股一般没有固定的到期日，不用偿付本金。发行优先股筹集资金，实际上近乎得到一笔无限期的长期贷款，公司不承担还本义务，也无须再做筹资计划。对可赎回优先股，公司在需要时按一定价格收回，这就使得这部分资金利用更有弹性。当财务状况较弱时发行优先股，而财务状况转强时收回，这有利于结合资金需求加以调剂，同时也便于掌握公司的资本结构。

②股利的支付既固定又有一定的灵活性。一般而言，优先股都采用固定股利，但对固定股利的支付并不构成公司的法定义务。如果公司财务状况不佳，可以暂时不支付优先股股利，即使如此，优先股股东也不能像公司债权人那样迫使公司破产。

③保持普通股股东对公司的控制权。当公司既想向外界筹措自有资金，又想保持原有股东的控制权时，利用优先股筹资尤为恰当。

④从法律上讲，优先股股本属于自有资金，发行优先股能加强公司的自有资本基础，可适当增强公司的信誉，提高公司的借款举债能力。

（3）优先股筹资的缺点。

①优先股的成本虽低于普通股，但一般高于债券。

②对优先股的筹资制约因素较多。例如，为了保证优先股的固定股利，当企业盈利不多时普通股就可能分不到股利。

③可能形成较重的财务负担。优先股要求支付固定股利，但又不能在税前扣除，当盈利下降时，优先股的股利可能会成为一项较重的财务负担，有时不得不延期支付，会影响公司的形象。

【想一想】

如何理解优先股的“优先”特征？

理财故事

玉柴的股份制改造

从1987年到1991年，玉林柴油机厂的厂长王建明经历了漫漫5年的“跑部生涯”。他无数次、不厌其烦地申明玉柴扩大规模的前景和对国家的贡献，希望国家机械电子工业部能给予一定的投资，但每次都落空。一个偶然的机会，王建明听到了中国证券研究中心副研究员刘继鹏关于股份制的讲座，深受启发。于是在刘继鹏的帮助下，玉柴经过120天的闪电行动，成功地进行了股份制改造，定向募集资金2.4亿元。从此，玉柴走上了一条快速发展的道路。

（三）留存收益

留存收益，即公积金及未分配利润，是指企业税后利润留归企业使用的资金。它也是一种长期筹资方式，是企业资金的主要来源之一。

采用留存收益筹集资金方式，无须支付筹资费用，而采用其他长期筹资方式，如长期借款、发行股票、债券都需支付大量筹资费用，所以，依靠企业内部积累筹集资金、降低筹资成本无疑是有益的；同时因为留存收益资金属于主权资金，可以增加企业的信用度。

三、负债资金的筹集

【案例导入】

立人教育集团破产案

2012年2月3日，浙江温州立人教育集团有限公司董事长被公安机关依法采取刑事强制措施，揭开了这个当地“明星企业”高额民间借贷导致资不抵债的面纱。立人教育集团民间借贷历时长、金额巨大、涉及人员多、案情复杂，案件爆发后温州泰顺县一时陷入恐慌，甚至给当地经济发展带来较严重影响。这个涉资45亿元左右、牵涉逾7 000人的全国民间借贷大案再次被推入公众的视线。

温州立人教育集团成立于2003年，注册资本金3.2亿元。公司下属36家独资、控股、参股企业，分布在温州、上海、内蒙古、江苏等地，经营范围涉及教育、房地产、矿产等。立人教育集团债务危机的苗头在2009年就出现，当时欠款已经达10亿多元，通过月息3分左右的高息勉强维持，最终因资金链断裂而崩盘。目前集团债务总额逾45亿元，其中极少为外地银行贷款，绝大部分为民间借贷。立人教育集团崩盘有多重原因，最主要的是长期支付巨额利息所致。据有关审计方面匡算，10多年来公司支付的利息累计高达30亿~35亿元。

问题：本案例中立人教育集团破产的原因何在？负债筹资会给企业带来什么样的影响？

分析：从引例可以看出，立人教育集团崩盘有多重原因，最主要的是长期支付巨额利息所致。立人教育集团民间借贷案情触目惊心、错综复杂。一是时长量大，人多面广。二是产业困败，资不抵债。集团多处房地产在二、三线城市，在楼市寒冬下有的滞销，有的刚刚动工。一些矿产项目虽不错，但受“节能减排”的限产挤压，产量少，回报率低。集团早已资不抵债。三是融资复杂，处置困难。

（一）银行借款

银行借款是企业根据借款合同从银行以及其他金融机构借入的，需要还本付息的款项。

1. 银行借款的种类

（1）按期限分为短期借款、中期借款和长期借款。

短期借款是指借款期限在一年以内的借款；中期借款是指借款期限在一年以上五年以下的借款；长期借款是指借款期限在五年以上的借款。

（2）按有无担保分为信用借款（无担保借款）、抵押借款（担保借款）和票据贴现。

信用借款是指以借款人的信誉为依据而借入的款项，无须以某种财产作为抵押，也叫作无担保借款；抵押借款是指以一定的财产或一定的保证人作为担保而借入的款项；票据贴现是指企业以持有未到期的商业票据向银行贴付一定的利息而借入的款项。

（3）按偿还方式分为一次偿还借款和分期偿还借款。

（4）按借款的用途可分为基本建设借款、专项借款、流动资金借款。

基本建设借款是指列入计划以扩大生产能力为主要目的的新建、扩建工程及其有关工程，因自筹资金不足，需要向银行申请的借款；专项借款是指企业因为专门用途而向银行申请借入的款项，主要用于更新改造设备、大修理、科研开发、小型技术措施以及技术转让费周转金等的借款；流动资金借款是指企业为满足流动资金的需要而向银行借入的款项，包括流动资金借款、生产周转借款、临时借款、结算借款和卖方借款。

(5) 按提供贷款的机构分为政策性银行贷款和商业银行贷款。

政策性银行贷款一般是指执行国家政策性贷款业务的银行向企业发放的贷款，如国家开发银行为企业承建国家重点建设项目所需资金而贷给的款项；商业银行贷款是指商业银行向企业提供的贷款，主要满足企业生产经营的资金需要。

2. 银行借款的程序

企业向银行借款的程序大致分为以下几个步骤：

(1) 企业提出借款申请。企业要向银行借款，首先应提出申请，填写包括借款金额、借款用途、偿还能力、偿还方式等内容的借款“申请书”，并提供借款人的基本情况、上年度的财务报告等资料。

(2) 银行审查借款申请。银行接到借款申请书后，应对企业的申请进行审查，审查的内容有：

①对借款人的信誉等级进行评估。评估可由银行独立进行，内部掌握，也可委托独立的信誉评定机构进行评估。

②对贷款人进行调查。银行应对贷款人的信用、借款的合法性、安全性及营利性进行调查，还要核实抵押物、保证人情况，测定贷款风险。

③贷款审批。银行一般都建立了审贷分离、分级审批的贷款管理制度。审查人员应对调查人员提供的资料进行认真审查，决定是否提供贷款。

(3) 签订借款合同。为了维护借贷双方的合法权益，企业与银行应签订借款合同。合同的内容主要有：

①基本条件。基本条件主要是规定双方的权利和义务，具体包括数额、方式、发放时间、还款期限、利率及利息的支付方式等。

②保证条款。保证条款包括借款按规定的用途使用、有关的物资保证、抵押财产担保人及其责任等。

③违约条款。违约条款主要载明对企业逾期不还或挪用贷款如何处理和银行不按期发放贷款的处理。

④其他附属条款。包括双方经办人、合同生效日期等。

(4) 企业取得借款。双方签订合同后，银行应按合同规定的日期向企业发放贷款。

(5) 企业归还借款。企业取得借款后应按合同规定按时、足额归还借款本息。

【相关链接】

企业申请贷款应具备的条件

(1) 借款企业实行独立核算，自负盈亏，具有法人资格。

(2) 借款企业的经营方向和业务范围符合国家政策，借款用途属于银行贷款办法规定的范围。

(3) 借款企业具有一定的物资和财产保证，担保单位具有相应的经济实力。

（4）借款企业具有偿还本金的能力。

（5）借款企业财务管理和经济核算体制健全，资金使用效益良好。

3. 与银行借款有关的信用条件和保护性条款

根据国际惯例，银行发放贷款时，一般会附有一些信用条款，主要有：

（1）补偿性余额。补偿性余额是银行要求借款企业在银行中保留一定数额的存款余额，一般为借款额的 10%～20%，其目的是降低银行贷款风险，但对借款企业来说，补偿性余额实际上提高了借款的利率，加重了利息负担。

【例 2-2】某企业按年利率 9%向银行借款 500 万元，补偿性余额比例为 10%。要求：计算企业实际借款利率。

解：$企业实际借款利率=\frac{名义利率}{1-补偿性余额比率}=\frac{9\%}{1-10\%}=10\%$

（2）信贷额度。信贷额度是借款企业与银行在协议中规定的借款最高限额。信贷额度的有效期通常为 1 年，但根据情况也可延期 1 年。在信贷额度内，企业可以随时按需要支用借款，但当企业财务状况恶化时银行可不再提供贷款，且不承担法律责任。此外，如果协议是非正式的，则银行并不必须按最高借款限额保证贷款的法律义务。

（3）周转信贷协议。周转信贷协议是银行具有法律义务地承诺提供不超过某一最高限额贷款的协议。在协定的有效期内，只要企业借款总额未超过最高限额，银行必须满足企业任何时候提出的借款要求。企业享用周转信贷协议，要对贷款限额中的未使用部分付给银行一笔承诺费。

【例 2-3】某企业与银行商定的周转信贷额度为3 000万元，承诺费率为 1%，该企业年度内实际借款额为2 500万元。要求：计算该企业应向银行支付的承诺费。

解：应付承诺费=（3 000-2 500）×1%=5（万元）

（4）借款抵押。银行向财务风险大、信誉度低的企业发放贷款时，往往需要抵押品担保。短期借款的抵押品通常是借款企业的应收账款、存货、股票、债券、房屋等。银行根据抵押品的变现能力来决定贷款金额，一般为抵押品面值的 30%～90%。抵押借款的成本一般要高于非抵押借款，这是因为银行向客户提供抵押贷款的风险很高，管理的要求更高，为此需要收取较高的利息和额外的手续费。

【相关链接】

银行借款利息的支付方式

银行借款的利息支付方式有三种：一是利随本清法，即借款到期时向银行支付利息，企业还款的实际利率等于名义利率；二是贴现法，即银行向企业发放贷款时，先从本金中偿还利息，到期企业再偿还贷款本金，企业支付的实际利率高于名义利率；三是加息法，即在分期等额偿还的情况下，银行要根据名义利率计算的利息加到贷款本金上，计算出贷款本息和，然后要求企业在贷款期内分期偿还本息，企业支付的实际利率高于名义利率。

4. 银行借款的优点

（1）借款筹资速度快。企业利用银行借款筹资一般所需时间较短，程序较为简单，可以快速获得现金。

(2) 借款成本较低。利用银行借款筹资，其利息可在所得税前列支，故可减少企业实际负担的成本，因此比股票筹资的成本要低。与债券相比，借款利率一般低于债券利率，筹资费用也较小。

(3) 借款弹性较大。在借款时，企业与银行直接商定贷款的时间、数额和利率；在用款期间，企业如因财务状况发生某些变化，亦可与银行再行协商，变更借款数量及还款期限等。因此，银行借款筹集资金对企业具有较大的灵活性。

(4) 企业利用借款筹资，与债券一样可以发挥财务杠杆的作用。

5. 银行借款的缺点

(1) 筹资风险较高。借款通常有固定的利息负担和固定的偿付期限，故借款企业的筹资风险较高。

(2) 限制条件较多。这可能会影响企业以后的筹资和投资活动。如要求担保等。

(3) 筹资数量有限。一般不如股票、债券那样可以一次筹集到大批资金。

【想一想】

与银行借款有关的信用条件和保护性条款有哪些?

【小贴士】

利用浮账量

企业账簿上的现金数字很少能代表企业在银行中的可用现金。实际上，企业在银行里的可用资金，通常要大于企业账簿上的现金余额。公司的银行存款余额同它的账面现金余额之差，被称为净浮账量（Net Float）。净浮账量产生于从支票开出，到它最终被银行结算之间的时滞。由于公司开出的支票可能仍处于传送处理过程中，因此很可能出现当公司账簿现金余额为负数时，银行中的存款余额仍为正的情况。如果净浮账量能被准确地估计，银行存款余额就可以减少并利用这笔资金投资，获取一个正的收益。这种方式通常被财务总监称为“利用浮账量”。

(二) 发行债券

债券是社会各类经济主体为筹集负债资金而向投资人出具的，承诺按一定利率定期支付利息，到期偿还本金的债权债务凭证。

1. 债券的基本要素

(1) 债券的面值。债券的面值是债券持有人借以生息的本金和债券到期时偿还债务的金额。目前大都趋向小面值。

(2) 债券的期限。债券从发行日开始至到期日止，这一段时间为债券的期限。在债券的期限内，企业必须定期支付利息，到期必须偿还本金。

(3) 债券的利率。债券一般都注明年利率，利率有固定的，也有浮动的。面值与利率相乘则为年利息。

(4) 偿还方式。债券的偿还方式一般有到期还本付息和分期还息，以及以旧换新等方式。到期还本付息是在债券期限到期时一次还本付息。以旧换新是以新的债券来换取一次或多次发行的旧公司债券。

（5）发行价格。一般来说，债券的面值即是债券的价格，但由于资金市场上的供求关系及利率的变化，有时债券的价格会与面值相背离，高于或低于面值，但差额通常不会很大。因此债券发行的价格有三种：一是按债券面值等价发行；二是低于债券的面值折价发行；三是高于债券的面值溢价发行。

2. 债券的种类

债券有国家债券、企业债券和金融债券，这里主要介绍企业债券。企业债券按不同标准，可以分为不同类型：

（1）按有无抵押担保分为抵押债券、信用债券和担保债券。抵押债券是以企业的不动产做抵押而发行的债券。如果不能按期还本付息或破产清算，可以将抵押品拍卖补偿。信用债券是无抵押品担保，全凭公司良好的信誉而发行的债券。由于这种债券无抵押品，因此，如果公司破产清算，债券持有人只能将其作为一般债券来分享财产。担保债券是指由一定保证人作担保而发行的债券。当企业没有足够的资金偿还债券时，债权人可要求保证人偿还。

（2）按发行方式分为记名债券和不记名债券。记名债券是在债券名册上登有债券持有人姓名或名称，凭名册姓名偿还本金或支付利息，债券转让时要办理过户手续。不记名债券在债券上没有姓名或名称，凭券还本付息，其流动方便，转让无须过户。

（3）按偿还方式分为定期偿还债券和不定期偿还债券。定期偿还债券是在到期日还本付息（包括分期偿还）的债券。不定期偿还债券是按抽签确定债券号码偿还本金和利息的债券。

（4）按有无利息分为有息债券和无息债券。有息债券是除本金外再按面值的一定比率加计利息的债券。无息债券不计利息，按面值折价出售，到期按面值归还本金。债券的面值与买价的差额就是持券人的收益。一般来说，我国企业债券都是有息债券，只有国外有很少的无息债券。

（5）按计息标准分为固定利率债券和浮动利率债券。固定利率债券是债券的利息率在债券的期限内保持固定。浮动利率债券则是利息率随基本利率变动而变动（如保值贴补率）的债券。

（6）按可否转换分为可转换债券和不可转换债券。可转换债券是可以转换成普通股的债券。不可转换债券是不能转换为普通股的债券。可转换债券在规定时期（一般为债券期限）转换时，应按规定的价格或一定的比例转换为普通股。

3. 债券的发行价格

债券的发行价格有三种：一是按债券面值等价发行，等价发行又叫面值发行；二是按低于债券面值折价发行；三是按高于债券面值溢价发行。

债券发行价格可根据资金时间价值原理来计算。

（1）按期支付利息，到期一次还本，且不考虑发行费用的债券发行价格的计算公式为：

$$\text{债券发行价格}=\text{票面金额}\times(P/F,\ i,\ n)+\text{债券面值}\times\text{票面利率}\times(P/A,\ i,\ n)$$

（2）不计复利、到期一次还本付息的债券发行价格的计算公式为：

$$\text{债券发行价格}=\text{票面金额}\times(1+\text{票面利率}\times n)\times(P/F,\ i,\ n)$$

式中，n 为债券期限；i 为市场利率。

【例 2-4】某企业发行债券筹资，面值1 000元，期限 5 年，发行时市场利率 10%，每年年末付息，到期还本。要求：分别按票面利率为 8%、10%、12%计算债券的发行价格。

解：若票面利率为 8%，则：

$$\begin{aligned}发行价格 &= 1\,000 \times (P/F,\ 10\%,\ 5) + 1\,000 \times 8\% \times (P/A,\ 10\%,\ 5) \\ &= 1\,000 \times 0.620\,9 + 80 \times 3.790\,8 = 924.16(元)\end{aligned}$$

若票面利率为 10%，则：

$$\begin{aligned}发行价格 &= 1\,000 \times (P/F,\ 10\%,\ 5) + 1\,000 \times 10\% \times (P/A,\ 10\%,\ 5) \\ &= 1\,000 \times 0.620\,9 + 100 \times 3.790\,8 = 1\,000(元)\end{aligned}$$

若票面利率为 12%，则：

$$\begin{aligned}发行价格 &= 1\,000 \times (P/F,\ 10\%,\ 5) + 1\,000 \times 12\% \times (P/A,\ 10\%,\ 5) \\ &= 1\,000 \times 0.620\,9 + 120 \times 3.790\,8 = 1\,075.80(元)\end{aligned}$$

【例 2-5】根据【例 2-4】资料，改成单利计息、到期一次还本付息，其余不变。

解：若票面利率为 8%，则：

$$\begin{aligned}发行价格 &= 1\,000 \times (1 + 5 \times 8\%) \times (P/F,\ 10\%,\ 5) \\ &= 1\,400 \times 0.620\,9 = 869.26(元)\end{aligned}$$

若票面利率为 10%，则：

$$\begin{aligned}发行价格 &= 1\,000 \times (1 + 5 \times 10\%) \times (P/F,\ 10\%,\ 5) \\ &= 1\,500 \times 0.620\,9 = 931.35(元)\end{aligned}$$

若票面利率为 12%，则：

$$\begin{aligned}发行价格 &= 1\,000 \times (1 + 5 \times 12\%) \times (P/F,\ 10\%,\ 5) \\ &= 1\,600 \times 0.620\,9 = 993.44(元)\end{aligned}$$

由上面计算可见，由于市场利率是复利年利率，所以当债券以单利计息、到期一次还本时，即使票面利率与市场利率相等，也不会是面值发行。

4. 债券筹资的优点

（1）债券成本较低。与股票的股利相比而言，债券的利息允许在所得税前支付，发行公司可享受税收利益，故公司实际负担的债券成本一般低于股票成本。

（2）可利用财务杠杆。无论发行公司的盈利多少，债券持有人一般只收取固定的利息，而更多的收益可用于分配给股东或留用公司经营，从而增加股东和公司的财富。

（3）保障股东控制权。债券持有人无权参与发行公司的管理决策，因此，公司发行债券不会像增发新股票那样分散股东对公司的控制权。

5. 债券筹资的缺点

（1）财务风险较高。债券有固定的到期日，并需要定期支付利息，发行公司必须承担按期还本付息的义务。在公司经营不景气时，亦需向债券持有人还本付息，这会给公司带来更大的财务困难，有时甚至导致破产。

（2）灵活性低。发行债券的限制条件一般要比长期借款、租赁筹资的限制条件都多且严格，从而限制了公司债券筹资方式的使用，甚至影响公司以后的筹资能力。

（3）筹资数量有限。公司利用债券筹资一般受一定额度的限制。我国《公司法》规定，发行公司流通在外的债券累计余额不得超过公司净资产的 40%。

（三）融资租赁

租赁是指出租人在承租人给予一定报酬的条件下，在契约合同规定的期限内，授予承租人占有和使用财产权利的一种经济行为。

1. 融资租赁的基本特征

融资租赁，又称财务租赁，是由租赁公司按照承租企业的要求融资购买设备，并在契约或合同规定的较长期限内提供给承租企业使用的信用性业务，它是现代租赁的主要类型。承租企业采用融资租赁的主要目的是融通资金。一般融资的对象是资金，而融资租赁集融资与融物于一体，具有借贷性质，是承租企业筹集长期负债资金的一种特殊方式。其特点是：

（1）由承租企业向租赁公司提出正式申请，由租赁公司融资购进设备租给承租企业使用。

（2）租赁期限较长，大多为设备可使用年限的一半以上。

（3）租赁合同比较稳定，在规定的租期内未经双方同意，任何一方不得中途解约，这有利于维护双方的利益。

（4）由承租企业负责设备的维修保养和保险，但无权自行拆卸改装。

（5）租赁期满时，按事先约定的办法处置设备，一般有退还、续租和留购三种选择，通常由承租企业留购。

2. 融资租赁的类型

（1）直接租赁。直接租赁是融资租赁的典型形式，是指承租人直接向出租人租入所需要的资产，并付出租金。通常所说的融资租赁就是指直接租赁形式。直接租赁的出租人主要是制造厂商和租赁公司。

（2）售后租回。根据协议，企业将某资产卖给出租人，再将所售资产租回，并按期向租赁公司支付租金。采用这种融资形式，承租企业因出售资产而获得了一笔现金，同时因将其租回而保留了资产的使用权，但失去了资产的所有权。从事售后租回的出租人为租赁公司等金融机构。

（3）杠杆租赁。杠杆租赁是由资金出借人为出租人提供部分购买资产的资金，再由出租人将资产租给承租人的方式。因此，杠杆租赁就涉及出租人、承租人和资金出借人三方。这种方式和其他租赁方式一样对承租人没有影响，但对出租人来说，它只支付购买资产的部分资金，另一部分是以该资产作为担保向资金出借人借来的，因此，它既是出租人，又是借资人，同时又拥有资产所有权。如果不能按期偿还借款，则资产所有权要归资金出借人所有。

（4）转租赁。这种租赁形式的特点是，承租人所租设备是租赁公司从国内外的其他租赁公司或设备制造厂商租来的。

3. 融资租赁租金的计算

融资租赁租金是承租企业支付给租赁公司让渡租赁设备的使用权或价值的代价。租金的数额大小、支付方式对承租企业的财务状况有直接的影响，也是租赁决策的重要依据。

（1）租金的构成。

①租赁资产的价款，包括设备的买价、运杂费及途中保险费等。

②利息，即租赁公司所垫资金的应计利息。

③租赁手续费，包括租赁公司承办租赁业务的营业费用及应得到的利润。租赁手续费的高低由租赁公司与承租企业协商确定，一般以租赁资产价款的某一百分比收取。

④预计的设备净残值或者承租企业支付的购买价。

（2）租金的支付方式。

①租金按支付时期长短不同，可分为年付、半年付、季付、月付。

②租金按每期支付租金的时间不同，可分为先付租金和后付租金。先付租金指在期初支付租金；后付租金指在期末支付租金。

③租金按每期支付金额不同，可分为等额支付和不等额支付。

（3）租金的计算方法。

融资租赁租金计算方法较多，常用的有平均分摊法和等额年金法。

①平均分摊法。平均分摊法是指先以商定的利息率和手续费率计算出租赁期间的利息和手续费，然后连同租赁设备的购置成本的应该摊销总额按租金支付次数平均计算出每次应付租金的数额的方法。

在平均分摊法下，每次应付租金数额的计算公式为：

$$R=\frac{C-S+I+F}{N}$$

式中，R 为每次期末应付租金数额；C 为租赁设备的购置成本；S 为期满时由租入方留购，支付给出租方的转让价；I 为利息；F 为手续费；N 为支付租赁次数。

【例 2-6】某企业向租赁公司租入一套设备，设备原价 100 万元，租期 5 年，预计租赁期满租入企业支付的转让价为 5 万元。年利率为 10%，手续费为设备原价的 2%，租金每年年末支付一次。要求：计算该企业每年应付租金的数额。

解：$R=\{(100-5)+[100\times(1+10\%)^5-100]+100\times2\%\}\div5=31.61$（万元）

②等额年金法。等额年金法是将租赁资产在未来各租赁期内的租金按一定的贴现率予以折现，使其正好等于租赁资产的成本。在这种方法下，要将利息率和手续费率综合在一起确定一个租费率，作为贴现率。这种方法与平均分摊法比较，计算是复杂了，但因为考虑了资金的时间价值，结论更具客观性。

在实际租赁过程中，租金有先付租金（期初支付，即租金是预付年金）和后付租金（期末支付，即租金是普通年金）两种支付方式，现分别予以说明。

先付租金的计算公式：

$$R=\frac{C-S\times(P/F,\ i,\ n)}{(P/A,\ i,\ n-1)+1}$$

式中，i 为租费率；其他符号同前。

后付租金的计算公式：

$$R=\frac{C-S\times(P/F,\ i,\ n)}{(P/A,\ i,\ n)}$$

【例 2-7】仍用【例 2-6】的资料，分别对以下三种情况用等额年金法计算该企业每年应付租金额：①租费率为 12%，租金在每年年末支付；②租费率为 12%，租金在每年年初支付；③租金在每年年末支付，但租赁手续费在租入设备时一次付清。

解：设三种情况的每年应付租金额分别为及 R_1、R_2、R_3，则：

$$R_1=\frac{100-5\times(P/F,\ 12\%,\ 5)}{(P/A,\ 12\%,\ 5)}=\frac{100-5\times0.5674}{3.6048}\approx26.95\text{（万元）}$$

$$R_2=\frac{100-5\times(P/F,\ 12\%,\ 5)}{(P/A,\ 12\%,\ 4)}=\frac{100-5\times0.5674}{3.0373+1}\approx24.07\text{（万元）}$$

$$R_3 = \frac{100 - 5 \times (P/F,\ 10\%,\ 5)}{(P/A,\ 10\%,\ 5)} = \frac{100 - 5 \times 0.6209}{3.7908} \approx 25.56\ (\text{万元})$$

4. 融资租赁的优点

（1）迅速获得所需资产。融资租赁集融资与融物于一身，一般要比先筹措现金再购置设备来得快，可使企业尽快形成生产经营能力。

（2）租赁筹资限制较少。企业运用股票、债券、长期借款等筹资方式，都受到相当多的资格条件的限制，相比之下，租赁筹资的限制条件很少。

（3）免遭设备陈旧过时的风险。随着科学技术的不断进步，设备陈旧过时的风险很高，而多数租赁协议规定由出租人承担设备陈旧过时风险，承租企业可免遭这种风险。

（4）全部租金通常在整个租期内分期支付，可适当降低不能偿付的危险。

（5）租金费用可在所得税前扣除，承租企业能享受税收利益。

5. 融资租赁的缺点

（1）成本较高，租金总额通常要高于设备价值的30%。

（2）承租企业在财务困难时期，支付固定的租金也将构成一项沉重的负担。

（3）不利于改进资产。在租赁期内，未经出租人同意，承租人一般不得随意改进所租入的资产。

【想一想】

融资租赁成本很高，企业利用此项业务融资并不普遍，但客观存在，请问有些企业为什么乐意融资租赁？

（四）商业信用

1. 应付账款

应付账款是企业赊购货物而形成的短期债务，即卖方允许买方在购买货物后一定时期内支付货款的一种形式，是一种典型的商业信用形式。卖方往往通过这种方式来推销商品，而买方通过延期付款，等同于向卖方借款购买商品，从而解决了暂时性的资金短缺困难。

（1）应付账款成本。应付账款一般可享受现金折扣优惠，同时也附有信用条件。信用条件包括：买方在规定折扣期内付款而享受到的免费信用；买方放弃折扣而付出的有代价信用；买方超过规定的信用期推迟付款而强制获得的展期信用。因此，采用应付账款形式筹集到的短期借款并不都是免费的，有时是要付出代价的。

比如，某企业购入一批原材料，价款总额为100万元，付款约定为“2/10，n/30”。“2/10，n/30”就是一种信用条件，表示付款信用期为30天，若能提早在10天内付款，买方可以享受2%的现金折扣，若不准备享受2%的现金折扣，则应该在30天内付清货款。

如果该企业现准备在10天内付款，则可以享受到2%的现金折扣，折扣额为0.2（100×2%）万元，免费信用额度为98（100−2）万元。

如果该企业准备放弃现金折扣，在10天后（不超过30天）付款，则该企业将取得有代价的信用额度100万元，这种代价就是企业放弃现金折扣的机会成本。其计算公式为：

$$\text{放弃现金折扣成本} = \frac{\text{现金折扣率} \times 360}{(1 - \text{现金折扣率}) \times (\text{信用期} - \text{折扣期})}$$

$$= \frac{2 \times 360}{98 \times 20} = 36.73\%$$

该企业放弃现金折扣的成本为36.73%。一般来说，企业向银行取得信用额度借款的年利率都会比放弃现金折扣的成本低，因此放弃现金折扣而进行商业信用筹资是一种代价较高的筹资方式。但是如果企业在放弃现金折扣的同时，推迟付款的时间越长，其成本就越小。因为从放弃现金折扣成本的计算公式中，我们发现放弃现金折扣的成本与折扣百分比的大小、折扣期的长短同方向变化，与信用期的长短反方向变化。如果上例中，企业延期至 60 天付款，其成本 $= \frac{2\%}{1-20\%} \times \frac{360}{60-10} = 14.7\%$。

（2）利用现金折扣的决策。在信用条件下，因为获得不同的信用要负担不同的代价，买方企业要在选择何种信用之间做出决策。一般情况下：

如果短期借款利率低于放弃现金折扣的机会成本，买方企业应该借入资金，在折扣期内付款，享受现金折扣。比如，如上例中同期的银行短期借款利率为 10%，企业应利用更便宜的短期借款在折扣期内偿还应付账款；反之，企业应该放弃折扣。

如果在折扣期内用应付账款进行短期投资，短期投资收益率高于放弃现金折扣的成本，则应放弃折扣去追求更高的收益。同时，如果企业放弃折扣推迟付款，应将付款日选择在信用期的最后一天，以降低放弃折扣的成本。

如果企业由于资金缺乏，准备在信用展期内付款，这时企业需要在降低了的放弃折扣成本与展期付款带来的信誉恶化中做出选择。

如果有两家以上的卖方提供不同的信用条件，买方不准备享受现金折扣时，应衡量放弃现金折扣成本的大小，选择信用成本较小的；买方准备享受现金折扣（即在折扣期内付款）时，此时“放弃现金折扣成本”实际上是一种收益，应选择信用成本较大的。

【例 2-8】某公司准备采购一批材料，供应商报价如下：

①立刻付款，价格为48 150元；

②30 天内付款，价格为48 750元；

③31~60 天内付款，价格为49 350元；

④61~90 天内付款，价格为50 000元。

假设银行短期借款利率为 10%，每年按 360 天计算。要求：计算放弃现金折扣成本，并选择对该公司最有利的付款方式。

解：①立刻付款：

折扣率 =（50 000−48 150）÷50 000 = 3.7%

放弃现金折扣成本 = 3.7%÷（1−3.7%）×360÷（90−0）= 15.37%

②30 天内付款：

折扣率 =（50 000−48 750）÷50 000 = 2.5%

放弃现金折扣成本 = 2.5%÷（1−2.5%）×360÷（90−30）= 15.38%

③30~60 天内付款：

折扣率 =（50 000−49 350）÷50 000 = 1.3%

放弃现金折扣成本 = 1.3%÷（1−1.3%）×360÷（90−60）= 15.81%

所以，最有利的付款方式是第 60 天付款49 350元。

2. 商业汇票

商业汇票是指单位之间根据购销合同进行延期付款的商品交易时，开出的反映债权债务关系的票据。根据承兑人的不同，商业汇票可分为商业承兑汇票和银行承兑汇票。商业承兑汇票是指由收款人开出，经付款人承兑，或由付款人开出并承兑的汇票。银行承兑汇票是指由收款人或承兑申请人开出，由银行审查同意承兑的汇票。商业汇票是一种期票，是反映应付账款和应收账款的书面证明。对于买方来说，它是一种短期融资方式。

3. 预收账款

在这种形式下，卖方要先向买方收取货款，但要延期到一定时期以后交货，这等于卖方向买方先借一笔资金，是另一种典型的商业信用形式。通常，购买单位对于紧俏商品乐意采用这种形式，以便顺利获得所需商品。另外，生产周期长、售价高的商品，如轮船、飞机等，生产企业也经常向订货者分次预收货款，以缓解资金占用过多的矛盾。

4. 商业信用筹资的优点

（1）筹资方便。商业信用随商品交易自然产生，属于自然性筹资，事先不必正式规划，方便灵活。

（2）限制条件少。商业信用相对银行借款一类的筹资方式，没有复杂的手续和各种附加条件，也不需抵押担保。

（3）筹资成本低，甚至不发生筹资成本。如果没有现金折扣，或者公司不放弃现金折扣，则利用商业信用筹资不会发生筹资成本。

5. 商业信用筹资的缺点

商业信用的期限一般较短，如果企业取得现金折扣，则时间会更短，如果放弃现金折扣，则需付出较高的资金成本。

财富故事

“80 后”沈子凯卖火柴赚得百万身家

杭州人沈子凯是个“80 后”大男孩，最近正忙着卖火柴，他的头衔是杭州吉卜力艺术创造社的市场总监。

在卖火柴之前，沈子凯拥有一家自己的广告公司。再往前，他是一个艺术设计专业的学生，梦想着像无印良品、暴力熊、宜家那样，用创意和设计的手段，将生活中很普通的东西变成有趣好玩的产品。

广告公司的生意不错，沈子凯安生了两年。2007年，一个做创意的朋友送给沈子凯一盒酒店用火柴，让他选择了改行。黑色的外盒上用 UV 工艺压着细碎的花纹，火柴又长又粗，与平时看到的火柴完全两样。朋友说这叫“送财”，既漂亮又讨口彩的礼物让沈子凯很高兴，无聊时常常反复把玩这盒火柴，他想起了曾经的创意产品计划。经过一番思考和市场调查，他离开一手创办的广告公司，注册了这家名叫杭州吉卜力艺术创造社的公司，专心开发起艺术火柴。

2007年 7 月，沈子凯正式注册了纯真年代艺术火柴商标，3 个月后开始销售，并在2008 年 4 月正式开始加盟连锁。随着第一家店的开张，在西塘、黄山、上海、苏州、阳朔、北京等地的 10 多家加盟店陆续开张营业，自己的直营店也于 7 月在绍兴——鲁迅故里开张。目前纯真年代的近百个经销商遍布了除西藏、新疆外的中国大半地区。

事实上，沈子凯并不是转型卖火柴的个案。在重庆的“70后”杨华成和“80后”的沈子凯互不认识，不过他们的境遇却十分雷同：杨华成原本也经营着自己的广告公司，现在他也卖起了火柴，只不过杨华成卖火柴要比沈子凯稍早，2006年做了10多年包装印刷行业的杨华成卖掉了自己的广告印刷公司，边休息边寻找新的项目。

2007年春节，杨华成在朋友的家里看到一盒艺术火柴，立马爱不释手，靠着自己对印刷包装领域的熟悉，他敏锐地感到了这个项目的市场前景。凭借多年积累的资源，杨华成和朋友迅速成立重庆奇品堂文化传播公司，注册火焰神话品牌开始卖火柴。

沈子凯和杨华成卖的都是包装鲜艳的艺术火柴。这种时尚精美的火柴近几年备受欢迎，在国内许多旅游景区和大城市的商场里如雨后春笋般冒出无数的专卖店，而沈子凯的纯真年代和杨华成的火焰神话正是其中最活跃的品牌。

火柴的历史已经有180多年，从1887年英国人发明安全火柴，直到20世纪90年代初，火柴都是人们日常生活的必需品。但廉价打火机的普及，让火柴慢慢退出了人们的视线。如今无论是在城市还是乡村，曾经红火的火柴几乎销声匿迹。

伴随传统火柴角色隐退的，还有各地大大小小的火柴厂，它们或转产，或关闭，存活下来的也是苟延残喘，目前全国上规模的传统火柴企业已不足50家，全年销售额约为5 000万元，一件（1 000盒）的利润平均0.7元，每小盒仅仅几厘钱，平均只有2.6%的利润，相较现代企业的高盈利能力，传统火柴业基本处于微利或无利状态。

但是，传统火柴消亡的同时也为艺术火柴的出现创造了可能。就像沈子凯所说：当打火机满天飞，人人都在用Zippo的时候，原来的个性和时尚就变成了平庸和无趣。当大家都在玩时，这个东西往往就不再好玩了。

如今，穿了新衣服摇身一变的艺术火柴早已远离火柴最初的功用，已不再是一种廉价的点火工具，而其材料和工艺也与传统产品有不小的差别。例如，传统火柴用的是便宜低档的油面纸，而艺术火柴用的是白卡等高档纸张，还使用了外盘覆膜等包装技术。火柴本身的材料，艺术火柴用的是2mm×2mm的东北精选小白杨，火柴头也比传统的要大，而且长短规格不一，极富个性。

作为世界上数量仅次于邮票的收藏品，传统火柴的火花（火柴盒上的贴画）这一小众市场给艺术火柴以很大的启发。而对于20世纪70—80年代出生的年轻群体而言，饱含童年回忆的火柴经过重新包装，甚至可以与实用功能完全剥离，而仅仅成为一种收藏品。送财的概念也让这种价格适中的产品适合定位于小礼品，在旅游景点、综合商业区等地点具有广阔的销售市场。

【职业道德与企业伦理】

债券违约或成常态

案例背景：

2015年4月21日，保定天威集团有限公司（下称“天威集团”）发布公告称，由于发生巨额亏损，未能按期支付所发行的2011年度第二期中期票据（“11天威MTN2”）的利息，公告显示，这笔15亿元债券票面利率5.7%，2016年4月到期，本期应付利息8 550万元（1 380万美元）。至此，其所发行的“11天威MTN2”成首只违约国企债券。

“违约频率的上升清楚显示了中国政府积极将金融体系向更为市场化方向推进以及建立

风险信用定价的决心。”标准普尔信用分析师黄馨慧对本报记者表示。

惠誉评级分析师表示，按照以往的惯例，受益于普遍流行的“国家会为国企提供隐性支持”的看法，这让国企的发债融资成本低于民营企业。而随着中国政府金融改革计划的推进，大型国有企业可能会进一步允许旗下非战略性的子公司或附属机构发生违约。“中国将允许更多非战略性小型国企出现违约，国企不再是中国境内债券市场上免于信用违约事件的企业。”该分析师对记者表示。

公开资料显示，保定天威是以生产电力变压器为主导产品的大型现代化高科技电力装备制造企业集团。其前身为保定变压器厂，2008年正式成为中国兵器装备集团公司成员企业。根据公告，保定天威2014年累计亏损 101.4 亿元。亏损原因之一是新能源行业市场萎缩、产能过剩、产品价格走低等情况未能好转，公司收入成本倒挂现象严重，经营性亏损主要来自新能源产业。原因之二是基于谨慎性原则对合并报表范围内相关资产计提减值准备 83.4 亿元。

根据中债资信评估有限责任公司的数据，自2011年以来，天威集团净利润已连续 4 年亏损，且亏损额度不断放大；截至2014年年末，天威集团账面总资产129.17亿元，总负债209.53亿元，已处于严重资不抵债状态。另外，据了解，因为跟债权人出现纠纷，保定天威在其上市子公司天威保变所持22.96%的股份被地方法院冻结。

保定天威的公告称，公司将继续努力通过资产处置等各种方式筹措偿付资金。公告亦显示，该债券发行时评级为“AA+”，如今为“B”。

（资料来源：朱水康．债券违约或成常态．中华工商时报，2015-04-29，已进行适当修改。）

问题：如何解释我国债券市场的这种违约现象呢？

分析：2014年是中国债券市场的违约元年。在这一年，超日太阳宣布不能按期兑付“11超日债”第二期利息 9 890 万元，仅能支付 400 万元，拉开了债券市场违约的序幕。此后，华通路桥、华锐风电接连传出兑付危机，中小企业私募债（如“13 中森债”“12 华特斯”“12 金泰债”）先后发生违约，债券的信用风险逐渐暴露出来。据统计，保定天威之前，自2014年以来，共发生大大小小违约事件 15 起。其中，公募债违约事件 6 起，私募债违约事件 9 起，最终发生实质性违约 7 起。负债筹资有其优势，尤其是在公司负债比率较低的时候。但公司债券也面临着违约的风险，即到期不能及时还本付息。公司债券违约直接损害了债券持有人的利益，这不符合职业道德与企业伦理。

【任务操作】

（1）长江实业股份有限公司2017年3 000万元的筹资可以采取吸收直接投资、发行股票、内部留存收益、发行认股权证等形式完成筹资任务，公司可选择上述中的一种形式或几种形式混合使用。在选择各种不同的筹资类型时，充分发挥权益筹资的财务风险小、筹资限制条件少等优点，克服控制权分散、筹资成本高、稀释普通股收益等不足，从而实现调整公司资本结构的目标。

（2）长江实业股份有限公司还可以采取发行公司债券、银行借款、融资租赁、商业信用等形式完成筹资任务，公司可选择上述中的一种形式或几种形式混合使用。在选择各种不同的筹资类型时，充分发挥负债筹资的筹资限制条件少、筹资速度快等优点，克服财务风险大、筹资数额有限等不足，从而实现调整公司资本结构的目标。

职业能力训练

一、知识准备训练

（一）单项选择题

1. 下列不属于企业筹资方式的是（　　）。

A. 吸收投资　B. 经营租赁　C. 商业信用　D. 长期借款

2. 下列不属于商业信用的是（　　）。

A. 应付账款　B. 应付工资　C. 应付票据　D. 预收账款

3. 根据我国有关规定，股票不得（　　）。

A. 平价发行　B. 溢价发行　C. 折价发行　D. 市价发行

4. 下列不属于普通股股东权利的是（　　）。

A. 公司管理权　B. 分享盈余权

C. 优先认股权　D. 优先分享剩余财产权

5. 一般而言，资本成本最低的筹资方式是（　　）。

A. 发行股票　B. 发行债券　C. 银行借款　D. 保留盈余

6. 与购买设备相比，融资租赁设备的优点是（　　）。

A. 节约资金　B. 设备无须管理

C. 当期无须付出全部设备款　D. 使用期限长

7. 某企业需借入资金 600 万元，由于银行要求将贷款数额的 20%作为补偿性余额，故企业需向银行申请的贷款数额为（　　）万元。

A. 400　B. 480　C. 750　D. 670

8. 某企业需借入资金 300 万元，由于银行要求将贷款数额的 20%作为补偿性余额，故企业需向银行申请的贷款数额为（　　）万元。

A. 600　B. 375　C. 750　D. 672

9. 融资性租赁实质上是由出租人提供给承租人使用固定资产的一种（　　）。

A. 信用业务　B. 买卖活动

C. 租借业务　D. 服务活动

10. 某周转信贷协议额度2 000万元，承诺费率为 1%，借款企业年度内使用了1 600万元，则企业应向银行支付的承诺费用为（　　）元。

A. 3 000　B. 35 000

C. 40 000　D. 15 000

（二）多项选择题

1. 吸收直接投资中的出资方式，主要有（　　）。

A. 以现金出资　B. 以实物出资

C. 以工业产权出资　D. 以土地使用权出资

2. 属于融资租赁形式的有（　　）。

A. 直接租赁　B. 售后回租

C. 服务租赁　D. 杠杆租赁

3. 企业资产租赁按其性质有（　　）。

A. 短期租赁　　B. 长期租赁

C. 经营租赁　　D. 融资租赁

4. 用于长期资本筹措的方式主要包括（　　）。

A. 预收账款　　B. 吸收直接投资

C. 发行股票　　D. 发行长期债券

5. 优先股的特点有（　　）。

A. 优先分配股利　　B. 优先分配剩余财产

C. 股利支付具有约定性　　D. 较普通股限制条款多

6. 相对于股权资本筹资方式而言，长期借款筹资的缺点主要有（　　）。

A. 财务风险较大　　B. 筹资费用较高

C. 筹资数额有限　　D. 资本成本较高

7. 相对权益资金的筹资方式而言，银行借款筹资的缺点主要有（　　）。

A. 财务风险较大　　B. 资金成本较高

C. 筹资数额有限　　D. 筹资速度较慢

8. 一般认为，普通股与优先股的共同特征主要有（　　）。

A. 同属公司股本　　B. 股息从净利润中支付

C. 均可参与公司重大决策　　D. 参与分配公司剩余财产的顺序相同

9. 融资租赁的租金总额一般包括（　　）。

A. 租赁手续费　　B. 租赁设备的购置成本

C. 利息　　D. 预计净残值

（三）判断题

1. 一般而言，向社会发行证券比向银行借款能够筹集更多的资金。（　　）

2. 补偿性余额有助于降低银行贷款风险，企业借款的实际利率与名义利率相同。（　　）

3. 融资租赁属于负债筹资。（　　）

4. 发行普通股股票可以按票面金额等价发行，也可以偏离票面金额按溢价、折价发行。（　　）

5. 所有者权益是企业可以使用的资本，因此所有者权益就是资本金。（　　）

6. 投资于企业债券，可拥有优先求偿权，即企业破产时，优先于股东分得企业资产，因此本金安全性较高。（　　）

7. 经营性租赁和融资性租赁都是租赁，它们在会计处理上没有区别。（　　）

8. 从出租人的角度来看，杠杆租赁与售后租回或直接租赁并无区别。（　　）

9. 吸收直接投资按投资主体的不同，可将资本金分为国家资本金、法人资本金、个人资本金、外商资本金。（　　）

10. 普通股筹资不存在不能偿付的风险，所以与其他筹资方式相比，风险最小。（　　）

二、业务操作训练

【背景资料 1】

科能股份有限公司2018年生产经营需要筹集资金，用销售百分比法预测需要增加资金280. 12万元，用线性回归法预测需要增加资金 242 万元，公司综合研究决定2018年追加筹资

300 万元。

任务要求

这 300 万元可通过哪些方式筹集？各有怎样的优缺点？

【背景资料 2】

某企业向租赁公司租入一套设备，设备原价 100 万元，租期 5 年，预计租赁期满租入企业支付的转让价为 5 万元。年利率为 10%，手续费为设备原价的 2%，租金每年年末支付一次。

任务要求

分别对以下三种情况用等额年金法计算该企业每年应付租金额。

①租费率为 12%，租金在每年年末支付。

②租费率为 12%，租金在每年年初支付。

③租金在每年年末支付，但租赁手续费在租入设备时一次付清。

【背景资料 3】

恒通公司现在要从甲、乙两家企业中选择一家作为供应商。甲企业的信用条件为“2/10，n/30”，乙企业的信用条件为“1/20，n/30”。

任务要求

回答下列互不相关的三个问题：

（1）假如选择甲企业作为供应商，恒通公司在 10~30 天有一投资机会，投资回报率为 40%，恒通公司是否应在折扣期内归还甲公司的应付账款以取得现金折扣？

（2）当恒通公司准备放弃现金折扣，那么应选择哪家供应商？

（3）当恒通公司准备享受现金折扣，那么应选择哪家供应商？

职业能力拓展

1. 某企业按“2/10，n/30”条件购入一批货物，即企业如果在 10 日内付款，可享受 2% 的现金折扣，倘若企业放弃现金折扣，货款应在 30 天内付清。要求：①计算企业放弃该项现金折扣的机会成本。②若企业准备放弃折扣，将付款日期推迟到 50 天，计算放弃现金折扣的机会成本。③若另一家供应商提出“1/20，n/30”的信用条件，计算放弃折扣的机会成本，若企业准备享受现金折扣，应选择哪一家供应商。

2. 天缘公司是一家生产办公家具的公司，目前因材料短缺，从北方公司急购木材一批，价款 100 万元，款项未结。北方公司为了降低自己的债权风险，激励天缘公司早日付款，开出了“2/20，n/45”的信用条件。天缘公司会计人员在收到货物 30 天后支付了该笔款项。财务经理在查阅公司相关记录时发现了这笔业务的处理情况，责问会计人员为什么没有享受北方公司提供的现金折扣。会计人员果断地回答：放弃现金折扣的成本仅为 2%，而要享受现金折扣从银行贷款的成本却高达 10%，所以选择放弃。

☞思考与分析

（1）会计人员就该笔交易的处理有无不当之处？如有，错在哪里？

（2）放弃现金折扣的成本如何计量？

（3）如果天缘公司贷款困难，必须放弃现金折扣，就付款时间而言你会向财务经理作何建议？为什么？

任务三 确定最佳筹资结构

任务描述

恒通公司目前发行在外普通股100万股（每股1元），已发行10%利率的债券400万元，该公司打算为一个新的投资项目融资500万元，新项目投产后公司每年息税前利润可增加到200万元。现有两个方案可供选择：按12%的利率发行债券（方案1）；按每股20元发行新股（方案2）。公司适用所得税税率25%。请通过下列问题的解决为公司确定最佳筹资结构提供意见：

要求：

（1）计算两个方案的每股利润。

（2）计算两个方案的每股利润无差别点息税前利润。

（3）计算两个方案的财务杠杆系数。

（4）判断哪个方案更好。

【案例导入】

保利地产综合资金成本明显低于同行

2012年5月16日，国信证券房地产行业分析师方焱表示，保利地产（600048）凭借央企优势，资金成本低于同行。方焱指出，虽然保利地产的净负债率高达118.9%，但实际上公司的综合资金成本仅为一年期贷款利率上浮10%，即6.75%。上海汉宇房地产顾问有限公司市场研究部经理付伟表示，业内大开发商的综合资金成本在10%，小开发商的综合资金成本在15%~20%。

易居（中国）控股有限公司研究中心总经理陈啸天独家数据显示：2011年上半年，保利地产一年内到期的借款中，信用贷款和保证贷款合计约117亿元，约占总量的98.5%；保利地产长期借款中信用贷款和保证贷款合计约461亿元，约占贷款总量的89.6%。“信用贷款和保证贷款是无须任何抵押的，也就是签单即借款。”作为央企，保利地产比其他开发商更具备打价格战的资格。保利地产具有优于同行的资金成本。

问题：请简要分析保利地产的综合资金成本为何要明显低于其他房地产企业。

分析：从引例可以看出，保利地产的综合资金成本仅为一年期贷款利率上浮10%，即6.75%；而业内大开发商的综合资金成本为10%，小开发商的综合资金成本在15%~20%。保利地产主要是凭借央企优势，资金成本低于同行。保利地产的净负债率尽管高达118.9%，但负债的绝大部分皆为信用贷款和保证贷款。企业在选择筹资方式的时候，要重点关注各种筹资方式的资金成本。

知识准备

一、资金成本的概念

资金成本是企业为筹措并使用资金而支付的费用。具体包括用资费用与筹资费用。

(1) 用资费用。用资费用是指企业在投资、生产经营过程中因使用资金而支付的费用。如向股东支付的股息、向债权人支付的利息等，这是资金成本的主要内容。

(2) 筹资费用。筹资费用是指企业在筹集资金过程中，为取得资金而支付的费用。如发行股票或债券的发行费、向银行支付的借款手续费等。筹资费用是在筹资时一次发生的，而在用资过程中不再发生的费用。

资金成本在财务管理中一般用相对数表示，即表示为用资费用与实际筹得资金（筹资总额减去筹资费用）的比率。其计算公式为：

资金成本=每年的用资费用/（筹资总额-筹资费用）

【相关链接】

资本成本与资金时间价值的关系

资本成本与资金时间价值既有联系又有区别。联系在于两者考察的对象都是资金；区别在于资本成本既包括资金时间价值，又包括投资风险价值。

二、资金成本的作用

资金成本在筹资决策中的作用表现为：

(1) 资金成本是影响企业筹资总额的重要因素。

(2) 资金成本是企业选择资金来源的基本依据。

(3) 资金成本是企业选用筹资方式的参考标准。

(4) 资金成本是确定最优资金结构的主要参数。

三、个别资金成本

个别资金成本是指各种筹资方式的成本，包括债券成本、银行借款成本、优先股成本、普通股成本和留存收益成本，前两者可统称为负债资金成本，后三者统称为权益资金成本。

（一）银行借款资本成本

银行借款资本成本的计算公式为：

$$K_1 = \frac{I_1(1-t)}{P_1(1-f_1)} = \frac{i_1(1-t)}{1-f_1}$$

式中，K_1为银行借款资本成本；I_1为银行借款年利息；P_1为银行借款筹资总额；t为所得税税率；f_1为银行借款筹资费率；i_1为银行借款年利息率。

【例 2-9】公司从银行借款1 000万元，手续费0.1%，年利率 5%，期限 3 年，每年付息一次，到期一次还本。公司所得税税率 25%，则这笔借款的资本成本率为多少？

解：K_1=［1 000×5%×（1-25%）］÷1 000×（1-0.1%）=3.79%

（二）债券资本成本

债券资本成本的计算公式为：

$$K_2 = \frac{I_2(1-t)}{P_2(1-f_2)} = \frac{P_2 \times i_2(1-t)}{P_2(1-f_2)} = \frac{i_2(1-t)}{1-f_2}$$

式中，K_2为债券资本成本；I_2为债券年利息；P_2为债券筹资总额；t为所得税税率；f_2为债券筹资费率；i_2为债券年利息率。

【例 2-10】某企业按面值发行债券2 000万元，筹资费率 2%，债券票面利率 10%，每年年末付息，所得税税率 25%。计算该债券的资本成本。

$$K_2=10\%\times(1-25\%)\div(1-2\%)=7.65\%$$

【例 2-11】某企业发行债券1 000万元，面额1 000元，按溢价1 050元发行，筹资费率2%，债券票面利率 10%，每年年末付息，所得税税率 25%。计算该债券的资本成本。

$$K_2=1\,000\times10\%\times(1-25\%)\div1\,050\times(1-2\%)=7.29\%$$

（三）优先股资本成本

优先股资本成本的计算公式为：

$$K_3=\frac{D}{P_3(1-f_3)}$$

式中，K_3表示优先股资本成本；D 表示优先股年股利额；P_3表示优先股筹资总额；f_3表示优先股筹资费率。

【例 2-12】某公司发行优先股，按面值每股 10 元发行，股利率为 8%，发行费率 3%。计算该优先股资本成本。

$$优先股资本成本=10\times8\%\div10\times(1-3\%)=8.25\%$$

（四）普通股成本

计算公式为：

$$K_4=\frac{D_1}{P_4(1-f_4)}+G$$

式中，K_4为普通股资本成本；D_1为预期第 1 年普通股股利；P_4为普通股筹资总额；f_4为普通股筹资费率；G 为普通股年股利增长率。

【例 2-13】某公司发行普通股，每股面值 10 元，溢价 13 元发行，筹资费率 4%，第 1 年年末预计股利率 10%，以后每年增长 2%。计算该普通股资本成本。

$$K_4=\frac{10\times10\%}{13\times(1-4\%)}+2\%=10.01\%$$

（五）留存收益成本

计算公式为：

$$K_5=\frac{D_1}{P_4+G}$$

式中，K_5为留存收益资本成本，其余同普通股。

四、综合资金成本的计算

综合资金成本是以各种资金所占的比重为权数，对各种资金成本进行加权平均计算出来的，也称为加权平均资金成本。其计算公式为：

$$K_W=\sum_{j=1}^{n}K_j\cdot W_j$$

式中，K_W为综合资本成本（加权平均资本成本）；K_j为第 j 种资金的资本成本；W_j为第 j 种资金占全部资金的比重。

【例 2-14】某企业为筹集资金，计划发行债券 500 万元，票面利率 8%，筹资费用率为 2%；优先股 100 万元，股利率为 12%，筹资费用率为 5%；普通股 300 万元，筹资费用率为

7%，预计下一年的股利率为 14%，股利以每年 4%的速度递增；留存收益 100 万元。试计算此次筹资计划的加权平均资金成本（企业适用所得税税率为 25%）。

解：债券资本成本率=8%×（1-25%）÷（1-2%）=6.12%

优先股资本成本率=12%÷（1-5%）=12.63%

普通股资本成本率=14%÷（1-7%）+4%≈19.05%

留存收益资本成本=14%+4%=18%

综合资本成本率=6.12%×50%+12.63%×10%+19.05%×30%+18%×10%=1.84%

计算综合资本成本率时，权数基础的选择：账面价值权数（了解过去），市场价值权数（反映现在），目标价值权数（预知未来）。

【想一想】

在计算综合资金成本时，是否也可以按照债券、股票的市场价格确定其占全部资金的比重？

【知识窗】

边际资本成本

边际成本属于增量资金成本的范畴，是指企业每增加单位资金而增加的资金成本。在企业筹资数量不断增加的情况下，资金提供者所承担的风险也在不断提高，当筹资额达到一定数量时，资金提供者将提高要求的投资报酬率，最终将导致边际资金成本的提高。

企业的个别资金成本和加权平均资金成本，是企业过去筹集的单项资金的成本或目前使用全部资金的成本。然而，企业在追加筹资时，不能仅仅考虑目前所使用资金的成本，还要考虑新筹集资金的成本，即边际资金成本。边际资金成本是企业追加筹资的决策依据。筹资方案组合时，边际资金成本采用目标价值权数。

五、筹资风险与杠杆效应

企业风险主要体现为两方面：经营风险和筹资风险。其中，经营风险是企业在不使用债务或不考虑投资来源中是否有负债的前提下企业未来收益的不确定性，它与资产的经营效率直接相关。

筹资风险，又称财务风险，是指由于负债筹资而引起的到期不能偿债的可能性及由此而形成的净资产收益率的波动。不同的筹资方式，表现为偿债压力的大小并不相同。股权资本属于企业长期占用的资金，不存在还本付息压力，从而其偿债风险也不存在。而债务资本则需要还本付息，而且不同期限、不同金额、不同使用效益的资金，其偿债压力并不相同，因此筹资管理的一项重要任务，是如何确定不同筹资方式下的风险，并据此进行风险管理。

风险存在于财务活动的全过程，如何确定筹资风险的大小？主要方法有三种：一是财务杠杆系数法，二是概率分析法，三是指标分析法。其中，概率分析法在项目一中已介绍过，指标分析法主要利用偿债能力指标进行分析，将在后面的项目中详细介绍。

此外，财务管理中还存在类似于物理学中的杠杆效应。表现为：由于特定费用（如固定生产经营成本或固定的财务费用）的存在而导致的某一财务变量较小幅度变动时，另一相关变量会以较大幅度变动。了解这些杠杆的原理，有助于企业合理地规避风险，提高财务管理水平。财务管理中的杠杆效应有三种形式：经营杠杆、财务杠杆和总杠杆。

（一）经营杠杆

经营杠杆是指在某一固定经营成本比重的作用下，销售量变动对息税前利润产生的影响。由于固定经营成本的存在，当产销量变动较小的幅度时，息税前利润将变动较大的幅度，这就是经营杠杆效应。经营杠杆效应的大小可以用经营杠杆系数（*DOL*）来表示，它是企业息税前利润的变动率与产销量变动率的比率。用公式表示为：

$$DOL = \frac{\Delta EBIT/EBIT}{\Delta x/x}$$

$$= \frac{TCM_0}{EBIT_0}\text{（基期资料）}$$

式中，TCM_0为基期边际贡献；$EBIT_0$为基期息税前利润。

【例 2-15】某企业生产甲产品，固定成本为 60 万元，变动成本率为 40%，当销售额为 200 万元时，求经营杠杆系数。

解：*DOL*=（200-200×40%）÷（200-200×40%-60）= 2

引起企业经营风险的主要原因是市场需求和成本等因素的不确定性，经营杠杆本身并不是利润不稳定的根源。但是，经营杠杆扩大了市场和生产等不确定因素对利润变动的影响。通过上述计算可以看出，经营杠杆系数越大，利润变动越剧烈，企业的经营风险就越大。一般来说，在其他条件相同的情况下，经营性固定成本占总成本的比例越大，经营杠杆系数越高，经营风险就越大。如果经营性固定成本为零，则经营杠杆系数为 1，息税前利润变动率将恒等于产销量变动率，企业就没有经营风险。

（二）财务杠杆

财务杠杆是指资本结构中债务的运用对普通股每股利润的影响能力。企业的融资来源有两种：债务资金与权益资金。不论企业营业利润为多少，债务的利息、融资租赁的租金和优先股的股利通常都是固定不变的。这种由于固定性财务费用的存在而导致普通股股东权益变动大于息税前利润变动的杠杆效应，称作财务杠杆效应。财务杠杆效应的大小用财务杠杆系数（*DFL*）来度量。它是指普通股每股利润（*EPS*）的变动率与息税前利润（*EBIT*）变动率的比率。用公式表示为：

$$DFL = \frac{\Delta EPS/EPS_0}{\Delta EBIT/EBIT_0}$$

$$= \frac{EBIT_0}{EBIT_0 - I - \dfrac{E}{I-t}}$$

式中，I 为债务利息；t 为所得税税率；E 为优先股股利。

对于无优先股的股份制企业或非股份制企业，上述财务杠杆系数的计算公式可简化为：

$$DFL = EBIT_0/(EBIT_0 - I)$$

【例 2-16】某企业有资产2 000万元，其中负债 800 万元，利率 7%；普通股 120 万股，每股发行价格为 10 元。企业本年度的息税前利润为 400 万元，若企业所得税税率为 25%，求企业的财务杠杆系数。

解：财务杠杆系数=400÷（400-800×7%）=1.16

财务风险是指企业为取得财务杠杆利益而利用负债资金时，增加了破产机会或普通股每股利润大幅度变动的机会所带来的风险。财务杠杆会加大财务风险，企业举债比重越大，财务杠杆效应越强，财务风险越大。财务杠杆与财务风险的关系可通过计算分析不同资金结构下普通股每股利润及其标准离差和标准离差率来进行测试。

实务中，企业的财务决策者在确定企业负债的水平时，必须认识到负债可能带来的财务杠杆收益和相应的财务风险，从而在利益与风险之间做出合理的权衡。

（三）复合杠杆

复合杠杆又称总杠杆，是由经营杠杆和财务杠杆共同作用形成的总杠杆。如前所述，由于存在固定性的经营成本，产生经营杠杆作用，使息税前利润的变动幅度大于产销业务量的变动幅度；同样由于存在固定性财务费用，产生财务杠杆效应，使企业每股利润的变动率大于息税前利润的变动率。如果两种杠杆共同起作用，那么产销业务量稍有变动，每股利润就会发生更大的变动。这种由于固定性生产经营成本和固定性财务费用的共同存在而导致的每股利润变动率大于产销业务量变动率的杠杆效应称为复合杠杆效应。复合杠杆效应的大小用复合杠杆系数（*DTL*）来衡量，它是经营杠杆与财务杠杆的乘积，是指每股利润变动率与产销业务量变动率的比率。其计算公式为：

$$DTL=\frac{\frac{\Delta EPS}{EPS_0}}{\frac{\Delta x}{x_0}}=\frac{\Delta EBIT/EBIT_0}{\Delta x/x_0}\times\frac{\Delta EPS/EPS_0}{\Delta EBIT/EBIT_0}=DOL\times DFL$$

由于复合杠杆作用使普通股每股利润大幅度波动而造成的风险，称为复合风险。复合风险直接反映企业的整体风险。在其他因素不变的情况下，复合杠杆系数越大，复合风险越大；复合杠杆系数越小，复合风险越小。通过计算分析复合杠杆系数及普通股每股利润的标准离差和标准离差率可以揭示复合杠杆同复合风险的内在联系。

【例2-17】某企业2017年资产总额是1 000万元，资产负债率是40%，负债的平均利息率是5%，实现的销售收入是1 000万元，全部固定成本和费用共220万元。如果2018年预计销售收入提高50%，其他条件不变。计算2018年的经营杠杆、财务杠杆和复合杠杆。

解：利息：1 000×40%×5%=20（万元）

固定成本=全部固定成本费用-利息=220-20=200（万元）

变动成本=销售收入×变动成本率=1 000×30%=300（万元）

基期息税前利润=销售收入-变动成本-固定成本=1 000-300-200=500（万元）

基期边际贡献=销售收入-变动成本=1 000-300=700（万元）

DOL=基期边际贡献/（基期边际贡献-基期固定成本）=700÷（700-200）=1.4

DFL=基期息税前利润/（基期息税前利润-基期利息）=500÷（500-20）=1.042

DTL=*DOL*×*DFL*=1.46

【知识窗】

财务管理的风险管理策略

企业要保持一定的风险状况水平，需要维持一定的总杠杆系数，经营杠杆和财务杠杆可以有不同的组合。具体归纳如下表所示。

经营杠杆和财务杠杆的组合

状态	种类	经营特征	筹资特点
企业类型	固定资产比重较大的资本密集型企业	经营杠杆系数高，经营风险大	企业筹资主要依靠权益资本，以保持较小的财务杠杆系数和财务风险
	变动成本比重较大的劳动密集型企业	经营杠杆系数低，经营风险小	企业筹资主要依靠债务资本，保持较大的财务杠杆系数和财务风险
企业发展阶段	初创阶段	产品市场占有率低，产销业务量小，经营杠杆系数大	企业筹资主要依靠权益资本，在较低程度上使用财务杠杆
	扩张成熟期	市场占有率高，产销业务量大，经营杠杆系数小	企业资本结构中可扩大债务资本，在较高程度上使用财务杠杆
	收缩阶段	产品市场占有率下降，经营风险逐步加大	逐步降低债务资本比重

六、资本结构及其决策

资本结构是指企业各种资本的构成及其比例关系。资本结构是由企业采用各种筹资方式而形成的，筹资方式的组合不同决定着企业资本结构的构成及其比例关系的不同。在实务中，资本结构有广义和狭义之分。广义的资本结构是指企业全部债务与股东权益的构成比例。它不仅包括企业的长期资本，而且包括各种短期资本，即包括流动负债在内的全部负债与所有者权益之间的构成及其比例关系。狭义的资本结构，则是指企业长期负债与股东权益的构成比例。例如，长期负债、优先股、普通股、资本公积、盈余公积、未分配利润之间的比例关系。在财务管理中，资本结构一般是指狭义的资本结构。

资本结构及其管理是企业筹资决策的核心问题。企业应综合考虑有关影响因素，运用适当的方法确定最佳资本结构，并在以后追加筹资中继续保持。若企业现有资本结构不合理，应通过筹资活动进行调整，使其趋于合理化。

资本结构的优化旨在寻求最佳资本结构，最佳资本结构是指在一定条件下使企业综合资本成本最低、企业价值最大的资本结构。

确定最佳资本结构的方法有比较综合资本成本法、比较普通股每股利润法和每股利润无差别点分析法。

1. 比较综合资本成本法

比较综合资金成本法，是通过计算各方案加权平均的资金成本，并根据加权平均资金成本的高低来确定最佳资金结构的方法。最佳资金结构亦即加权平均资金成本最低的资金结构。

【例 2-18】某公司原有资产1 000万元，其中长期债券 400 万元，票面利率 9%；优先股 100 万元，年股息率 11%，普通股 500 万元，今年预计每股股息2.6元，股价 20 元，并且股息以 2%的速度递增。该公司计划再筹资1 000万元，有 A、B 两个方案可供选择：

A 方案：发行1 000万元债券，票面利率 10%，由于负债增加，股本要求股息增长速度为 4%。

B 方案：发行 600 万元债券，票面利率 10%，发行 400 万元股票，预计每股股息为3.3 元，股价为 30 元，年股利以 3%的速度递增。

企业适用所得税税率为 30%。根据资料计算 A 方案、B 方案的加权平均资金成本并评价其优劣。

解：原债券成本率＝9%×（1−30%）＝6.3%

原优先股成本率＝11%

原普通股成本率＝2.6÷20+2%＝15%

A 方案：

新债券成本＝10%×（1−30%）＝7%

增资后普通股成本＝2.6÷20+4%＝17%

A 方案综合资本成本率＝6.3%×400÷2 000+7%×1 000÷2 000+11%×100÷2 000+17%×500÷2 000＝9.56%

B 方案：

新债券成本＝10%×（1−30%）＝7%

增资后普通股成本＝3.3÷30+3%＝14%

B 方案综合资本成本率＝6.3%×400÷2 000+7%×600÷2 000+11%×100÷2 000+14%×900÷2 000＝10.21%

由以上计算结果可知，A 方案的综合资本成本低于 B 方案，应采用 A 方案。

2. 比较普通股每股利润法

【例 2−19】某企业现有权益资金 500 万元（普通股 50 万股，每股面值 10 元）。企业拟再筹资 500 万元，现有三个方案可供选择：A 方案：发行年利率为 9%的长期债券；B 方案：发行年股息率为 8%的优先股；C 方案：增发普通股 50 万股。预计当年可实现息税前盈利 100 万元，所得税税率为 30%。要求用每股利润法选择最优资本结构。

解：各方案的每股利润分别为：

$$EPS_A = \frac{(100 - 500 \times 9\%) \times (1 - 30\%)}{50} = 0.77\text{（元）}$$

$$EPS_B = \frac{100 \times (1 - 30\%) - 500 \times 8\%}{50} = 0.60\text{（元）}$$

$$EPS_C = \frac{100 \times (1 - 30\%)}{50 + 50} = 0.70\text{（元）}$$

由以上计算结果可知，A 方案的每股利润最大，应采用 A 方案筹资。

3. 每股利润无差别点分析法

每股利润无差别点，是指使不同资本结构的每股利润相等的息税前利润点，这一点是两种资本结构优劣的分界点。

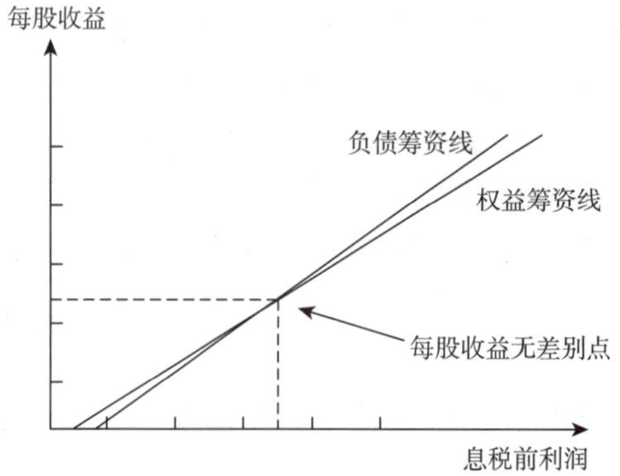

每股收益无差别点分析图

【例 2-20】某公司2018年年初的负债及所有者权益总额为9 000万元，其中，公司债券为1 000万元（按面值发行，票面年利率为 8%，每年年末付息，三年后到期）；普通股股本为4 000万元（面值 1 元，4 000万股）；资本公积为2 000万元；其余为留存收益。

2018年该公司为扩大生产规模，需要再筹集1 000万元资金，有以下两个筹资方案可供选择：

方案 1：增加发行普通股，预计每股发行价格为 5 元。

方案 2：增加发行同类公司债券，按面值发行，票面年利率为 8%。

预计2018年可实现息税前利润2 000万元，适用的企业所得税税率为 33%。

要求：

（1）计算增发股票方案的下列指标：

①2018年增发普通股股份数；

②2018年全年债券利息。

（2）计算增发公司债券方案下的2018年全年债券利息。

（3）计算每股利润的无差异点，并据此进行筹资决策。

解：（1）计算增发股票方案的下列指标：

①2018年增发普通股股份数＝10 000 000÷5＝200（万股）

②2018年全年债券利息＝1 000×8%＝80（万元）

（2）增发公司债券下的2018年全年债券利息＝（1 000+1 000）×8%＝160（万元）

（3）根据题意，列方程：

$$\frac{(\overline{EBIT}-80)\times(1-33\%)}{4\ 200}=\frac{(\overline{EBIT}-160)\times(1-33\%)}{4\ 000}$$

则每股利润无差异点的息税前利润 $\overline{EBIT}$ ＝（160×4 200−80×4 000）÷（4 200−4 000）＝1 760（万元）

筹资决策：

因为预计息税前利润＝2 000万元>每股利润无差异点的息税前利润＝1 760万元

所以应当通过增加发行公司债券的方式筹集所需资金，即按方案 2 筹资。

【相关链接】

确定最佳资本结构——公司价值分析法

公司价值分析法是在充分反映公司财务风险的前提下，以公司价值的大小为标准，经过测算确定公司最佳资本结构的方法。与比较综合资本成本法和每股利润无差别点法相比，公司价值分析法充分考虑了公司的财务风险和资本成本等因素的影响，以公司价值最大化为标准进行资本结构的决策，更符合公司价值最大化的财务目标，但其测算原理及测算过程较为复杂，通常用于资本规模较大的上市公司。

【阅读资料】

优序融资理论

（1）不同资金来源的资金成本率的高低各不相同且不固定，但总体上看存在这样一种基本规律，即普通股成本最高，优先股成本次之，长期负债的成本相对较低。在资本市场充分发达的情况下，不同类别资金的成本又呈现出一种相对稳定的状态。

（2）债券融资具有抵税利益。只有当债务融资超过特定临界点时，增加的破产成本和代理成本才会抵消企业节税利益，因此，企业保持合理的债务比例有助于企业价值的提升。

（3）债务融资对管理者具有激励作用，可在一定程度上降低由于所有权和控制权分离而产生的代理成本。

（4）通常而言，债务融资向市场传递的是积极信号，有助于提高企业的市场价值。总之，在各类资金成本既定的前提下，优化融资结构将有助于企业总资金成本水平的降低。在西方企业实践过程中，大部分的企业在融资时首选内部融资，若需外部融资，则首选发行债券，然后才发行股票，这就是现代资本结构理论中的“优序融资理论”。

【职业道德与企业伦理】

无锡尚德破产记

案例背景：

2013年3月20日，无锡市中级人民法院依据《中华人民共和国破产法》裁定，对无锡尚德太阳能电力有限公司实施破产重整。

无锡尚德由施正荣博士于2001年在无锡创立，从事光伏电池与组件生产。2005年，施正荣在英属维尔京群岛注册成立100%控投无锡尚德的尚德电力公司，并在纽交所上市，财富飙升至150亿元，一跃成为《新财富》500富人榜首富。随后他的财富在空中画出一道完美的上扬抛物线，2008年遭遇拐点，其财富飞流直下，至2012年下滑至30亿元。2013年3月14-15日，尚德股价两天暴跌38%，收盘价0.67美元，市值仅剩1.5亿美元，美国Haxim集团甚至将尚德股票的目标价下调至0美元。

如此急转直下的剧情反转跟一个行业密切相关——光伏产业，施正荣正是这个行业的“教父”级人物。12年间，他将一个在中国从未听说过的行业发展成为产值几千亿元、带动上千万人就业的一条完整产业链，甚至欧美国家也纷纷效仿。他曾是媒体和政府的“宠儿”，如今却众叛亲离，甚至成为众矢之的。短期债务危机、高负债以及遭遇利益输送的质疑，成为压在施正荣身上的三座大山。尚德电力资产负债表上有约20亿美元的债务，其中5.41亿多美元的可转债在2013年3月15日到期。

3月13日，尚德电力对外宣布，由于受到光伏“双反”调查以及产能过剩的影响，公司在美国亚利桑那州Goodyear的组件工厂将于4月3日停止生产，这也是继关闭无锡尚德P2工厂之后，尚德关闭的另一家工厂。受此消息影响，尚德股价连续下跌，14日盘中跌幅一度超过50%，最终收跌19.28%，报收于0.67美元。尚德的市值在2012年已蒸发了60%。在2012年7月宣布自己成为莫须有的德国债券欺诈案受害者并且损失了5.6亿欧元之后，尚德再也没有发出过财务报告。

截至2013年5月15日，共有529家债权人申报了债权。本报记者获取的权威材料显示，已经申报债权的529家债权人总计申报额高达173.96亿元，其中涉及82亿元人民币、14亿美元，同时还有4亿泰铢和14万欧元等。在总计529家债权人、173.96亿元的申报额中，银行债权金额为70多亿元，供应商金额为90多亿元。据介绍，截至2013年2月底，包括工行、农行、中行等在内的9家债权银行对无锡尚德的本外币授信余额折合人民币已达到71亿元。

问题：无锡尚德公司破产的原因何在？

分析：无锡尚德公司破产的原因在于经营风险和财务风险过高，公司负债主要由战略决策失误、行业性亏损两方面的原因造成。先是2009年在成都启动的碲化镉薄膜电池项目以失败告终；紧接着在上海投入3亿美元建造的50MW非晶硅薄膜电池工厂被迫整顿关闭；此后，与MEMC长单解约令尚德损失至少2.12亿美元；而耗资1.07亿美元收购日本MSK股权后却未能在日本市场占到便宜。最根本的问题还是光伏产业的全球性产能过剩，光伏组件出现的恶性价格战拖垮了尚德，光伏平均利润率从2009年下半年的30%一路下跌到全面亏损。

无锡尚德公司在拓展其业务范围时，实际上承担了较大的经营风险，在这种情况下，为了降低复合杠杆的作用，必须降低财务杠杆。但该公司恰恰相反，大量负债，公司机械地理解资本结构理论，过分强调债务资本的低成本优势，从而最终导致公司破产。在资本结构决策中，过分强调债务资本的低成本优势而忽略其风险的冒进做法，违背了职业道德与企业伦理，给企业经营带来了较大的困难。

【任务操作】

解：(1) $EPS_1=(200-400\times10\%-500\times12\%)\times(1-25\%)\div100=0.75$（元）

$EPS_2=(200-400\times10\%)\times(1-25\%)\div125=0.96$（元）

(2) $EPS_1=(EBIT-400\times10\%-500\times12\%)\times(1-25\%)\div100$

$EPS_2=(EBIT-400\times10\%)\times(1-25\%)\div125$

因为 $EPS_1=EPS_2$

所以 $(EBIT-100)\div100=(EBIT-40)\div125$

$EBIT=(12\,500-4\,000)\div25=340$（万元）

(3) 方案1财务杠杆系数 $=200\div(200-100)=2$

方案2财务杠杆系数 $=200\div(200-40)=1.25$

(4) 预计息税前利润少于无差别点息税前利润，方案2每股利润大，所以方案2好。

职业能力训练

一、知识准备训练

（一）单项选择题

1. 当经营杠杆系数为5，财务杠杆系数为1.4时，复合杠杆系数是（　　）。

A. 5.5　　B. 6.5　　C. 3.9　　D. 7

2. 在计算资本成本时，与所得税有关的资金来源是（　　）。

A. 普通股　　B. 优先股　　C. 银行借款　　D. 留存收益

3. 经营杠杆系数为2.5，财务杠杆系数为2，则总杠杆系数等于（　　）。

A. 4.5　　B. 5　　C. 2.25　　D. 3

4. 关于留存收益成本，说法错误的是（　　）。

A. 它是一种机会成本　　B. 不考虑筹资费用

C. 实质是股东对企业追加投资　　D. 计算与普通股成本完全相同

5. 财务杠杆系数影响企业的（　　）。

A. 税前利润　　B. 息税前利润　　C. 税后利润　　D. 财务费用

6. 企业在追加筹资时需要计算（　　）。
A. 加权平均资金成本　　B. 边际资金成本
C. 个别资金成本　　D. 机会成本
7. 计算个别资本成本时，既不考虑所得税，又不考虑筹资费用的是（　　）。
A. 长期借款成本　　B. 债券成本
C. 普通股成本　　D. 留存收益成本
8. 某公司财务杠杆系数等于1，这表明该公司当期（　　）。
A. 利息与优先股股息为零　　B. 利息与优先股股息不好确定
C. 利息与息税前利润为零　　D. 利息与固定成本为零
9. 最佳资本结构是指（　　）。
A. 股东价值最大的资本结构
B. 企业目标资本结构
C. 加权平均的资本成本最高的目标资本结构
D. 加权平均资本成本最低、企业价值最大的资本结构
10. 只要企业存在固定成本，则经营杠杆系数必（　　）。
A. 与销售量成正比　　B. 与固定成本成反比
C. 恒大于1　　D. 与风险成反比

（二）多项选择题

1. 资本成本包括（　　）。
A. 资金筹集费　　B. 财务费用　　C. 资金占用费　　D. 资金费用
2. 计算综合资本成本时的权数可选择（　　）。
A. 账面价值　　B. 票面价值　　C. 市场价值　　D. 目标价值
3. 可用于确定企业最优资金结构的方法有（　　）。
A. 高低点法　　B. 因素分析法
C. 比较资金成本法　　D. 息税前利润—每股利润分析法
4. 财务管理中的杠杆包括（　　）。
A. 经营杠杆　　B. 经济杠杆　　C. 财务杠杆　　D. 综合杠杆
5. 进行最佳资本结构决策可以采用的方法有（　　）。
A. 净现值法　　B. 内含报酬率
C. 比较资本成本法　　D. 无差异点分析法
6. 影响企业综合资金成本大小的因素主要有（　　）。
A. 资本结构　　B. 个别资本成本的高低
C. 企业资产规模大小　　D. 所得税税率（当存在债务融资时）
7. 负债资金在资金结构中产生的影响是（　　）。
A. 降低企业资金成本　　B. 加大企业财务风险
C. 具有财务杠杆作用　　D. 分散股东控制权
8. 资金筹集费是指为筹集资金而付出的代价，属于资金筹集费的有（　　）。
A. 发行广告费　　B. 股票、债券印刷费
C. 债券利息　　D. 股票股利

9. 对财务杠杆系数意义表述正确的是（　　）。
A. 财务杠杆系数越大，财务风险越小
B. 企业无负债、无优先股时，财务杠杆系数为 1
C. 财务杠杆系数表明的是销售变化率相当于每股收益变化率的倍数
D. 财务杠杆系数越大，预期的每股收益也越大
10. 与综合杠杆系数成正比例变化的是（　　）。
A. 销售额变动率　　B. 每股利润变动率
C. 经营杠杆系数　　D. 财务杠杆系数

（三）判断题

1. 资本成本通常用绝对数表示，等于资金使用费用与筹集费用之和。(　　)
2. 资本成本简单地说就是资金时间价值。(　　)
3. 如果企业的债务资金为零，则财务杠杆系数必等于 1。(　　)
4. 总杠杆系数=财务杠杆系数+经营杠杆系数。(　　)
5. 无论是经营杠杆系数变大，还是财务杠杆系数变大，都可能导致企业的复合杠杆系数变大。(　　)
6. 留存收益是由企业利润所形成的，所以留存收益没有筹资费用。(　　)
7. 在筹资额和利息（股息）率相同时，企业借款筹资与发行优先股筹资的财务杠杆作用是相同的。(　　)
8. 在个别资金成本一定的情况下，综合资本成本的高低取决于资金总额。(　　)
9. 财务风险大、资金结构不合理的企业追加投资时，应尽可能从企业内部融资，以调整资金结构降低风险。(　　)
10. 财务杠杆系数是由企业资金结构决定的，该系数越大，财务风险越大。(　　)

二、业务操作训练

【背景资料 1】

（1）淮海实业股份有限公司现有注册资本5 000万元，其中权益资本3 000万元，债务资本2 000万元。2019年欲融资3 000万元，以调整公司的资本结构，可以选择负债融资，也可以选择权益融资。

（2）淮海实业股份有限公司现有注册资金5 000万元，其中债务资金2 000万元、利息率为 8%，普通股资金3 000万元（发行普通股 300 万股，每股面值 10 元）。由于扩大业务，需追加筹资3 000万元。其筹资方式有两个：方案 A 是全部发行普通股，增发 300 万股，每股面值 10 元；方案 B 是全部公司债务，债务利率 8%，利息 240 万元，企业的所得税税率为 25%。淮海实业股份有限公司筹资预计可实现息税前利润为1 000万元。

（3）若2019年筹资3 000万元均为银行借款，三年期年利率 8%，每年付息一次，到期一次还本。筹资费率为0. 5%。

（4）若2019年筹资3 000万元均为债券，面值为1 000万元，票面年利率为 12%，每年付一次利息，发行价为2 200万元，发行费率为 5%。

（5）若2019年筹资3 000万元均为优先股，按面值发行3 000万元的优先股股票，筹资费率为 5%，股利率为 10%。

（6）若2019年筹资3 000万元均为普通股，按面值发行3 000万元的普通股股票，筹资费

率为 2%，股利率为 10%，股利增长率每年为 3%。

（7）若2019年筹资3 000万元均为留存收益，普通股股利率为 10%，股利增长率每年为 4%。

任务要求

（1）试确定淮海实业股份有限公司采用银行借款、企业债券、优先股、普通股、留存收益等筹资方式时的资金成本。

（2）确定淮海实业股份有限公司筹资后的综合资金成本，详细数据见表 2-6。

（3）根据背景资料，确定淮海实业股份有限公司筹资后的资本结构。

表 2-6 淮海实业股份有限公司资本结构

筹资方式	筹资总额（万元）	所占比重（%）	资金成本（%）
银行借款	1 000	12.5	见任务要求（1）的成本计算
公司债券	1 000	12.5	见任务要求（1）的成本计算
优先股	1 000	12.5	见任务要求（1）的成本计算
普通股	4 000	50	见任务要求（1）的成本计算
留存收益	1 000	12.5	见任务要求（1）的成本计算
合计	8 000	100	

【背景资料 2】

淮海实业股份有限公司2018年产品生产有关销售、成本等资料如表 2-7 所示。

表 2-7 淮海实业股份有限公司2017—2018年有关销售成本 单位：元

项目	2017年	2018年	变动额	变动率（%）
销售额	300 000	360 000	60 000	20
变动成本	200 000	240 000	40 000	20
边际贡献	100 000	120 000	20 000	20
固定成本	80 000	80 000	0	
息税前利润	20 000	40 000	20 000	100

任务要求

计算2018年淮海实业股份有限公司经营杠杆系数、确定经营风险。

【背景资料 3】

淮海实业股份有限公司计划年度预测需要资金100 000元。现有两种融资方案可供选择：方案 A，发行20 000股普通股，每股面值 5 元；方案 B，50%采用负债筹资，利率 10%。若当前年度息税前利润为15 000元，所得税税率 25%，预计下年度息税前利润同比增长 20%。

表 2-8　　淮海实业股份有限公司的融资方案与每股盈余计算　　单位：元

年份	项目	方案 A	方案 B
2017	发行普通股股数（股）	20 000	10 000
	普通股股本（每股面值 5 元）	100 000	50 000
	债务（利率 10%）	0	50 000
	资金总额	100 000	100 000
	息税前利润	15 000	15 000
	减：债务利息	0	5 000
	税前利润	15 000	10 000
	减：所得税（25%）	3 750	2 500
	税后净利润	11 250	7 500
	每股利润（元/股）	0. 562 5	0. 75
2018	息税前利润增长率	20	20
	增长后的息税前利润	18 000	18 000
	减：债务利息	0	5 000
	税前利润	18 000	13 000
	减：所得税（25%）	4 500	3 250
	税后净利润	13 500	9 750
	每股利润（元/股）	0. 675	0. 975
	每股利润增加额	0. 112 5	0. 225
	普通股每股利润增长率（%）	20	30

任务要求

计算淮海实业股份有限公司方案 A、B 的财务杠杆系数，确定财务风险。

【背景资料 4】

淮海实业股份有限公司有关资料如表 2-9 所示，要求分析复合杠杆效应并计算复合杠杆系数。

表 2-9　　淮海实业股份有限公司2017—2018年有关资料　　单位：元

项目	2017年	2018年	增减百分比（%）
销售收入	560 000	700 000	25
变动成本	320 000	400 000	
边际贡献	240 000	300 000	150
固定成本	200 000	200 000	
息税前利润（EBIT）	40 000	100 000	
利息费用	5 000	5 000	
税前利润	35 000	95 000	
所得税（25%）	8 750	23 750	
税后净利润	26 250	71 250	171. 43
普通股数量（股）	10 000	10 000	
每股收益（EPS）	2. 625	7. 125	171. 43

任务要求

计算淮海实业股份有限公司的复合杠杆系数，确定公司的复合风险。

【背景资料5】

淮海集团2018年年末总股本为300万股，该年利息费用为500万元，假定该部分利息费用在2019年保持不变，预计2019年销售收入为15 000万元，预计息税前利润与销售收入的比率为12%。该企业决定于2019年年初从外部筹集资金850万元。具体筹资方案有两个：

方案一：发行普通股股票100万股，发行价每股8.5元。2018年每股股利为0.5元，预计股利增长率为5%。

方案二：发行债券850万元，债券利率10%，企业所得税税率为25%。

上述两个方案筹资费用忽略不计。

任务要求

董事会在讨论筹资方案时要求了解如下指标：

（1）2019年预计息税前利润；

（2）每股利润无差别点；

（3）根据每股利润无差别点做出最优筹资方案的决策，并说明理由；

（4）计算方案一增发新股的资本成本。

职业能力拓展

1. 为民公司2018年年末资本结构如下：

资金来源：

长期债券（年利率8%）　　1 000万元

普通股（4 500万股）　　4 500万元

留存收益　　2 000万元

合计　　7 500万元

因生产发展需要，公司2019年年初准备增加资金2 500万元，现有两个筹资方案可供选择：

甲方案：增加发行1 000万股普通股，每股市价2.5元。

乙方案：按面值发行每年年末付息、票面利率为10%的公司债券2 500万元。

假定股票与债券的发行费用均可忽略不计，企业适用的所得税税率为25%。

公司管理层要求财务部门计算如下数据，以供决策之用：

（1）计算两种筹资方案下每股利润无差别点的息税前利润。

（2）计算处于每股利润无差别点时乙方案的财务杠杆系数。

（3）如果公司预计息税前利润为1 200万元，指出公司应采用的筹资方案。

（4）如果公司预计息税前利润为1 600万元，指出公司应采用的筹资方案。

（5）若公司预计息税前利润在每股利润无差别点上增长10%，计算采用乙方案时公司每股利润的增长幅度。

2. 某公司原有资产1 000万元，其中长期债券400万元，票面利率9%；优先股100万元，年股息率11%，普通股500万元，今年预计每股股息2.6元，股价20元，并且股息以2%的速度递增。该公司计划再筹资1 000万元，有A、B两个方案可供选择。

A 方案：发行1 000万元债券，票面利率 10%，由于负债增加，股本要求股息增长速度为 4%。

B 方案：发行 600 万元债券，票面利率 10%，发行 400 万元股票，预计每股股息为3.3元，股价为 30 元，年股利以 3%的速度递增。

企业适用所得税税率为 30%。根据资料分别计算 A、B 方案的综合资本成本率并评价其优劣。

3. 红旗公司是一家经营机电设备的国有企业，改革开放以来，该企业不断地发展壮大，在市场经济的过程中走在前面。为了进一步拓展国际市场，公司需要在国外建立一个全资子公司。目前母公司的资金来源包括面值为 1 元的普通股1 000万股和平均利息率为 10%的负债3 200万元，预计母公司当年能实现息税前利润1 600万元。开办这个全资子公司就是为了培养新的利润增长点，该全资子公司需要投资4 000万元。预计该子公司建成投产后会增加销售收入2 000万元，其中变动成本为1 100万元，固定成本为 500 万元。子公司资金来源有三种筹资形式可供选择：①以 11%的利率发行债券4 000万元；②按面值发行股利率为 12%的优先股4 000万元；③按每股 20 元的价格发行普通股 200 万股。公司所得税税率为 25%。

要求：在不考虑财务风险的情况下，试利用无差别点分析法分析该公司应选择哪一种筹资方式。

模块三
投资管理

职业能力目标

知识目标

1. 了解项目投资、证券投资的工作流程。
2. 掌握项目投资评价折现指标与非折现指标的计算。
3. 掌握证券内在价值、证券持有期收益率及证券组合收益率的计算。

技能目标

1. 能对固定资产新建项目和更新改造项目进行决策分析。
2. 能运用相关财务指标进行证券投资决策分析。
3. 能与企业内外相关部门沟通投资决策信息。

项目导航

2017年王海所在公司准备进行相关投资，王海作为财务主管，需要对公司2017年闲散资金投资做出草案，以备公司决策层进行决策研究。那么，究竟是进行实体投资，还是进行证券投资？如果是进行实体投资，如何选择实体投资项目？怎样计算投资项目是否能带来收益？如果投资债券、股票或其他金融衍生产品，怎样能够让公司的资金在获得最大利润的同时合理规避风险？通过本模块的学习，将让王海具备解决这些问题的能力。

【案例导入】

浙江巨化股份有限公司（以下简称公司）2014年7月15日公司董事会六届十次会议审议通过《关于实施23.5kt/a含氟新材料（一期）项目的议案》《关于实施10kt/aPVDF（一期）项目的议案》，同意公司投资15 039万元、16 198.5万元，分别建设23.5kt/a含氟新材料项目（一期）、10kt/aPVDF项目（一期）。现将上述有关情况公告如下：

一、23.5kt/a含氟新材料项目（一期）

（一）项目概况

1. 项目内容

新建5kt/a六氟丙烯、0.75kt/a全氟烷基碘化物和1.5kt/a四氟乙烯甲基醚生产装置及相关配套设施。

2. 工艺技术方案（略）

3. 总图布置

项目拟建在公司氟聚合物事业部生产装置区域内。

4. 投资估算及资金筹措

本项目总投资为 15 039 万元。其中：建设投资为 11 596.6 万元，建设期利息为102.4 万元，流动资金为 3 340 万元。资金来源为公司自有资金及商业银行贷款。

5. 经济效益评价

5kt/a 六氟丙烯项目达产后，预计年利润总额1 247万元，所得税前财务内部收益率27.02%，所得税后财务内部收益率20.84%。0.75kt/a 全氟烷基碘化物、1.5kt/a 四氟乙烯甲基醚项目达产后，预计年利润总额 2 848 万元，所得税前财务内部收益率38.94%，所得税后财务内部收益率30.22%。

6. 项目实施计划

5kt/a 六氟丙烯项目计划于2015年 4 月建成投产；0.75kt/a 全氟烷基碘化物、1.5kt/a 四氟乙烯甲基醚项目计划于2015年 7 月建成投产。

……

（资料来源：浙江巨化股份有限公司项目投资公告）

问题：项目投资决策程序一般应包括哪些基本步骤？

分析：从引例可以看出，项目投资的规模较大、风险较大、回收时间较长，对企业未来发展的影响也较大，所以必须遵循一定的决策程序。项目投资的决策程序一般包括以下四个步骤：投资项目的提出、投资项目的可行性分析（主要包括环境可行性、技术可行性、市场可行性、财务可行性等方面）、投资项目的决策、投资项目的实施与控制。项目投资管理是企业财务管理的主要内容之一。

任务一 项目投资管理

任务描述

风华有限公司现有资金 200 万元，可用于以下投资方案：方案 A，购入五年期、年利率14%的国库券，不计复利，到期一次支付本息。方案 B，购买新设备，使用期五年，预计残值收入为设备总额的 10%，按直线法计提折旧，设备交付使用后每年可以实现 24 万元的税前利润。该企业的资金成本率为 10%，适用所得税税率 25%。请对这两个投资方案进行决策。

知识准备

一、项目投资的含义与类型

（一）项目投资的含义

企业投资按照投资对象和内容的不同可分为项目投资、证券投资和其他投资等类型。

其中项目投资是指以特定项目为对象，直接与新建或更新改造有关，并形成生产经营能力的物质技术基础的长期投资行为。例如，现有产品生产规模的扩张、新产品的开发、设备或厂房的更新以及新技术的研究与开发等。

与其他形式的投资相比，项目投资具有投资金额大、影响时间长、变现能力差和投资风险大的特点。

（二）项目投资的类型

项目投资又可分为新建项目投资和更新改造项目投资两大类型。新建项目投资以新增生产能力为目的，基本属于外延式扩大再生产；更新改造项目投资以恢复和改善生产能力为目的，基本属于内涵式扩大再生产。

二、项目投资的程序

项目投资的一般程序要经过提出—可行性分析—决策评价—实施四个步骤，具体说明如下。

1. 项目投资的提出

在企业的生产经营过程中，会不断地产生新的投资需要，也会出现很多投资机会。当出现新的投资机会或产生新的投资需要时，就会提出新的投资项目。这些项目一般会由项目的提出者以报告的形式上报管理部门，以便它们研究和选择。管理部门会从各种投资方案中进行初步的筛选、分类和排序，同时结合企业的长期目标和具体情况，制订初步的投资计划。

2. 项目投资的可行性分析

企业初步确定的投资计划可能有多个，各投资项目之间也会受到资金、技术、环境、人力等的限制。这就要求对投资项目进行可行性分析，主要有三个方面：①技术上，要考虑所投项目技术是否先进，能否取得，能否实施，能维持多长时间，同时还要考虑项目本身在设计、施工等方面的具体要求。②财力上，首先预测资金的需要量，再看有无足够的资金支持。如果资金不足，能否及时筹措到所需资金，这是投资项目运行的前提。③经济上，要考虑项目投产后产品销路如何，能增加多少销售收入，为此发生多少成本和费用，能获得多少利润，有多大风险，整个方案在经济上是否合理等。

除对以上三个方面进行分析外，还要考虑项目的其他相关因素，如所在地区的自然资源、水电、交通、通信等协作条件是否满足项目需要，所需工人、技术人员、管理人员能否达到要求，项目实施后对环境是否造成不良影响等。应当指出，对项目投资的可行性分析依赖于对项目有关资料的搜集和有关情况的预测，要尽可能搜集与项目有关的资料，进行科学的分析，做出正确的评价。

3. 项目投资的决策评价

项目是否能够实施取决于企业管理部门的决策评价结果。决策者要综合技术人员、财务人员、市场研究人员等的评价结果，集思广益，全面考核，最后做出是否采纳和采纳哪一个项目的决定。

财务人员的评价依据和评价方法，主要是计算项目的现金流量和以现金流量为基础计算各种评价指标。具体计算方法及其评价指标的运用将在本章后面几节介绍。

4. 项目投资的实施

项目批准或采纳后，要筹集资金并付诸实施。大项目一般交由提出部门或由原设计人员组成的专门小组，由其负责拟订具体的实施计划并负责具体实施。有关方面如财务、技术要密切配合，保证投资项目保质、保量完成。项目投产后要严格管理，保证实现预期收益。

三、项目计算期

项目计算期是指投资项目从投资建设开始到最终清理结束的全部时间，用 n 表示。

项目计算期通常以年为单位，第 0 年称为建设起点，若建设期不足半年，可假定建设期为零；项目计算期最后一年第 n 年，称为终结点，可假定项目最终报废或清理均发生在终结点，但更新改造除外。

项目计算期（n）= 建设期+经营期

四、现金流量

（一）含义

现金流量是指投资项目在其计算期内因资金循环而引起的现金流入和现金流出增加的数量。

在理解现金流量的概念时，要把握以下三个要点：

（1）投资决策中使用的现金流量，是投资项目的现金流量，是由特定项目引起的。

（2）现金流量是指“增量”现金流量。

（3）这里的“现金”是广义的现金，它不仅包括各种货币资金，而且包括项目需要投入企业拥有的非货币资源的变现价值（或重置成本）。

（二）内容

现金流量包括现金流入量、现金流出量和现金净流量三个具体概念。

1. 现金流入量

现金流入量是指投资项目实施后在项目计算期内所引起的企业现金收入的增加额，简称现金流入。主要包括以下内容：

（1）营业收入。营业收入是指项目投产后每年实现的全部销售收入或业务收入。营业收入是经营期主要的现金流入项目。

（2）回收固定资产的余值。当投资项目的有效期结束，残余的固定资产经过清理会得到一笔现金收入，如残值出售收入。同时，清理时还要支付清理费用，如清理人员的报酬。残值收入扣除清理费用后的净额，应当作为项目投资的一项现金流入。

（3）回收垫支的流动资金。当投资项目的有效期结束后，原先投入周转的流动资金可以转化成现金，用于其他方面，从而构成一项现金流入。

2. 现金流出量

一个方案的现金流出量是指由该方案所引起的企业现金支出的增加额，主要包括以下内容：

（1）建设投资。建设投资是指与形成生产经营能力有关的各种直接支出，包括固定资产投资、无形资产投资、开办费投资等，它是建设期发生的主要现金流出，其中，固定资产投资是所有类型投资项目都要发生的内容。这部分现金流出随着建设进程可能一次性投入，也可能分次投入。

（2）流动资金投资。在完整工业项目投资中，建设投资形成的生产经营能力要投入使用，会引起对流动资金的需求，主要是保证生产正常进行必要的存货储备占用等，这使企业要追加一部分流动资金投资。这部分流动资金投资属于垫支的性质，当投资项目结束时，一般会如数收回。

（3）经营成本。经营成本是指在经营期内为满足正常生产经营而动用现实货币资金支付的成本费用，又被称为付现的营运成本（或简称付现成本）。它是生产经营阶段最主要的现金流出项目。经营成本具体包括：外购原材料、燃料和动力费、工资及福利费、修理费、其他付现费用。

（4）各项税款。这里指项目投产后依法缴纳的单独列示的各项税款，如税金及附加、所得税等。

（5）其他现金流出。其他现金流出指不包括在以上内容中的现金流出项目。例如项目所需投入的非货币资源的变现价值。项目投资可能会动用企业原有的资产，这时企业虽未直接支出现金，但原有资产的变现价值也要视为项目投资的现金流出。

3. 现金净流量

现金净流量是指一定期间现金流入量减去现金流出量的差额。这里所说的“一定期间”一般是指一年，当流入量大于流出量时，净流量为正值；反之，净流量为负值。

【想一想】

现金流量是指一个项目投资引起的现金流出量和现金流入量，请问折旧是现金流量吗？如果是，是流出量还是流入量？

【知识窗】

项目投资现金流量估算假设

项目投资现金流量的确定，一般做出以下假设：①财务可行性分析假设。即假设项目投资决策从企业投资者的立场出发，只考虑该项目是否具有财务可行性。②全投资假设。即假设在确定投资项目的现金流量时，只考虑全部投资的运动情况，而不具体考虑和区分哪些是自有资金，哪些是借入资金，即使是借入资金也将其视为自有资金处理。③建设期间投入全部资金假设。即假设项目投资的资金都是在建设期投入的，在生产经营期没有投资。④经营期和折旧年限一致假设。即假设项目的主要固定资产的折旧年限或使用年限与经营期相同。⑤时点指标假设。为了便于利用资金时间价值的形式，将项目投资决策所涉及的价值指标都作为时点指标处理。其中，建设投资在建设期内有关年度的年初或年末发生；流动资金投资则在建设期末发生；经营期内各年的收入、成本、摊销、利润、税金等项目的确认均在年末发生；新建项目最终报废或清理所产生的现金流量均发生在终结点。

（三）现金净流量的计算

现金净流量的计算公式为：

现金净流量（*NCF*）= 年现金流入量−年现金流出量

1. 建设期现金净流量的计算

现金净流量 = −该年投资额

由于在建设期没有现金流入量，所以建设期的现金净流量总为负值。另外，建设期现金净流量还取决于投资额的投入方式是一次投入还是分次投入，若投资额是在建设期一次全部投入的，则该年投资额即为原始总投资。

2. 经营期营业现金净流量的计算

经营期营业现金净流量是指在经营期内由于生产经营活动而产生的现金净流量。

营业现金净流量=营业收入-付现成本-所得税

=营业收入-（营业成本-非付现成本）-所得税

=净利润+非付现成本

注意：一般来说，在项目投资决策的现金流量估算中，非付现成本主要考虑固定资产折旧、无形资产摊销和开办费摊销三项内容。

【想一想】

现金流量和营业现金流量是两个重要而又不同的概念。请问两者的主要区别是什么？

3. 终结期终结点现金净流量的计算

经营期终结点现金净流量是指投资项目在计算期结束时所发生的现金净流量。它主要包括固定资产报废或出售的现金流入和收回垫支的流动资金。

终结点现金净流量=固定资产残值收入+回收垫支的流动资金等

【重要提示】

教材将终结点作为一个单独阶段，该阶段没有营业活动。一般而言，项目终结时间短，因此和营业期的最后一年合并计算年度现金流量。

【例 3-1】已知风华公司拟于 2019 年年初用自有资金购置设备一台，需一次性投资 200 万元。经测算，该设备使用寿命为 5 年。税法亦允许按 5 年计提折旧。设备投入运营后每年可新增利润 40 万元。假定该设备按直线法折旧，无残值，不考虑建设安装期和公司所得税。请估算使用期内各年净现金流量。

解：$NCF_0=-200$

$NCF_{1\sim5}=40+200\div5=80$（万元）

【例 3-2】风华公司拟购入一台设备，需投资200 000元，期初一次投入。建设期为 1 年，需垫支流动资金30 000元，到期可全部收回。使用寿命 4 年，采用直线法计提折旧，假设设备无残值，设备投产后每年销售收入150 000元，每年付现成本30 000元，所得税税率 25%。估算每年的现金净流量。

解：$NCF_0=-200\ 000$（元）

$NCF_1=-30\ 000$（元）

年折旧额$=200\ 000\div4=50\ 000$（元）

$NCF_{2\sim4}=(150\ 000-30\ 000)\times(1-25\%)+50\ 000\times25\%=102\ 500$（元）

$NCF_5=102\ 500+30\ 000=132\ 500$（元）

理财故事

我投资，你赚钱

王永庆的台塑公司刚投产塑料粉时，由于规模小、产量低、成本高等原因，产品销售不畅。王永庆果断地做出了扩大规模降低成本的决定，并进行了大规模的扩建。成本降低后，销售却成为一个难题。解决方法之一就是对塑料粉进行二次加工，生产日用品，而台塑却缺乏相应的生产技术。一次乘坐飞机时，王永庆遇到了在日本经营吹气玩具厂的美国人卡林。他热情邀请卡林到台湾开设工厂，并提出“办厂的钱我出，赚的钱归你”的条件。于是，王永庆和卡林合作开办了卡林塑胶公司，使塑胶产品销路大大增加，产品积压问题也得到了解决。这一双赢的投资改善了台塑的现金流量状况，为台塑的发展做出了极大的贡献。

五、项目投资决策评价指标

（一）评价指标的意义

投资决策评价是指用于衡量和比较投资项目可行性，据以进行方案决策的定量化标准与尺度，主要包括静态投资回收期、投资利润率、净现值、净现值率、获利指数、内部收益率。

（二）评价指标的分类

（1）按是否考虑资金时间价值，可分为静态评价指标（非贴现指标）和动态评价指标（贴现指标）。

（2）按指标性质不同，可分为正指标（越大越好，如投资利润率、净现值）和反指标（越小越好，如静态投资回收期）两大类。

（3）按指标数量特征，可分为绝对量指标和相对量指标。

（4）按指标在决策中的重要性，可分为主要指标（如净现值、内部收益率）、次要指标（如静态投资回收期）和辅助指标（如投资利润率）。

（三）非贴现指标的计算

非贴现指标，也称为静态指标，即没有考虑资金时间价值因素的指标，主要包括投资利润率、静态投资回收期等指标。

1. 投资利润率

投资利润率，又称投资报酬率，是指项目投资方案的年平均利润额占年平均投资总额的百分比。投资利润率的决策标准是：投资项目的投资利润率越高越好，低于无风险投资利润率的方案为不可行方案。

投资利润率的计算公式为：

$$投资利润率 = \frac{年平均利润额}{年平均投资总额} \times 100\%$$

式中，分子是年平均利润，不是现金净流量，不包括折旧等；分母可以用投资总额的50%来简单计算平均投资总额，一般不考虑固定资产的残值。

【例 3-3】某企业有甲、乙两个投资方案，投资总额均为 10 万元，全部用于购置新的设备，折旧采用直线法，使用期均为 5 年，无残值，其他有关资料如表 3-1 所示。

表 3-1　　某企业投资方案　　单位：元

项目计算期	甲方案		乙方案	
	利　润	现金净流量（*NCF*）	利润	现金净流量（*NCF*）
0		-100 000		-100 000
1	15 000	35 000	10 000	30 000
2	15 000	35 000	14 000	34 000

续表

项目计算期	甲方案		乙方案	
	利　润	现金净流量（*NCF*）	利润	现金净流量（*NCF*）
3	15 000	35 000	18 000	38 000
4	15 000	35 000	22 000	42 000
5	15 000	35 000	26 000	46 000
合计	75 000	75 000	90 000	90 000

求甲、乙两方案的投资利润率。

解：$甲方案投资利润率=\frac{15\ 000}{100\ 000\div 2}\times 100\%=30\%$

$乙方案投资利润率=\frac{90\ 000\div 5}{100\ 000\div 2}\times 100\%=36\%$

从计算结果来看，乙方案的投资利润率比甲方案的投资利润率高6%（36%-30%），应选择乙方案。

2. 静态投资回收期

静态投资回收期是指收回全部投资总额所需要的时间。投资回收期是一个非贴现的反指标，回收期越短，方案就越有利。它的计算可分为两种情况。

（1）经营期年现金净流量相等。

其计算公式为：

$$投资回收期=\frac{投资总额}{年现金净流量}\times 100\%$$

如果投资项目投产后若干年（假设为M年）内，每年的经营现金净流量相等，且有以下关系成立：

$$M\times 投产后M年内每年相等的现金净流量(NCF)\geq 投资总额$$

则可用上述公式计算投资回收期。

【例3-4】根据【例3-3】资料，计算甲方案的投资回收期。

解：$甲方案投资回收期=\frac{100\ 000}{35\ 000}=2.86$（年）

【例3-5】某投资项目投资总额为100万元，建设期为2年，投产后第1年至第8年每年现金净流量为25万元，第9年、第10年每年现金净流量均为20万元。计算项目的投资回收期。

解：因为8×25万元≥投资额100万元

$所以投资回收期=2+\frac{100}{25}=6$（年）

从此例中可知，投资回收期还应包括建设期。

（2）经营期年现金净流量不相等。此时，需计算逐年累计的现金净流量，然后用插入法计算出投资回收期。

【例3-6】根据【例3-3】资料，计算乙方案的投资回收期。

解：列表计算乙方案累计现金净流量，见表 3-2。

表 3-2　　乙方案现金净流量　　单位：元

项目计算期	乙方案	
	现金净流量（*NCF*）	累计现金净流量
1	30 000	30 000
2	34 000	64 000
3	38 000	102 000
4	42 000	144 000
5	46 000	190 000

从表 3-2 可得出，乙方案的投资回收期在第 2 年与第 3 年之间，用插入法可计算出：

$$\text{乙方案投资回收期}=2+\frac{100\ 000-64\ 000}{102\ 000-64\ 000}=2.95\ (\text{年})$$

静态指标的计算简单明了，容易掌握。但是，这类指标的计算均没有考虑资金的时间价值。另外，投资利润率也没有考虑折旧的回收，即没有完整地反映现金净流量，无法直接利用现金净流量的信息，而静态投资回收期也没有考虑回收期之后的现金净流量对投资收益的贡献，也就是说，没有考虑投资方案的全部现金净流量，所以有较大局限性。因此，该类指标一般只适用于方案的初选，或者投资后各项目间经济效益的比较。

【想一想】

投资回收期法是一种比较直观的决策方法，但可能导致决策者优先考虑急功近利的项目，请问这是为什么？

财富故事

从前，有一个很有钱的富翁，他准备了一大袋黄金放在床头，这样他每天睡觉时就能看到黄金，摸到黄金。

但是有一天，他开始担心这袋黄金会被小偷偷走，于是就跑到森林里，在一块大石头底下挖了一个大洞，把这袋黄金埋在洞里。隔三岔五，这个富翁就会到森林埋黄金的地方，看一看、摸一摸他心爱的黄金。

有一天，一个小偷尾随这位富翁，发现了这块大石头底下的黄金，于是就把这袋黄金偷走了。富翁发觉自己埋藏已久的黄金被人偷走，非常伤心。正巧森林里有一位长者经过此地，他问了富翁伤心欲绝的原因之后，就对这位富翁说："我有办法帮你把黄金找回来！"这位长者立刻拿起金色的油漆，把埋藏黄金的这块大石头涂成黄金色，然后在上面写下了"一千两黄金"的字样。写完之后，长者告诉这位富翁："从今天起，你又可以天天来这里看你的黄金了，而且再也不必担心这块大黄金被人偷走了。"

富翁看了眼前的场景，半天都说不出话来……

别以为这位长者的脑袋有问题，因为在长者的眼里，如果金银财宝没有拿出来使用，那么藏在洞穴里的一千两黄金与涂成黄金样的大石头就没什么两样。

（四）贴现指标的计算

贴现指标，也称为动态指标，即考虑资金时间价值因素的指标，主要包括净现值、净现值率、现值指数、内含报酬率等指标。

1. 净现值（NPV）

净现值是指在项目计算期内，按一定贴现率计算的各年现金净流量现值的代数和。所用的贴现率可以是企业的资本成本，也可以是企业所要求的最低报酬率水平。净现值的计算公式为：

$$NPV = \sum_{t=0}^{n} NCF_t \times (P/F,\ i,\ t)$$

式中，n 为项目计算期（包括建设期与经营期）；NCF_t 为第 t 年的现金净流量；$(P/F,\ i,\ t)$ 为第 t 年、贴现率为 i 的复利现值系数。

净现值指标的决策标准是：如果投资方案的净现值大于或等于零，该方案为可行方案；如果投资方案的净现值小于零，该方案为不可行方案；如果几个方案的投资额相同，项目计算期相等且净现值均大于零，那么净现值最大的方案为最优方案。所以，净现值大于或等于零是项目可行的必要条件。

（1）经营期内各年现金净流量相等，建设期为零。

净现值的计算公式为：

净现值＝经营期每年相等的现金净流量×年金现值系数－投资现值

【例 3-7】某企业购入设备一台，价值为30 000元，按直线法计提折旧，使用寿命 6 年，期末无残值。预计投产后每年可获得利润4 000元，假定贴现率为 12%。计算该项目的净现值。

解：$NCF_0 = -30\ 000$（元）

$NCF_{1\sim6} = 4\ 000 + 30\ 000 \div 6 = 9\ 000$（元）

$NPV = 9\ 000 \times (P/A,\ 12\%,\ 6) - 30\ 000$

$= 9\ 000 \times 4.111\ 4 - 30\ 000 = 7\ 002.6$（元）

（2）经营期内各年现金净流量不相等。

净现值的计算公式为：

净现值＝经营期各年的现金净流量×各年的现值系数－投资现值

【例 3-8】某企业拟建一项固定资产，需投资 55 万元，按直线法计提折旧，使用寿命 10 年，期末有 5 万元净残值。该项工程建设期为 1 年，投资额分别于年初投入 30 万元，年末投入 25 万元。预计项目投产后每年可增加营业收入 15 万元，总成本 10 万元，假定贴现率为 10%。计算该投资项目的净现值。

解：建设期现金净流量：

$$NCF_0 = -30（万元）$$

$$NCF_1 = -25（万元）$$

经营期营业现金净流量：

$$NCF_{2\sim10} = (15 - 9 - 1) + (55 - 5) \div 10 = 10（万元）$$

经营期终结现金净流量：

$$NCF_{11} = 10 + 5 = 15(\text{万元})$$

$$\begin{aligned} NPV &= 10 \times [(P/A,\ 10\%,\ 10) - (P/A,\ 10\%,\ 1)] + 15 \times (P/F,\ 10\%,\ 11) - \\ &\quad [30 + 25 \times (P/F,\ 10\%,\ 1)] \\ &= 10 \times (6.1446 - 0.9091) + 15 \times 0.3505 - (30 + 25 \times 0.9091) \\ &= 4.885(\text{万元}) \end{aligned}$$

净现值是一个贴现的绝对值正指标，其优点在于：一是综合考虑了资金时间价值，能较合理地反映投资项目的真正经济价值；二是考虑了项目计算期的全部现金净流量，体现了流动性与收益性的统一；三是考虑了投资风险性，因为贴现率的大小与风险大小有关，风险越大，贴现率就越高。但是该指标的缺点也是明显的，即无法直接反映投资项目的实际投资收益率水平；当各项目投资额不同时，难以确定最优的投资项目。

【想一想】

净现值计算重点是现金流入量现值的计算，那么一个投资项目的现金流入量主要包括哪些内容？

2. 净现值率（*NPVR*）与现值指数（*PI*）

上述的净现值是一个绝对数指标，与其相对应的相对数指标是净现值率与现值指数。净现值率是指投资项目的净现值与投资现值合计的比值；现值指数是指项目投产后按一定贴现率计算的在经营期内各年现金净流量的现值合计与投资现值合计的比值，其计算公式为：

$$\text{净现值率} = \text{净现值}/\text{投资现值}$$

$$\text{现值指数} = \sum \text{经营期各年现金净流量现值}/\text{投资现值}$$

净现值率与现值指数有如下关系：

$$\text{现值指数} = \text{净现值率} + 1$$

净现值率大于零，现值指数大于1，表明项目的报酬率高于贴现率，存在额外收益；净现值率等于零，现值指数等于1，表明项目的报酬率等于贴现率，收益只能抵补资本成本；净现值率小于零，现值指数小于1，表明项目的报酬率小于贴现率，收益不能抵补资本成本。所以，对于单一方案的项目来说，净现值率大于或等于零，现值指数大于或等于1是项目可行的必要条件。当有多个投资项目可供选择时，由于净现值率或现值指数越大，企业的投资报酬水平就越高，所以应采用净现值率大于零或现值指数大于1中的最大者。

【例3-9】根据【例3-7】的资料，计算净现值率和现值指数。

解：净现值率 = 7 002.6 ÷ 30 000 = 0.233 4

现值指数 = 9 000×（*P/A*，12%，6）÷30 000 = 1.233 4

现值指数 = 净现值率 + 1 = 0.233 4 + 1 = 1.233 4

【例3-10】根据【例3-8】的资料，计算净现值率和现值指数。

解：净现值率 = 4.885 ÷［30+25×（*P/F*，10%，1）］= 0.092 65

现值指数 =｛10×［（*P/A*，10%，10）－（*P/A*，10%，1）］+15×（*P/F*，10%，11）｝÷［30+25×（*P/F*，10%，1）］= 1.092 65

或：现值指数 = 净现值率 + 1 = 0.092 65 + 1 = 1.092 65

3. 内含报酬率（*IRR*）

内含报酬率，又称内部收益率，是指投资项目在项目计算期内各年现金净流量现值合计数等于零时的贴现率，亦可将其定义为能使投资项目的净现值等于零时的贴现率。显然，内含报酬率 *IRR* 满足下列等式：

$$\sum_{t=0}^{n} NCF_t \times (P/F, IRR, t) = 0$$

从上式可知，净现值的计算是根据给定的贴现率求净现值。而内含报酬率的计算是先令净现值等于零，然后求能使净现值等于零的贴现率。所以，净现值不能揭示各个方案本身可以达到的实际报酬率是多少，而内含报酬率实际上反映了项目本身的真实报酬率。用内含报酬率评价项目可行的必要条件是：内含报酬率大于或等于贴现率。

（1）经营期内各年现金净流量相等，且全部投资均于建设起点一次投入，建设期为零，经营期每年相等的现金净流量（*NCF*）×年金现值系数（*P/A*，*IRR*，*t*）−投资总额=0

内含报酬率具体计算的程序如下：

①计算年金现值系数（*P/A*，*IRR*，*t*）。

$$年金现值系数=\frac{投资总额}{经营期每年相等的现金净流量}$$

②根据计算出来的年金现值系数与已知的年限 n，查年金现值系数表，确定内含报酬率的范围。

③用插入法求出内含报酬率。

【例 3-11】根据【例 3-7】的资料，计算内含报酬率。

$$(P/A, IRR, 6) = 30\ 000 \div 9\ 000 = 3.333\ 3$$

查表可知：

18%	*IRR*	20%
3.497 6	3.333 3	3.325 5

$$IRR = 18\% + (3.497\ 6 - 3.333\ 3) \div (3.497\ 6 - 3.325\ 5) \times (20\% - 18\%) = 19.91\%$$

（2）若投资项目在经营期内各年现金净流量不相等，或建设期不为零，投资额是在建设期内分次投入的情况下，则无法应用上述的简便方法，必须按定义采用逐次测试的方法，计算能使净现值等于零的贴现率，即内含报酬率。其计算步骤如下：

第一步：估计一个贴现率，用它来计算净现值。如果净现值为正数，说明方案的实际内含报酬率大于预计的贴现率，应提高贴现率 i 再进一步测试；如果净现值为负数，说明方案本身的报酬率小于估计的贴现率，应降低贴现率再进行测算。如此反复测试，寻找出使净现值由正到负或由负到正且接近零的两个贴现率。

第二步：根据上述相邻的两个贴现率用插入法求出该方案的内含报酬率。由于逐步测试法是一种近似方法，因此相邻的两个贴现率不能相差太大，否则误差会很大。

【例 3-12】根据【例 3-8】资料，计算内含报酬率。

解：先按 16%估计的贴现率进行测试，其结果净现值为2 855.8元，是正数。于是把贴现率提高到 18%进行测试，净现值为1 090.6元，仍为正数，再把贴现率提高到 20%重新测试，净现值为526.5元，是负数，说明该项目的内含报酬率在 18%～20%，有关测试计算如表 3-3 所示：

表 3-3　　贴现率测试计算　　单位：元

项目 计算期	现金净流量 （*NCF*）	贴现率（16%）		贴现率（18%）		贴现率（20%）	
		现值系数	现值	现值系数	现值	现值系数	现值
0	-30 000	1	-30 000	1	-30 000	1	-3 000
1	8 000	0.862 1	6 896.8	0.847 5	6 780	0.833 3	6 666.4
2	8 000	0.743 2	5 945.6	0.718 2	5 745.6	0.694 4	5 555.2
3	9 000	0.640 7	5 766.3	0.608 6	5 477.4	0.578 7	5 208.3
4	9 000	0.552 3	4 970.7	0.515 8	4 642.2	0.482 3	4 340.7
5	10 000	0.476 2	4 762.0	0.437 1	4 371.0	0.401 9	4 019.0
6	11 000	0.410 4	4 514.4	0.370 4	4 074.4	0.334 9	3 683.9
净现值			2 855.8		1 090.6		-526.5

然后用插入法近似计算内含报酬率：

18%　　　　*IRR*　　　　20%

NPV=1 090.6　　*NPV*=0　　*NPV*=-526.5

$$IRR = 18\% + (1\ 090.6 - 0) \div [1\ 090.6 - (-526.5)] \times (20\% - 18\%) = 19.35\%$$

内含报酬率是个动态相对量正指标，它既考虑了资金时间价值，又能从动态的角度直接反映投资项目的实际报酬率，且不受贴现率高低的影响，比较客观，但该指标的计算过程比较复杂。

【相关链接】

内含报酬率指标的局限性

（1）*IRR* 方法与 *NPV* 方法的不一致性。在一般情况下，*IRR* 方法与 *NPV* 方法的结果应该是一致的，但这绝非说两者是永远一致的。

（2）非正常投资项目的决策分析，采用内含报酬率法有多个 *IRR*。非正常投资项目是指在生产经营期期中或期末，要求有大量现金流出的投资项目，非正常投资项目可能会没有真实的内含报酬率，从而采用内含报酬率法可能导致不适当决策。最常见的问题是投资项目有多个内含报酬率。

财富故事

“股神”巴菲特：世界上最伟大的投资者

香港《信报》发表文章说，巴菲特创造了前无古人的投资成绩，他的投资成绩每年平均复息增长 24%，保持 30 多年。假如你在 1956 年将 1 万美元交给他，今天这笔钱已超过1.4亿美元，并且当中已扣除了所有税收和有关的一切交易费用。

20 多年来，由巴菲特主持的投资，有 28 年成绩跑赢标准普尔 500（S&P500）指数。大家不要以为标普表现不好，事实上该指数过去的回报，保持在 10% 左右复息增长，这个投资成绩比很多基金的表现还要优秀，对大部分投资者来说已是非常满意的数字了。但是巴菲特的表现，抛离标普500一倍半在增长，真令人惊讶！真令人佩服！

现在巴菲特的投资王国以股票形式在纽约交易所挂牌，名为巴郡哈撒韦，是全世界以每股计最贵的股票，时值每股75 000美元左右。不少人以拥有巴菲特的股票为身份的象征，以每年春天能前往奥马哈开股东大会为乐，以每年巴菲特撰写的年报为投资界的“圣经”。所以，巴菲特“股神”之称，实至名归。

比起很多著名甚至取得诺贝尔奖的投资理论，如随机漫步理论（Random Walk Theory）、有效市场假设（Efficient Market Hypothesis）和资本资产定价（Capital Asset Pricing Model）等学说，股神的投资理论要简单得多，而且多了些实用性，其精髓在于挑选优良及有价值的股票买入，然后长期持有。

（1）集中投资。巴菲特的意见是把注意力集中在几家公司，合理的数目是10~15家。如果投资者的组合太过分散，这样反而会分身不暇，弄巧成拙。

巴菲特认为要选出最杰出的公司，精力应用于分析它们的经济状况和管理素质上，然后买入长期都表现良好的公司，集中投资在它们身上。对于分散投资，巴菲特说：“分散投资是无知者的自我保护法，对于那些明白自己在干什么的人来说，分散投资是没什么意义的。”

（2）挑选价值股，不懂永不做。巴菲特的投资成绩，在1999—2000年一度落后于大市，当时由于股神表示不懂科网、不懂电脑软件的未来发展和不懂半导体是什么而拒绝买入高科技股。有人更以此攻击“股神”，“老态龙钟”“与时代脱节”和“风光不再”等评语都套用在巴氏身上。

结果随着科网泡沫的爆破，再次证明了“股神”是对的，这说明“股神”只会买入自己了解的公司股票。

（3）战胜心魔，理性投资。很多研究都指出，决定一个投资者成败的关键之一是性格。股神的心得是战胜自己内心的恐惧和贪婪。在经过深入了解和研究，找到了买入股票的真正价值后，就不要理会它短期的价格波动，因为市场上充斥着太多不理性的投资者。远离市场（纽约）是“股神”的选择，这是为了“旁观者清”。巴菲特的理论是：“设法在别人贪心的时候持谨慎恐惧的态度，相反当众人都小心谨慎时，要勇往直前。”事实上，短线的股价经常不可理喻。

（4）长期持有。选中好的公司股票，不要随便因蝇头小利而卖掉。只要该公司仍然表现出色，管理层稳定，就应该继续持有。巴菲特说：“如果你拥有很差的企业，你应该马上出售，因为丢弃它你才能在长期的时间里拥有更好的企业。但如果你拥有的是一家好公司股票，千万不要把它出售。”

（5）拒绝投机。“股神”从不相信消息，坚持独立思考。他说，即使联邦储备局主席格林斯潘在他耳边秘密告知未来利率的去向，他也不会因此而改变任何投资计划。

（6）等待入市良机。“股神”近来总结归纳他的投资心得：投资者不需要在市场上经常出没。在发掘到好股票时，要等待好时机买入才能作长期持有的策略，这样胜算自然要高。

六、项目投资决策的主要方法

投资决策方法，是指利用特定财务可行性指标作为决策标准或依据，对多个互斥方案做出最终决策的方法。

许多人将财务可行性评价指标的计算方法等同于投资决策的方法，这是完全错误的。事实上，在投资决策方法中，从来就不存在所谓的投资回收期法和内部收益率法。

投资决策的主要方法包括净现值法、净现值率法、差额投资内部收益率法、年等额净回收额法和计算期统一法等。

（一）净现值法

所谓净现值法，是指通过比较所有已具备财务可行性投资方案的净现值指标的大小来选择最优方案的方法。该法适用于原始投资相同且项目计算期相等的多方案比较决策。

在此方法中，净现值最大的方案为优。

【例 3-13】某投资项目需要原始投资1 000万元，有 A 和 B 两个互相排斥但项目计算期相同的备选方案可供选择，各方案的净现值指标分别为228.91万元和206.02万元。根据上述资料，按净现值法做出决策的程序如下：

（1）评价各备选方案的财务可行性。

因为 A、B 两个备选方案的 *NPV* 均大于零，所以这两个方案均具有财务可行性。

（2）按净现值法进行比较决策。

因为228.91>206.02，所以 A 方案优于 B 方案。

（二）净现值率法

所谓净现值率法，是指通过比较所有已具备财务可行性投资方案的净现值率指标的大小来选择最优方案的方法。该法适用于项目计算期相等且原始投资相同的多个互斥方案的比较决策。

在此方法中，净现值率最大的方案为优。

在投资额相同的互斥方案比较决策中，采用净现值率法会与净现值法得到完全相同的结论；但投资额不相同时，情况就可能不同。

【例 3-14】A 项目与 B 项目为互斥方案，它们的项目计算期相同。A 项目原始投资的现值为 150 万元，净现值为29.97万元；B 项目原始投资的现值为 100 万元，净现值为 24 万元。

根据上述资料，计算两个项目净现值率并按净现值和净现值率比较决策如下：

（1）计算净现值率。

$$\text{A 项目的净现值率} = 29.97 \div 150 \approx 0.20$$

$$\text{B 项目的净现值率} = 24 \div 100 = 0.24$$

（2）在净现值法下：

因为29.97>24，所以 A 项目优于 B 项目

在净现值率法下：

因为0.24>0.20，所以 B 项目优于 A 项目

由于两个项目的原始投资额不相同，导致两种方法的决策结论相互矛盾。

（三）差额投资内部收益率法

所谓差额投资内部收益率法，是指在两个原始投资额不同的方案的差量净现金流量（记作 ΔNCF）的基础上，计算出差额内部收益率（记作 ΔIRR），并与基准折现率进行比较，进而判断方案孰优孰劣的方法。该法适用于两个原始投资不相同，但项目计算期相同的方案比较决策。

当差额内部收益率指标大于或等于基准收益率或设定折现率时，原始投资额大的方案较

优；反之，则投资少的方案为优。

差额投资内部收益率法的原理如下：

假定有 A 和 B 两个项目计算期相同的投资方案，A 方案的投资额大，B 方案的投资额小。我们可以把 A 方案看成两个方案之和。第一个方案是 B 方案，即把 A 方案的投资用于 B 方案；第二个方案是 C 方案，用于 C 方案投资的是 A 方案投资额与 B 方案投资额之差。因为把 A 方案的投资用于 B 方案会节约一定的投资，可以作为 C 方案的投资资金来源。

C 方案的净现金流量等于 A 方案的净现金流量减去 B 方案的净现金流量而形成的差量净现金流量 ΔNCF。根据 ΔNCF 计算出来的差额内部收益率 ΔIRR，其实质就是 C 方案的内部收益率。

在这种情况下，A 方案等于 B 方案与 C 方案之和；A 方案与 B 方案的比较，相当于 B 与 C 两方案之和与 B 方案的比较，如果差额内部收益率 ΔIRR 小于基准折现率，则 C 方案不具有财务可行性，这就意味着 B 方案优于 A 方案。

差额投资内部收益率 ΔIRR 的计算过程和计算技巧同内部收益率 IRR 完全一样，只是所依据的是 ΔNCF。

【例 3-15】仍按【例 3-14】资料，A 项目原始投资的现值为 150 万元，项目计算期第 1~10 年的净现金流量为29. 29万元；B 项目的原始投资额为 100 万元，项目计算期第 1~10 年的净现金流量为20. 18万元。假定基准折现率为 10%。根据上述资料，按差额投资内部收益率法进行投资决策的程序如下：

（1）计算差量净现金流量。

$$\Delta NCF_0 = -150-(-100) = -50(\text{万元})$$

$$\Delta NCF_{1\sim10} = 29.29-20.18 = 9.11(\text{万元})$$

（2）计算差额内部收益率 ΔIRR。

$$(\Delta P/A,\ \Delta IRR,\ 10) = 5.4885$$

查表知，

$$(P/A,\ 12\%,\ 10) = 5.6502 > 5.4885$$

$$(P/A,\ 14\%,\ 10) = 5.2161 < 5.4885$$

$$12\% < \Delta IRR < 14\%$$

应用内插法：

$$\Delta IRR = 12\% + \frac{5.6502-5.4885}{5.6502-5.2161} \times (14\%-12\%) \approx 12.74\%$$

（3）做出决策。

因为 $\Delta IRR = 12.74\% > i_c = 10\%$，所以应当投资 A 项目。

（四）年等额净回收额法

所谓年等额净回收额法，是指通过比较所有投资方案的年等额净回收额（记作 NA）指标的大小来选择最优方案的决策方法。该法适用于原始投资不相同，特别是项目计算期不同的多方案比较决策。在此法下，年等额净回收额最大的方案为优。

某方案的年等额净回收额等于该方案净现值与相关回收系数（或年金现值系数倒数）的乘积。计算公式为：

$$\begin{aligned}\text{某方案年等额净回收额} &= \text{该方案净现值}\times\text{回收系数}\\ &= \text{该方案净现值}\times 1/\text{年金现值系数}\end{aligned}$$

【例 3-16】某企业拟投资建设一条新生产线。现有三个方案可供选择：A 方案的原始投资为1 250万元，项目计算期为 11 年，净现值为958.7万元；B 方案的原始投资为1 100万元，项目计算期为 10 年，净现值为 920 万元；C 方案的净现值为-12.5万元。行业基准折现率为10%。根据上述资料，按年等额净回收额法做出最终投资决策的程序如下：

（1）判断各方案的财务可行性。

因为 A 方案和 B 方案的净现值大于零，所以这两个方案具有财务可行性；而 C 方案的净现值小于零，所以该方案不具有财务可行性。

（2）计算各个具有财务可行性方案的年等额净回收额。

A 方案的年等额净回收额 = A 方案的净现值×（P/A，10%，11）= $958.7\times\frac{1}{6.4951}\approx$ 147.60（万元）

B 方案的年等额净回收额 = B 方案的净现值×（P/A，10%，10）= $920\times\frac{1}{6.1446}\approx 149.72$（万元）

（3）比较各方案的年等额净回收额，作出决策。

因为149.72>147.60，所以 B 方案优于 A 方案。

【知识窗】

财务总监选择什么方法评价投资项目

杜克大学教授约翰·R. 格莱姆（John R. Graham）和剑桥大学教授坎贝尔·R. 哈维（Campbell R. Harvey）对 4 400 家公司的财务总监做了调查，其中包括《财富》500 强企业，392 位财务总监对调查做了完整的回复。调查问卷列举净现值、内含报酬率、投资回收期等投资决策方法，让财务总监选择每种方法使用的频率。

调查结果显示，最受欢迎的项目评价指标是净现值和内含报酬率，分别达到了74.9%和75.7%。各财务总监对评价指标的偏好与他们的教育背景及公司的规模、性质有关。规模大的公司使用净现值的频率比小公司高。上市公司比非上市公司更倾向于使用净现值和内含报酬率。净现值和内含报酬率以外最受欢迎的指标就是投资回收期。在小公司中，CEO 使用投资回收期的频率与净现值和内含报酬率是一样的。

【职业道德与企业伦理】

焦作万方铝业股份有限公司项目投资

案例背景：

焦作万方铝业股份有限公司（下称“本公司”）董事会六届十六次会议审议通过了投资建设《2014年新式阴极钢棒结构和电解槽磁流体稳定技术推广项目议案》和《3 万吨/年合金铸锭项目议案》。根据《公司章程》的有关规定，现将项目投资情况公告如下：

一、项目概况

2014年新式阴极钢棒结构和电解槽磁流体稳定技术推广项目拟投资额 3 510 万元，项目建设内容是对公司其中的 54 台电解槽进行技术改造，工程拟于2014年年底完工。项目实施后可降低铝电解的电耗，改造后的 54 台电解槽比传统槽每年可节电约 2 600 万千瓦时。

3万吨/年合金铸锭项目是公司为优化产品结构，开发技术含量和附加值高的产品，决定在本公司厂区内投资建设的项目。该项目拟投资总额598万元，项目建设主要内容是购置铸机、熔炼炉、天车等主要设备及土建、环保除尘等投入。工程拟于2014年年底完工。

二、项目投资的可行性

2014年新式阴极钢棒结构和电解槽磁流体稳定技术推广项目是本公司对现有铝电解槽进行的技术改造，项目的实施不需要相关部门的审批，具备项目实施的各项条件。

3万吨/年合金铸锭项目是利用电解铝液直接铸造成铝合金型材，减少铝锭重熔的过程，节省能源，减少污染排放，符合国家节能减排的要求。该项目采用国内成熟的同水平热顶铸造工艺，具有投资小、技术成熟、设备简单稳定的特点。

三、项目实施的必要性

2014年新式阴极钢棒结构和电解槽磁流体稳定技术推广项目——铝电解行业是高耗能行业，致力于研究和寻求降低电解电耗的新技术是公司降低成本的主要途径，也是决定公司能否在激烈的市场竞争中生存下去的重要因素。

本公司一直致力于寻求降低电解电耗的工作，2014年新式阴极钢棒结构和电解槽磁流体稳定技术是公司开展的又一项节能技术。项目的实施是必要的，效果将是显著的。

3万吨/年合金铸锭项目——针对电解铝行业产能过剩、产业结构不合理的现状，公司决定延长产业链，调整产品结构，开发技术含量和附加值高的深加工产品，扭转本公司电解铝锭产品单一的状况，以培育公司新的利润增长点。

四、项目投资与本公司主营业务的相关性

本公司主营铝冶炼。2014年新式阴极钢棒结构和电解槽磁流体稳定技术推广项目是对本公司主要生产设备铝电解槽进行技术改造；3万吨/年合金铸锭项目是对本公司主要产品电解铝锭的进一步深加工，两个项目均与本公司主营业务有直接关系。

五、项目资金来源安排

两个项目所需资金由公司自筹解决。

六、投资风险分析

2014年新式阴极钢棒结构和电解槽磁流体稳定技术推广项目所采用技术已于2011年开始进行生产试验，几年来生产运行平稳，技术指标达到了预期效果，实践证明该技术成熟稳定。另外，该项目实施是利用电解槽进行停槽大修的时间，不影响电解槽的正常生产，该项目实施的风险较小。

3万吨/年合金铸锭项目最大的风险是市场风险，主要包括市场容量、产品价格和产品竞争对手等方面的风险。近年来，铝加工行业发展迅猛，竞争对手数量不断增多，实力不断增强，市场竞争异常激烈，产品成本控制的压力巨大。另外，本公司铝加工的生产规模较小，生产加工设备与国外先进设备相比较为落后，高、精、尖加工产品会受到影响。铝加工业务是本公司完善产业链的重要一环。本公司将坚持内部培养和市场引进两手抓的策略，积极培养、吸引人才，同时加大科技投入和研发力量，保持铝合金生产技术的先进性。另外，本公司于2011年开始生产铝合金产品，产品质量稳定、可靠，在行业内赢得了较好的声誉，已与客户建立了稳定的合作关系。

七、项目投产后对本公司的影响

2014年新式阴极钢棒结构和电解槽磁流体稳定技术推广项目实施后可降低公司铝电解电耗，降低用电成本，提高公司铝产品竞争力。

3 万吨/年合金铸锭项目实施后可进一步提高本公司电解铝锭的深加工能力，对调整公司产品结构、提高产品附加值有积极影响。

（资料来源：焦作万方铝业股份有限公司项目投资公告）

问题：焦作万方铝业股份有限公司的项目投资是否符合相关规定？

分析：焦作万方铝业股份有限公司的两个投资项目，即2014年新式阴极钢棒结构和电解槽磁流体稳定技术推广项目与 3 万吨/年合金铸锭项目，都符合该公司产业发展方向和公司战略目标，并且公司将此重大投资项目及时向社会公众进行公告。这完全符合企业职业道德与企业伦理。

【任务操作】

解：（1）方案 A：$NPV=200\times(1+14\%\times5)\times(P/F, 10\%, 5)-200$

$=340\times0.6209-200=11.106$（万元）

（2）方案 B：年折旧额$=200\times(1-10\%)\div5=36$（万元）

$NCF_0=-200$（万元）

$NCF_{1\sim4}=24\times(1-25\%)+36=54$（万元）

$NCF_5=54+200\times10\%=74$（万元）

$NPV=54\times(P/A, 10\%, 4)+74\times(P/F, 10\%, 5)-200$

$=54\times3.1699+74\times0.6209-200=17.1212$（万元）

（3）因为 $NPV_B>NPV_A$，所以应采用 B 方案进行投资。

职业能力训练

一、知识准备训练

（一）单项选择题

1. 假定某项目的原始投资在建设期初全部投入，其预计的净现值率为13.8%，则该项目的现值指数是（　　）。

A. 5.69　　B. 1.138　　C. 1.38　　D. 1.125

2. 项目投资方案可行的必要条件是（　　）。

A. $NPV\geqslant0$　　B. $NPV>0$　　C. $NPV<0$　　D. $NPV=0$

3. 如果甲、乙两个投资方案的净现值相同，则（　　）。

A. 甲方案优于乙方案

B. 乙方案优于甲方案

C. 甲方案与乙方案均符合项目可行的必要条件

D. 无法评价甲、乙两方案经济效益的高低

4. 当贴现率与内含报酬率相等时，则（　　）。

A. 净现值大于 0　　B. 净现值等于 0　　C. 净现值小于 0　　D. 净现值不确定

5. 投资项目评价指标中，不受建设期长短、投资回收时间先后、现金流量大小影响的评价指标是（　　）。

A. 投资回收期　　B. 投资利润率　　C. 净现值率　　D. 内部收益率

6. 投资决策评价指标中，其数值越小越好的指标是（　　）。

A. 净现值　　B. 静态投资回收期

C. 内含报酬率　　D. 投资报酬率

7. 存在所得税的情况下，以“利润+折旧”估计经营期净现金流量时，“利润”是指（　　）。

A. 利润总额　　B. 净利润　　C. 营业利润　　D. 息税前利润

8. 如果某一投资方案的净现值为正数，则必然存在的结论是（　　）。

A. 投资回收期在一年以内　　B. 现值指数大于 1

C. 投资报酬率高于 100%　　D. 年均现金净流量大于原始投资额

9. 某公司当初以 100 万元购入一块土地，目前市价为 80 万元，如欲在这块土地上兴建厂房，则应（　　）。

A. 以 100 万元作为投资分析的机会成本考虑

B. 以 80 万元作为投资分析的机会成本考虑

C. 以 20 万元作为投资分析的机会成本考虑

D. 以 180 万元作为投资分析的沉没成本考虑

10. 某企业计划投资 10 万元建设一条生产线，预计投资后每年可获得净利1.5万元，直线法下年折旧率为 10%，则投资回收期为（　　）年。

A. 3　　B. 5　　C. 4　　D. 6

（二）多项选择题

1. 现金流量计算的优点是（　　）。

A. 准确反映企业未来期间利润状况　　B. 体现了时间价值观念

C. 可以排除主观因素的影响　　D. 为不同时点的价值相加提供了前提

2. 属于动态指标的是（　　）。

A. 获利指数　　B. 净现值率　　C. 内部收益率　　D. 投资利润率

3. 属现金流入量的项目有（　　）。

A. 回收的流动资金　　B. 固定资产残值收入

C. 经营收入　　D. 折旧额

4.（　　）指标不能直接反映投资项目的实际收益水平。

A. 净现值　　B. 现值指数　　C. 内部收益率　　D. 净现值率

5. 在完整的工业投资项目中，经营终结点发生的净现金流量包括（　　）。

A. 回收流动资金　　B. 回收固定资产残值收入

C. 原始投资　　D. 经营期末营业净现金流量

6. 有两个投资方案，投资的时间和金额相同，甲方案从现在开始每年现金流入 400 元，连续 6 年；乙方案从现在开始每年现金流入 600 元，连续 4 年，假设它们的净现值相等且小于 0，则（　　）。

A. 甲方案优于乙方案　　B. 乙方案优于甲方案

C. 甲、乙均不是可行方案　　D. 甲、乙在经济上是等效的

7. 以总成本为基础计算当年经营成本应扣减的项目包括（　　）。

A. 折旧　　B. 无形资产摊销

C. 设备买价　　D. 购买无形资产支出

8. 在单一方案决策过程中，与净现值评价结论可能发生矛盾的评价指标是（　　）。

A. 净现值率　　B. 投资利润率　　C. 投资回收期　　D. 内部收益率

9. 确定一个投资方案可行的必要条件是（　　）。

A. 内含报酬率大于 1　　B. 净现值大于 0

C. 现值指数大于 1　　D. 内含报酬率不低于贴现率

10. 在项目生产经营阶段，最主要的现金流出量项目是（　　）。

A. 流动资金投资　　B. 建设投资　　C. 经营成本　　D. 各种税款

11. 与计算内含报酬率有关的项目为（　　）。

A. 原始投资　　B. 贴现率　　C. 每年的 *NCF*　　D. 项目计算期

12. 若某投资方案以内部收益率作为评价指标，保证投资方案可行的要求是内部收益率（　　）。

A. 大于 0　　B. 大于 1

D. 大于资本成本　　D. 大于基准贴现率

13. 降低贴现率，指标会变大的是（　　）。

A. 净现值　　B. 现值指数

C. 内含报酬率　　D. 投资回收期

14. 若建设期不为零，则建设期内各年的净现金流量可能会（　　）。

A. 等于 1　　B. 大于 1　　C. 小于 0　　D. 等于 0

15. 若 $NPV<0$，正确的关系式有（　　）。

A. $NPVR>0$　　B. $NPVR<0$　　C. $PI<1$　　D. $IRR<1$

（三）判断题

1. 项目的原始总投资就是指建设投资。（　　）

2. 投资项目建设期内一般没有现金流入量，所以也不会存在净现金流量。（　　）

3. 在计算现金净流量时，无形资产摊销额的处理与折旧额相同。（　　）

4. 投资决策中使用的现金流量，实际上就是指各种货币资金。（　　）

5. 根据年末经营成果，在考虑所得税情况下，经营期的营业现金净流量=税后利润+折旧额。（　　）

6. 只有投资利润率大于或等于无风险投资利润率的投资项目才具有财务可行性。（　　）

7. 在投资项目决策中，只要方案的投资利润率大于零，该方案就是可行方案。（　　）

8. 在不考虑所得税因素情况下，同一投资方案分别采用快速折旧法、直线法计提折旧不会影响各年的现金净流量。（　　）

9. 在长期投资决策中，内部收益率的计算与项目设定折现率的高低无关。（　　）

10. 净现值小于零，则获利指数也小于零。（　　）

11. 在评价投资项目的财务可行性时，若静态投资回收期或投资利润率的评价结论与净现值指标的评价结论矛盾，应当以净现值指标的结论为准。（　　）

12. 某一投资方案按 10%的贴现率计算的净现值大于零，那么，该方案的内含报酬率大于 10%。(　　)

二、业务操作训练

【背景资料 1】

2018 年风华公司有以下相关投资机会，请以财务人员的身份为公司决策提供财务可行性依据。

公司拟引进一条流水线，投资额 110 万元，分两年投入。第一年年初投入 70 万元。第二年年初投入 40 万元，建设期 2 年，净残值 10 万元，折旧采用直线法。在投产初期投入流动资金 20 万元，项目使用期满仍可全部回收。该项目可使用 10 年，每年销售收入为 60 万元，总成本 45 万元。假定企业期望的投资报酬率为 10%。

任务要求

计算相关指标，并把这些数据资料提供给公司高层领导参加的投资决策会议。

【背景资料 2】

淮海公司有一投资项目，现有三个方案可供选择，市场利率为 10%，资料如表 3-4 所示。

表 3-4　　淮海公司三个投资方案　　单位：万元

甲方案		乙方案		丙方案	
净收益	现金净流量	净收益	现金净流量	净收益	现金净流量
	(20 000)		(9 000)		(12 000)
1 800	11 800	(1 800)	1 200	600	4 600
3 240	13 240	3 000	6 000	600	4 600
		3 000	6 000	600	4 600
5 040	5 040	4 200	4 200	1 800	1 800

任务要求

利用净现值法、现值指数法、内含报酬率法比较三个方案的优劣，做出决策。

【背景资料 3】

某企业购买机器设备，价款 40 万元，预计该机器可为企业每年增加净利润 4 万元，该设备可使用 5 年，无残值，采用直线法计提折旧，该企业的贴现率为 10%。

任务要求

用静态法计算该方案的投资利润率、投资回收期，并评价该投资方案。

【背景资料 4】

为生产某种新产品，拟投资总额500 000元，预计当年投产每年可获得利润45 000元，投资项目生命期为 10 年，该企业资金成本为 10%。

任务要求

(1) 计算每年的现金净流入量。

(2) 计算该投资项目的净现值。

（3）计算该投资项目的现值指数。

（4）判断该投资项目是否可行。

【背景资料5】

某企业现有资金20万元，可用于以下投资方案：方案A，购入五年期，年利率14%的国库券，不计复利，到期一次支付本息。方案B，购买新设备，使用期五年，预计残值收入为设备总额的10%，按直线法计提折旧，设备交付使用后每年可以实现2.4万元的税前利润。该企业的资金成本率为10%，适用所得税税率25%。

任务要求

（1）计算投资方案A的净现值。

（2）计算投资方案B各年的现金流量及净现值。

（3）运用净现值法对上述投资方案进行选择。

已知（P/F，10%，4）= 0.683 0；（P/F，10%，5）= 0.620 9；（P/F，10%，6）= 0.564 5；（P/A，10%，4）= 3.169 9；（P/A，10%，5）= 3.790 8；（P/A，10%，6）= 4.355 3

【背景资料6】

某企业计划进行某项投资活动，有甲、乙两个方案，有关资料如下：

（1）甲方案原始投资为150万元，其中固定资产投资100万元，活动资金投资50万元，全部于建设起点一次投入，该项目经营期5年，固定资产残值5万元，预计投资后年营业收入90万元，年总成本60万元。

（2）乙方案原始投资为300万元，其中固定资产投资220万元，于建设起点一次投入；流动资金投资80万元，于经营期开始时投入。该项目建设期1年，经营期7年，固定资产残值10万元，预计年营业收入170万元，年付现成本70万元。

（3）该企业按直线法计提折旧，全部流动资金于终结点一次回收，所得税税率40%，资金成本率10%。

任务要求

计算甲、乙方案各年现金净流量及净现值，评价甲、乙方案是否可行。

已知（P/A，10%，1）= 0.909 1；（P/A，10%，3）= 2.486 9；（P/A，10%，4）= 3.169 9
（P/A，10%，5）= 3.790 8；（P/A，10%，6）= 4.355 3；（P/A，10%，7）= 4.868 4
（P/A，10%，8）= 5.334 9；（P/F，10%，1）= 0.909 1；（P/F，10%，5）= 0.620 9
（P/F，10%，7）= 0.513 2；（P/F，10%，8）= 0.466 5

【背景资料7】

某公司需用房一套，预计使用20年，建筑面积为150平方米，现有租房和购房两个方案可供选择。租房方案：目前年租金为500元/平方米，预计今后房租每10年上涨20%，假设每年的房租均在年初全额支付。购房方案：该房现价为4 000元/平方米，此公司付款方式为首付20%的房款，其余部分由银行贷款支付。已知银行贷款年利率为8%，偿还期为10年，还款方式为每年年末等额还本付息。预计20年后该套房的售价为1 500元/平方米。

任务要求

若该公司股东要求的必要报酬率为10%，判断应选择哪种方案。

【背景资料8】

淮海公司拟进行一项固定资产投资，该项目的现金流量表（部分）如下：

表 3-5　　现金流量表（部分）价值　　单位：万元

项目 \ y	建设期		经营期					合计
	0	1	2	3	4	5	6	
净现金流量	-1 000	-1 000	100	1 000	(B)	1 000	1 000	2 900
累计净现金流量	-1 000	-2 000	-1 900	(A)	900	1 900	2 900	
折现净现金流量	-1 000	-943.4	89	839.6	1 425.8	747.3	705	1 863.3

任务要求

(1) 计算上表中用英文字母表示的项目的数值。

(2) 计算或确定下列指标：

①静态投资回收期；

②净现值；

③原始投资现值；

④净现值率；

⑤获利指数。

(3) 评价该项目的财务可行性。

【背景资料 9】

淮海公司正在考虑对两个互斥方案的选择，其净现金流量如表 3-6 所示。

表 3-6　　项目甲和项目乙的净现金流量表　　单位：元

时间	0	1	2	3
项目甲	-10 000	10 000	1 000	1 000
项目乙	-20 000	2 000	2 000	24 000

公司对该项目要求的收益率为 10%。

任务要求

(1) 计算回收期。

(2) 计算净现值。

(3) 计算现值指数。

(4) 计算内含报酬率。

(5) 计算公司应选择哪一个项目作为可行性方案？为什么？

【背景资料 10】

淮海公司拟引进一条流水线，投资额 110 万元，分两年投入。第一年年初投入 70 万元。第二年年初投入 40 万元，建设期为 2 年，净残值 10 万元，折旧采用直线法。在投产初期投入流动资金 20 万元，项目使用期满仍可全部回收。该项目可使用 10 年，每年销售收入为 60 万元，总成本 45 万元。假定企业期望的投资报酬率为 10%。

任务要求

计算该项目的净现值、内含报酬率，并判断该项目是否可行。

【背景资料 11】

淮海公司现有现金 100 万元，用于固定资产项目投资。有 A、B、C、D 四个方案可供选择，这四个方案的总投资额均为 100 万元，投资期均为 6 年，贴现率均为 10%。经过计算：

$$NPV\text{（A）}=8.125\,3\text{万元，}IRR\text{（A）}=13.3\%$$

$$NPV\text{（B）}=12.25\text{万元，}IRR\text{（B）}=16.87\%$$

$$NPV\text{（C）}=-2.12\text{万元，}IRR\text{（C）}=8.96\%$$

$$NPV\text{（D）}=10.36\text{万元，}IRR\text{（D）}=15.02\%$$

任务要求

运用净现值结合内含报酬率排优法决策出一个最优方案。

职业能力拓展

康元葡萄酒厂是生产葡萄酒的中型企业，该厂生产的葡萄酒，酒香醇正，价格合理，长期以来供不应求。为了扩大生产能力，康元葡萄酒厂准备新建一条生产线。

负责这项投资决策工作的财务经理经过调查研究后，得到如下相关资料：

（1）该生产线的初始投资为12.5万元，分两年投入，第 1 年年初投入 10 万元，第 2 年年初投入2.5万元。第 2 年项目完工并正式投产使用。投产后销售收入每年增加均为 30 万元，投资项目可使用 5 年，5 年后残值为2.5万元。在生产线运作期间要垫支流动资金2.5万元，这笔资金在项目结束时可全部收回。

（2）该项目生产的产品总成本构成如下：

材料费用：20 万元　　　　人工费用：2.83万元

制造费用（不含折旧）：2 万元　　　　折旧费用：2 万元

（3）公司不缴纳营业税和消费税，适用所得税税率为 25%，增值税税率为 17%，城市维护建设税税率为 7%，教育费附加率为 3%。公司投资收益率为 10%。

☞思考与分析

根据上述资料，公司领导要求财务经理计算出该项目的现金净流量和净现值，以供投资决策会议之用。

任务二　证券投资管理

任务描述

1. 风华公司准备购买面值 10 万元、票面利率 8%、期限 5 年的债券，每年 1 月 1 日与 7 月 1 日付息，当时市场利率为 12%，请计算该债券价值。另，该债券市价92 000元，是否值得购买？如果按债券价值购入该债券，此时购买债券的到期收益率是多少？

2. 风华公司持有 A、B、C 三种股票构成的证券组合，其 β 系数分别是1.5、1.7和1.8，在证券投资组合中所占比重分别为 30%、30%、40%，股票的市场收益率为 9%，无风险收益率为 7%。请计算该证券组合的必要投资收益率。

知识准备

一、证券投资概述

【案例导入】

股神巴菲特的中国投资

巴菲特是当今世界具有传奇色彩的证券投资家，他以独特、简明的投资哲学和策略，投资可口可乐、吉列、所罗门兄弟投资银行、通用电气等著名公司股票、可转换证券并大获成功。头顶“股神”光环的巴菲特，几乎已经成为价值投资的代名词。巴菲特投资过两只“中概股”：比亚迪和中石油。

果断抛售中石油，堪称巴菲特在中国展露身手的经典一役。2002年至2003年间，巴菲特执掌的伯克希尔公司投资4.88亿美元购入中石油1.3%股份。而自2007年7月开始，巴菲特连续七次减持中石油H股，并在11月5日中石油登陆A股市场的前一个月将所持的23.4亿股中石油H股全部清空，收获40亿美元，获利近七倍。彼时，香港恒生指数正逼近32 000点大关，沪指也高唱凯歌顶破6 000点历史高位，巴菲特的这一举动曾遭到很多人的质疑。对此巴菲特的解释是，抛售完全是基于价格上的考虑。事实证明，果断清仓使巴菲特成为迄今为止投资中石油最大的获益者。

持有比亚迪，坚守4年获利3倍。巴菲特对比亚迪的投资始于2008年，伯克希尔旗下的中美能源公司有意入股在香港上市的比亚迪公司，希望买入其25%的股权。不过不缺钱的比亚迪并不太乐意，后经双方交流，巴菲特的公司最终以2.3亿美元获得比亚迪10%的股份。而这也令巴菲特感到高兴，他认为王传福不想出售自己的公司，本身这就是一个好兆头。据悉，巴菲特持有比亚迪一直未动。以均价算，当时巴菲特公司买入比亚迪股票的价格约合每股8港元，截至2013年4月25日，比亚迪股价已涨至每股28.5港元，巴菲特的该笔投资市值接近8亿美元，获益高达3倍。

问题：请根据巴菲特对中国概念股的投资案例简要分析巴菲特的投资理念。

从引例可以看出，证券投资是一种流动性强、高风险的投资。对于公司而言，客观上存在在某一时期公司会出现闲置的资金，这为公司从事证券投资提供了物质基础。然而，进行证券投资并非总是能实现高额收益，公司也要承担较高的投资风险。

（一）证券的概念

证券是指具有一定票面金额，代表财产所有权和债权，可以有偿转让的凭证。

（二）证券的特点

（1）流动性（变现性）。流动性是指证券可以随时抛售取得现金。

（2）收益性。收益性是指证券持有者凭借证券可以获得相应的报酬。一般由当前收益（股息、红利或利息）和资本利得（由证券价格升降而产生损益）构成。

（3）风险性。风险性是指证券投资者达不到预期的收益或遭受各种损失的可能性。证券投资既有可能获得收益，更有可能带来损失，具有很强的不确定性。

流动性与收益性往往成反比，而风险性则一般与收益性成正比。

（三）证券投资的定义

证券投资指企业为获取投资收益或特定经营目的而买卖有价证券的一种投资行为。

不同企业进行投资的目的不同，但总的来说有以下几个方面。

1. 获取投资收益

企业正常经营过程中有时会有一些暂时多余的资金闲置，为了充分有效地利用这些资金，可购入一些有价证券，在价位较高时抛售，以获取较高的投资收益。

2. 获得对相关企业的控制权

企业有时从经营战略上考虑需要控制某些相关企业，可通过购买该企业大量股票，从而取得对被投资企业的控制权，以增强企业的竞争能力。

3. 满足未来财务需求

企业如欲在将来扩建厂房或归还到期债务，可按期拨出一定数额的资金投入一些风险较小的证券，以便到时售出，满足所需的整笔资金的需求。

4. 满足季节性经营对现金的需求

季节性经营的公司在某些月份资金有余，而有些月份则会出现短缺，可在资金剩余时购入有价证券，短缺时则售出。

（四）证券的种类

1. 按证券体现的权益关系分类

（1）所有权证券：指既不定期支付利息，也无固定偿还期的证券，如股票。

（2）信托投资证券：指由公众投资者共同筹集、委托专门的证券投资机构投资于各种证券，以获取收益的股份或收益凭证，如投资基金。

（3）债权证券：指必须定期支付利息，并要到期偿还本金的证券，如债券。

所有权证券的投资风险大于投资基金，投资基金的风险大于债券投资。

2. 按证券的收益状况分类

（1）固定收益证券：优先股股票、债券等（证券票面上规定有固定收益率）。

（2）变动收益证券：变动收益证券投资报酬率大于固定收益证券（证券票面上无固定收益率）。

3. 按发行主体分类

（1）政府证券：由中央或地方政府为筹集资金而发行的证券，如国库券等。

（2）金融证券：由银行或其他金融机构为筹集资金而发行的证券。

（3）公司证券：指企业证券。

4. 按证券到期日分类

（1）短期证券，指 1 年内到期的有价证券，如银行承兑汇票、商业本票、短期融资券等。

（2）长期证券，指到期日在 1 年以上的有价证券，如股票、债券等。

（五）证券投资的分类

金融市场上的证券很多，其中可供企业投资的证券主要有国债、短期融资券、可转让存单和企业股票与债券等。

根据证券投资的对象不同，可以分为债券投资、股票投资、基金投资、期货投资、期权投资和组合投资。

（六）证券投资的一般程序

（1）合理选择投资对象。合理选择投资对象是证券投资成败的关键，企业应根据一定的投资原则，认真分析投资对象的收益水平和风险程度，以便合理选择投资对象，将风险降到最低限度，取得较好的投资收益。

（2）委托买卖。由于投资者无法直接进场交易，买卖证券业务需委托证券商代理。企业可通过电话委托、电脑终端委托、递单委托等方式委托券商代为买卖有关证券。

（3）成交。证券买卖双方通过中介券商的场内交易员分别出价委托，若买卖双方的价位与数量合适，交易即可达成，这个过程叫成交。

（4）清算与交割。企业委托券商买入某种证券成功后，即应解交款项，收取证券。清算即指证券买卖双方结清价款的过程。

（5）办理证券过户。证券过户只限于记名证券的买卖业务。当企业委托买卖某种记名证券成功后，必须办理证券持有人的姓名变更手续。

【相关链接】

证券市场形成的基础

证券的产生已有很悠久的历史，但只有当证券的发行与转让公开通过市场进行的时候，证券市场才随之出现。

首先，证券市场是商品经济和社会化大生产发展的必然产物。

其次，股份公司的建立为证券市场的形成提供了必要的条件。股份公司通过发行股票、债券向社会公众募集资金，为证券市场的产生和发展提供了坚实的基础。

最后，信用制度的发展促进了证券市场的形成和发展。信用工具一般都具有流通变现的要求，证券市场恰好为有价证券的流通和转让创造了条件。

二、证券投资的收益评价

企业要进行证券投资，首先必须进行证券投资的收益评价，评价证券收益水平主要有两个指标，即证券的价值和收益率。

（一）债券投资的收益评价

【案例导入】

超日债违约

中国债市史上首单违约悄然到来。2014年3月4日，＊ST超日发布公告称，“11超日债”本期应当兑付的8 980万元利息只能支付400万元。至此，中国首例打破刚性兑付的事件终于爆发。“11超日债”作为国内第一例违约的公募公司债券，结束了以往债券全部刚性兑付的历史。

＊ST超日是一家位于上海的光伏产业上市公司。“11超日债”为固定利率债券，债券票面利率为8.98%，存续期限为5年，附第三年年末发行人上调票面利率选择权及投资者回售选择权。2012年正式发行的“11超日债”从发行之初就问题不断，上市一个月就遭遇上市公司业绩变脸，随后该债券评级展望由“稳定”调为“负面”。2013年3月被曝出付息困难，虽最终顺利兑息，但上市公司却因连续两年亏损披星戴帽，“11超日债”也被暂停上市。而

就在市场对“11超日债”逐渐淡忘之时，公司突然宣布违约。

超日债违约事件发生后，在债券圈引发了巨大的风波。市场人士表示，该事件将使整个市场对信用风险进行重估，但刚性兑付的被打破对中国债市而言则是对扭曲潜规则的修正，是债市市场化的必经之路。债券违约肯定会给市场带来阵痛，但长期来看，对市场风险定价的重整是有利的。

问题：＊ST超日“11超日债”违约，对于该公司的债券投资者有何影响？投资者应该如何有效规避债券投资风险？

从引例可以看出，＊ST超日“11超日债”违约，意味着持有该债券的投资者面临着债券投资损失。由于超日公司连利息都未兑付，因此“11超日债”兑换本金是比较困难的。投资者在进行债券投资时，应该系统分析所投资债券的价值及风险，减少投资损失，获取较多的投资收益。

1. 债券的价值

债券的价值，又称债券的内在价值，是指进行债券投资时投资者预期可获得的现金流入的现值。债券的现金流入主要包括利息和到期收回的本金或出售时获得的现金。当债券的购买价格低于债券价值时才值得购买。

（1）基本模型。债券价值的基本模型主要是指按复利方式计算的每年定期付息、到期一次还本情况下的债券的估价模型。计算公式为：

$$
\begin{aligned}
V &= \sum_{t=1}^{n} \frac{i \times f}{(1+K)^t} + \frac{F}{(1+K)^n} \\
&= i \times f \times (P/A,\ K,\ n) + F \times (P/F,\ K,\ n) \\
&= I \times (P/A,\ K,\ n) + F \times (P/F,\ K,\ n)
\end{aligned}
$$

式中，V 为债券价值；i 为债券票面利息率；I 为债券利息；F 为债券面值；K 为市场利率或投资人要求的必要收益率；n 为付息总期数。

【例3-17】凯利公司债券面值为1 000元，票面利率为6%，期限为3年，某企业要对这种债券进行投资，当前的市场利率为8%，问债券价格为多少时才能进行投资？

解析：V =1 000×6%×（P/A，8%，3）+1 000×（P/F，8%，3）

=60×2.577 1+1 000×0.793 8=948.43（元）

答：该债券的价格必须低于948.43元时才能进行投资。

（2）一次还本付息的单利债券价值模型。

$$
\begin{aligned}
V &= F \times (1 + i \times n)/(1+K)^n \\
&= F \times (1 + i \times n) \times (P/F,\ K,\ n)
\end{aligned}
$$

公式中的符号含义同前。我国很多债券属于一次还本付息、单利计算的存单式债券。

【例3-18】振兴企业于2018年1月5日以每张1 080元的价格购买Y企业发行的利随本清的企业债券。该债券的面值为1 000元，期限为3年，票面年利率为10%，不计复利。购买时市场年利率为8%。不考虑所得税。利用债券估价模型评价振兴企业购买该债券是否合算。

解：V =1 000×（1+3×10%）×（P/F，8%，3）

=1 000×1.3×0.793 8=1 031.94（元）

因为债券买价1 080元，大于债券价值，所以购买该债券不合算。

【例 3-19】某企业计划发售面值为10 000元的三年期债券，票面利率为 8%，如果以复利计息，到期一次还本付息，而且发行时市场利率为 10%，则该债券的价值为多少？如果改复利为单利，那么该债券的价值又为多少？

解：年末复利计息，到期一次还本付息：

$$债券的价值=10\ 000\times8\%\times（P/A，10\%，3）\times（P/F，10\%，3）+10\ 000\times（P/F，10\%，3）$$
$$=800\times3.31\times0.751\ 3+10\ 000\times0.751\ 3=9\ 502.44（元）$$

年末单利计息，到期一次还本付息：

$$债券的价值=10\ 000\times（1+8\%\times3）\times（P/F，10\%，3）=9\ 316.12（元）$$

（3）零息债券的价值模型。零息债券的价值模型是指到期只能按面值收回，期内不计息债券的估价模型。

$$债券价值=面值的现值$$
$$P=F/(1+K)^n=F\times(P/F，K，n)$$

【例 3-20】某债券面值1 000元，期限 3 年，期内不计息，到期按面值偿还，市场利率6%，价格为多少时企业才能购买？

解：$V=1\ 000\times（P/F，6\%，3）=1\ 000\times0.839\ 6=839.6$（元）

该债券的价格只有低于839.6元时，企业才能购买。

2. 债券的收益率

债券的收益率是一定时期内债券投资收益与投资额的比率。

其中，投资收益包括：利息收入、债券的价差收益和债券利息的再投资收益（复利计息方式下才考虑）。

投资额指投资时购买债券的金额。一般包括买价、佣金和手续费等。

（1）短期债券收益率的计算。短期债券由于期限较短，一般不考虑货币时间价值因素，只需考虑债券价差及利息。其基本公式为：

$$K=\frac{S_1-S_0+I}{S_0}$$

式中，S_0为债券购买价格；S_1为债券出售价格；I为债券利息；K为债券投资收益率。

【例 3-21】某企业于2017年 5 月 8 日以 920 元购进一张面值1 000元、票面利率 5%、每年付息一次的债券，并于2018年 5 月 8 日以 970 元的市价出售，问该债券的投资收益率是多少？

解：$K=（970-920+50）\div920\times100\%=10.87\%$

该债券的投资收益率为10.87%。

（2）长期债券收益率的计算。长期债券由于涉及时间较长，需要考虑货币时间价值因素，它是使债券利息的年金现值和债券到期收回本金的复利现值之和等于债券买价时的贴现率。

①一般债券收益率的计算。

$$V=I\times(P/A，K，n)+F\times(P/F，K，n)$$

式中，V为债券的购买价格；I为每年获得的固定利息；F为债券到期收回的本金或中途出售收回的资金；K为债券的投资收益率；n为投资期限。

由于无法直接计算收益率，必须采用逐步测试法及内插法来计算：先设定一个贴现率代入上式，如计算出的V正好等于债券买价，该贴现率即为收益率；如计算出的V不等于债券买价，则须继续测试，再用内插法求出收益率。

【例 3-22】某公司2014年 1 月 1 日用平价购买一张面值为1 000元的债券，其票面利率为8%，每年 1 月 1 日支付一次利息，该债券于2019年 1 月 1 日到期，按面值收回本金，计算其到期收益率。

解：$I=1\ 000\times 8\%=80$ 元，$F=1\ 000$元

设收益率 $i=8\%$，则：

$$V=80\times(P/A,\ 8\%,\ 5)+1\ 000\times(P/F,\ 8\%,\ 5)=1\ 000\text{元}$$

用 8%计算出来的债券价值正好等于债券买价，所以该债券的收益率为 8%。可见，平价发行的每年复利计息一次的债券，其到期收益率等于票面利率。

如该公司购买该债券的价格为1 100元，即高于面值，则该债券收益率应为多少？

要求出收益率，必须使下式成立：$1\ 100=80\times(P/A,\ i,\ 5)+1\ 000\times(P/F,\ i,\ 5)$

通过前面计算已知，$i=8\%$时，上面等式右边为1 000元。由于利率与现值呈反向变化，即现值越大，利率越小。而债券买价为1 100元，收益率一定低于 8%，可降低贴现率进一步试算。

用 $i_1=6\%$试算：

$$\begin{aligned}V_1&=80\times(P/A,\ 6\%,\ 5)+1\ 000\times(P/F,\ 6\%,\ 5)\\&=80\times 4.212\ 4+1\ 000\times 0.747\ 3\\&=1\ 084.29\ (\text{元})\end{aligned}$$

由于贴现结果仍小于1 100元，还应进一步降低贴现率试算。

用 $i_2=5\%$试算：

$$\begin{aligned}V_2&=80\times(P/A,\ 5\%,\ 5)+1\ 000\times(P/F,\ 5\%,\ 5)\\&=80\times 4.329\ 5+1\ 000\times 0.783\ 5\\&=1\ 129.86\ (\text{元})\end{aligned}$$

用内插法计算：

$$i=5\%+\frac{1\ 129.86-1\ 100}{1\ 129.86-1\ 084.29}\times(6\%-5\%)=5.66\%$$

所以如果债券的购买价格为1 100元时，债券的收益率为5.66%。

②一次还本付息的单利债券收益率的计算。

$$V=F(1+i\times n)\times(P/F,\ K,\ n)$$

【例 3-23】某公司 2014 年 1 月 1 日以1 020元购买一张面值为1 000元、票面利率为 10%、单利计息的债券，该债券期限 5 年，到期一次还本付息，计算其到期收益率。

解：一次还本付息的单利债券价值模型为：$V=F(1+i\times n)\times(P/F,\ K,\ n)$

$$1\ 020=1\ 000\times(1+5\times 10\%)\times(P/F,\ K,\ 5)$$

$$(P/F,\ K,\ 5)=1\ 020\div 1\ 500=0.68$$

查复利现值表，5 年期的复利现值系数等于0.68时，$K=8\%$。

债券的收益率是进行债券投资时选购债券的重要标准，它可以反映债券投资按复利计算的实际收益率。如果债券的收益率高于投资人要求的必要报酬率，则可购进债券；否则就应放弃。

【想一想】

进行债券投资可以购买政府债券、金融债券和公司债券，请问这三种债券有何利弊？

3. 债券投资的优缺点

债券投资的优点如下：

（1）收益稳定。进行债券投资一般可按时获得固定的利息收入，收益稳定。

（2）风险较低。相对于股票投资而言，债券投资风险较低。政府债券有国家财力作后盾，通常被视为无风险证券。而企业破产时企业债券的持有人对企业的剩余财产有优先求偿权，因而风险较低。

（3）流动性强。大企业及政府债券很容易在金融市场迅速出售，流动性较强。

债券投资的缺点如下：

（1）无经营管理权。债券投资者只能定期取得利息，无权影响或控制被投资企业。

（2）购买力风险较大。由于债券面值和利率是固定的，如投资期间通货膨胀率较高，债券面值和利息的实际购买力就会降低。

（二）股票投资的收益评价

【案例导入】

长航油运退市　15 万股民血本无归

2014年 4 月 11 日，上交所发布公告宣布，终止中国长江航运集团南京油运股份有限公司（＊ST 长油）股票上市交易，这意味着长航油运成为央企退市第一股。

2007年通过定向增发方式进入资本市场的长航油运，也曾有过堪称辉煌的过往——2008年，这家运输巨头实现净利润 5.96 亿元，较 2007 年大涨六成。然而，全球金融危机带来的国际航运供需失衡、运价持续低迷，令长航油运陷入持续亏损的境地。2010年，其回溯调整后的业绩为-1 859 万元。此后的2011年和2012年，亏损相继扩大为7.54 亿元和12.39亿元。2013年年初，连续三年亏损的＊ST 长油被暂停上市。2014年 3 月 22 日，＊ST 长油披露的年报显示，2013年度归属于上市公司股东的净利润为-59.22亿元，粗略估算下来平均每天亏损额高达1 622万元。信永中和会计师事务所对这份财务报表出具了“无法表示意见”的审计报告。连续四年的亏损，令＊ST 长油触发上海证券交易所股票退市规则。这家曾经的绩优企业，终以“央企退市第一股”的身份尴尬离场。

＊ST 长油退市，股票投资者直接受到影响。根据规定，＊ST 长油终止上市后会经历为期 30 个交易日的退市整理期，其后会退至全国中小企业股份转让系统（“新三板”）挂牌。对此，一位券商投资顾问表示，由于“新三板”的股票流动性很差，一旦＊ST 长油退至新三板市场后将意味着投资者持有的股票一钱不值，此前的投资资金也可能打水漂。公开数据显示，＊ST 长油在2013年年报披露日前五个交易日末股东总数为14.944 2 万户。这意味着，将有近 15 万股民在＊ST 长油退市后面临“血本无归”。

问题：＊ST 长油退市对其投资者带来哪些影响？投资者应该如何有效规避股票投资风险？

从引例可以看出，＊ST 长油退市意味着投资者持有的股票将一钱不值，将有近 15 万股

民在 * ST 长油退市后面临“血本无归”。投资者在进行股票投资时，应该系统分析所投资股票的价值及风险，减少投资损失，获取较多的投资收益。

1. 股票的价值

股票的价值（股票的内在价值）是进行股票投资所获得的现金流入的现值。

股票带给投资者的现金流入包括两部分：股利收入和股票出售时的资本利得。因此股票的内在价值由一系列的股利和将来出售股票时售价的现值所构成，通常当股票的市场价格低于股票的内在价值才适宜投资。

（1）基本模型。

$$V = \sum_{t=1}^{n} \frac{d_t}{(1+K)^t} + \frac{V_n}{(1+K)^n}$$

式中，V 为股票内在价值；d_t为第 t 期的预期股利；K 为投资人要求的必要资金收益率；V_n为未来出售时预计的股票价格；n 为预计持有股票的期数。

股票价值的基本模型要求无限期地预计历年的股利，如果持有期是个未知数，上述模型实际上很难计算。因此应用的模型都是假设股利零增长或固定比例增长时的价值模型。

（2）股利零增长、长期持有的股票价值模型。

$$V = d/K$$

式中，V 为股票内在价值；d 为每年固定股利；K 为投资人要求的资金收益率。

【例 3-24】凯利公司拟投资购买并长期持有某公司股票，该股票每年分配股利 2 元，必要收益率为 10%，该股票价格为多少时适合购买？

解：$V=d\div K=2\div 10\%=20$（元）

答：股票价格低于 20 元时才适合购买。

（3）长期持有股票，股利固定增长的股票价值模型。

$$V = d_0(1+g)/(K-g) = d_1/(K-g)$$

= 上年股利×（1+每年股利增长率）/（投资人要求的资金收益率-年股利增长率）

式中，d_0为上年股利；d_1为本年股利；g 为每年股利增长率。

【例 3-25】凯利公司拟投资某公司股票，该股票上年每股股利为 2 元，预计年增长率为 2%，必要投资报酬率为 7%，该股票价格为多少可以投资？

解：$V=d_0$（$1+g$）/（$K-g$）= 2×（1+2%）÷（7%-2%）= 40.8（元）

答：该股票价格低于40.8元时才可以投资。

【想一想】

如何理解固定成长股票价值计算公式中的 d_0和 d_1？

（4）非固定成长股票的价值（要分段计算）。

【例 3-26】某企业持有 A 公司股票，其必要报酬率为 12%，预计 A 公司未来 3 年股利高速增长，成长率为 20%，此后转为正常增长，增长率为 8%。公司最近支付的股利是 2 元，计算该公司的股票价值。

解：首先，计算非正常增长期的股利现值（表 3-7）：

表 3-7 A 公司非正常增长期的股利现值

时间	股利	现值因素	现值
1	2×1.2=2.4	0.892 9	2.143 0
2	2.4×1.2=2.88	0.797 2	2.295 9
3	2.88×1.2=3.456	0.711 8	2.460 0
合计（3 年股利现值）			6.898 9

其次，按固定股利成长模型计算固定增长部分的股票价值：

$$V_3 = \frac{d_3 \times (1+g)}{K-g} = \frac{3.456 \times 1.08}{0.12 - 0.08} = 93.312(\text{元})$$

由于这部分股票价值是第三年年底以后的股利折算的内在价值，需将其折算为现值：

$$V_3 \times (P/F,\ 12\%,\ 3) = 93.312 \times 0.711\ 8 = 66.419(\text{元})$$

最后，计算股票目前的内在价值：

$$V = 6.898\ 9 + 66.419 = 73.32(\text{元})$$

2. 股票投资的收益率

（1）短期股票收益率的计算（不需考虑资金时间价值）。

$$K = (S_1 - S_0 + d)/S_0 \times 100\%$$
$$= (S_1 - S_0)/S_0 + d/S_0$$

式中，K 为短期股票收益率；S_1为股票出售价格；S_0为股票购买价格；d 为股利。

【例 3-27】2018年 3 月 10 日，凯利公司购买某公司每股市价为 20 元的股票，2019年 1 月，凯利公司每股获现金股利 1 元。2019年 3 月 10 日，凯利公司将该股票以每股 22 元的价格出售，问投资收益率为多少？

解：$K=(22-20+1)\div 20\times 100\%=15\%$

该股票的收益率为 15%。

（2）股票长期持有，股利固定增长收益率的计算。

$$K = (d_1/V) + g$$

【例 3-28】有一只股票的价格为 40 元，预计下一期的股利是 2 元，该股利将以大约 10% 的速度持续增长，该股票的预期收益率为多少？

解：$K=(2\div 40)+10\%=15\%$

该股票的收益率为 15%。

（3）一般情况下股票投资收益率的计算。

$$V = \sum_{t=1}^{n} \frac{d_t}{(1+K)^t} + \frac{V_n}{(1+K)^n}$$

式中，V 为股票的买价；d_t为第 t 期的股利；K 为投资收益率；V_n为股票出售价格；n 为持有股票的期数。

一般情况下，企业进行股票投资可以取得股利，股票出售时也可收回一定资金，只是股利不同于债券利息，股利是经常变动的，股票投资的收益率是使各期股利及股票售价的复利现值等于股票买价时的贴现率。

【例 3-29】凯利公司于2015年 6 月 1 日投资 600 万元购买某种股票 100 万股，在 2016

年、2017年和2018年的5月30日分得每股现金股利分别为0.6元、0.8元和0.9元，并于2018年5月30日以每股8元的价格将股票全部出售。试计算该项投资的收益率。

解：用逐步测试法计算。

先用20%的收益率进行测算：

$$V = 60 \div (1+20\%) + 80 \div (1+20\%)^2 + 890 \div (1+20\%)^3$$
$$= 60 \times 0.8333 + 80 \times 0.6944 + 890 \times 0.5787$$
$$= 620.59(\text{万元})$$

由于620.59比600大，再用24%测试：

$$V = 60 \div (1+24\%) + 80 \div (1+24\%)^2 + 890 \div (1+24\%)^3$$
$$= 60 \times 0.8065 + 80 \times 0.6504 + 890 \times 0.5245$$
$$= 567.23(\text{万元})$$

然后用内插法计算如下：

$$K = 20\% + (620.59 - 600) \div (620.59 - 567.23) \times 4\%$$
$$= 21.54\%$$

3. 股票投资的优缺点

股票投资的优点为：

（1）投资收益高。股票投资风险大，收益也高，只要选择得当，就能取得优厚的投资收益。

（2）购买力风险低。与固定收益的债券相比，普通股能有效地降低购买力风险。因为通货膨胀率较高时，物价普遍上涨，股份公司盈利增加，股利也会随之增加。

（3）拥有经营控制权。普通股股票的投资者是被投资企业的股东，拥有一定的经营控制权。

股票投资的缺点为：

（1）收入不稳定。普通股股利的有无、多少，须视被投资企业经营状况而定，很不稳定。

（2）价格不稳定。股票价格受众多因素影响，极不稳定。

（3）求偿权居后。企业破产时，普通股投资者对被投资企业的资产求偿权居于最后，其投资有可能得不到全额补偿。

三、证券投资的风险与组合

【案例导入】

偏股型基金2013年的证券投资组合业绩

2013年，507只主动投资的偏股型基金，实现16%的平均回报率。这个数字看似光鲜，背后却折射着各家基金公司参差不齐的证券投资组合能力。2013年A股的结构性行情，极大地考验了基金经理的选股能力、投资组合能力、投资灵活度和耐心，也更能反映基金公司的股票投资能力。

2013年的A股市场可谓冰火两重天，呈现出明显的分化走势。在主板疲弱的背景下，创业板却大放异彩。上证指数全年跌去6.75%，深证成指跌幅更是深达10.91%，其间波动剧烈。而创业板指数则大涨82.73%，上涨行情主要集中在前三季度。TMT等新兴产业板块领跑，自贸区等题材股也一度爆发行情，煤炭、有色金属以及白酒等板块则成为下跌的重灾区。

与齐涨齐跌的市场行情相比，结构性行情增加了基金投资管理的难度。如何选股，何时调仓，更是考验基金经理、基金公司的功力。在这样的大背景下，507只偏股型基金2013年净值增长率平均为16.05%，但业绩分化十分严重。其中458只基金取得正收益，收益超过50%的基金只有12只，中邮战略新兴产业以80.38%的收益率折桂。49只基金收益为负，其中易方达资源行业、东吴行业轮动、华宝兴业资源优选以及中欧中小盘4只股票型基金亏损超过20%。净值增长率较高的偏股型基金行业配置多集中在电子信息、传媒、医药生物等行业，如中邮战略新兴产业、长盛电子信息产业、银河主题策略等。而行业配置集中在采掘、有色金属等周期性行业和资源主题基金表现较差，如易方达资源行业、东吴行业轮动、华宝兴业资源优选等。

问题：请简要分析偏股型基金2013年的证券投资组合业绩差异的主要原因。

从引例可以看出，造成偏股型基金2013年的证券投资组合业绩差异的主要原因在于，各个基金所建立的股票投资组合不同。业绩较好的基金所配置的股票行业多集中在电子信息、传媒、医药生物等行业，而业绩较差的基金所配置的股票行业多集中在采掘、有色金属等周期性行业和资源。如何正确分析证券投资组合的风险与收益率，建立有效的证券投资组合以获取较高的收益？下面将为你提供分析、解决这类问题的思路和方法。

风险性是证券投资的基本特征之一。与证券投资活动相关的所有风险称为总风险。总风险按是否可以通过投资组合加以回避及消除，可分为系统性风险和非系统性风险。

（一）系统性风险

系统性风险也称不可分散风险，是指由于政治、经济及社会环境的变动而影响证券市场上所有证券的风险。它包括市场风险、利率风险、购买力风险以及自然因素导致的社会风险等。

1. 市场风险

某些因素会给市场上所有证券带来经济损失的可能性。由于所有公司都会受到这些因素的影响，因而这类风险就无法通过投资多样化效应而分散掉。但这种风险对不同的公司、不同的证券会有不同的影响。

2. 利率风险

利率风险是指由于市场利率变动引起证券投资收益变动的可能性。

市场利率与证券价格具有负相关性，即当利率下降时，证券价格上升；当利率上升时，证券价格下降。不同经济发展阶段市场资金供求状况不同，中央银行会根据宏观金融调控的要求调节基准利率水平。当中央银行调整利率时，各种金融资产的利率和价格必然做出灵敏的市场反应，所以利率风险是无法回避的。

3. 购买力风险

购买力风险又称通货膨胀风险，指由于通货膨胀所引起的投资者实际收益水平下降的风险。

通货膨胀是一种常见的经济现象，它的存在必然使投资者承担购买力风险，而且这种风险不会因为投资者退出证券市场就可以避免。

（二）非系统性风险（可分散风险或公司特别风险）

非系统性风险是指由于市场、行业以及企业本身等因素影响个别企业证券的风险。它包括行业风险、经营风险、违约风险等。

1. 行业风险

行业风险是指由于证券发行企业所处的行业特征所引起的该证券投资收益变动的可能性。

2. 经营风险

经营风险是指由于经营不善或竞争失败，企业业绩下降而使投资者无法获取预期收益或者亏损的可能性。

3. 违约风险

违约风险是指企业不能按照证券发行契约或发行承诺支付投资者债息、股息、红利及偿还债券本金而使投资者遭受损失的风险。

（三）单一证券投资风险的衡量

单一证券投资风险的衡量一般包括算术平均法与概率测定法两种。

1. 算术平均法

（1）计算公式。

$$\text{平均价差率} = \frac{\sum_{i=1}^{n} \text{各期价差率}}{n}$$

式中，各期价差率=（该时期最高价-最低价）÷（该时期最高价+最低价）/2；n 为计算时期数。

如果将风险理解为证券价格可能的波动，平均价差率则是一个衡量证券投资风险的较好指标。平均价差率大的证券风险也大；平均价差率小的证券风险则较小。

（2）优缺点。

优点：简单明了。

缺点：测定范围有限，着重于过去的证券价格波动，风险所包含的内容过于狭窄。因此，不能准确地反映该证券投资未来风险的可能趋势。

2. 概率测定法

（1）标准差。标准差是判断实际可能的收益率与期望收益率的偏离程度的指标。

$$\sigma = \sqrt{\sum_{i=1}^{n} (K_i - \bar{K})^2 P_i}$$

式中，$\bar{K}$ 为期望收益率，即 $\sum_{i=1}^{n} (K_i \times P_i)$；$K_i$为第 i 种可能结果的收益率；P_i为第 i 种可能结果的概率；n 为可能结果的个数；σ 为标准差。

一般来说，标准差越大，该证券投资的风险越大；标准差越小，实际收益率比较稳定，因而该证券投资的风险越小。但标准差只能用来比较期望收益率相同的证券投资的风险程度，而不能用来比较期望收益率不同的证券投资的风险程度。

（2）标准离差率。标准离差率又称标准差系数，可用来比较不同期望收益率的证券投资风险程度。

$$Q = \sigma \div K \times 100\%$$

标准差系数是通过标准差与期望收益率的对比，以消除期望收益率水平高低的影响，可比较不同收益率水平的证券投资风险程度的大小。一般来说，标准差系数越小，该证券投资风险程度相对越低；否则反之。

【例 3-30】某企业拟对两种证券进行投资，每种证券均可能遭遇繁荣、衰退两种行情，各自的预期收益率及概率如表 3-8 所示，试比较 A、B 两种证券投资的风险程度。

表 3-8 A、B 两种证券投资的风险比较

经济趋势	发生概率（P_i）	收益率（K_i）	
		A	B
衰退	50%	-20%	10%
繁荣	50%	70%	30%

解：

（1）分别计算 A、B 证券的期望收益率。

$$\overline{K_A} = (-20\%) \times 0.5 + 70\% \times 0.5 = 25\%$$

$$\overline{K_B} = 10\% \times 0.5 + 30\% \times 0.5 = 20\%$$

（2）分别计算 A、B 证券的标准差。

$$\sigma_A = \sqrt{(-20\% - 25\%)^2 \times 0.5 + (70\% - 25\%)^2 \times 0.5} = 45\%$$

$$\sigma_B = \sqrt{(10\% - 20\%)^2 \times 0.5 + (30\% - 20\%)^2 \times 0.5} = 10\%$$

（3）分别计算 A、B 证券的标准离差率。

$$Q_A = 45\% \div 25\% = 180\%$$

$$Q_B = 10\% \div 20\% = 50\%$$

由此可以判定：尽管证券 A 的期望收益率高于证券 B，但其风险程度也高于证券 B。

（四）证券投资组合

1. 证券投资组合的策略

（1）冒险型策略。主要选择高风险高收益的成长型股票。

（2）保守型策略。购买尽可能多的证券，以便分散掉全部可分散风险，得到市场的平均收益。这种投资组合的优点：①能分散掉全部可分散风险；②不需要高深的证券投资专业知识；③证券投资管理费较低。

（3）适中型策略。选择高质量的股票或债券组成投资组合。这种投资策略风险不太大，收益却比较高。但进行这种组合的人必须具备丰富的投资经验及进行证券投资的各种专业知识。

2. 证券投资组合的方法

（1）选择足够数量的证券进行组合。

（2）把不同风险程度的证券组合在一起。

（3）把投资收益呈负相关的证券放在一起组合。负相关股票是指一种股票的收益上升而另一种股票的收益下降的两种股票，把收益呈负相关的股票组合在一起，能有效分散风险。

3. 证券组合投资的期望收益率

计算公式为：

$$\overline{K_p} = \sum_{i=1}^{n} K_i \times W_i \times P = \sum_{i=1}^{n} \overline{K_i} \times W_i$$

式中，$\overline{K_p}$ 为证券组合投资的期望收益率；$\overline{K_i}$ 为第 i 种证券的期望收益率；W_i 为第 i 种证券价值占证券组合投资总价值的比重；n 为证券组合中的证券数。

4. 证券组合投资的风险

证券投资组合理论研究表明，理想的证券组合投资的风险一般要小于单独投资某一证券的风险，通过证券投资组合可以规避各证券本身的非系统性风险。

5. 系统性风险的衡量

$$\beta_p = \sum_{i=1}^{n} W_i \beta_i$$

式中，β_p为证券组合的系数；W_i为证券组合中第 i 种股票所占的比重；β_i为第 i 种股票的 β 系数；n 为证券组合中股票的数量。

β 值就是用来测定一种证券的收益随整个证券市场平均收益水平变化程度的指标，它反映了一种证券收益相对于整个市场平均收益水平的变动性或波动性。

在其他因素不变的情况下，风险收益取决于证券投资组合的 β 系数，β 系数越大，风险收益越大；β 系数越小，风险收益越小。

【例 3-31】某公司持有共 100 万元的 3 种股票，该组合中 A 股票 20 万元，B 股票 40 万元，β 系数均为1.5；C 股票 40 万元，系数为0.8，则该投资组合的 β 系数为多少？

解：$\beta_p = 20\% \times 1.5 + 40\% \times 1.5 + 40\% \times 0.8 = 1.22$

【想一想】

证券投资组合能否分散所有风险？

6. 证券投资组合的风险收益

证券投资组合的风险收益是投资者因承担系统性风险而要求的，超过资金时间价值的那部分额外收益。

$$R_p = \beta_p \times (K_m - R_f)$$

式中，R_p为证券组合的风险收益率；β_p为证券组合的 β 系数；K_m为市场收益率，即证券市场上所有股票的平均收益率；R_f为无风险收益率，一般用政府公债的利率来衡量。

【例 3-32】接【例 3-31】，如股票的市场收益率为 10%，无风险收益率为 6%，试确定该证券投资组合的风险收益率。

解：$R_p = 1.22 \times (10\% - 6\%) = 4.88\%$

7. 证券投资的必要收益率

证券投资的必要收益率等于无风险收益率加上风险收益率。

$$K_i = R_f + \beta(K_m - R_f)$$

这就是资本资产计价模型（CAPM）。

式中，K_i为第 i 种股票或证券组合的必要收益率；β 为第 i 种股票或证券组合的系数；K_m为市场收益率，即证券市场上所有股票的平均收益率；R_f为无风险收益率。

【例 3-33】新海公司持有 A、B、C 三种股票构成的证券组合，其 β 系数分别是1.5、1.7和1.8，在证券投资组合中所占比重分别为 30%、30%、40%，股票的市场收益率为 9%，无风险收益率为 7%。要求：（1）计算该证券组合的 β 系数；（2）计算该证券组合的必要投资收益率。

解：（1）$\beta = 1.5 \times 0.3 + 1.7 \times 0.3 + 1.8 \times 0.4 = 1.68$

（2）$K = 7\% + 1.68 \times (9\% - 7\%) = 10.36\%$

【相关链接】

证券投资的“三分法”

证券投资的“三分法”，即把风险大、风险中等、风险小的证券放在一起进行组合。这种组合方法是指把全部资金的1/3投资于风险大的证券；1/3投资于风险中等的证券；1/3投资于风险小的证券。一般而言，风险大的证券对经济形势的变化比较敏感，当经济处于繁荣时期，风险大的证券获得高额收益，但当经济衰退时，风险大的证券却会遭受巨额损失；相反，风险小的证券对经济形势的变化则不十分敏感，一般都能获得稳定收益，而不致遭受损失。因此，“三分法”是一种进可攻、退可守的组合法，虽不会获得太高的收益，但也不会承担巨大风险，是一种常见的组合方法。

【职业道德与企业伦理】

证监会查处浙江恒逸集团有限公司操纵市场案

案例背景：

根据深圳证券交易所监控发现的线索，2012年3月，证监会对浙江恒逸集团有限公司（以下简称恒逸集团）操纵市场案立案调查。2014年4月，证监会对恒逸集团操纵市场行为作出行政处罚。

2011年11月中旬至12月初，恒逸石化股价一路下跌至30元左右，与46.40元的定向增发价格差距非常大，保荐机构认为不修改增发价格则增发无望。为防止恒逸石化股价进一步下跌，维护股价以完成定向增发，恒逸集团财务负责人楼翔决定动用恒逸集团3 000万元资金，指使他人操作“何某水”“施某红”账户拉抬恒逸石化股价。

2011年12月14日至2012年6月8日期间，“何某水”和“施某红”账户组期间内最高持股占流通股2.07%，最高交易量达到当日该证券总成交量的15.60%。账户组进行交易的18个交易日中，6个交易日在账户组交易后出现上涨。平均日涨幅为0.79%，4个交易日平盘，其余8个交易日下跌。至2012年11月，该账户组交易恒逸石化股票累计亏损7 374 845.48元，其交易资金来源于恒逸集团。

本案中，恒逸集团利用“何某水”“施某红”账户买入恒逸石化股票的目的是维持、拉抬恒逸石化股价，帮助实现定向增发，主观操纵恒逸石化交易价格的意图明显。虽然其交易金额、持股比例、对市场价格影响的统计结果等交易指标均处于较低水平，相关交易委托均为真实委托，未能对恒逸石化股票的交易价格或交易量产生显著影响，但其动用3 000万元巨资集中买入恒逸石化股票的行为，已经构成了《证券法》第七十七条“集中资金优势”“连续买卖”的操纵市场行为。楼翔作为恒逸集团上述行为的决策者和经手人，是直接负责的主管人员。依据《证券法》第二百零三条的规定，我会决定：对恒逸集团处以60万元罚款；对楼翔给予警告，并处以10万元罚款。

（资料来源：证监会通报近年来市场操纵案件的执法工作情况。）

问题：为什么会有人操纵股价？证监会为什么要对股价操纵者予以惩罚？

分析：操纵股价是指少数人以获取利益或者减少损失为目的，利用其资金、信息等优势或者滥用职权，影响证券市场价格，制造证券市场假象，诱导或者致使普通投资者在不了解事实真相的情况下做出证券投资决定，扰乱证券市场秩序。因此，恒逸集团操纵市场严重损害了投资者的利益，不符合职业道德与企业伦理。根据《证券法》，中国证监会可依法作出行政处罚，根据《中华人民共和国刑法》第一百八十二条，检察院可依法提起公诉。而投资者也可依法起诉，要求内幕交易人承担侵权民事责任并赔偿投资损失。

【任务操作】

1. 解：$V=100\ 000\times8\%\div2\times(P/A,6\%,10)+100\ 000\times(P/F,12\%,5)$

$=4\ 000\times7.360\ 1+100\ 000\times0.567\ 4=86\ 180.4$（元）

债券市价92 000元高于债券内在价值，不值得购买。

如果按债券价值购入该债券，此时购买债券的到期收益率是12%。

2. 解：（1）$\beta=1.5\times0.3+1.7\times0.3+1.8\times0.4=1.68$

（2）$K=7\%+1.68\times(9\%-7\%)=10.36\%$

职业能力训练

一、知识准备训练

（一）单项选择题

1. 企业对外进行债券投资，从其产权关系来看属于（　　）。

A. 债权投资　　B. 股权投资　　C. 证券投资　　D. 实物投资

2. 投资组合能分散（　　）。

A. 所有风险　　B. 系统性风险　　C. 非系统性风险　　D. 市场风险

3. 已知某证券的β系数等于1，则表明（　　）。

A. 无风险　　B. 比金融市场所有证券平均风险高一倍

C. 与金融市场所有证券平均风险一致　　D. 风险很低

4. 如果投资组合由收益呈完全负相关的两只股票构成，则（　　）。

A. 该组合的非系统性风险能完全抵消

B. 该组合的风险收益为零

C. 该组合的投资收益大于其中任一只股票的收益

D. 该组合的投资收益标准差大于其中任一只股票收益的标准差

5. （　　）策略必须具备丰富的投资经验。

A. 保守型　　B. 适中型　　C. 冒险型　　D. 投机型

6. 已知某证券的β系数等于0.5，则表明该证券（　　）。

A. 无风险　　B. 低风险

C. 其风险等于整个市场风险　　D. 其风险是整个市场证券风险的一半

7. 企业可以通过多元化投资予以分散的风险是（　　）。

A. 通货膨胀　　B. 技术革新

C. 社会经济衰退　　D. 市场利率上升

8. 购买平价发行的每年付息一次的债券，其到期收益率和票面利率的关系是（　　）。

A. 前者大于后者　　B. 后者大于前者　　C. 无关系　　D. 相等

9. 假设某公司每年发给股东的利息都是1.6元，股东的必要报酬率是10%，无风险利率是5%，则当股价大于（　　）元时就不应该购买。

A. 16　　B. 32　　C. 20　　D. 28

10. 低风险、低收益证券所占比重较低，高风险、高收益证券所占比重较高的投资组合属于（　　）。

A. 冒险型投资组合　　B. 适中型投资组合

C. 保守型投资组合　　D. 随机型投资组合

（二）多项选择题

1. 证券投资的目的主要有（　　）。

A. 暂时存放闲置资金　　B. 满足未来的财务需求

C. 满足季节性经营对现金的需求　　D. 获得对相关企业的控制权

2. 属于固定收益证券的有（　　）。

A. 公司债券　　B. 金融债券

C. 优先股股票　　D. 普通股股票

3. 证券投资风险主要来源于（　　）等方面。

A. 违约风险　　B. 利率风险　　C. 购买力风险　　D. 经营风险

4. 按投资对象的不同可将证券投资分为（　　）。

A. 债券投资　　B. 股票投资

C. 组合投资　　D. 金融证券投资

5. 企业进行股票投资的主要目的包括（　　）。

A. 获取稳定收益　　B. 为了获得股利收入及股票买卖价差

C. 取得对被投资企业的控股权　　D. 配合长期资金使用，调节现金余额

6. 评价债券收益水平的指标是（　　）。

A. 债券票面利率　　B. 债券价值　　C. 债券到期前年数　　D. 债券收益率

7. 投资组合能够实现（　　）。

A. 收益一定的情况下，风险最小　　B. 收益最高

C. 风险一定的情况下，收益最大　　D. 风险最低

8. 证券短期投资的收益包括（　　）。

A. 现价与原价的价差　　B. 股利收益

C. 债券利息收益　　D. 出售收入

9. 属于投资基金优点的有（　　）。

A. 具有专家理财优势　　B. 具有资金规模优势

C. 可以完全规避投资风险　　D. 可能获得很高的投资收益

10. （　　）属于系统性风险。

A. 利息率风险　　B. 再投资风险　　C. 购买力风险　　D. 破产风险

（三）判断题

1. 保守的投资组合风险低，收益也低。（　　）

2. 通货膨胀情况下，债券比股票能更好地避免购买力风险。（　　）

3. 当两种证券完全正相关时，由此所形成的证券组合不能分散风险。（　　）

4. 通货膨胀情况下，股票比债券能更好地避免购买力风险。（　　）

5. 零息债券由于期内不计息，因此购买此债券在经济上一定不可行。（　　）

6. 就风险而言，从大到小的排列顺序为金融证券、公司证券、政府证券。(　　)

7. 在计算长期证券收益率时，应考虑资金时间价值因素。(　　)

8. 证券投资的流动性与风险性成正比。(　　)

9. 通货膨胀贴补率并不是真正意义上的投资报酬，而是投资者因通货膨胀货币贬值应得到的一种补偿。(　　)

10. 当通货膨胀发生时，变动收益证券劣于固定收益证券。(　　)

二、业务操作训练

【背景资料】

2018 年风华公司有以下相关投资机会，请以财务人员的身份为公司决策提供财务可行性依据。

1. 风华公司计划利用一笔长期资金投资购买股票。现有甲公司股票和乙公司股票可供选择。已知甲公司股票现行市价为每股 10 元，上年每股股利为0.3元，预计以后每年以 3%的增长率增长。乙公司股票现行市价为每股 4 元，上年每股股利为0.4元，股利分配政策将一贯坚持固定股利政策。该企业所要求的投资必要报酬率为 8%。试为该企业做出股票投资决策。

2. 风华公司欲在市场购买 B 公司曾在 2014 年 1 月 1 日平价发行的债券，每张面值1 000元，票面利率 10%，5 年到期，每年 12 月 31 日付息。要求：

(1) 假定 2018 年 1 月 1 日的市场利率下降到 6%，若风华公司在此时欲购买 B 公司债券，则债券的价格为多少时才可购买？

(2) 假定 2018 年 1 月 1 日的市场利率为 12%，此时债券市价为 950 元，是否购买该债券？

3. 风华公司现准备购买丙公司的股票，该公司股票的 β 系数为2.5，目前无风险收益率为 8%，市场上所有股票的平均报酬率为 10%，若该股票为固定成长股，成长率为 6%，预计一年后的股利为1.5元。试测算该股票的必要投资收益率并分析该股票的价格为多少时可购买。

职业能力拓展

王研是东方咨询公司的一名财务分析师，应邀评估百兴商业集团建设新商场对公司股票价值的影响。王研根据公司情况做了以下估计：

(1) 公司本年度净收益为 200 万元，每股支付现金股利 2 元，新建商场开业后，净收益第 1 年、第 2 年均增长 15%，第 3 年增长 8%，第 4 年及以后将保持这一水平。

(2) 该公司一直采用固定支付率的股利政策，并打算今后继续实行该政策。

(3) 公司的 β 系数为 1，如果将新项目考虑进去 β 系数将提高到1.5。

(4) 无风险收益率 (国库券) 为 4%，市场要求的收益率为 8%。

(5) 公司股票目前市价为23.6元。

王研打算利用股利贴现模型，同时考虑风险因素进行股票价值的评估。百兴集团公司的一位董事提出，如果采用股利贴现模型，则股利越高，股价越高，所以公司应改变原有的股利政策，提高股利支付率。

☞思考与分析

(1) 参考固定股利增长贴现模型，分析这位董事的观点是否正确。

(2) 如果股利增加，对可持续增长率和股票的账面价值有何影响？

(3) 评估新建商场项目对公司股票价值的影响。

模块四
营运资金管理

职业能力目标

知识目标

1. 掌握机会成本、短缺成本、管理成本含义。
2. 掌握企业最佳现金持有量的计算。
3. 掌握信用标准和信用条件的相关计算。
4. 掌握存货经济采购批量的计算。

技能目标

1. 会设计制定企业内部现金管理制度，并用不同的方法确定最佳现金持有量。
2. 能运用相关指标选择适宜的应收账款信用政策。
3. 能根据企业的实际情况及市场供货情况确定存货经济采购批量，进行科学的存货管理。

项目导航

企业维持正常经营必须要有资金，这部分资金称为营运资金。营运资金管理在财务管理活动中具有非常重要的作用，对营运资金有效的管理可以最大限度地提高企业资金的使用效率，提高企业资产的收益率，最大限度地降低企业资金的风险。作为企业的财务人员，在营运资金的管理过程中，主要任务是做好现金管理、应收账款管理、存货管理。

任务一 现金管理

任务描述

风华公司预计全年（一年按360天计算）现金需要量为50万元，有价证券的年利率为12%，该公司现金管理相关总成本目标为3 000元。试分析计算公司的最佳现金持有量及最佳有价证券的交易间隔期，为公司的货币资金管理提供建议。

知识准备

一、营运资金管理概述

【案例导入】

视觉中国融资逾 11 亿元补充营运资金

2014年8月28日，视觉中国发布定增预案，公司拟向常州产投等7名对象非公开发行5 808.0万股至6 671.7万股，发行价格为18.96元/股，募集资金总额为11.0亿元至12.7亿元，全部用于补充公司营运资金。

方案显示，在7名定增对象中，由华泰柏瑞基金管理的华泰柏瑞——视觉中国特定多客户资产管理计划是由公司股东廖道训、吴春红、柴继军认购的，其本次拟认购1 050万股定增股份，为控股股东增持上市公司股份。本次发行完成后，廖道训等10名一致行动人对公司直接及间接合计持股比例将变更为54.10%至54.74%。

（资料来源：视觉中国拟再融资逾11亿元全部用于补充营运资金。）

问题：请简要分析视觉中国为何需要融资逾11亿元补充营运资金。

从引例可以看出，视觉中国定向募集资金逾11亿元补充营运资金，是由于该公司属于传媒行业中的互联网传媒子行业，行业内企业需要较强的资金实力以保障其不断丰富自身的内容产品、持续创新盈利模式和开发升级互联网平台，提升企业在行业竞争的优势地位。营运资金管理在企业财务管理中处于重要地位。

（一）营运资金的含义

营运资金也称营运资本，是指流动资产减去流动负债后的余额。流动资产是指可以在一年或者超过一年的一个营业周期内变现或耗用的资产，主要包括现金、有价证券、应收账款和存货等。流动负债是指将在一年或者超过一年的一个营业周期内必须清偿的债务，主要包括短期借款、应付账款、应付票据、预收账款、应计费用等。

（二）营运资金的特点

1. 流动性

流动资产在生产经营过程中虽需经历供、产、销循环周转过程，但这一过程时间很短，因此流动资产的变现能力较强。

2. 继起性

流动资产的价值表现就是流动资金。流动资金的占用形态在时间上表现为依次继起、相继转化。流动资金从货币资金开始，依次转化为储备资金、生产资金、成品资金和结算资金，最后又回到货币资金。它的每一次转化都是一种形态的结束和另一种形态的开始。

3. 并存性

流动资金的占用形态从空间上看是并存的，各种占用形态同时分布在供、产、销各个过程中，这是由生产经营的连续性所决定的。

4. 补偿性

流动资产的投资回收期短，它的耗费能较快地从产品销售收入中得到补偿，即流动资产的实物耗费与价值补偿是在一个生产经营周期内同时完成的。

（三）营运资金管理的基本要求

营运资金的管理就是对企业流动资产和流动负债的管理。它既要保证有足够的资金来满足生产经营的需要，又要保证能按时按量偿还各种到期债务。企业营运资金管理的基本要求有以下几个方面。

1. 合理确定并控制流动资金的需要量

企业流动资金的需要量取决于生产经营规模和流动资金的周转速度，同时也受市场及供、产、销情况的影响。企业应综合考虑各种因素，合理确定流动资金的需要量，既要保证企业经营的需要，又不能因安排过量而浪费。平时也应控制流动资金的占用，将其纳入计划预算的良性范围内。

2. 合理确定流动资金的来源构成

企业应选择合适的筹资渠道及方式，力求以最小的代价谋取最大的经济利益，并使筹资与日后的偿债能力等合理配合。

3. 加快资金周转，提高资金使用效益

当企业的经营规模一定时，流动资产周转的速度与流动资金需要量呈反方向变化。企业应加强内部责任管理，适度加速存货周转、缩短应收账款的收款周期、延长应付账款的付款周期，以改进资金的利用效果。

二、货币资金的管理

【案例导入】

31 家公司现金流告急

工资的发放、短期借款的偿还……企业在经营运行的过程中，大量的经济活动需要用“钱”。A 股上市公司中，哪些公司有充足的现金应付各种需要？哪些公司现金短缺？我们对上市公司2011年一季报中的货币资金进行分析，结果显示，在 2 023 家上市公司中，中国石油再次摘得桂冠，以1 191亿元成为两市现金最多的公司。而 ST 金泰则最“差钱”，至一季度末账上现金仅 4 483. 87元。首尾相差悬殊。另外，＊ST 创智和 ST 方源两家公司的货币资金也在 10 万元以下，而货币资金低于 1 000 万元的上市公司还有 56 家。在这 56 家公司中，有超过八成共 48 家为 ST 类公司。ST 类公司经营状况普遍欠佳，现金短缺便不足为奇了。

货币资金较多的上市公司普遍是大型企业，而规模较小的企业其货币资金也普遍较少。相比较而言，现金资产比更能说明问题。现金资产比的作用是衡量公司资产的支付能力，这一比率在 20%以上为好，但过高则意味着企业的资金未得到合理运用。统计显示，共有 867 家公司超过 20%，现金状况较好，其中消费行业的现金显得更为充裕。

（资料来源：31 家公司现金流告急“最穷”公司账上只剩 4 000 多元。）

问题：为何不同上市公司之间现金持有量会呈现冰火两重天？

从引例可以看出，不同上市公司之间现金持有量会出现冰火两重天这样的巨大差异，主要是由于不同公司的生产经营能力和现金管理水平所造成的。通常，大型企业的上市公司普遍持有的货币资金较多，而规模较小的企业其货币资金也普遍较少。

（一）货币资金管理目标

货币资金是指企业在生产经营过程中暂时停留在货币形态的资金，包括库存现金、银行存款、其他货币资金。作为变现能力最强的资产，货币资金是满足正常经营开支、清偿债务本息、履行纳税义务的重要保证。因此，企业能否保持足够的现金余额，对于降低或避免经营风险与财务风险具有十分重要的意义。但同时货币资金又是一种非营利性资产，持有量过多，势必给企业造成较大的机会损失，降低整体资产的获利能力。因此，如何在货币资金的流动性与收益性之间做出合理的选择，即在保证企业高效、高质地展开经营活动的情况下，尽可能地保持最低货币资金占用量是货币资金的管理目标。

（二）置存货币资金的原因与成本

1. 原因

（1）交易性需要，是指企业生产经营活动中货币资金支付的需要，如购买原材料、支付人工工资、偿还债务、缴纳税款等。这种需要发生频繁，金额较大，是企业置存货币资金的主要原因。

（2）预防性需要，是指企业为应付意外的、紧急的情况而置存货币资金，如生产事故、自然灾害、客户违约等打破原先的货币资金收支平衡。

企业为预防性需要而置存货币资金的多少取决于：一是企业临时举债能力；二是企业其他流动资产变现能力；三是企业对货币资金预测的可靠程度；四是企业愿意承担风险的程度。

（3）投机性需要，是指企业为抓住瞬息即逝的市场机会，投机获利而置存货币资金，如捕捉机会超低价购入有价证券、原材料、商品等，意在短期内抛售获利。

【想一想】

影响各动机现金持有量的因素有哪些？

2. 成本

置存货币资金通常会发生四种成本，即持有成本、转换成本、短缺成本、管理成本。

（1）持有成本，是指因置存货币资金而丧失的投资收益，这是一项机会成本，它与置存货币资金的数量有关，货币资金置存越多，持有成本越大。

（2）转换成本，是指有价证券与货币资金转换时的交易费用，转换成本仅指与交易金额无关而与交易次数成正比的交易费用，这是我们决策中的相关成本。

（3）短缺成本，是指因置存货币资金太少而给企业造成的损失，如因无钱购买原材料造成停工损失，失去现金折扣，不能及时支付而造成信誉损失等。

（4）管理成本，是指因置存货币资金太少而给企业造成的损失，如因无钱购买原材料造成停工损失，失去现金折扣，不能及时支付而造成信誉损失等。

（三）最佳货币资金持有量的确定

最佳货币资金持有量就是指使有关成本之和最小的货币资金持有数额，它的确定主要有成本分析模式和存货分析模式两种方法。

1. 成本分析模式

成本分析模式是通过分析企业置存货币资金的各相关成本，测算各相关成本之和最小时的货币资金持有量的一种方法。在成本分析模式下不存在转换成本，应分析机会成本、管理成本、短缺成本。计算公式为：

总成本＝机会成本+管理成本+短缺成本

其中，机会成本随着货币资金持有量的增大而增大，一般可按年货币资金持有量平均值的某一百分比计算，这个百分比是该企业的机会性投资的收益率，一般可用有价证券利息率代替。计算公式为：

机会成本＝货币资金平均持有量×有价证券利息率

【例 4-1】振宇股份公司现有 A、B、C 三种现金持有方案，有关资料如表 4-1 所示。

表 4-1　A、B、C 三种现金持有方案

项目	A	B	C
现金持有量（万元）	100	200	400
机会成本率（%）	10	10	10
短缺成本（万元）	56	25	0

请选择最佳方案。

解：A 方案持有总成本＝100×10%+56＝66（万元）

B 方案持有总成本＝200×10%+25＝45（万元）

C 方案持有总成本＝400×10%+0＝40（万元）

结论：C 方案为最佳方案。

2. 存货分析模式

存货分析模式是借用存货管理经济批量公式来确定最佳货币资金持有量的一种方法。存货分析模式旨在使相关总成本，即置存成本和交易成本之和最小化。假设下列符号：TC 为存货分析模式下的相关总成本；C 为一次交易资金量，也即企业最高货币资金存量；i 为有价证券收益率；T 为一个周期内货币资金总需求量；b 为有价证券一次交易固定成本。

$$TC = \frac{C}{2} \times i + \frac{T}{C} \times b$$

$$\text{最佳货币资金持有量 } C = \sqrt{2bT/i}$$

$$\text{相关总成本达最小值 } TC = \sqrt{2bTi}$$

【例 4-2】某公司现金收支平稳，预计全年（按 360 天计算）现金需要量为250 000元，现金与有价证券的转换成本为每次 500 元，有价证券年利率为 10%。要求：

（1）计算最佳现金持有量。

（2）计算最佳现金持有量下的全年现金管理总成本、全年现金转换成本和全年现金持有机会成本。

（3）计算最佳现金持有量下的全年有价证券交易次数和有价证券交易间隔期。

解：（1）最佳现金持有量＝$\sqrt{\dfrac{2 \times 250\ 000 \times 500}{10\%}}$＝50 000（元）

（2）最低现金管理总成本：$\sqrt{2 \times 250\ 000 \times 500 \times 10\%}$＝50 000（元）

转换成本＝$\dfrac{250\ 000}{50\ 000}$×500＝2 500（元）

机会成本 $= \frac{50\ 000}{2} \times 10\% = 2\ 500$（元）

（3）有价证券交易次数 $= \frac{250\ 000}{50\ 000} = 5$（次）

有价证券交易间隔期 $= \frac{360}{5} = 72$（天）

【相关链接】

最佳货币资金持有量确定的存货模式

存货模式又称鲍莫模式（Baumol Model），是由美国经济学家 William J. Baumol 首先提出的。他认为公司现金持有量在许多方面与存货相似，存货经济批量模型可用于确定目标现金持有量。他以此为出发点，建立了鲍莫模式。

【想一想】

存货模式与成本模式相比，其优点是什么？

（四）货币资金的日常管理

（1）货币资金收入的管理。缩短收款时间，使应收款项尽早进入本企业的银行账户。主要方法有邮政信箱法和银行业务集中法等。

（2）货币资金支出的管理。推迟付款日期，延期支付账款的方法主要有：①合理利用"浮游量"（企业开出支票到开户银行实际划出这笔款项总会有一定的时间间隔，使企业货币资金账户余额与银行账户上的存款余额有一定差额，这被称为货币资金"浮游量"）；②推迟支付应付款；③采用汇票付款；④改进工资支付方式。

（3）闲置货币资金的利用。在保证主营业务现金需求的前提下，企业应将闲置资金投入到流动性强、风险性低、交易期限短的证券中，以期获得较多的收入。

【理财新观念】

在美国，越来越多公司的执行财务总裁（CFO）反对高的现金结存。贝尔公司的执行财务总裁 Fred Salerno 就表示："合适的现金结存水平就是零，公司不能靠存储现金结存来赚钱。"据调查发现，保持低现金结存额的公司往往能保持高的收益回报率。但实际上，实现零现金结存是一个非常艰难的目标，需要和银行保持良好的信贷关系以便随时能获得借款，否则企业将遭受巨大的财务风险。

【任务操作】

解：（1）$3\ 000 \div 2 = 1\ 500$（元）

（2）$3\ 000 = \sqrt{2 \times b \times 500\ 000 \times 12\%} \Rightarrow b = 75$（元）

$C = \sqrt{\frac{2 \times 75 \times 500\ 000}{12\%}} = 25\ 000$（元）

（3）$360 \div (500\ 000 \div 25\ 000) = 18$（天）

职业能力训练

一、知识准备训练

（一）单项选择题

1. 在存货分析模式下，最佳货币资金持有量出现在（　　）时。

A. 置存成本大于交易成本　　B. 置存成本小于交易成本

C. 置存成本等于交易成本　　D. 置存成本与交易成本之和最大

2. 企业为应付紧急情况的需要而置存货币资金主要是出于（　　）动机。

A. 交易　　B. 预防　　C. 投机　　D. 安全

3. （　　）同货币资金持有量成正比例关系。

A. 转换成本　　B. 机会成本

C. 货币资金的短缺成本　　D. 管理费用

4. 企业在进行现金管理时，可利用的现金浮游量是指（　　）。

A. 企业账户所记存款余额

B. 银行账户所记企业存款余额

C. 企业账户与银行账户所记存款余额之差

D. 企业实际现金余额超过最佳现金持有量之差

5. 企业为满足交易动机而持有现金，所需考虑的主要因素是（　　）。

A. 企业销售水平的高低　　B. 企业临时举债能力的大小

C. 企业对待风险的态度　　D. 金融市场投机机会的多少

6. 企业由于现金持有量不足而又无法及时通过其他途径补充给企业造成的损失，称为现金的（　　）。

A. 机会成本　　B. 持有成本　　C. 管理成本　　D. 短缺成本

7. 持有过量现金可能导致的不利后果是（　　）。

A. 财务风险加大　　B. 收益水平下降

C. 偿债能力下降　　D. 资产流动性下降

8. 在成本分析模式下不存在（　　）。

A. 机会成本　　B. 管理成本　　C. 短缺成本　　D. 转换成本

（二）多项选择题

1. 能使企业提高现金使用效率的有（　　）。

A. 银行业务集中法　　B. 尽可能使用汇票付款

C. 使用现金浮游量　　D. 推迟支付应付款

2. 用成本分析模式确定最佳货币资金持有量时，应考虑的成本费用项目有（　　）。

A. 货币的机会成本　　B. 短缺成本

C. 转换成本　　D. 管理成本

3. 货币资金日常管理应注意（　　）。

A. 缩短收款时间　　B. 推迟付款日期

C. 利用闲置资金　　D. 尽量不用货币资金

4. 利用成本分析模式确定最佳现金持有量时，不予考虑的因素是（　　）。

A. 持有现金的机会成本　　　　　B. 现金短缺成本
C. 现金与有价证券的转换成本　　D. 管理费用
5. 用存货分析模式确定最佳货币资金持有量时，应予考虑的成本费用项目有（　　）。
A. 货币资金管理费用　　　　　B. 货币资金与有价证券的转换成本
C. 持有货币资金的机会成本　　D. 货币资金短缺成本
6. 在现金需要总量既定的前提下，（　　）。
A. 现金持有量越多，现金管理总成本越高
B. 现金持有量越多，现金持有成本越大
C. 现金持有量与持有成本成正比，与转换成本成反比
D. 现金持有量越少，现金转换成本越高

（三）判断题

1. 货币资金支出的管理就是尽可能地拖欠货款。（　　）
2. 企业营运资金的管理就是对企业流动资产的管理。（　　）
3. 置存货币资金的成本包括持有成本、转换成本、短缺成本、管理成本。（　　）
4. 货币资金属于非收益性流动资产，持有量过多，会降低企业的获利能力。（　　）
5. 因为现金的管理成本是相对固定的，所以在确定现金最佳持有量时，可不考虑其影响。（　　）
6. 流动资金在企业正常经营中是必需的，企业的流动资金特别是其中的货币资金越多越好。（　　）
7. 企业在不影响自己信誉的前提下，尽可能地推迟应付账款的支付期，是企业日常现金管理措施之一。（　　）

二、业务操作训练

【背景资料 1】

某公司预计全年（一年按 360 天计算）现金需要量为 50 万元，有价证券的年利率为 12%，该公司现金管理相关总成本目标为3 000元。

任务要求

（1）计算有价证券转换成本的限额。
（2）计算最佳现金持有量。
（3）计算最佳有价证券的交易间隔期。

【背景资料 2】

已知科能公司现金收支平衡，预计全年（按 360 天计算）现金需要量为250 000元，现金与有价证券的转换成本为每次 500 元，有价证券年利率为 10%。

任务要求

根据背景资料，为公司提供以下现金管理信息：

（1）计算最佳现金持有量。
（2）计算最佳现金持有量下的全年现金管理相关总成本、全年现金转换成本和全年现金持有机会成本。
（3）计算最佳现金持有量下的全年有价证券交易次数和有价证券交易间隔期。
（4）若企业全年现金管理的相关总成本想控制在4 500元以内，通过控制现金与有价证券

的转换成本达到此目标，则每次转换成本的限额为多少？

任务二　应收账款管理

任务描述

风华公司目前年赊销收入为3 000万元，变动成本率 70%，资本成本 12%，信用条件为“n/30”，坏账损失率 2%，收账费用650 000元，为使赊销收入增加 10%，有 A、B 两个方案可供选择。

A 方案：信用条件为“n/60”，收账损失率 3%，收账费用70. 2万元。

B 方案：信用条件为“2/10，1/20，n/60”，客户中利用 2%现金折扣的有 60%，利用 1%现金折扣的有 15%，放弃现金折扣的有 25%。预计坏账损失率 2%，收账费用58. 78万元。

通过计算，评价公司是否应改变目前的信用条件。若应改变，选择哪个方案更有利？

【案例导入】

三一重工应收账款逾 200 亿元

处于与经济基本面密切相关的周期性行业之中，工程机械行业龙头三一重工（600031）当下的日子十分难过：市场需求下滑，应收账款暴增，现金流紧张，大幅裁员……为了应对当下的困局，三一重工不得不再次向资本市场伸手。

工程机械行业不景气，主要是受基础建设和房地产市场不景气的影响。由于市场需求不振，工程机械行业之间的价格战十分惨烈。三一重工副总裁梁林河近日在微博上爆料称，工程机械行业的竞争，已经从成交条件之争（指先免费或者支付 5% ~10%的货款，后期逐步收回）开始演变成价格战了，竞争伙伴 6 月份价格比 5 月份至少下降了 10 万元。

零首付或者 5% ~10%的首付成交模式，使得工程机械行业陷于巨大的应收账款危机之中。财报数据显示，2012年一季度末，三一重工应收账款达到201. 23亿元，较期初增加88. 18亿元，增幅达 78%；其账面货币资金仅为68. 93亿元，较 2011 年同期减少了30. 29%。而中联重科（000 157）在其季报上显示，公司应收账款则为141. 93亿元，比年初余额增加了17. 8%，同时货币资金为177. 05亿元。

（资料来源：三一重工应收账款逾 200 亿再启香港 IPO 以解钱荒。）

问题：三一重工巨额的应收账款将对其生产经营活动造成什么影响？

从引例可以看出，三一重工巨额的应收账款将造成公司客户大量占用公司的资金，公司应收账款的机会成本、管理成本和坏账成本上升，降低公司的营运资金管理能力和盈利能力。

知识准备

一、应收账款管理的目标

应收账款主要是由企业出于市场竞争需要采取赊销政策所引致。赊销方式在强化企业市场竞争地位和实力，扩大销售，增加收益，降低存货管理成本等方面有优势。但一方面产生拖欠甚至坏账损失的可能性比较高；另一方面，由于应收账款在一段时间内不仅无法为赊销企业自身利用并创造新的价值（它属于应收账款投资的机会成本），相反，企业还需要为之付出一定的管理费用。因此，企业在采取赊销方式时，必须对应收账款带来的收益与付出的成本加以全面权衡。其管理的基本目标是：在发挥应收账款强化竞争、扩大销售功能效应的同时，尽可能降低投资的机会成本、坏账损失与管理成本，最大限度地提高应收账款投资的效益。

二、应收账款的成本

企业持有应收账款主要有三项成本：机会成本、管理成本和坏账成本。

1. 机会成本

应收账款的机会成本是指因资金投放在应收账款而丧失的其他收入。机会成本可通过以下公式计算得出：

$$\text{应收账款机会成本}=\text{维持赊销业务所需资金}\times\text{参照利率}$$
$$=\text{应收账款平均余额}\times\text{变动成本率}\times\text{参照利率}$$
$$\text{应收账款平均余额}=\text{平均每日赊销额}\times\text{平均收账天数}$$

应收账款平均余额根据应收账款周转次数计算公式得出：

$$\frac{\text{赊销收入净额}}{\text{应收账款平均余额}}=\frac{360}{\text{平均收账期}}$$

$$\text{应收账款平均余额}=\frac{\text{赊销收入净额}}{360}\times\text{平均收账期}$$

2. 管理成本

应收账款的管理成本是指对应收账款进行日常管理而耗费的开支，主要包括对客户的资信调查费用、收账费用等。在应收账款一定数额内，管理成本一般为固定成本。

3. 坏账成本

坏账成本是指应收账款无法收回而给企业带来的损失。坏账成本一般与应收账款的数额大小有关，与应收账款的拖欠时间有关。

【想一想】

赊销收入为5 000万元，信用条件为“2/10，1/20，n/60”，估计有70%的客户会利用2%的折扣，10%的客户会利用1%的折扣。变动成本率为70%，资金成本率为10%。问平均收账期、应收账款平均余额、维持赊销业务所需要的资金和应收账款机会成本如何计算？

三、信用政策的确定

应收账款的信用政策是指应收账款的管理政策，包括信用标准、信用条件和收账政策。

（一）信用标准

信用标准是指客户获得本企业商业信用所应具备的条件。通常以预期的坏账损失率表示。企业在制定或选择信用标准时应考虑的基本因素包括：①同行业竞争对手的情况；②企业承担风险的能力；③客户的资信程度。

决定客户资信程度的因素有五个方面：一是客户品质（Character），即客户的信誉；二是偿债能力（Capacity）；三是资本（Capital）；四是抵押品（Collateral）；五是经济情况（Conditions）。

（二）信用条件

包括信用期限、现金折扣、折扣期限等。

1. 信用期限

信用期限是指企业允许客户从购货到付款之间的时间间隔。

信用期限优化的要点：延长信用期限增加的销售利润是否超过增加的成本费用。

【例 4-3】某企业预计信用期限为 20 天，销量可达到 50 万件；信用期若延长到 40 天，销量可增加到 60 万件。假定该企业投资报酬率为 9%，产品单位售价为 4 元，其余条件如表 4-2 所示。

表 4-2　　企业信用期限有关资料

信用期限	20（天）	40（天）
销售额	200（万元）	240（万元）
销售成本：		
变动成本	60（万元）	72（万元）
固定成本	20（万元）	20（万元）
毛利	120（万元）	148（万元）
收账费用	10（万元）	12（万元）
坏账损失	3（万元）	5（万元）

确定该企业应选择哪一个信用期限？

解：信用期限由 20 天延长到 40 天：

增加销售利润＝148－120＝28（万元）

$$增加机会成本=240\times\frac{72}{240}\times9\%\times\frac{40}{360}-200\times\frac{60}{200}\times9\%\times\frac{20}{360}=0.42（万元）$$

增加管理成本＝12－10＝2（万元）

增加坏账成本＝5－3＝2（万元）

增加净收益＝28－（0.42+2+2）＝23.58（万元）

结论：应选择 40 天信用期限。

2. 现金折扣

现金折扣是企业给予客户在规定时期内提前付款能按销售额的一定比率享受折扣的优惠政策，它包括折扣期限和现金折扣率两个要素。

在有现金折扣的情况下，信用条件优化的要点是：增加的销售利润能否超过增加的机会成本、管理成本、坏账成本和折扣成本四项之和。

现金折扣成本＝赊销净额×折扣期内付款的销售额比例×现金折扣率

【例 4-4】某企业产销 A 产品，单位售价 400 元，单位变动成本 300 元。现接到某客户的追加订单1 000件，企业尚有生产能力接受。但是该客户提出赊账期为 60 天的付款方式，假如在 30 天内付款能给予 2%的现金折扣，客户愿意有 20%的货款在折扣期内支付。根据对该企业信用调查，该客户信用等级较低，坏账损失率可能达到 20%。已知该企业最低投资报酬率为 15%，收账管理费用为赊销收入额的 2%。请计算并决策该企业是否应接受订单。

解：增加销售利润 = （400−300）×1 000 = 100 000（元）

$$增加机会成本 = 400\times\frac{300}{400}\times 1\ 000\times\left(20\%\times\frac{30}{360}+80\%\times\frac{60}{360}\right)\times 15\% = 6\ 750（元）$$

增加管理成本 = 400×1 000×2% = 8 000（元）

增加坏账成本 = 400×1 000×20% = 80 000（元）

增加折扣成本 = 400×1 000×20%×2% = 1 600（元）

增加净收益 = 100 000−（6 750+8 000+80 000+1 600）= 3 650（元）

结论：该企业应接受订单。

四、收账政策

收账政策是指客户违反信用条件，拖欠甚至拒付账款时企业应采取的策略。首先，企业应投入一定收账费用以减少坏账的发生。其次，企业对客户欠款的催收应做到有理、有利、有节。

应收账款的日常管理：

（1）监督应收账款的收回——编制应收账款账龄分析表。

（2）建立坏账准备金制度——年末按应收账款余额的 3‰~5‰计提。

【想一想】

收账政策在企业中有什么作用？

财富故事

要账小技巧

1. 磨

对欠账人不要问什么时候给，如果问，就会得到一个答复时间，那么近期就不好再来，只要你不给，我天天来要账，说好话，多求情，勿发火。

2. 缠

派一适合人员，采取跟随战术，赖账人走到哪儿跟到哪儿，只要不给就一跟到底，缠住不放。

3. 吵

在赖账人面前，讲事情原委，说欠账经过，声音要高，反复理论欠账时间、数额和要账次数。切记不要人身攻击，勿讲污秽语言。

4. 扰

各种方法手段并用，要账工作要造成声势，充分地在赖账人的工作地点和生活区域内全面展开，形成一个不还账躲不过的局面，但注意不要影响到周围人。

5. 诉

诉就是诉讼，不是简单的一纸诉状，而是要查清对方实力，掌握对方资产，采取好保全等措施。

6. 转

将无力或难以回收的债权有偿转让他人，这样做不至于白白放弃债权，干受损失。债权转让只需通知债务人便可，无须其同意。

赖账花招多，要账方法也不少，“魔高一尺，道高一丈”。再大的困难总有最佳的解决方案，多动脑筋、多思考，只要找到这个最佳方案，一切问题就都解决了。

【任务操作】

平均现金折扣＝3 000×（1+10%）×2%×60%+3 000×（1+10%）×1%×15%＝44.55（万元）

目前方案：

机会成本＝（3 000÷360）×30×70%×12%＝21（万元）

坏账成本＝3 000×2%＝60（万元）

管理成本＝65（万元）

现金折扣成本＝0

净收益＝3 000−3 000×70%−（21+60+65）＝754（万元）

A 方案：

机会成本＝（3 300÷360）×60×70%×12%＝46.2（万元）

坏账成本＝3 300×3%＝99（万元）

管理成本＝70.2（万元）

现金折扣成本＝0

净收益＝3 300−3 300×70%−（46.2+99+70.2）＝774.6（万元）

B 方案：

机会成本＝（3 300÷360）×24×70%×12%＝18.48（万元）

坏账成本＝3 300×2%＝66（万元）

管理成本＝58.78（万元）

现金折扣成本＝44.55（万元）

净收益＝3 300−3 300×70%−（18.48+66+58.78+44.55）＝802.19（万元）

由计算可知，应改变目前信用条件，并选择 B 方案。

职业能力训练

一、知识准备训练

（一）单项选择题

1. 信用标准是（　　）的重要内容。

A. 信用条件　　B. 信用政策　　C. 收账政策　　D. 信用期限

2. 现金折扣成本是一项（　　）。

A. 筹资费用　　B. 销售成本　　C. 收账成本　　D. 管理成本

3. 企业以赊销方式卖给客户甲产品 100 万元，为了客户能够尽快付款，企业给予客户的信用条件是“10/10，5/30，n/60”，则下面描述正确的是（　　）。

A. 信用条件中的 10、30、60 是信用期限

B. n 表示折扣率，由买卖双方协商确定

C. 客户只要在60天以内付款就能享受现金折扣优惠

D. 客户只要在10天以内付款就能享受10%的现金折扣优惠

4. 某企业的信用条件为“5/10，2/20，n/30”，一客户从该企业购入原价为10 000元的原材料，并于第15天付款，该客户实际支付的货款是（　　）元。

A. 9 500　　B. 9 900　　C. 10 000　　D. 9 800

5. 对现金折扣的表述，正确的是（　　）。

A. 又叫商业折扣　　B. 折扣率越低，企业付出的代价越高

C. 目的是加快账款的回收　　D. 为了增加利润，应当取消现金折扣

6. 应收账款的成本是（　　）。

A. 资本成本　　B. 短缺成本　　C. 管理成本　　D. 主营业务成本

7. 下列描述不正确的是（　　）。

A. 信用条件是指企业对客户提出的付款要求

B. 信用期限是企业要求客户付款的最长期限

C. 信用标准是客户获得企业商业信用所应具备的最高条件

D. 现金折扣是企业对客户在信用期内提前付款所给予的优惠

8. 企业信用政策的内容不包括（　　）。

A. 确定信用期间　　B. 确定信用条件

C. 确定现金折扣政策　　D. 确定收账方法

（二）多项选择题

1. 信用标准过高的可能结果包括（　　）。

A. 丧失很多销售机会　　B. 降低违约风险

C. 增大坏账损失　　D. 减少收账费用

2. 应收账款信用条件的组成要素有（　　）。

A. 信用期限　　B. 现金折扣期　　C. 现金折扣率　　D. 商业折扣

3. 应收账款的主要功能有（　　）。

A. 促进销售　　B. 阻碍销售　　C. 减少存货　　D. 增加存货

4. 缩短信用期有可能会使（　　）。

A. 销售额增加　　B. 应收账款减少

C. 收账费用增加　　D. 坏账损失减少

5. 企业在制定或选择信用标准时必须考虑的三个基本因素是（　　）。

A. 同行业竞争对手的情况　　B. 企业承担违约风险的能力

C. 客户的资信程度　　D. 客户的经济状况

6. 延长信用期，会使销售额增加，但也会增加相应的成本，主要有（　　）。

A. 应收账款机会成本　　B. 坏账损失

C. 收账费用　　D. 现金折扣成本

（三）判断题

1. 赊销是扩大销售的手段之一，企业应尽可能放宽信用条件，增加赊销量。（　　）

2. 现金折扣是企业为了鼓励客户多买商品而给予的价格优惠，每次购买的数量越多，价格也就越便宜。（　　）

3. 应收账款的管理成本在一定数额范围内为固定成本。(　　)

4. 企业是否延长信用期限，应将延长信用期后增加的销售利润与增加的机会成本、管理成本和坏账成本进行比较。(　　)

5. 收账费用与坏账损失呈反比例关系，企业应不断加大收账费用，以便将坏账损失降到最低。(　　)

二、业务操作训练

【背景资料 1】

2019 年风华公司营运资金管理情况如下，请以财务人员的身份为公司决策提供财务可行性依据：

1. 公司预测 2019 年赊销收入净额为2 400万元，其当前信用条件是 n/60，变动成本率为 60%，资金成本率为 18%。假如企业收账政策不变，固定成本总额不变，该企业准备了两个信用条件的备选方案：A 方案维持 n/60 的信用条件，B 方案将信用条件放宽到 n/90。

任务要求

根据公司的相关资料，对公司的信用政策做出选择。

表 4–3　　风华公司信用条件情况表　　单位：万元

项目	A（n/60）	B（n/90）
年赊销额	2 400. 00	2 640. 00
坏账损失率（%）	3	4
收账费用	40. 00	56. 00

2. 若公司选择了 B 方案，但为了加速应收账款的收回，决定将赊销条件改为“2/30，1/60，n/90”，估计将有 60% 的客户会利用 2% 的现金折扣，30% 的客户利用 1% 的现金折扣，坏账损失率降为 2%，收账费用降为 32 万元。

任务要求

试判断该项决策是否有益。

3. 若公司应收账款原有的收账政策有所改变，拟改变的收账政策如表 4–4 所示。

任务要求

对新旧收账方案做出决策。

表 4–4　　风华公司收账政策

项目	现行收账政策	拟改变的收账政策
年收账费用（万元）	60	90
应收账款平均收账天数（天）	60	30
坏账损失占赊销额的百分比（%）	3	2
赊销额（万元）	6 000	6 000
变动成本率（%）	50	50

【背景资料 2】

某企业 2018 年销售收入10 000元，销售利润2 000元，边际贡献率为 30%，固定成本为 1 000元。假定该企业预测 2019 年边际贡献率和固定成本都无变化。某企业准备在 2019 年延长信用期并提供现金折扣，资料如表 4-5 所示。

表 4-5 某企业信用政策资料

项目	2018 年	2019 年
信用期限（天）	20	30
现金折扣	（0/0，n/20）	（2/10，n/30）
销售收入（元）	10 000	14 000
平均收账期（天）	20	15
市场利息率（%）	10	10
坏账损失率（%）	3	1

估计取得现金折扣的销售额占总销售额的百分比为 40%。

任务要求

通过计算判断 2019 年是否需要变更信用条件。

【背景资料 3】

某企业计划年度销售收入7 200万元，全部采用商业信用方式销售，客户在 10 天内付款折扣 2%，超过 10 天但在 20 天内付款，折扣 1%，超过 20 天但在 30 天内付款，按全价付款。预计客户在 10 天内付款的比率为 50%，20 天内付款的比率为 30%，超过 20 天但在 30 天内付款的比率为 20%。同期有价证券年利率为 10%，变动成本率为 50%。

任务要求

（1）计算企业收款平均间隔天数。

（2）计算每日信用销售额。

（3）计算应收账款余额。

（4）计算应收账款机会成本。

【背景资料 4】

某企业 2018 年 A 产品销售收入为4 000万元，总成本为3 000万元，其中固定成本为 600 万元。假设 2019 年该企业变动成本率维持在 2018 年的水平，现有两种信用政策可供选用：

甲方案给予客户 45 天信用期限（n/45），预计销售收入为5 000万元，货款将于第 45 天收到，其收账费用为 20 万元，坏账损失率为货款的 2%。

乙方案的信用政策为“2/10，1/20，n/90”，预计销售收入为5 400万元，将有 30%的货款于第 10 天收到，20%的货款于第 20 天收到，其余 50%的货款于第 90 天收到（前两部分货款不会产生坏账，后一部分货款的坏账损失率为该部分货款的 4%），收账费用为 50 万元。该企业 A 产品销售额的相关范围为3 000万~6 000万元，企业的资本成本率为 8%（为简化计算，本题不考虑增值税因素）。

任务要求

（1）计算该企业 2019 年的下列指标：

①变动成本总额。

②以销售收入为基础计算的变动成本率。

（2）计算甲、乙两方案的收益之差。

（3）计算甲方案的应收账款相关成本。

（4）计算乙方案的应收账款相关成本。

（5）在甲、乙两个方案之间做出选择。

【背景资料 5】

海天公司预测的年度赊销收入为5 000万元，总成本4 500万元（其中，固定成本1 000万元），信用条件为 n/30，资金成本率为 10%。该公司为扩大销售，拟定了 A、B 两个信用条件方案。

A 方案：将信用条件放宽到 n/60，赊销收入上升到5 500万元，预计坏账损失率为 4%，收账费用 80 万元。

B 方案：将信用条件放宽为“2/10，1/20，n/60”，估计约有 70%的客户（按赊销额计算）会利用 2%的现金折扣，10%的客户会利用 1%的现金折扣，坏账损失率为 3%，收账费用 60 万元。

任务要求

在其他因素不变的情况下，确定该公司应选择何种信用条件方案。

职业能力拓展

ABC 公司于 2018 年注册登记成立，其主要经营范围是生产和销售家用电器。在成立初期，公司凭借产品质量过硬、售后服务周到等特点在市场不断扩大销售份额、扩充自身的领域。

公司的财务总监 F 先生属于风险的厌恶者，对于风险一般采取规避的态度，因而公司的信用政策制定得非常严格，对于客户信用要求的标准很高，对所提供的信用优惠政策范围作了严格限制，以此来防止坏账等损失的发生。鉴于当时的市场供求环境和竞争程度，公司的销售未受到很大影响，客户的数量仍然呈现出逐步上涨的趋势。

但是，随着市场经济的发展，家电企业不断涌现，ABC 公司的竞争对手不断增加，家电行业的竞争逐渐加剧，此时 ABC 公司的销售开始出现下滑的态势。公司管理部门为此召开会议，分析产生这种情况的原因。与会人员包括总经理 G 先生、财务总监 F 先生、技术总监 W 先生、销售部门经理 Y 先生等。经过调研取证、讨论分析，与会人员发表了各自的意见。

技术总监 W 先生通过充分的证据论证，认为公司产品在质量、功能、品种、特性等方面是处于行业前列的，而且公司的生产技术亦在不断更新，已经采用了弹性制造系统，可以依据市场需求的变化来调整生产，因而销售下滑的原因不是技术问题。

销售部门经理 Y 先生通过在销售过程中客户对产品的反馈意见证实了 W 先生所说的确属实，并且 Y 先生依据销售部门对市场进行的调研，提出公司售后服务工作周到，得到现有客户认可；公司销售环节采取了诸如有奖销售、商业折扣等促销手段，然而成效不大，客户数量有减无增，其主要原因是公司信用政策过于严格，信用期间短，对于客户信用要求的标准太高，提供的信用优惠政策范围限制较大。销售部门经理Y先生分析认为，家电行业的主要客户是家电销售超市和销售公司，由于家电产品的单位价格都比较高，因而这些客户为了避免占用大量资金，在管理上倾向于先赊购商品，待商品销售后再结算货款。但是由于ABC公司信用政策的严格，使得部分客户望而却步。因而Y先生建议适当调整现有信用政策，适当放宽优惠政策的范围，降低标准，吸引更多客户。

Y先生的建议将矛头指向了财务总监F先生，F先生对此陈述了自己的观点。F先生认为放宽信用政策、延长信用期间、降低标准，虽然可以加大销售量，但也会将一些信用度较低的客户引入企业，使客户群鱼龙混杂，不利于公司管理，而且会加大发生坏账的可能性，增加公司占用的资金，增加公司的机会成本、呆账损失和后期的收账费用，因而这样做有可能会得不偿失。

当双方僵持不下时，总经理G先生做出决定，由财务总监F先生、销售部经理Y先生牵头组成工作小组，对放宽信用政策后公司收益变化的情况做出调研分析，并在3个月内提交分析报告，届时将依据该报告做出相应决策。

会议后，财务总监F先生、销售部门经理Y先生立即商讨并研究成立了工作小组，该小组成员由财务、销售、市场调研等部门的工作人员组成。工作小组成立后F先生、Y先生召集会议商榷工作方案，分配工作任务。最后制订出工作计划，该计划的简要内容如下：

（1）首先由市场调研部门对现在市场状况进行调查分析，搜集同行业企业信用政策信息，并进行归类总结以供参考。

（2）由销售部门依据市场调研部门的调查结果及销售情况的历史资料，对不同信用政策情况下本公司的销售状况进行市场分析预测，估算出赊销收入金额。

（3）以销售部门的预测为基础，由财务部门会同信用管理等相关部门对不同信用政策情况下本公司的收益、成本费用等相关资料进行预测搜集，并进行计算分析。

（4）依据财务部门的计算分析结果，形成分析报告提交管理部门决策。

按照工作计划，小组成员开始分头行动。经过了两个多月的辛勤劳作，小组成员的数据采集工作结束，其数据的基本情况如下：

（1）公司目前执行的信用政策是：①信用期间为30天；②不提供现金折扣；③对信用等级评价为A+、A的客户提供赊销。公司目前的年赊销收入额为2 000万元，坏账损失率为3%，年收账费用为50万元。公司的变动成本率为40%，资金成本率为15%。

（2）公司可选择的信用政策有以下三种方案：

①将信用期间延长至60天，将客户的信用标准放宽为A+、A、A-三个等级，仍然不提供现金折扣。在这种信用政策条件下，公司的年赊销收入额将增至3 500万元，坏账损失率为5%，年收账费用为80万元。

②将信用期间延长至90天，将客户的信用标准放宽为A+、A、A-、B+四个等级，为在30天内付款的客户提供2%的折扣。在这种信用政策条件下，公司的年赊销收入额将增至5 500万元，约有40%的客户享受现金折扣优惠，此时的坏账损失率为10%，年收账费用为120万元。

③将信用期间延长至120天，将客户的信用标准放宽为A+、A、A-、B+四个等级，为在30天内付款的客户提供5%的折扣，为在60天内付款的客户提供2%的折扣。在这种信用政策条件下，公司的年赊销收入额将增至6 500万元，约有20%的客户享受5%的现金折扣优惠，约有

30%的客户享受2%的现金折扣优惠，此时的坏账损失率为15%，年收账费用为250万元。

☞思考与分析

请依据工作小组提供的数据，进行计算分析，做出信用决策。

任务三 存货管理

任务描述

风华公司全年需从外购入某零件1 200件，每批进货费用400元，单位零件的年储存成本6元，该零件每件进价10元。销售企业规定：客户每批购买量不足600件，按标准价格计算，每批购买量达到600件，价格优惠3%。作为公司财务人员，请分析计算以下几个问题，为公司的存货管理提出意见。

（1）计算该企业进货批量为多少时，才是有利的。

（2）计算该企业最佳的进货次数。

（3）计算该企业最佳的进货间隔期的天数。

知识准备

【案例导入】

存货管理——沃尔玛的命门

在沃尔玛的企业文化里，一项重要的使命便是为其顾客服务，换言之，也就是提供他们所需要或感兴趣的商品，而最后的一项任务便是把合适的货物搬到适合的货架上。但是根据彭博社、纽约《时代周刊》以及其他媒体的报道，沃尔玛减少员工的工作时间，以至于没有足够的人手去把商品从仓库及时地搬到货架上。

这种情况导致了日常零售中的缺货，那些本应摆满商品的货架如今却空荡荡的。很明显，这也导致了滞销。很多报告显示，购物者总是两手空空地离开沃尔玛，转向其他超市。沃尔玛方面则称这并无大碍，偶然性的缺货几乎遍地都是，尤其是在运营超过4 500家沃尔玛店铺时。这家零售巨头还称，沃尔玛的商品存货率为90%~95%。虽然沃尔玛言之凿凿，但是毫无争议的是，沃尔玛在2012年削减了运营成本。根据最近的数据报告，2013财年沃尔玛（北美）店面的营业利润增长快于收入增长。在此期间，该公司的营业支出相较于2012年减少了27个基点。这意味着沃尔玛节省了7.4亿美元的成本。其中减少的一部分来源于人工成本，所以这项减支是否以服务水准的降低为代价有待探究。

这并不仅仅是少数顾客双手空空离开沃尔玛的结果，存货管理才是沃尔玛的命门。零售的经济学往往是循环的：你下了订单，货到了，你有30天的时间来付款（存货周转天数），商品卖得越快，资金损失会越小，这也是为什么存货周转天数是零售中重要的指标之一。更快的周转率、更低的成本，意味着你承担得更少，如果想要周转率和成本控制更上一个台阶，这种强烈的良好愿望很可能使你成为沃尔玛的主脑核心——任一环节的提速和改良，都会驱使整体的提升和自我净化。

（资料来源：存货管理——沃尔玛的命门，http：//select. yeeyan. org/view/202287/356603。）

问题：请简要分析沃尔玛存货管理的得与失。

从引例可以看出，沃尔玛减少员工的工作时间，以至于没有足够的人手去把商品从仓库及时地搬到货架上。这种情况导致了日常零售中的缺货，从而导致购物者总是两手空空地离开沃尔玛，转向其他超市。但是，沃尔玛通过减少员工的工作时间来降低人工成本，使公司营业支出相较于前一年减少了 27 个基点，有效节省了7.4亿美元的成本，其中减少的一部分来源于人工成本如何进行有效的存货管理。下面将为你提供相关方面分析问题、解决问题的思路和方法。

一、存货管理的目标

一般而言，企业持有充足数量的存货，既有利于生产过程的顺利进行，节约采购费用与生产时间，又能够迅速地满足客户各种订货的需要。然而，存货的增加必然要占用更多的资金，这样不仅将使企业付出更大的持有成本（即存货资金占用的机会成本），而且存货的储存与管理费用也会相应增加，影响企业获利能力的提高。因此，如何在存货的成本与收益之间进行利弊权衡，实现二者的最佳组合，成为存货管理的基本目标。

二、存货的成本

存货成本主要有取得成本、储存成本和缺货成本。

（一）取得成本

取得成本指为取得某种存货而发生的支出，它由购置成本和订货成本构成。

购置成本是指存货本身的价值，即存货的买价，是存货单价与数量的乘积。在无商业折扣的情况下，购置成本是不随采购次数变动而变动的，是存货决策的一项无关成本。

订货成本指取得订单的成本，如办公费、差旅费、邮资、电报电话费、运输费等支出。订货成本中有一部分与订货次数无关，如常设采购机构的基本开支等，称为固定的订货成本，另一部分与订货次数有关，如差旅费、邮资等，称为订货的变动成本。

（二）储存成本

储存成本即企业为持有存货而发生的费用，主要包括存货资金占用费或机会成本、存货残损、霉变损失等。

（三）缺货成本

缺货成本是指因存货不足而给企业造成的停产损失、延误发货的信誉损失及丧失销售机会的损失等。

三、存货控制的方法

（一）经济批量模型

经济批量是指能使一定时期内某项存货的相关总成本达到最小时的订货批量。

经济订货模型是建立在一系列严格假设基础上的。这些假设包括：①存货总需求量是已知常数；②订货提前期是常数；③货物是一次性入库；④单位货物成本为常数，无批量折扣；⑤库存持有成本与库存水平呈线性关系；⑥货物是一种独立需求的物品，不受其他货物影响。

计算公式为：

$$TC = P \times \frac{A}{Q} + C_1 \times \frac{Q}{2}$$

式中，A 为存货年需用量；P 为每次订货的变动性订货成本；C_1为单位货物储存成本；Q 为每次订货量。

$$\text{最优订货批量 } Q = \sqrt{\frac{2PA}{C_1}}$$

$$\text{最小相关总成本 } TC = \sqrt{2PAC_1}$$

【例 4-5】某公司每年需要甲材料6 000件，每次订货成本为 150 元，每件材料的年储存成本为 5 元，该种材料的采购价为 20 元/件（无商业折扣），那么公司采购量为多少时成本最低？

解：经济批量 $Q = \sqrt{\frac{2 \times 150 \times 6\ 000}{5}} = 600$（件）

这时甲材料单价为 20 元：

$$\text{相关总成本 } TC = 20 \times 6\ 000 + \sqrt{2 \times 150 \times 6\ 000 \times 5} = 123\ 000 \text{（元）}$$

（二）陆续到货模型

$$\text{最优订货批量 } Q^* = \sqrt{\frac{2PA}{C_1 \times \left(1 + \frac{n}{m}\right)}}$$

$$\text{最小相关总成本 } TC^* = \sqrt{2PAC_1 \times \left(1 - \frac{n}{m}\right)}$$

式中，每日到货量为 m；每日耗用量为 n。

【例 4-6】B 企业全年需 S 原料1 000吨，订货后每天能运达 10 吨，而企业每天需消耗 3 吨。每次订货成本为 70 元，每吨 S 原料平均储存成本为 20 元。计算最优订货批量及全年最低相关总成本。

解：最优订货批量 $= \sqrt{\frac{2 \times 70 \times 1\ 000}{20 \times (1 - 3 \div 10)}} = 100$（元）

全年最低相关总成本 $= \sqrt{2 \times 70 \times 1\ 000 \times 20 \times (1 - 3 \div 10)} = 1\ 400$（元）

（三）商业折扣模型

在供货方提供数量折扣条件下，若每次进货数量达到供货方的进货批量要求，可以降低进货成本。通常，进货批量越大，可享用的折扣就越多。

实行数量折扣的经济进货批量具体确定步骤如下：

第一步，按照基本经济进货批量模式确定经济进货批量。

第二步，计算按经济进货批量进货时的存货相关总成本。

第三步，按给予数量折扣的不同批量进货时，计算存货相关总成本。

第四步，比较不同批量进货时，存货相关总成本。此时最佳进货批量，就是使存货相关总成本最低的进货批量。

$$TC = TC_k + TC_0 + TC_c = K \times A + P \times \frac{A}{Q} + C_1 \times \frac{Q}{2}$$

式中，K 为采购单价；TC_k为采购成本。

【例 4-7】求精工厂全年需用甲零件10 000件。每次变动性订货成本为 50 元，每件甲零件年平均变动性储存成本为 4 元。当采购量小于 600 件时，单价为 10 元；当采购量大于或等于 600 件，但小于1 000件时，单价为 9 元；当采购量大于或等于1 000件时，单价为 8 元。计算最优采购批量及全年最小相关总成本。

解：先计算经济批量：

$$Q_1 = \sqrt{\frac{2 \times 50 \times 10\,000}{4}} = 500\text{（件）}$$

这时甲零件单价为 10 元：

$$TC_1 = 10 \times 10\,000 + \sqrt{2 \times 50 \times 10\,000 \times 4} = 102\,000\text{（元）}$$

当单价为 9 元时：

$$Q_2 = 600\text{ 件}$$

$$TC_2 = 9 \times 10\,000 + 50 \times \frac{10\,000}{600} + 4 \times \frac{600}{2} \approx 92\,033.33\text{（元）}$$

当单价为 8 元时：

$$Q_3 = 1\,000\text{ 件}$$

$$TC_3 = 8 \times 10\,000 + 50 \times \frac{10\,000}{1\,000} + 4 \times \frac{1\,000}{2} \approx 82\,500\text{（元）}$$

本例最优采购批量为1 000件，全年最少相关总成本为82 500元。

【想一想】

购进存货在一定的进货条件下，既有数量折扣，又有现金折扣，请问在两种折扣同时存在的情况下，经济进货批量如何确定？

（四）存货 ABC 控制法

ABC 控制法就是把企业种类繁多的存货，依据其重要程度、价值大小或者资金占用等标准分为三大类：A 类高价值库存，品种数量占整个库存的 10%～15%，但价值占全部库存的 50%～70%；B 类中等价值库存，品种数量占全部库存的 20%～25%，价值占全部库存的15%～20%；C 类低价值库存，品种数量多，占整个库存的 60%～70%，价值占全部库存的 10%～35%。针对不同类别的库存分别采用不同的管理方法，A 类库存应作为管理的重点，实行重点控制、严格管理；而对 B 类和 C 类库存的重视程度则可依次降低，采取一般管理，如表 4-6 所示。

表 4-6　　存货 ABC 控制法

种类	特点	占有份额	管理方法
A 类物资	品种少、实物量少而价值高的物资	成本金额约占 70%，而实物量不超过 20%	经常检查库存，严格管理，科学地制定其资金定额并按经济批量模型合理进货
C 类物资	品种多、实物量多而价值低的物资	成本金额约占 10%，而实物量不低于 50%	不必严加控制，一次进货可适当多些，待发现存量已经不多时再次进货即可
B 类物资	介于 A 类、C 类物资之间	成本金额约占 20%，而实物量不超过 30%	采取比较严格的管理，视具体情况部分参照 A 类控制，部分参照 C 类控制

当企业存货品种繁多、单价高低悬殊、存量多寡不一时，使用 ABC 控制法可以分清主次、抓住重点、区别对待，使存货控制更方便有效。

【想一想】

存货 ABC 控制法的确是对存货管理一种简便和行之有效的方法，请问什么样的企业不太适合采用此种方法？

（五）分级归口控制

分级归口控制是指按照使用资金和管理资金相结合、物资管理和资金管理相结合的原则，将存货资金定额按各职能部门所涉及的业务归口管理，各职能部门再将资金定额计划层层分解落实到车间、班组乃至个人，实行分级管理。

【相关链接】

适时制库存控制系统

适时制库存控制系统，又称零库存管理、看板管理系统。它最早由丰田公司提出并将其应用于实践，是指制造企业事先与供应商和客户协调好，只有当制造企业在生产过程中需要原料或零件时，供应商才会将原料或零件送来；而每当产品生产出来就被客户拉走。这样，制造企业的库存持有水平就可以大大下降。显然，适时制库存控制系统需要的是稳定而标准的生产程序以及与供应商的诚信，否则，任何一个环节出现差错将导致整个生产线停止。目前，已有越来越多的公司利用适时制库存控制系统减少甚至消除对库存的需求——实行零库存管理，比如，沃尔玛、丰田、海尔等。适时制库存控制系统进一步发展被应用于企业整个生产管理过程中——集开发、生产、库存和分销于一体，大大提高了企业运营管理效率。

理财小知识

JIT 管理理论

近年来，存货的管理越来越复杂了。在某些行业的生产过程中采用了适时工作制（Just-In-Time，JIT）来控制存货。正如其字面意思一样，它是指在刚好需要时取得存货并投入生产。因此，在 JIT 管理理论下，存货的增加是由于销售的需要而不仅仅是生产的需要。海尔的张瑞敏说得好："要根据订单生产产品。没有订单的生产就是在生产积压品。"

【职业道德与企业伦理】

涉嫌财务造假：应收账款超过交易总额

案例背景：

客户的应收账款比当年的交易总额还多，如此明显的造假嫌疑使得浩丰创源的上市前景日渐暗淡。

自招股书开始公布，浩丰创源过多的应收账款就一直受到市场诟病，数据显示，2009—2011年应收账款净额为 2 174.64万元、2 730.44万元和2 873.17万元，占当期流动资产总额的比例为36.83%、29.73%和 22.55%。

浩丰创源也解释称，随着公司经营规模的扩大，应收账款的金额呈逐年上涨的趋势。不能排除客户受经济波动或其他因素的影响而陷入经营困难，从而使公司无法收回经营性资金，面临应收账款无法收回的风险。

不过，这些问题似乎仅仅只是表面的。浩丰创源在应收账款方面涉嫌的数据造假，则可能断送其上市美梦，因为无论如何也无法解释一家公司“当年的应收账款会超过交易总额”。

根据浩丰创源的招股书，2011年第4大客户中国仪器进出口（集团）公司（以下简称中国仪器）的交易金额为796万元，而在2011年的应收账款栏中显示，对中国仪器的应收账款为877万元，占当年应收账款比例的28.51%。也就是说，其应收账款比交易总额还多。

有财务专家向记者表示，浩丰创源的这种情况确实非常异常，但有一种情况是，这个应收账款是累加值，可能是2010年的部分应收账款累加到2011年，因为财报中公布的是截至2011年12月31日的应收账款余额。

不过，招股书中的账龄则推翻了这位专家的说法，因为中国仪器877万元应收账款的账龄在1年以内。

对此，上海一位专业证券律师认为，就上述情形来看，2011年应收账款超过了交易金额，而这两个数据都是当年的，那么其中有一个应该是假的。浩丰创源涉嫌非常严重的财务造假。

实际上，浩丰创源有疑点的财务数据并不止这一处，单就不合逻辑的应收账款数据来说，在2010年也曾经发生过。根据招股书，2010年对北京鑫利文豪科技发展有限公司（以下简称鑫利文豪）的应收账款为768万元，占公司应收账款的比例为26.52%，账龄为一年以内。

对鑫利文豪的应收账款数额同样超过当年的交易总额。虽然在2010年鑫利文豪并没有进入浩丰创源的前五大客户，也无从知晓浩丰创源2010年与鑫利文豪的交易额，但是有一个可以比较的数据是，2010年浩丰创源第五大客户的交易额为726万元。

这就是说，鑫利文豪与浩丰创源在2010年的交易总额肯定是低于726万元，因为前者未进入前五大客户名单，但是当年浩丰创源对鑫利文豪的账龄在一年以内的应收账款却为768万元。在鑫利文豪身上，应收账款超过交易总额的离奇事件再次发生。

（资料来源：浩丰创源涉嫌财务造假：应收账款超过交易总额。）

问题：请分析浩丰创源涉嫌财务造假的原因，并简要评价其应收账款的管理情况。

分析：通常企业进行应收账款投资的主要目的是适应市场竞争、降低存货，增加企业利润，但浩丰创源公司却利用应收账款进行利润舞弊，显然违背了职业道德与企业伦理，给企业经营带来了巨大的困难。

【任务操作】

解：超过600件时的零件单价=10×（1−3%）=9.7（元）

$$经济批量\ Q_1=\sqrt{\frac{2\times400\times1\,200}{6}}=400（件）$$

这时零件单价为10元：

$$相关总成本\ TC_1=10\times1\,200+\sqrt{2\times400\times1\,200\times6}=14\,400（元）$$

$$Q_2=600（件）$$

$$TC_2=9.7\times1\,200+400\times1\,200\div600+6\times600\div2=14\,240（元）$$

（1）进货批量为600件时有利。

（2）最佳进货次数为2次。

（3）最佳进货间隔期为180天。

职业能力训练

一、知识准备训练

（一）单项选择题

1. 属于缺货成本的是（　　）。

A. 存货的保险费用　　B. 存货残损霉变损失

C. 储存存货发生的仓储费用　　D. 产品供应中断导致延误发货的信誉损失

2. 实行数量折扣的经济进货批量模式所应考虑的成本因素是（　　）。

A. 进货费用和储存成本　　B. 进货成本和储存成本

C. 进价成本和储存成本　　D. 进货费用、储存成本和缺货成本

3. 在确定经济进货批量基本模式下的进货批量时，应考虑的成本是（　　）。

A. 进货成本　　B. 订货成本

C. 储存成本　　D. 进货费用和储存成本

4. 采用 ABC 控制法时，A 类存货应符合的条件是（　　）。

A. 品种数占总品种数的 10%，价值占总价值的 70%

B. 品种数占总品种数的 70%，价值占总价值的 10%

C. 品种数占总品种数的 70%，价值占总价值的 30%

D. 品种数占总品种数的 30%，价值占总价值的 70%

5. 采用 ABC 法对存货进行控制时，应当重点控制的是（　　）。

A. 数量较多的存货　　B. 品种较多的存货

C. 占用资金较多的存货　　D. 库存时间较长的存货

6. 关于存货的经济进货批量，说法正确的是（　　）。

A. 与进货总量成正比　　B. 与每次进货费用成反比

C. 与单位储存成本成正比　　D. 与缺货成本无关

（二）多项选择题

1. 存货的功能主要包括（　　）。

A. 防止停工待料　　B. 适应市场变化

C. 降低进货成本　　D. 维持均衡生产

2. 在存货陆续供应和使用的情况下，导致经济批量增加的因素有（　　）。

A. 存货年需要量增加　　B. 一次订货成本增加

C. 每日耗用量增加　　D. 每日耗用量降低

3. 存货的取得成本指为取得某种存货而发生的支出，包括（　　）。

A. 购置成本　　B. 订货成本　　C. 储存成本　　D. 缺货成本

（三）判断题

1. 订货成本的高低取决于订货的数量与质量。（　　）

2. 能使企业的进货成本、储存成本和缺货成本之和最少的进货批量，就是经济进货批量。（　　）

3. 在全年需要量一定的情况下，经济订货批量越大，进货周期越长。（　　）

4. 存货的缺货成本主要包括所缺少的存货的采购成本、原材料存货中断造成的停工损失、

成品存货供应中断导致延误发货的信誉损失以及丧失销售机会的损失等。(　　)

二、业务操作训练

【背景资料 1】

2018 年风华公司有关甲材料的订货、使用、储存情况如下：公司每年需用甲材料6 000件，每次进货费用为 150 元，材料的单位储存成本为 5 元，该种材料的单价为 20 元，若一次订购量在2 000件以上时，可获得 2%的折扣，一次订购量在3 000件以上时，可获得 5%的折扣。

任务要求

确定该公司在有商业折扣状态下的经济进货批量。

【背景资料 2】

某企业全年需从外购入某零件1 200件，每批进货费用 400 元，单位零件的年储存成本为 6 元，该零件每件进价 10 元。销售企业规定：客户每批购买量不足 600 件，按标准价格计算，每批购买量达到 600 件，价格优惠 3%。

任务要求

(1) 计算该企业进货批量为多少时才是有利的。

(2) 计算该企业最佳的进货次数。

(3) 计算该企业最佳的进货间隔期天数。

【背景资料 3】

淮海实业股份有限公司每年需用甲材料6 000件，每次进货费用为 150 元，材料的单位储存成本为 5 元，该种材料的单价为 20 元，若一次订购量在2 000件以上时，可获得 2%的折扣，一次订购量在3 000件以上时，可获得 5%的折扣。

任务要求

(1) 确定该公司基本经济进货批量。

(2) 确定有商业折扣状态下经济进货批量。

【背景资料 4】

南方企业 2018 年有两种信用政策可供选用：

(1) 甲方案预计应收账款平均周转天数为 50 天，其收账费用为0. 2万元，坏账损失率为货款的 3%。

(2) 乙方案的信用政策为“2/10，1/20，n/90”，预计将有 40%的货款于第 10 天收到，30%的货款于第 20 天收到，其余 30%的货款于第 90 天收到（前两部分货款不会产生坏账，后一部分货款的坏账损失率为该部分货款的 3%)，收账费用为0. 15万元。

假设该企业所要求的最低报酬率为 10%。该企业按经济订货量进货，假设购销平衡、销售无季节性变化。商品的进货单价 45 元，售价 90 元，单位储存成本 5 元（含占用资金利息），一次订货成本 100 元。

甲方案的年销售量4 000件；乙方案的年销售量4 500件。改变信用政策预计不会影响进货单价、售价、单位储存成本、一次订货成本等，所有销货假设均为赊销（一年按 360 天计算)。

任务要求

(1) 计算甲、乙两方案毛利之差。

(2) 计算甲方案的下列指标：①应收账款的机会成本；②坏账成本；③按经济进货批量

进货的相关最低总成本；④经济订货量；⑤达到经济进货批量时存货平均占有资金；⑥采纳甲方案的相关总成本。

（3）计算乙方案的下列指标：①应收账款的机会成本；②坏账成本；③现金折扣成本；④按经济进货批量进货的相关最低总成本；⑤经济订货量；⑥达到经济进货批量时存货平均占用资金；⑦采纳乙方案的相关总成本。

（4）计算甲、乙两方案相关总成本之差。

（5）为该企业做出采取何种信用政策的决策，并说明理由。

职业能力拓展

为了加强企业的资金管理，内蒙古鄂尔多斯羊绒集团公司的财务经历了一系列改革，确立了以内部银行为中心的资金管理体制，使资金发挥了其最大效能。

内部银行——资金进出的唯一“漏斗”。财务公司成立后，内部银行接管了成员企业原有的银行账户，银行预留印鉴、空白票据全部缴存内部银行，并对应开设内部账户。统一管理资金账户后，各企业的回款仍回到自己的账户，内部银行出具内部收款通知，作为记账凭证。内部银行可根据企业业务量大小，统筹调剂安排资金，资金由“散存”变为“统存”，最大限度地发挥资金的“蓄水池”作用，实现了一个“漏斗”进出资金，一个账户管住开户企业。2000年内部存款企业全年平均存款18 534万元，而银行账户存款为9 395万元，调剂使用9 000多万元，节约财务费用1 653万元。

企业因生产经营资金周转困难，可向内部银行申请流动资金借款。内部银行通过对借款企业的经营状况、资产结构、负债比重、销售回款、营业利润、信用程度进行严格审查，在确认申贷合理、资信可靠、具备偿还能力的情况下，给予短期周转借款。借款完全由内部银行进行监督使用，专款专用。内部银行可利用企业资金使用的时间差和空间差。1999年内部银行为企业调剂资金总量 1 亿元，2000年增加到1. 4亿元，真正实现了财尽其力和管好用活资金。

内部银行作为集团公司资金的流转结算中心，承担着资金统一运营和有效调剂的职能。受羊绒行业资金季节性交错的制约，每年原料收购旺季的资金“瓶颈”较为突出。从 4 月开始，原料收购进入旺季，需要筹集大量的资金确保原料收储，而羊绒衫销售市场却因气候因素在 4~8 月基本上处于销售淡季，销售回款难以满足原料资金需求。在每年原料收购资金大幅度增加的情况下，内部银行积极利用统存统贷和利率杠杆，还高贷低，还旧贷新，大力压缩贷款规模，降低资金成本，避免了逾期贷款产生的高额罚息。

内部银行作为内部结算中心，模拟商业银行的运作和核算形式，对各全资、控股公司的各项资金实行统一管理和运筹，企业的财务收支全部通过内部银行一个“漏斗”进出，按预算实施监收控付，从源头上管理资金的流向，杜绝了企业各行其是和不按制度规定乱借款、乱担保、乱投资、乱开支的现象，真正实现了资金管理的集中统一和灵活、高效运作，一个账户管住全部企业。

☞思考与分析

（1）内部银行资金管理体制的优点是什么？

（2）有人将内蒙古鄂尔多斯羊绒集团公司的财务改革称为“让资金从一个‘漏斗’进出”，对此你如何理解？

（3）内部银行资金管理体制的运用给你的启示是什么？

模块五
收益分配管理

职业能力目标

知识目标

1. 了解企业预测目标利润的方法。
2. 认识企业股利政策的种类及影响因素。
3. 掌握剩余股利政策的含义。
4. 掌握低正常股利加额外股利政策的含义。
5. 掌握固定股利支付率政策的含义。
6. 掌握固定或持续增长的股利政策的含义。

技能目标

1. 能使用成本形态分析方法分析企业的成本情况。
2. 能根据企业的具体情况，制定适合企业的股利政策。
3. 能根据企业的利润额，确定企业的利润分配顺序，并选择合适的股利分配政策。

项目导航

2017 年王某任某公司财务经理，其所在公司赚取了可观的利润，2018 年王某根据 2017 年以及以前的留存收益情况，同时考虑 2018 年筹资等财务管理的需求，需要进行利润分配，并准备向股东分配股利。那么，王某应该如何选择合理的股利支付方式以及制定合理的股利分配政策，才能达到利润分配以及股利分配的目的呢？本模块将详细介绍这些内容。

任务一 预测目标利润

任务描述

某公司计划期内预计生产并销售甲产品2 500台，销售单价为12. 5元，单位变动成本为 10 元，固定成本总额为3 125元。现假定单价和单位变动成本分别上升了 5%，销量和固定成本分别下降了 3%，要求分析各因素变动对目标利润的影响。

知识准备

一、利润的概念和分类

利润是企业在一定期间内全部收入抵减全部支出后的余额。它是生产经营活动的最终成果。根据我国现行《财务通则》规定，企业的利润总额主要由营业利润、投资净收益和营业外收支净额构成，其关系为：

企业的利润总额=营业利润+营业外收支净额

对于利润的种类，主要从以下几个方面进行分类：

（1）从形成原因的角度可分为主营业务利润、其他业务利润、投资收益、营业外收支净额等。

（2）从税收的角度可分为税前利润和税后利润。

（3）从经济学角度可分为会计利润和财务利润。

（4）从计算目标的角度可分为账面利润和应税利润。

二、目标利润的概念

目标利润是指企业在一定时间内争取达到的利润目标，反映一定时间内财务、经营状况的好坏和经济效益的高低。确定目标利润，是实施以目标利润为导向的企业预算管理的一项至关重要的工作，目标利润一旦被确定就成为管理的导向，并对执行预算的全过程产生制约作用。企业财务管理人员应能够熟练运用相关方法准确进行企业的目标利润预测。

目标利润制定的适当与否直接关系到模式的实施效果，目标利润制定得过低，难以激发企业潜力，容易给企业带来大量无效成本，企业不能创造出最佳的经济效益；而目标利润制定得过高，又会使执行者觉得高不可攀、望而却步，失去实现目标利润的信心。因此，确定合理的目标利润是实施以目标利润为导向的企业预算管理的一个关键环节。企业确定目标利润时，应对企业所处的市场环境、自身的战略能力进行分析，明确企业在市场中的定位，合理地预测出预算期内的销售额以及与确定目标利润相关的项目的目标利润率，如销售利润率、资本净利率、成本利润率等。企业有了这些预测数据，就可以确定目标利润。本任务下目标利润预测的方法主要是本量利分析预测法。

三、本量利分析预测法

本量利分析预测法是一种利用产品销售量、销售额、固定成本、变动成本与利润之间的变动规律，对目标利润进行预测的方法。运用本量利分析预测法应建立在对市场进行充分调查研究的基础上，通过对市场的调查分析，首先对产品的销售量或销售额做出科学预测，其次再分析预测企业的固定成本、变动成本、贡献毛利率等，最后确定目标利润。在确定目标利润之前，首先了解一下本量利分析的相关理论。

（一）成本性态分析

成本性态，又称成本习性，是指成本的变动与业务量（产量或销售量）之间的依存关系。成本性态分析就是对成本与业务量之间的依存关系进行分析，从而在数量上具体掌握成本与业务量之间的规律性关系，以便为企业正确地进行最优管理决策和改善经营管理提供有价值的资料。它对于及时采取有效措施，挖掘降低成本的潜力，争取实现最大的经济效果具有重要意义。

按照成本性态，通常可以把成本区分为固定成本、变动成本和混合成本。

1. 固定成本

（1）固定成本的基本特征。固定成本是指其总额在一定时期及一定产量范围内，不直接受业务量变动的影响而保持固定不变的成本。例如，固定折旧费用、房屋租金、行政管理人员工资、财产保险费、广告费、职工培训费、办公费、产品研究开发费用等，均属于固定成本。其基本特征是：固定成本总额不因业务量的变动而变动，但单位固定成本（单位业务量负担的固定成本）会与业务量的增减呈反向变动。固定成本习性模型如图 5-1 所示。

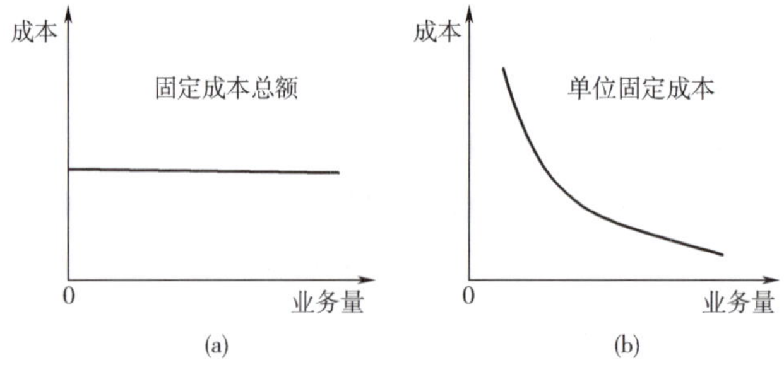

图 5-1　固定成本习性模型

（2）固定成本的分类。固定成本按其支出额是否可以在一定期间内改变，分为约束性固定成本和酌量性固定成本。

约束性固定成本是指管理部门的短期（经营）决策行动不能改变其具体数额的固定成本，如保险费、房屋租金、管理人员的基本工资等。这些固定成本是企业的生产能力一经形成就必然要发生的最低支出，即使生产中断也仍然要发生。由于约束性固定成本一般是由既定的生产能力所决定的，是维护企业正常生产经营必不可少的成本，所以也称为“经营能力成本”，它最能反映固定成本的特性。降低约束性固定成本的基本途径，只能是合理利用企业现有的生产能力，提高生产效率，以取得更大的经济效益。

酌量性固定成本是指管理部门的短期经营决策行动能改变其数额的固定成本，如广告费、职工培训费、新产品研究开发费用等。这些费用发生额的大小取决于管理部门的决策行动。一般是由管理部门在会计年度开始前，斟酌计划期间企业的具体情况和财务负担能力，对这类固定成本项目的开支情况分别做出决策。酌量性固定成本并非可有可无，它关系到企业的竞争能力，因此，要想降低酌量性固定成本，只有厉行节约、精打细算，编制出积极可行的费用预算并严格执行，防止浪费和过度投资等。

2. 变动成本

（1）变动成本的基本特征。变动成本是指在特定的业务量范围内，其总额会随业务量的变动而成正比例变动的成本，如直接材料、直接人工，按销售量支付的推销员佣金、装运费、包装费，以及按产量计提的固定设备折旧等都是和单位产品的生产直接联系的，其总额会随着产量的增减成正比例的增减。其基本特征是：变动成本总额因业务量的变动而成正比例变动，但单位变动成本（单位业务量负担的变动成本）不变。变动成本习性模型如图 5-2 所示。

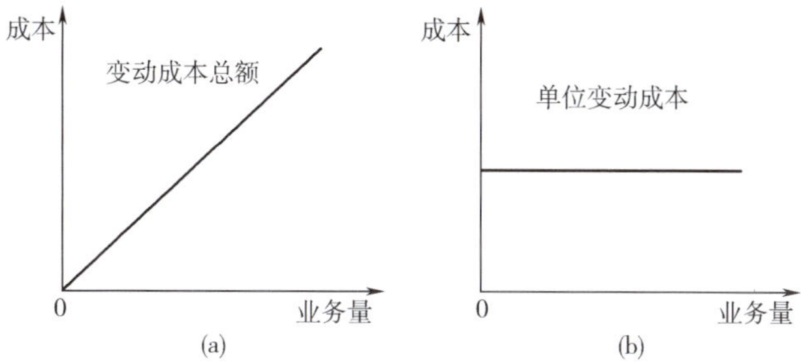

图 5-2　变动成本习性模型

（2）变动成本的分类。变动成本也可以区分为两大类：技术变动成本和酌量性变动成本。

技术变动成本是指与产量有明确的技术或实物关系的变动成本，如生产一台汽车需要耗用一台引擎、一个底盘和若干个轮胎等，这种成本只要生产就必然会发生，若不生产，其技术变动成本便为零。

酌量性变动成本是指通过管理部门的决策行动可以改变的变动成本，如按销售收入的一定百分比支付的销售佣金、技术转让费等。这类成本的特点是其单位变动成本的发生额可由企业最高管理层决定。

3. 混合成本

（1）混合成本的基本特征。从成本习性来看，固定成本和变动成本只是两种极端的类型。在现实经济生活中，大多数成本与业务量之间的关系处于两者之间，即混合成本。顾名思义，混合成本就是“混合”了固定成本和变动成本两种不同性质的成本。一方面，它们要随业务量的变化而变化；另一方面，它们的变化又不能与业务量的变化保持着纯粹的正比例关系。

（2）混合成本的分类。混合成本兼有固定与变动两种性质，可进一步将其细分为半变动成本、半固定成本、延期变动成本和曲线变动成本。

①半变动成本。半变动成本是指在有一定初始量基础上，随着产量的变化而成正比例变动的成本。这些成本的特点是：它通常有一个初始的固定系数，在此基数内与业务量的变化无关，这部分成本类似于固定成本；在此基数上的其余部分，则随着业务量的增加成正比例增加，如固定电话座机费、水费、煤气费等均属于半变动成本，其成本习性模型如图 5-3 所示。

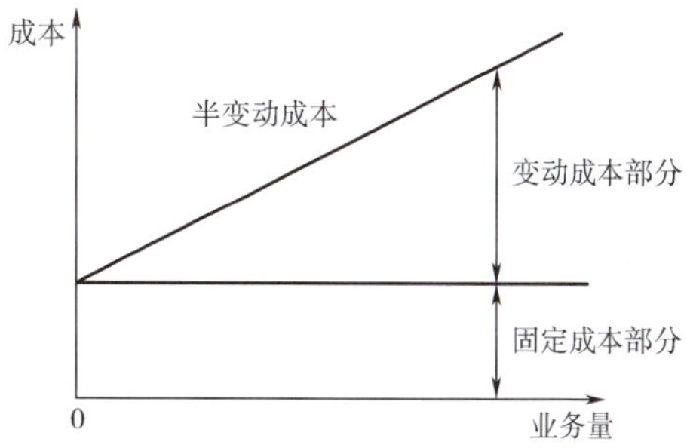

图 5-3　半变动成本习性模型

②半固定成本。半固定成本也称阶梯式变动成本，这类成本在一定业务量范围内的发生额是固定的，但当业务量增长到一定限度，其发生额就突然跳跃到一个新的水平，然后在业务量增长的一定限度内，发生额又保持不变，直到另一个新的跳跃。例如，企业的管理员、运货员、检验员的工资等成本项目就属于这一类，其成本习性模型如图 5-4 所示。

③延期变动成本。延期变动成本在一定的业务量范围内有一个固定不变的基数，当业务量增长超出了这个范围，它就与业务量的增长成正比例变动。例如，职工的基本工资在正常工作时间情况下是不变的；但当工作时间超出正常标准，则需按加班时间的长短成比例地支付加班薪金，其成本习性模型如图 5-5 所示。

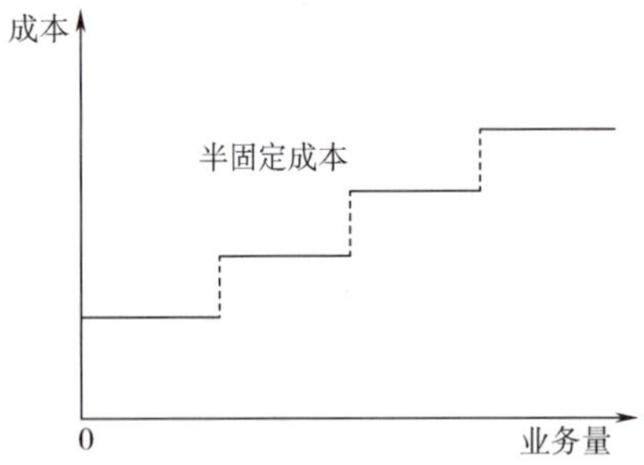

图 5-4　半固定成本习性模型

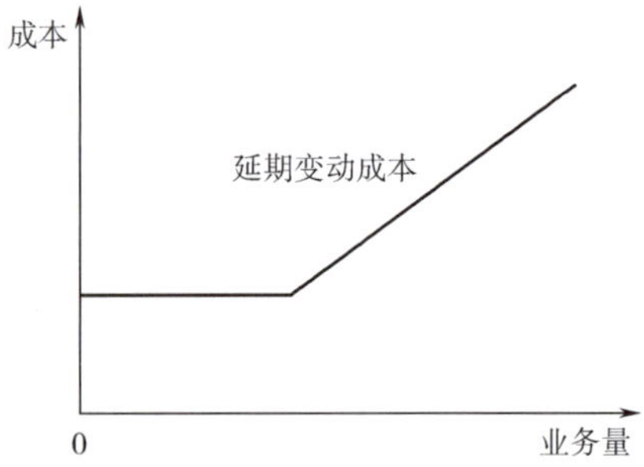

图 5-5　延期变动成本习性模型

④曲线变动成本。曲线变动成本通常有一个不变的初始量，相当于固定成本，在这个初始量的基础上，随着业务量的增加，成本也逐步变化，但它与业务量的关系是非线性的。这种曲线成本又可以分为以下两种类型：

一是递增曲线成本，如累进计件工资、违约金等，随着业务量的增加，成本逐步增加，并且增加幅度是递增的，其成本习性模型如图 5-6（a）所示。

二是递减曲线成本，如有价格折扣或优惠条件下的水、电消费成本，“费用封顶”的通信服务费等，其曲线达到高峰后就会下降或持平，其成本习性模型如图 5-6（b）所示。

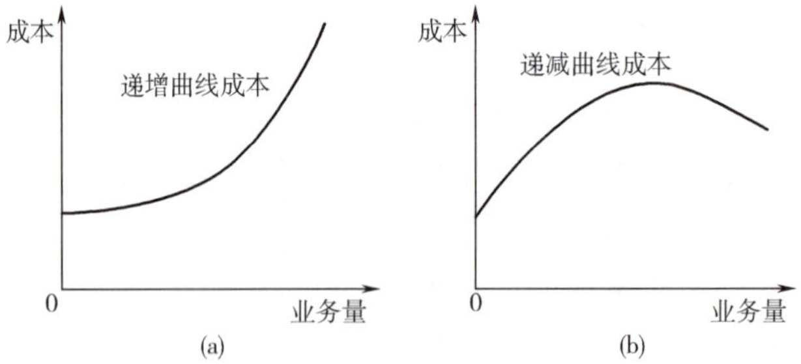

图 5-6　曲线变动成本习性模型

（3）混合成本的分解方法。在实际经济生活中，企业大量的费用项目属于混合成本，为了经营管理的需要，必须把混合成本分为固定与变动两个部分。混合成本的分解主要有以下几种方法：

①高低点法。它是以过去某一会计期间的总成本和业务量资料为依据，从中选取业务量最高点和业务量最低点，将总成本进行分解，得出成本性态的模型。其计算公式为：

$$\text{单位变动成本} = \frac{\text{最高点业务量成本} - \text{最低点业务量成本}}{\text{最高点业务量} - \text{最低点业务量}}$$

固定成本总额=最高点业务量成本-单位变动成本×最高点业务量

或=最低点业务量成本-单位变动成本×最低点业务量

采用高低点法计算较简单，但它只采用了历史成本资料中的高点和低点两组数据，故代表性较差。

②回归分析法，是一种较为精确的方法。它根据过去一定期间的业务量和混合成本的历史资料，应用最小二乘法原理，算出最能代表业务量与混合成本关系的回归直线，借以确定混合成本中固定成本和变动成本的方法。

③账户分析法，又称会计分析法，它是根据有关成本账户及其明细账的内容，结合其与产量的依存关系，判断其比较接近哪一类成本，就视其为哪一类成本。这种方法简便易行，但比较粗糙且带有主观判断。

④技术测定法，又称工业工程法，它是根据生产过程中各种材料和人工成本消耗量的技术测定来划分固定成本和变动成本的方法。该方法通常只适用于投入成本与产出数量之间有规律性联系的成本分解。

⑤合同确认法，是根据企业订立的经济合同或协议中关于支付费用的规定，来确认并估算哪些项目属于变动成本，哪些项目属于固定成本的方法。合同确认法要配合账户分析法使用。

在将混合成本按照一定的方法区分为固定成本和变动成本之后，根据成本性态，企业的总成本公式就可以表示为：

总成本=固定成本总额+变动成本总额

=固定成本总额+单位变动成本×业务量

这个公式在变动成本计算、本量利分析、正确制定经营决策和评价各部门工作业绩等方面具有不可或缺的重要作用。

（二）本量利分析

本量利分析是指在成本性态分析的基础上，运用数学模型与图形来分析成本、业务量、利润三者之间的依存关系，研究其变动规律，最终揭示变动成本、固定成本、销售量、销售单价、利润之间的内在规律。本量利分析的运用范围很广，可用于保本预测、销售预测、生产决策、全面预算、成本控制、不确定分析、经营风险分析、责任会计等方面。本量利分析的基本关系包括利润、边际贡献、边际贡献率等。

1. 利润

目前多数企业都使用损益法来计算利润，即首先确定一定期间的收入，然后计算与这些收入相匹配的成本，两者之差为利润：

利润=销售收入-总成本

由于：

总成本=变动成本+固定成本=单位变动成本×销量+固定成本

销售收入=单价×销量

假设产量和销量相同，则有：

利润=单价×销量-单位变动成本×销量-固定成本

这个方程式是明确表达本量利之间数量关系的基本方程式，它含有 5 个相互联系的变量，给定其中 4 个，便可求出另一个变量的值。

在规划利润时，通常把单价、单位变动成本和固定成本视为稳定的常量，只有销量和利润两个自由变量。给定销量时，可利用方程式直接计算出预期利润；给定目标利润时，可直接计算出应达到的销售量。

【例 5-1】某企业每月固定成本为1 000元，生产一种产品，单价为 10 元，单位变动成本为 6 元，本月计划销售 500 件，问预期利润是多少？

解：将有关数据代入损益方程式：

利润＝单价×销量－单位变动成本×销量－固定成本

＝10×500－6×500－1 000＝1 000（元）

这个方程式是一种最基本的形式，它可以根据所需计算的问题变换成其他形式，或者根据企业具体情况增些变量，成为更复杂、更接近实际的方程式。损益方程式实际上是损益表的模型化表达，不同的损益表可以构造出不同的模型。

2. 边际贡献

边际贡献是指销售收入减去变动成本以后的差额，即：

边际贡献＝销售收入－变动成本

如果用单位产品表示：

单位边际贡献＝单价－单位变动成本

有了边际贡献，利润就可以转化为下列形式：

利润＝销售收入－变动成本－固定成本＝边际贡献－固定成本

所以：

利润＝销量×单位边际贡献－固定成本

这个方程式也可以明确表达本量利之间的数量关系。从上面的利润公式可知，边际贡献是产品扣除自身变动成本后给企业所做的贡献，它首先用于收回企业的固定成本，如果还有剩余则成为利润；如果不足以收回固定成本则发生亏损。

3. 边际贡献率

边际贡献率是指边际贡献在销售收入中所占的百分率。

边际贡献率＝边际贡献/销售收入×100%

＝单位边际贡献×销量/单价×销量×100%

＝单位边际贡献/单价×100%

通常，“边际贡献率”一词指产品边际贡献率。

边际贡献率，可以理解为每 1 元销售收入中边际贡献所占的比重，它反映产品给企业做贡献的能力。

与边际贡献率相对应的概念是“变动成本率”，即变动成本在销售收入中所占的百分率。

变动成本率＝变动成本/销售收入×100%＝单位变动成本×销量/单价×销量×100%

＝单位变动成本/单价×100%

由于销售收入被分为变动成本和边际贡献两部分，前者是产品自身的耗费，后者是给企业做的贡献，两者百分率之和应当为 1。

变动成本率+边际贡献率＝1

我们在预测目标利润时主要就是运用本量利分析的基本公式来进行预测，公式如下：

目标利润＝单价×销量－单位变动成本×销量－固定成本

【例 5-2】假设东方公司生产和销售 A 产品，预计下年度的销售量达10 000件，如果产品单价为 50 元，单位变动成本为 30 元，固定成本总额为65 000元，则该企业下年度的目标利润为多少?

解：目标利润=单价×销量-单位变动成本×销量-固定成本

=（50-30）×10 000-65 000=135 000（元）

【相关链接】

在预测目标利润时除了利用本量利分析法外，通常还可以利用比率预测法，在利用比率预测法时可以根据销售利润率、销售成本利润率等来预测。

（1）根据销售利润率预测。

销售利润总额=预计销售收入×销售收入利润率

（2）根据销售成本利润率预测。

销售利润总额=预计产品销售成本×销售成本利润率

【任务操作】

解：

各因素变动前目标利润=单价×销量-单位变动成本×销量-固定成本

=（12.5-10）×2 500-3 125=3 125（元）

（1）单价上升 5%时：

变动后的目标利润=单价×销量-单位变动成本×销量-固定成本

=（12.5×1.05-10）×2 500-3 125=4 687.5（元）

单价上升对目标利润的影响程度=（4 687.5-3 125）÷3 125×100%=50%

（2）单位变动成本上升 5%时：

变动后的目标利润=单价×销量-单位变动成本×销量-固定成本

=（12.5-10×l.05）×2 500-3 125=1 875（元）

单价上升对目标利润的影响程度=（1 875-3 125）÷3 125×100%=-40%

（3）销售量下降 3%时：

变动后的目标利润=单价×销量-单位变动成本×销量-固定成本

=（12.5-10）×2 500×（1-3%）-3 125=2 937.5（元）

单价上升对目标利润的影响程度=（2 937.5-3 125）÷3 125×100%=-6%

（4）固定成本下降 3%时：

变动后的目标利润=单价×销量-单位变动成本×销量-固定成本

=（12.5-10）×2 500-3 125×（1-3%）=3 218.75（元）

单价上升对目标利润的影响程度=（3 218.75-3 125）÷3 125×100%=3%

职业能力训练

一、知识准备训练

（一）单项选择题

1. 利润是边际贡献和（　　）的差额。

A. 变动成本　　B. 固定成本总额　　C. 销售收入　　D. 成本总额

2. 边际贡献率和成本贡献率之间的关系呈（　　）。

A. 反方向变化　　B. 同方向变化　　C. 同比例变化　　D. 反比例变化

3. 将成本划分为固定成本、变动成本和混合成本，是按（　　）进行分类。

A. 成本的经济用途　　B. 相关范围

C. 成本性态　　D. 成本发生的原因

4. 本量利分析中，必须假定产品成本的计算基础是（　　）。

A. 完全成本法　　B. 变动成本法　　C. 吸收成本法　　D. 制造成本法

5. 某企业只生产一种产品，月计划销售 600 件，单位变动成本 6 元，月固定成本1 000元，欲实现目标利润1 640元，则单价为（　　）元。

A. 16. 40　　B. 14. 60　　C. 10. 60　　D. 10. 40

（二）多项选择题

1. 以下正确的公式有（　　）。

A. 利润＝销售收入×边际贡献率−固定成本

B. 变动成本率+边际贡献率＝1

C. 利润＝边际贡献−保本销售额×边际贡献率

D. 销售利润率＝安全边际率+边际贡献率

2. 提高企业销售利润率水平的途径有（　　）。

A. 提高安全边际率　　B. 降低安全边际率

C. 提高变动成本率　　D. 提高边际贡献率

3. 安全边际率＝（　　）。

A. 安全边际量÷实际销售量　　B. 保全销售量÷实际销售量

C. 保全销售额÷实际销售额　　D. 安全边际量÷安全边际额

4. 边际贡献率的计算公式可表示为（　　）。

A. 1−变动成本率　　B. 贡献边际÷销售收入

C. 固定成本÷销售收入　　D. 单位边际贡献÷单价

5. 属于约束性固定成本的有（　　）。

A. 管理人员薪酬　　B. 折旧费

C. 职工培训费　　D. 研究开发支出

（三）判断题

1. 在其他条件不变的情况下，单位变动成本上升，保本点业务量便会降低。（　　）

2. 生产某种产品的固定成本为5 000元，单位变动成本为 10 元，所得税税率为 25%，若计划销售1 000件并实现净利润2 100元，产品的单价应定为 18 元。（　　）

二、业务操作训练

【背景资料】

甲企业只生产 A 产品，单价 100 元/台，单位变动成本 60 元/台，本期实现销售 500 台，发生固定成本10 000元。

任务要求

（1）计算本期 A 产品的单位边际贡献、边际贡献总额和边际贡献率。

（2）利用边际贡献指标计算企业的本期实现利润。

（3）计算本期 A 产品的变动成本率。

（4）验证变动成本率与边际贡献率的关系。

职业能力拓展

某食品公司下年度的预算资料如下：

销售收入　　　　　125 000元

变动成本总额　　　100 000元

固定成本总额　　　10 000元

思考与分析

（1）计算下年度预期获得多少利润。

（2）在下列各种情况下，分别计算该公司的目标利润是多少。

①边际贡献增加 10%；

②销量增加 10%；

③变动成本增加 10%；

④固定成本增加 8%；

⑤销量增加 10%；

⑥售价降低 10%。

任务二　确定收益分配方案的基本程序

任务描述

某公司 2012 年年初未分配利润账户的贷方余额为 37 万元，2012 年发生亏损 100 万元，2013—2017年的每年税前利润为 10 万元，2018年税前利润为 15 万元，2019年税前利润为 40 万元，所得税税率为 25%，盈余公积金计提比例为 10%。要求：①2018年应缴纳的所得税是多少，是否计提盈余公积金？②2019年可供给投资者分配的利润为多少？

【案例导入】

天元公司的收益分配

天元股份有限公司开始经营的前七年中实现税前利润（发生亏损以“-”号表示）如下表所示。

天元公司税前利润　　单位：万元

年份	1	2	3	4	5	6	7
利润	-200	50	-50	30	50	50	150

假设除弥补亏损以外无其他纳税调整事项，该公司的所得税税率一直为 25%，天元公司按规定享受连续五年税前利润弥补亏损的政策，税后利润（弥补亏损后）按 10%计提法定盈余公积金，公司不提取任意盈余公积金。

问题：(1) 分析该公司第七年应缴所得税额和税后利润；(2) 分析该公司第七年应当提取的法定盈余公积金；(3) 该公司第七年可以分配给投资者的利润最多能达到多少？

从引例可以看出，天元股份有限公司应该遵循国家对公司收益分配原则和程序的要求，在连续五年税前利润弥补亏损后，再计算确定需缴纳的所得税。同时可将净利润用于弥补连续五年税前利润未弥补的亏损，如有剩余，则可提取法定盈余公积金和向投资者分配利润。收益分配管理在企业财务管理中处于重要地位。

知识准备

企业通过经营活动赚取收益，并将其在相关各方之间进行分配。收益分配关系着国家、企业及所有者各方面的利益，是一项政策性较强的财务活动。收益分配的结果，形成了国家的所得税收入、投资者的投资报酬和企业的留用利润等不同的项目，其中企业的留用利润是指盈余公积金、公益金和未分配利润。由于税法具有强制性和严肃性，缴纳税款是企业必须履行的义务，从这个意义来看，财务管理中的收益分配主要指企业的净利润分配，收益分配的实质就是确定给投资者分红与企业留用利润的比例。

一、收益分配的基本原则

(一) 依法分配原则

为规范企业的收益分配行为，国家制定和颁布了若干法规，这些法规规定了企业收益分配的基本要求、一般程序和重大比例。企业的收益分配必须依法进行，这是正确处理企业各项财务关系的关键。

(二) 分配与积累并重原则

企业的收益分配，要正确处理长期利益和近期利益两者的关系，坚持分配与积累并重。企业除按规定提取法定盈余公积金以外，可适当留存一部分利润作为积累，这部分未分配利润仍归企业所有者所有。这部分积累的净利润不仅可以为企业扩大生产筹措资金，增强企业发展能力和抵抗风险的能力，同时还可在未来年度进行分配，起到以丰补歉、平抑收益分配数额波动、稳定投资报酬率的作用。

(三) 兼顾各方面利益原则

企业是经济社会的基本单元，企业的收益分配直接关系到各方的切身利益。企业除依法纳税外，投资者作为资本投入者、企业的所有者，依法享有净收益的分配权。企业的债权人，在企业投入资金的同时也承担了一定的风险，企业的收益分配中应当体现出对债权人利益的充分保护，不能伤害债权人的利益。另外，企业的员工是企业净收益的直接创造者，企业的收益分配应当考虑员工的长远利益。因此，企业进行收益分配时，应当统筹兼顾，维护各利益相关团体的合法权益。

(四) 投资与收益对等原则

企业收益分配应当体现“谁投资谁受益”、收益大小与投资比例相匹配，即投资与收益对等的原则，这是正确处理企业与投资者利益关系的立足点。投资者因投资行为，以出资额依法享有收益分配权，就要求企业在向投资者分配利润时，要遵守公开、公平、公正的“三公”原则，不搞幕后交易，不帮助大股东侵蚀小股东利益，一视同仁地对待所有投资者，任何人不得以在企业中的特殊地位谋取私利，这样才能从根本上保护投资者的利益。

二、收益分配的一般程序

收益分配程序是指公司制企业根据适用法律、法规或规定，对企业一定期间实现的净利润进行分派必须经过的先后步骤。

（一）非股份制企业的收益分配程序

根据我国《公司法》等有关规定，非股份制企业当年实现的利润总额应按国家有关税法的规定做相应的调整，然后依法缴纳所得税。缴纳所得税后的净利润按下列顺序进行分配。

1. 弥补以前年度的亏损

按我国财务和税务制度的规定，企业的年度亏损可以由下一年度的税前利润弥补，下一年度税前利润尚不足以弥补的，可以由以后年度的利润继续弥补，但用税前利润弥补以前年度亏损的连续期限不超过 5 年。5 年内弥补不足的，用本年税后利润弥补。本年净利润加上年初未分配利润为企业可供分配的利润，只有可供分配的利润大于 0 时，企业才能进行后续分配。

2. 提取法定盈余公积金

可供分配的利润大于零是计提法定盈余公积金的必要条件。法定盈余公积金以净利润扣除以前年度亏损为基数，按 10%提取。即企业年初未分配利润为借方余额时，法定盈余公积金计提基数为本年净利润减去年初未分配利润（借方）的余额；若企业年初未分配利润为贷方余额时，法定盈余公积金计提基数为本年净利润，未分配利润贷方余额在计算可供投资者分配的净利润时计入。当企业法定盈余公积金达到注册资本的 50%时，可不再提取。法定盈余公积金主要用于弥补企业亏损和按规定转增资本金，但转增资本金后的法定盈余公积金一般不低于注册资本的 25%。

3. 向投资者分配利润

企业本年净利润扣除弥补以前年度亏损、提取法定盈余公积金的余额，加上年初未分配利润贷方余额，即为企业本年可供投资者分配的利润。按照分配与积累并重原则，确定应向投资者分配的利润数额。

分配给投资者的利润，是投资者从企业获得的投资回报。向投资者分配利润应遵循纳税在先、企业积累在先、无盈余不分利的原则，其分配顺序在收益分配的最后阶段，这体现了投资者对企业的权利、义务以及投资者所承担的风险。

（二）股份制企业的收益分配程序

（1）弥补以前年度亏损。

（2）提取法定盈余公积金。

（3）支付优先股股息。一般地，优先股按事先约定的股息率取得股息，不受企业盈利与否或多少的影响。

（4）提取任意盈余公积金。任意盈余公积金是根据企业发展的需要自行提取的公积金，其提取基数与计提法定盈余公积金的基数相同，计提比例由股东会根据需要决定。

（5）支付普通股股利。

从上述收益分配程序看，股利来源于企业的税后利润，但净利润不能全部用于发放股利，股份制企业必须按照有关法规和公司章程规定的程序、比例，在提取了法定盈余公积金后才能向优先股股东支付股息，在提取了任意盈余公积金之后才能向普通股股东发放股利。如股份公司当年无利润或出现亏损，原则上不得分配股利。但为维护公司股票的信誉，经股东大会特别决议，可按股票面值较低比率用盈余公积金支付股利，支付股利后留存的法定盈余公积金不得低于注册资本的25%。

（三）影响收益分配政策确定的因素

收益分配政策的确定受到多种因素的影响，通常考虑以下几方面。

1. 法律因素

为了保护债权人和股东的利益，国家有关法律、法规（如《公司法》）对企业收益分配政策予以一些规定，主要体现在以下几个方面：

（1）资本保全约束。资本保全是企业财务管理应遵循的一项重要原则。它要求企业发放的股利或投资分红不得来源于原始投资（或股本），而只能来源于企业当期利润或留存收益，其目的是为了防止企业任意减少资本结构中所有者权益（股东权益）的比例，以维护债权人利益。

（2）资本积累约束。它要求企业在分配收益时，必须按一定的比例和基数提取各种公积金。另外，它要求在具体的分配政策上贯彻“无利不分”原则，即当企业出现年度亏损时，一般不得分配利润。

（3）偿债能力约束。偿债能力是指企业按时足额偿付各种到期债务的能力。对股份公司而言，当其支付现金股利后会影响公司偿还债务和正常经营时，公司发放现金股利的数额就要受到限制。

（4）超额累积利润约束。对于股份公司而言，由于投资者接受股利缴纳的所得税要高于进行股票交易的资本利得所缴纳的税金，因此许多公司通过积累利润使股价上涨的方式来帮助股东避税。许多西方国家在法律上明确规定公司不得超额积累利润，一旦公司留存收益超过法律认可的水平，将被加征额外税款。我国法律目前暂未对此做出规定。

2. 股东因素

股东出于对自身利益的考虑，可能对公司的收益分配提出限制、稳定或提高股利发放率等不同意见。企业的股利政策不可能使每个股东财富最大化，企业制定股利政策的目的在于对绝大多数股东的财富产生有利影响。股东意愿对企业的股利政策产生的影响有以下几个方面：

（1）控制权考虑。如果企业支付较高的股利，就会导致留存收益减少，企业将来依靠发行新股筹集资金的可能性加大，而发行新股意味着公司控制权有旁落他人或其他公司的可能。因此，在原股东追加投资较少时，可考虑多留少分，采用较紧的股利政策。

（2）避税考虑。在我国，由于股东现金股利所得的税率是20%，而股票交易尚未征收资本利得税，因此，高收入股东限制股利的支付，而愿意保留较多盈余，以便从股价上涨中获利。这种低股利支付政策，可以帮助股东达到避税目的。

（3）稳定收入考虑。企业股东的收益包括两部分，即股利收入和资本利得。一些依靠股利维持生活的股东往往要求公司支付稳定的股利，反对保留较多的盈余。

（4）规避风险考虑。一些股东认为，通过增加留存收益引起股价上涨而获得资本利得是有风险的，目前的股利是确定的，要求较多地支付股利。

3. 公司因素

公司出于长期发展与短期经营的需要，可能会综合考虑以下因素，制定切实可行的收益分配政策。

（1）公司的举债能力。具有较强举债能力的企业，由于能够及时地筹措到所需资金，有可能采用较为宽松的股利政策；而举债能力弱的企业则不得不保留盈余，因而采用较紧的股利政策。

（2）未来的投资发展机会。当企业未来有较好的投资机会时，企业的经营者会将收益用于再投资，减少用于分配的收益金额；当企业缺乏良好的投资机会时，保留大量的盈余会造成资金闲置，可适当增大分红数额。

（3）收益分配政策的惯性。大多数企业不会经常改变其收益分配政策，因为如果对股利政策做出重大调整，必然对企业的声誉、股价的波动、负债举债能力、信用等多方面产生影响。因此一般情况下，企业会采取具有一定的连续性、稳定性的股利政策。

（4）盈利的稳定性。盈余相对稳定的企业有可能支付较高的股利，而盈余不稳定的企业一般采用低股利政策。因为盈余不稳定的企业，低股利政策可以减少因盈余下降而造成的股利无法支付、股价急剧下降的风险，还可将更多的盈余用于再投资，以提高企业的权益资本比重，减少财务风险。

（5）资产的流动性。由于股利代表现金流出，企业的现金状况和资产流动性越好，其支付股利的能力就越强。反之，如果企业的资产流动性较差，即使收益可观，也不宜分配过多的现金股利。

（6）筹资成本。与增发普通股相比，保留盈余不需花费实际筹资费用，其资本成本较低，是一种比较经济的筹资渠道。

4. 其他因素

（1）债务契约。一般来说，股利支付水平越高，留存收益越少，企业的破产风险加大，就越有可能损害债权人的利益。因此，为了保证自己的利益不受侵害，债权人通常都会在债务契约、租赁合同中加入关于借款企业股利政策的限制条款。

（2）通货膨胀。通货膨胀会导致货币购买力水平下降，导致固定资产重置资金不足，此时，企业往往不得不考虑留用一定的利润，以便弥补由于购买力下降而造成的固定资产重置资金缺口。因此，在通货膨胀时期，企业一般会采取偏紧的利润分配政策。

【任务操作】

解：①2018年年初未分配利润＝37−100+10×5＝−13（万元）（为以后年度税后利润应弥补的亏损）

2018年应缴纳所得税＝15×25%＝3.75（万元）

2018年税后利润＝15−3.75＝11.25（万元）

企业可供分配的利润＝11.25−13＝−1.75（万元）

因此，不能计提盈余公积金。

②2019年税后利润＝40×（1−25%）＝30（万元）

可供给分配的利润＝30−1.75＝28.25（万元）

计提盈余公积金＝28.25×10%＝2.825（万元）

可供给投资者分配的利润＝28.25−2.825＝25.425（万元）

职业能力训练

一、知识准备训练

（一）单项选择题

1. 不属于利润分配项目的是（　　）。

A. 盈余公积　　B. 公益金　　C. 所得税　　D. 股利额

2. 当公司法定公积达到注册资本的（　　）时，可不再提取盈余公积。

A. 25%　　B. 50%　　C. 80%　　D. 100%

3. 企业在（　　）情况下，才能按本年税后利润计提法定盈余公积金和公益金。

A. 存在年初累计亏损　　B. 本年税后利润与计划相同

C. 本年税后利润与上年相同　　D. 不存在年初累计亏损

4. 法律对利润分配进行超额累积利润限制的主要原因是（　　）。

A. 避免损害少数股东权益　　B. 避免资本结构失调

C. 避免股东避税　　D. 避免经营者从中谋利

5. 经计算有本年盈利的，提取盈余公积金的基数为（　　）。

A. 累积盈余　　B. 本年的税后利润

C. 递减年初累计亏损后的本年净利润　　D. 加计年初未分配利润的本年净利润

（二）多项选择题

1. 下列属于税后利润分配项目的有（　　）。

A. 法定公积金　　B. 法定公益金　　C. 股利支出　　D. 资本公积金

2. 在计算企业利润总额时，应扣除的项目是（　　）。

A. 销售费用　　B. 管理费用　　C. 财务费用　　D. 所得税

（三）判断题

1. 企业不能用资本发放股利，但可以在没有累计盈余的情况下提取盈余公积金。（　　）

2. 提取法定盈余公积金的必要条件是可供分配的利润大于零。（　　）

二、业务操作训练

A 公司年年初未分配利润 350 万元，本年实现盈利 900 万元，没有纳税调整事项，所得税率 33%，按净利润的 15%计提法定盈余公积和公益金，公司实行稳定的股利政策，每股分配现金股利0. 1元，流通在外的普通股总计3 000万股，每股面值 1 元。

任务要求

（1）计算当年的净利润。

（2）计算应提取的法定盈余公积和公益金。

（3）计算当年应分配的现金股利。

（4）分配以后的未分配利润。

职业能力拓展

A 公司2013年亏损 20 万元，2014年盈利 2 万元，2015年盈利 3 万元，2016年盈利 5 万元，2017年盈利 8 万元，2018年盈利 10 万元。假设无纳税调整事项，所得税税率为 25%。

☞思考与分析

（1）2017年是否应缴纳所得税？能否进行利润分配？

（2）2018年是否应缴纳所得税？缴纳多少？是否提取法定盈余公积金和公益金？按 15%的比率计提法定盈余公积金和公益金，应提取多少？

任务三 制定股利分配方案

任务描述

某企业2018年的税后净利润为1 000万元，2019年的投资计划需要资金1 200万元，公司的目标资本结构为权益资本占 60%，债务资本占 40%。要求对以下互不相干的问题予以回答：

（1）若公司采取剩余股利政策，按照公司的目标资本结构确定2018年应发放的股利为多少？

（2）若该公司采用固定股利支付率政策，确定的股利支付率为 40%，则应发放的股利为多少？

（3）若该公司采用固定股利政策，每股0. 5元，则应发放的股利为多少？

（4）若该公司采用低正常股利加额外股利政策，即每年0. 2元/股，当年净利超过 800 万元（含 800 万元）时，可按净利的 10%发放股利，则应发放的股利为多少？

【案例导入】

山东黄金2013年度利润分配实施公告

山东黄金矿业股份有限公司董事会于2014年 7 月 7 日发布如下公告：

一、通过分配方案的股东大会届次和日期

山东黄金矿业股份有限公司（以下简称公司）2013年度利润分配方案已经由2014年 5 月 20 日召开的2014年第一次临时股东大会审议通过，股东大会决议公告刊登于2014年 5 月 21 日的《中国证券报》《上海证券报》、上海证券交易所网站（ww. sse. com. cn）上。

二、2013年度利润分配方案

（一）发放年度：2013年度。

（二）发放范围：截至2014年 7 月 15 日下午 15：00 上海证券交易所收市后，在中国证券登记结算有限责任公司上海分公司（以下简称中登上海分公司）登记在册的本公司全体股东。

（三）分派方案：以2013年 12 月 31 日公司总股本 1 423 072 408 股为基数，向全体股东每 10 股派现金红利 1 元（含税），合计分配现金红利 142 307 240. 80元，剩余未分配利润结转以后年度分配。

（四）所得税代扣代缴说明：……

三、分红派息具体实施日期

（一）股权登记日：2014年 7 月 15 日

（二）除息日：2014年7月16日

（三）现金红利发放日：2014年7月16日

四、分派对象

截至2014年7月15日下午15：00上海证券交易所收市后，在中登上海分公司登记在册的本公司全体股东。

五、分红派息实施办法

……

问题：请简要分析山东黄金矿业股份有限公司2013年度利润分配方案的主要内容，以及股利发放的日程安排情况。

分析：从引例可以看出，山东黄金矿业股份有限公司2013年度利润分配的形式是现金股利，即向全体股东每10股派现金红利1元（含税），股利宣布日为2014年7月7日，股权登记日为2014年7月15日，除息日为2014年7月16日，现金红利发放日为2014年7月16日。股利政策制定在企业财务管理中处于重要地位。

知识准备

一、股利分配政策

股利政策是指在法律允许的范围内，企业是否发放股利、发放多少股利以及何时发放股利的方针及对策。

股利政策的最终目标是使公司价值最大化。股利往往可以向市场传递一些信息，股利的发放多寡、是否稳定、是否增长等，往往是大多数投资者推测公司经营状况、发展前景优劣的依据。因此，股利政策关系公司在市场上、在投资者中间的形象，成功的股利政策有利于提高公司的市场价值。

（一）股利分配理论

企业的股利分配方案既取决于企业的股利政策，又取决于决策者对股利分配的理解与认识，即股利分配理论。股利分配理论是指人们对股利分配的客观规律的科学认识与总结，其核心问题是股利政策与公司价值的关系问题。市场经济条件下，股利分配要符合财务管理目标。人们对股利分配与财务目标之间关系的认识存在不同的流派与观念，还没有一种被大多数人所接受的权威观点和结论，但主要有以下两种较流行的观点。

1. 股利无关论

股利无关论认为，在一定的假设条件限制下，股利政策不会对公司的价值或股票的价格产生任何影响，投资者不关心公司股利的分配。公司市场价值的高低，是由公司所选择的投资决策的获利能力和风险组合所决定的，而与公司的利润分配政策无关。

由于公司对股东的分红只是盈利减去投资之后的差额部分，且分红只能采取派现或股票回购等方式，因此，一旦投资政策已定，那么在完全的资本市场，股利政策的改变就仅仅意味着收益在现金股利与资本利得之间分配上的变化。如果投资者按理性行事，这种改变不会影响公司的市场价值以及股东的财富。该理论是建立在完全资本市场理论之上的，假定条件包括：第一，市场具有强式效率；第二，不存在任何公司或个人所得税；第三，不存在任何筹资费用；第四，公司的投资决策与股利决策彼此独立。

2. 股利相关理论

与股利无关理论相反，股利相关理论认为，企业的股利政策会影响股票价格和公司价值。主要观点有以下几种：

（1）“手中鸟”理论。该理论认为，用留存收益再投资给投资者带来的收益具有较大的不确定性，并且投资的风险随着时间的推移会进一步加大，因此，厌恶风险的投资者会偏好确定的股利收益，而不愿将收益留存在公司内部，去承担未来的投资风险。该理论认为公司的股利政策与公司的股票价格是密切相关的，即当公司支付较高的股利时，公司的股票价格会随之上升，公司价值将得到提高。

（2）信号传递理论。该理论认为，在信息不对称的情况下，公司可以通过股利政策向市场传递有关公司未来获利能力的信息，从而影响公司的股价。一般来讲，预期未来获利能力强的公司，往往愿意通过相对较高的股利支付水平吸引更多的投资者。对于市场上的投资者来讲，股利政策的差异或许是反映公司预期获利能力的有价值的信号。如果公司连续保持较为稳定的股利支付水平，那么投资者对公司未来的盈利能力与现金流量就会抱有乐观的预期。如果公司的股利支付水平突然发生变动，那么股票市价也会对这种变动作出反应。

（3）所得税差异理论。该理论认为，由于普遍存在的税率和纳税时间的差异，资本利得收入比股利收入更有助于实现收益最大化目标，公司应当采用低股利政策。一般来说，对资本利得收入征收的税率低于对股利收入征收的税率；再者，即使两者没有税率上的差异，由于投资者对资本利得收入的纳税时间选择更具有弹性，投资者仍可以享受延迟纳税带来的收益差异。

（4）代理理论。该理论认为，股利政策有助于减缓管理者与股东之间的代理冲突，即股利政策是协调股东与管理者之间代理关系的一种约束机制。该理论认为，股利的支付能够有效地降低代理成本。首先，股利的支付减少了管理者对自由现金流量的支配权，这在一定程度上可以抑制公司管理者的过度投资或在职消费行为，从而保护外部投资者的利益；其次，较多的现金股利发放减少了内部融资，导致公司进入资本市场寻求外部融资，从而公司将接受资本市场上更多的、更严格的监督，这样便通过资本市场的监督减少代理成本。因此，高水平的股利政策降低了企业的代理成本，但同时增加了外部融资成本，理想的股利政策应当使两种成本之和最小。

（二）股利分配政策的类型

股利政策由企业在不违反国家有关法律、法规的前提下，根据本企业具体情况制定。股利政策既要保持相对稳定，又要符合公司财务目标和发展目标。在实际工作中，通常有以下几种股利政策可供选择。

1. 剩余股利政策

剩余股利政策是指公司在有良好的投资机会时，根据目标资本结构，测算出投资所需的权益资本额，先从盈余中留用，然后将剩余的盈余作为股利来分配，即净利润首先满足公司的资金需求，如果还有剩余，就派发股利；如果没有，则不派发股利。剩余股利政策的理论依据是 MM 股利无关理论。根据 MM 股利无关理论，在完全理想状态下的资本市场，公司的股利政策与普通股每股市价无关，故而股利政策只需随着公司投资、融资方案的制定而自然确定。因此，采用剩余股利政策时，公司要遵循如下四个步骤：

（1）设定目标资本结构，在此资本结构下，公司的加权平均资本将达到最低水平。

（2）确定公司的最佳资本预算，并根据公司的目标资本结构预计资金需求中所需增加的权益资本数额。

（3）最大限度地使用留存收益来满足资金需求中所需增加的权益资本数额。

（4）留存收益在满足公司权益资本增加需求后，若还有剩余再用来发放股利。

【例 5-3】某公司2018年税后净利润为1 000万元，2019年的投资计划需要资金1 200万元，公司的目标资本结构为权益资本占 60%，债务资本占 40%。

按照目标资本结构的要求，公司投资方案所需的权益资本数额为：

$$1\ 200\times60\%=720\text{（万元）}$$

公司当年全部可用于分派的盈利为1 000万元，除了满足上述投资方案所需的权益资本数额外，还有剩余可用于发放股利。2018年，公司可以发放的股利额为：

$$1\ 000-720=280\text{（万元）}$$

假设该公司当年流通在外的普通股为1 000万股，那么每股股利为：

$$280\div1\ 000=0.28\text{（元/股）}$$

剩余股利政策的优点是：留存收益优先保证再投资的需要，有助于降低再投资的资金成本，保持最佳的资本结构，实现企业价值的长期最大化。

剩余股利政策的缺陷是：若完全遵照执行剩余股利政策，股利发放额就会每年随着投资机会和盈利水平的波动而波动。在盈利水平不变的前提下，股利发放额与投资机会的多寡呈反方向变动；而在投资机会维持不变的情况下，股利发放额将与公司盈利呈同方向波动。剩余股利政策不利于投资者安排收入与支出，也不利于公司树立良好的形象，一般适用于公司初创阶段。

2. 固定或稳定增长的股利政策

固定或稳定增长的股利政策是指公司将每年派发的股利额固定在某一特定水平或是在此基础上维持某一固定比率逐年稳定增长。公司只有在确信未来应予不会发生逆转时才会宣布实施固定或稳定增长的股利政策。在这一政策下，应首先确定股利分配额，而且该分配额一般不随资金需求的波动而波动。

固定或稳定增长股利政策的优点：①由于股利政策本身的信息含量，稳定的股利向市场传递公司正常发展的信息，有利于树立公司良好的形象，增强投资者对公司的信心，稳定股票的价格。②稳定的股利额有助于投资者安排股利收入和支出，有利于吸引那些打算进行长期投资并对股利有很高依赖性的股东。③稳定的股利政策可能会不符合剩余股利理论，但考虑到股票市场会受多种因素影响（包括股东的心理状态和其他要求），为了将股利维持在稳定的水平上，即使推迟某些投资方案或暂时偏离目标资本结构，也可能比降低股利或股利增长率更为有利。

固定或稳定增长股利政策的缺点：股利的支付与企业的盈利相脱节，即无论公司盈利多少，均要支付固定的或按固定比率增长的股利，这可能会导致企业资金紧缺，财务状况恶化。此外，在企业无利可分的情况下，若依然实施固定或稳定增长的股利政策，也是违反《公司法》的行为。

因此，采用固定或稳定增长的股利政策，要求公司对未来的盈利和支付能力能做出准确的判断。一般来说，公司确定的固定股利额不宜太高，以免陷入无力支付的被动局面。固定或稳定增长的股利政策通常适用于经营比较稳定或正处于成长期的企业，且很难被长期采用。

3. 固定股利支付率政策

固定股利支付率政策是指公司将每年净利润的某一固定百分比作为股利分派给股东。这一百分比通常称为股利支付率，股利支付率一经确定，一般不得随意变更。在这一股利政策下，只要公司的税后利润一经计算确定，所派发的股利也就相应确定了。固定股利支付率越高，公司留存的净利润越少。

固定股利支付率的优点：①采用固定股利支付率政策，股利与公司盈余紧密地配合，体现了“多盈多分、少盈少分、无盈不分”的股利分配原则。②由于公司的获利能力在年度间是经常变动的，因此，每年的股利也应当随着公司收益的变动而变动。采用固定股利支付率政策，公司每年按固定的比例从税后利润中支付现金股利，从企业支付能力的角度看，这是一种稳定的股利政策。

固定股利支付率的缺点：①大多数公司每年的收益很难保持稳定不变，导致年度间的股利额波动较大，由于股利的信号传递作用，波动的股利很容易给投资者带来经营状况不稳定、投资风险较大的不良印象，称为公司的不利因素。②容易使公司面临较大的财务压力。这是因为公司实现的盈利多，并不能代表公司有足够的现金流用来支付较多的股利额。③合适的固定股利支付率的确定难度比较大。

由于公司每年面临的投资机会、筹资渠道都不同，而这些都可以影响公司的股利分派，所以，一成不变地奉行固定股利支付率政策的公司在实际中并不多见，固定股利支付率政策只是比较适用于那些处于稳定发展且财务状况也较稳定的公司。

【例 5-4】某公司长期以来用固定股利支付率政策进行股利分配，确定的股利支付率为30%。2018年税后净利润为1 500万元，如果仍然继续执行固定股利支付率政策，公司本年度将要支付的股利为：

$$1\ 500\times30\%=450\text{（万元）}$$

但公司下一年度有较大的投资需求，因此，准备本年度采用剩余股利政策。如果公司下一年度的投资预算为2 000万元，目标资本结构为权益资本占 60%。按照目标资本结构的要求，公司投资方案所需的权益资本额为：

$$2\ 000\times60\%=1\ 200\text{（万元）}$$

公司2018年可以发放的股利为：

$$1\ 500-1\ 200=300\text{（万元）}$$

4. 低正常股利加额外股利政策

低正常股利加额外股利政策是指公司事先设定一个较低的正常股利额，每年除了按正常股利额向股东发放股利外，还在公司盈余较多、资金较为充裕的年份向股东发放额外股利。但是，额外股利并不固定化，不意味着公司永久地提高了股利支付率。可以用以下公式表示：

$$Y=a+bX$$

式中，Y 为每股股利；X 为每股收益；a 为低正常股利；b 为股利支付比率。

低正常股利加额外股利政策的优点：①赋予公司较大的灵活性，使公司在股利发放上留有余地，并具有较大的财务弹性。公司可根据每年的具体情况，选择不同的股利发放水平，以稳定和提高股价，进而实现公司价值的最大化。②使那些依靠股利度日的股东每年至少可以得到虽然较低但比较稳定的股利收入，从而吸引这部分股东。

低正常股利加额外股利政策的缺点：①由于年份之间公司盈利的波动使得额外股利不断

变化，造成分派的股利不同，容易给投资者收益不稳定的感觉。②当公司在较长时间持续发放额外股利后，可能会被股东误认为“正常股利”，一旦取消，传递出的信号可能会使股东认为这是公司财务状况恶化的表现，进而导致股价下跌。

相对来说，对那些盈利随着经济周期而波动较大的公司或者盈利与现金流量很不稳定时，低正常股利加额外股利政策是一种不错的选择。

【相关链接】

为什么我国上市公司股票股利发放的比例高于国际水平

如果从全球视角考察国外上市公司股利政策的问题，可以发现，派现一直是国外上市公司主要的股利支付方式，然而股票股利的发放却不像我国那样具有普遍性，其原因就在于我国对股票股利的会计处理与国际上通行的做法不同。发放股票股利的会计处理是根据发放的股票股利金额，把未分配利润转入股本与股本溢价。国际上一般按照股票市场价格计算转入金额，而我国则按照股票面值计算。举例说明：某公司已发行股票10 000股，每股面值 1 元，每股市场价格 15 元，计划发放股票股利10 000股（即送股比例为 1∶1）。按照国际通行的做法，公司需要转入150 000（15×10 000）元的未分配利润，而按照我国做法只需要10 000（1×10 000）元。为此，国外的上市公司只有在具备较高盈利水平、较多未分配利润时，才可能具备高比例送股的能力，这就导致了国外公司很少采用股票股利。而我国上市公司之所以能频繁地发放股票股利，与采用面值计算的会计处理规定有着直接的关系。

二、股利支付形式与程序

（一）股利支付形式

股利支付形式可以分为不同的种类，主要有以下四种。

1. 现金股利

现金股利，是以现金支付的股利，它是股利支付最常见的方式。公司选择发放现金股利除了要有足够的留存收益外，还要有足够的现金，而现金充足与否往往会成为公司发放现金股利的主要制约因素。

2. 财产股利

财产股利，是以现金以外的其他资产支付的股利，主要是以公司所拥有的其他公司的有价证券，如债券、股票等，作为股利支付给股东。

3. 负债股利

负债股利，是以负债方式支付的股利，通常以公司的应付票据支付给股东，有时也以发放公司债券的方式支付股利。

财产股利和负债股利实际上是现金股利的替代，但这两种股利支付形式在我国公司实务中很少使用。

4. 股票股利

股票股利，是公司以增发股票的方式所支付的股利，我国实务中通常也称其为“红股”。股票股利对公司来说，并没有现金流出企业，也不会导致公司财产减少，而只是将公司的留存收益转化为股本和资本公积。但股票权利会增加流通在外的股票数量，同时降低股票的每股价值。它不改变公司股东权益总额，但会改变股东权益的构成。

对股东来讲，股票股利的优点主要有：

（1）派发股票股利后，理论上每股市价会成比例下降，但实务中这并非必然结果。因为市场和投资者普遍认为，发放股票股利往往预示着公司会有较大的发展和成长，这样的信息传递会稳定股价或使股价下降比例减少甚至不降反升，股东便可以获得股票价值相对上升的好处。

（2）由于股利收入和资本利得税率的差异，如果股东把股票股利出售，还会给他带来资本利得纳税上的好处。

对公司来讲，股票股利的优点主要有：

（1）发放股票股利不需要向股东支付现金，在再投资机会较多的情况下，公司就可以为再投资提供成本较低的资金，从而有助于公司的发展。

（2）发放股票股利可以降低公司股票的市场价格，既有利于促进股票的交易和流通，又有利于吸引更多的投资者成为公司股东，进而使股权更为分散，有效地防止公司被恶意控制。

（3）股票股利的发放可以传递公司未来发展前景良好的信息，从而增强投资者的信心，在一定程度上稳定股票价格。

（二）股利支付程序

公司股利的发放必须遵守相关的要求，按照日程安排来进行。一般情况下，先由董事会提出分配预案，然后提交股东大会决议通过才能进行分配。股东大会决议通过分配预案后要向股东宣布发放股利的方案，并确定股权登记日、除息日和股利发放日。

（1）股利宣告日，即股东大会决议通过并由董事会将股利支付情况予以公告的日期。公告中将宣布每股应支付的股利、股权登记日、除息日以及股利支付日。

（2）股权登记日，即有权领取本期股利的股东资格登记截止日期。凡是在此指定日期收盘之前取得公司股票，成为公司在册股东的投资者都可以作为股东享受公司分派的股利。在这一天之后取得股票的股东则无权领取本次分派的股利。

（3）除息日，即领取股利的权利与股票分离的日期。在除息日之前购买的股票才能领取本次股利，而在除息日当天或是以后购买的股票，则不能领取本次股利。由于失去了“付息”的权利，除息日的股票价格会下跌。

（4）股利发放日，即公司按照公布的分红方案向股权登记在册的股东实际支付股利的日期。

【例 5-5】某上市公司于2018年 4 月 10 日公布2017年度的最后分红方案，其公告如下：“2018年 4 月 9 日在北京召开的股东大会，通过了董事会关于每股分派0. 15元的2017年股息分配方案。股权登记日为 4 月 25 日，除息日为 4 月 26 日，股东可在 5 月 10 日至 25 日之间通过深圳交易所按交易方式领取股息。特此公告。”

该公司的股利支付程序如图 5-7 所示。

图 5-7　股利支付程序

理财小知识

红利、红股、转增股、配股

红利，包括现金红利和股票红利两种形式，其分配来源是企业当年和以往年度的未分配利润。现金股利是向投资者发放现金作为其投资的回报，分配现金股利后，股份制企业的未分配利润减少，股东权益等额减少，股票价格会有一定程度的下降，股东资金账户的资金增加。红股即股票股利。转增股是指将企业的公积金转化为股本的形式。转增股后，企业的所有者权益总额未发生变化，只是股本总额增加，股数增加。股东拥有的股票数虽然增加了，但股价往往会同比例下降，因此对股东财富不会产生实质性影响。配股是股份公司的老股东可以根据原持有股数的一定比例按照配股价购买股份公司新发行的股票，配股价通常低于市场价。配股本身不是分红，而是一种筹资方式，是上市公司的一次股票发行行为，公司股东可以自由选择是否购买所配售的股票。

【职业道德与企业伦理】

浙江众成高分红高配送为谁忙？

案例背景：

2014年4月18日晚间，浙江众成（002 522）披露的2013年年报显示：报告期内，公司实现营业收入5.06亿元，同比增长11.58%；归属于上市公司股东的净利润为7 324元，同比下降28.27%。同时，公司拟向全体股东每10股派发现金红利3元（含税），以资本公积金向全体股东每10股转增10股。

事实上，2014年浙江众成开年不利，公司一季度业绩亏损加剧。浙江众成预计2014年一季度实现归属于上市公司股东的净利润为552.79万元至1 105.58万元，同比下降40%至70%。

浙江众成解释称，随着新生产线投产，公司2014年一季度固定资产折旧费用、成本增加以致降低了综合毛利率。同时，人民币升值导致公司采购的进口原材料的价格上涨，美国子公司费用增加以及研发费用增加。

其实，浙江众成上市三年来股价“跌跌不休”，募集项目效益远不及当初承诺，净利润回报率也是每况愈下。公司财务报表显示，浙江众成2010-2013年9月底净利润增长率分别为51.73%、38.79%、-1.05%和-29.74%。

除了业绩下滑外，浙江众成资金链也异常紧张。据公告，2014年1月9日，浙江众成以总股本1.71亿股为基数，按照每10股配3股的比例向全体股东配售，共计配股总数量5 120万股。浙江众成本次配股价格为6.25元/股，是刊登配股发行公告前20个交易日公司股票均价的42.38%。拟募集资金总额不超过3.3亿元，将全部用于补充公司流动资金。

值得关注的是，在浙江众成披露年报时，公司拟向全体股东每10股派发现金红利3元（含税），以资本公积金向全体股东每10股转增10股。

令市场不解的是，浙江众成上市三年，伴随着募投项目陆续完工，公司盈利能力却每况愈下，而现金分红大幅攀升。

据本报记者查阅公告统计，浙江众成最近三年现金股利情况，2010年每10股派2元，分红金额2 133.40万元，净利润7 434.62万元，分红占比28.70%；2011年每10股派3元，分红金额5 120.16万元，净利润10 318.80万元，分红占比49.62%；2012年每10股派8元，分红金额13 653.76万元，净利润10 210.48万元，分红占比竟然高达133.72%；2013年每10股派3元，分红金额6 630万元，净利润为7 324元，分红占比90.52%以上。

浙江众成每年递增的高比例现金分红，意欲何为？

据记者统计得知，自2010年上市三年以来大股东陈大魁光分红就在1.2亿元以上。其中2012年公司现金分红方案备受市场质疑，大股东陈大魁拿走54.80%（约7 482万元），当年公司净利润也才10 210.48万元。如果加上陈大魁持有第三股东嘉善众嘉46.083%的股权，陈大魁的现金分红将更多。

“浙江众成上市后，净利润大幅下滑，但是公司不忘高额现金分红，尤其是在2013年负债剧增、业绩下滑的背景下，2012年公司分红竟然比净利润还多。”长江证券分析师对记者表示。

此外，浙江众成还涉及高配送。在公司资金链紧张的情况下，2014年还通过配股融资3亿元补充流动资金，此次高配送意欲何为？

北京某投资公司负责人对本报记者表示，“不排除公司的大股东或一些战略投资者准备抛售股票，因为浙江众成高配送后股价会涨上去，2014年刚配股的股东抛股票也可以卖个好价钱”。

据本报记者了解，2014年1月20日浙江众成披露配股发行结果，公司此次配股获得有效认购5 014.86万股，占可配股份的97.94%，超过了拟配售数量的70%，此次配股发行成功，其中参与配股机构资金甚多——前十大股东中半数是机构。

（资料来源：业绩大幅下滑浙江众成高分红高配送为谁忙。）

问题：浙江众成公司为何在净利润逐年递减的情况下，每年还高额分配现金股利？

分析：现金股是上市公司向股东分配利润最常见的一种方式。发放现金股利将同时减少公司资产负债表上的留存收益和现金，所以公司选择支付现金股利时，除了要有足够的留存收益外，还要有充足的现金，而充足的现金往往成为公司发放现金股利时的主要制约因素。而浙江众成公司上市后，净利润每年大幅下滑，但是公司每年仍然进行高额现金分红。该公司这样做损害了中小股东利益，违背了职业道德和企业伦理。

【任务操作】

解：

（1）按照目前资本结构的要求，公司投资方案所需的权益资本额为：

$$1\ 200\times60\% = 720\text{（万元）}$$

公司当年全部可用于分派的盈利为1 000万元，除了可以满足上述投资方案所需的权益性资本额以外，还有剩余可以用于分派股利。2018年可以发放的股利额为：

$$1\ 000-720 = 280\text{（万元）}$$

（2）该公司执行固定股利支付率政策，公司本年度将要支付的股利为：

$$1\ 000\times40\% = 400\text{（万元）}$$

公司下一年度的投资预算为1 200万元，目标资本结构为权益资本占60%，债务资本占40%。按照目标资本结构的要求，公司投资方案所需的权益资本额为：

$$1\ 200\times60\% = 720\text{（万元）}$$

2018年可以发放的股利额为400万元，则2019年对外权益筹资为：

$$720-（1\ 000-400） = 120\text{（万元）}$$

（3）若该公司按固定股利政策，则 2018 年可以发放股利为：

$$1\ 000\times0.5=500\text{（万元）}$$

为实现该公司 2019 年的投资任务，则该公司 2019 年对外权益筹资额为：

$$720-（1\ 000-500）=220\text{（万元）}$$

（4）该公司若采用低正常股利加额外股利政策，2018 年可以发放的股利为：

$$1\ 000\times0.2=200\text{（万元）}$$

又因为，该公司 2018 年净利为1 000万元，超过 800 万元的标准，还可以按净利的 10%发放股利，即：

$$1\ 000\times10\%=100\text{（万元）}$$

该公司 2018 年应共发放股利为 300 万元。

职业能力训练

一、知识准备训练

（一）单项选择题

1. 极易造成股利的支付与企业盈余相脱节的股利政策是（　　）。
A. 固定股利政策　　B. 剩余股利政策
C. 固定股利支付率政策　　D. 正常股利加额外股利政策

2. 体现“多盈多分”“少盈少分”股利政策的是（　　）。
A. 剩余股利政策　　B. 固定股利政策
C. 固定股利支付率政策　　D. 正常股利加额外股利政策

3. 支付股票股利（　　）。
A. 会减少所有者权益　　B. 会增加所有者权益
C. 不会变动所有者权益总额　　D. 企业必须要有足够的现金

4. 股利决策涉及面很广，其中最主要的是确定（　　），它会影响公司的报酬率的风险。
A. 股利支付方式　　B. 股利支付日期
C. 股利支付比率　　D. 股利政策确定

（二）多项选择题

1. 财务管理中常用的股利政策有（　　）。
A. 剩余股利政策　　B. 固定股利政策
C. 浮动股利政策　　D. 固定股利支付率政策

2. 为吸引机构投资者，企业应采用的股利政策是（　　）。
A. 剩余股利政策　　B. 稳定股利政策
C. 固定股利支付率政策　　D. 正常股利加额外股利政策

3. 从企业的角度看，制约股利分配的因素有（　　）。
A. 控制权稀释　　B. 筹资能力大小
C. 盈利变化　　D. 未来投资机会

4. 股利支付方式中，目前在我国公司实务中很少使用，但并非法律所禁止的有（　　）。
A. 现金股利　　B. 财产股利
C. 负债股利　　D. 股票股利

5. 企业发放股票股利的意义在于（　　）。

A. 企业盈利的资本化　　B. 可节约企业的现金

C. 会增加所有者权益　　D. 会使企业财产价值增加

6. 主要依靠股利维持生活的股东和养老基金管理人赞成的股利政策是（　　）。

A. 剩余股利政策　　B. 固定股利政策

C. 正常股利加额外股利政策　　D. 固定股利比率政策

7. 支付股票股利（　　）。

A. 实际是向投资者再融资的一种方式

B. 只涉及所有者权益的内部调整

C. 不改变所有者权益总额

D. 只对企业有好处，对股东没好处

（三）判断题

1. 剩余股利政策是指企业有税后利润就分配，没有税后利润就不分配的利润分配政策。（　　）

2. 发放股票股利后会使得每股利润和每股市价下降。（　　）

3. 根据“无利不分”原则，当企业出现年度亏损时，一定不得分配利润。（　　）

4. 在除息日之前，股利权从属于股票；从除息日开始，新购入股票的人不能分享本次已宣告发放的股利。（　　）

5. 成长中的企业，一般采用低股利政策；处于经营收缩期的企业，则可能采用高股利政策。（　　）

二、业务操作训练

【背景资料 1】

某企业目前的资产负债率是 40%，今年实现税后利润1 000万元。明年的投资预计需要增加1 200万元。如采取剩余股利政策，明年仍保持今年的资本结构不变。

任务要求

（1）计算明年增加的投资中有多少用今年的留存收益满足。

（2）计算今年可发放的股利额。

【背景资料 2】

A 公司 2018 年年初所有者权益总额为150 000万元，其中股本50 000万元（每股面值 1 元），资本公积金60 000万元，盈余公积金25 000万元，未分配利润15 000万元。2018 年实现净利润15 000万元，按净利润的 15%提取法定盈余公积金和公益金，决定每 10 股发放股票股利 1 股，并按发放股票股利后的股本发放现金股利，每股0. 1元，A 公司股票市价 2 元。

任务要求

（1）计算提取的盈余公积和公益金。

（2）计算发放的现金股利总额。

（3）计算分配后的所有者权益结构。

【背景资料 3】

淮海公司 2018 年税后利润总额为 240 万元，2019 年的投资计划资金需要额度为 210 万元，公司的目标资本结构是维持自有资金和借入资金的比例（2∶1）。公司采用剩余股利政策，筹资的优先顺序是留存利润、借款和增发股份。

任务要求

确定公司应分配股利。

【背景资料 4】

淮海公司 2018 年支付股利 255 万元，过去的 10 年间该公司盈利按固定的 10%速度持续增长，2018 年税后利润为 870 万元。2019 年预计盈利1 381万元，投资总额为1 000万元，预计 2019 年以后仍会恢复 10%的增长率。公司如采用不同的股利政策，请分别计算 2019 年的股利。

任务要求

（1）股利按盈利的长期增长率稳定增长。

（2）维持 2018 年的股利支付率。

（3）采用剩余股利政策（投资1 000万元中 30%以负债融资）。

（4）2019 年的投资 30%用外部股权融资，30%用负债，40%用保留盈余，未投资盈余用于发放股利。

【背景资料 5】

淮海实业股份有限公司今年年底的所有者权益总额为9 000万元，普通股6 000万股。目前的资本结构为长期负债占 55%，所有者权益占 45%，没有需要付息的流动负债。该公司的所得税税率为 25%。预计继续增加长期债务不会改变目前 11%的平均利率水平。

董事会在讨论明年资金安排时提出：

（1）计划年度分配现金股利0. 05元/股。

（2）为新的投资项目筹集4 000万元的资金。

（3）计划年度维持目前的资本结构，并且不增发新股，不举借短期借款。

任务要求

测算实现董事会上述要求所需要的息税前利润。

【背景资料 6】

A 公司年初未分配利润 350 万元，本年实现盈利 900 万元，没有纳税调整事项，所得税税率 33%，按净利润的 15%计提法定盈余公积金和公益金，公司实行稳定的股利政策，每股分配现金股利0. 1元，流通在外的普通股总计3 000万股，每股面值 1 元。

任务要求

（1）计算当年的净利润。

（2）计算应提取的法定盈余公积金和公益金。

（3）计算当年应分配的现金股利。

（4）分配以后的未分配利润。

【背景资料 7】

某公司年初未分配利润 500 万元，当年实现净利润1 500万元，按 10%提取法定盈余公积，5%提取公益金，计划明年开发一个项目，所需资金2 000万元。

任务要求

若要保持资产负债率为 45%的资本结构，当年能否发放现金股利？需从外部筹措多少资金？

职业能力拓展

【背景资料 1】

宜宾五粮液股份有限公司2008年度分配方案实施公告

本公司及董事会全体成员保证信息披露的内容真实、准确、完整，没有虚假记载、误导性陈述或重大遗漏。

一、通过分配方案的股东大会届次和日期

宜宾五粮液股份有限公司（下称“公司”或“本公司”）2008年度分配方案已经2009年4月3日召开的2008年度股东大会审议通过，股东大会决议公告已于2009年4月4日刊登在《中国证券报》和巨潮资讯网。

二、分配方案

公司2008年度分配方案为：以公司现有总股本3 795 966 720股为基数，向全体股东每10股派现金0.50元（含税，扣税后，个人股东、投资基金、合格境外投资者实际每10股派现金0.45元）。对于其他非居民企业，本公司未代扣代缴所得税，由纳税人在所得发生地缴纳。

三、股权登记日、除息日

股权登记日：2009年5月8日。

除息日：2009年5月11日。

四、分红派息对象

本次分红派息对象为，截至2009年5月8日下午深圳证券交易所收市后，在中国证券登记结算有限责任公司深圳分公司登记在册的本公司全体股东。

五、分红派息方法

（1）本公司此次委托中国证券登记结算有限责任公司深圳分公司代派的股息于2009年5月11日通过股东托管证券公司（或其他托管机构）直接划入其资金账户。

（2）本公司高管锁定股份的股息由本公司直接派发。

六、咨询办法

（1）咨询机构：公司董事会办公室。

（2）电话：0831-3567000、3566858。

（3）传真：0831-3555958。

七、备查文件

公司2008年度股东大会决议、决议公告。

特此公告。

宜宾五粮液股份有限公司
董事会
2009年4月30日

思考与分析

（1）结合本案例，谈谈股利分配过程中依次经过的几个日期。

（2）发放现金股利的基本条件是什么？

（3）资本公积金转增股本与发放股票股利有区别吗？为什么？

（4）股票股利对企业和股东各有什么好处？对股东财富有何影响？

（5）发放股票股利能否改变企业的财产价值和股东的股权结构？

（6）你对该公司2008年的股利政策作何评价？

（7）搜集该公司以往的股利政策资料，与2008年有何区别？原因何在？

【背景资料 2】

股利分配案例分析

用友公司是民营软件企业冲击资本市场的领跑者，早在 1998 年年底，用友董事会正式启动用友上市计划，并且通过了科技部和中科院对高新技术企业的“双高认证”，加快了上市的步伐。2001 年 3 月 16 日，股票发行改革为核准制，用友有幸成为第一家按核准制要求发行股票的企业，并于 4 月 10 日发布招股说明书。由北京用友科技有限公司、北京用友企业管理研究所有限公司、上海用友科技投资管理有限公司、南京益倍管理咨询有限公司、山东优富信息咨询有限公司出资7 500万元作为发起人认购用友 75%的股票。2001 年 4 月 23 日，用友软件以发行价36. 68元、市盈率64. 35倍在上海证券交易所成功发行后，实际募集资金91 700万元，其中股本溢价高达883 072 553元。发行前，每股净资产1. 12元，发行后高达9. 71元（扣除发行费用后）。同年 5 月 18 日，用友在上交所上市，当年股价就突破百元，换手率高达85. 6%，成交2 140万股，成交总额为17. 36亿元，最终收盘价为 92 元。用友是首家核准制下发行并上市的股票，是发行价最高的股票，也是新股上市首日开盘价最高的股票，这与在我国香港上市的深圳金蝶公司形成了鲜明的对比，制造了轰动一时的“用友神话”。

从 2001 年上市以来，用友每年都交给股东一份漂亮的年报。主营业务收入保持1. 2亿元的年增长速度；净利润基本维持在7 000万元左右；总资产以每年0. 5亿元的速度扩容；同时还保持着较低的财务杠杆率，其负债率不超过 10%。但随之而来的却是令流通股为之惊愕的董事会关于高现金股利分红方案（表 5-1），尤其是上市当年几乎将当年所有的盈余发放给股东，随后几年仍然保持着较高的股利支付率。虽然在流通股股东中引起了轩然大波，各大媒体也纷纷发表负面的评论，但是在股东大会上，并没有太多的中小股东出席，由于股权比较集中，分红方案没有任何悬念地通过了。

表 5-1　用友公司分红方案

分红年度	分红方案（元）	股利支付率（%）
2 001	10 派 6	99. 80
2 002	10 转增 2 股派 6	77. 06
2 003	10 转增 2 股派3. 75	70. 67
2 004	10 转增 2 股派3. 20	78. 03

☞思考与分析

根据上述资料分析用友软件高派现的原因有哪些？

【背景资料 3】

股利政策案例分析

武陵股份有限公司，创办于 20 世纪 80 年代，是当地最大的饮料企业，总股本1 500

万股。

在生产经营过程中，最初由于当时的饮品包装多为玻璃瓶式，不易运输，外地饮品较难打入本地市场，武陵公司借助地利人和，在本地市场中一直占有较高的市场优势，经营业绩一直稳步上升。经股东大会决议，公司制定了固定股利政策，即每年每股发放0.2元现金股利。

随着市场经济的不断深化，我国饮品市场发展越来越迅猛，国际国内市场一体化趋势在饮品市场尤为明显，一些国际国内知名的饮品，如可口可乐、百事可乐等，不断涌入本土市场，饮品行业竞争日益激烈，武陵饮品公司的市场占有率不断降低，经营业绩也逐步下降。公司管理人员对此忧心忡忡，认为应对公司的各个方面进行重新评价定位，当然也包括股利政策方面。公司拟于2000年1月15日召开董事会会议，要求公司的总会计师提出新的股利分配政策方案，以供董事会议讨论。

☞思考与分析

（1）武陵公司目前采用的是哪种股利政策？这种股利政策与其他股利政策相比，主要有什么优缺点？

（2）你认为公司是否应该进行股利政策的调整？如果调整，应采用何种股利政策较合适？

模块六 财务分析

职业能力目标

知识目标

1. 掌握财务分析的方法。
2. 掌握偿债能力分析指标的计算和应用。
3. 掌握营运能力分析指标和获利能力指标的计算和应用。
4. 掌握财务综合分析的基本原理与思路。
5. 掌握杜邦财务分析体系的方法。
6. 掌握财务综合分析报告的编制方法。

技能目标

1. 能够运用财务综合分析的方法，对企业的财务状况进行综合分析和评价。
2. 能够根据企业的财务会计报表资料，分析与评价企业的偿债能力、营运能力、盈利能力。
3. 能根据财务综合分析的内容编写财务分析报告。

项目导航

2018年1月，王某作为公司财务经理，需要对公司2017年财务状况进行分析，以确定公司以前的经营状况及预测未来的前景。那么，王某在对公司财务状况进行分析时，应建立在什么基础上？同时，又应从哪些方面以及如何对公司财务状况进行分析？本模块将以五个任务来分别介绍这些内容。

【案例导入】

贵州茅台2013年年报分析

贵州茅台酒股份有限公司（以下简称贵州茅台）主营贵州茅台酒系列产品的生产和销售，同时进行饮料、食品、包装材料的生产和销售，防伪技术开发，信息产业相关产品的研制、开发。

贵州茅台2013年总资产比2012年增加了10 455 941 723.59元，上升了23.24%，说明该公司2013年资产规模有所扩大。进一步分析可以发现流动资产增加5 706 506 820.35元，上升幅度为15.75%，使总资产规模上升12.68%，说明总资产规模上升主要是由于流动资产规模扩大引起的。特别是货币资金增加3 123 009 481.51元，上升幅度为14.16%，使总资产规模上升6.94%，说明公司资产流动性，特别是货币资金的变现能力上升特别大。

贵州茅台2013年实现净利润159.65亿元，比2012年增加19.57亿元，上升率为13.97%。净利润增加主要是由利润总额比2012年增加27.32亿元引起的，由于所得税比2012年也增加了7.75亿元，二者相抵，导致净利润增加19.57亿元。

贵州茅台2013年利润总额为214.32亿元，比2012年增加27.32亿元。关键原因是公司营业利润增加29.61亿元，其中营业外收入增加0.26亿元，营业外支出增加2.55亿元，增减因素相抵，导致利润总额增加。

贵州茅台2013年营业收入比2012年增加44.67亿元，增长率为16.89%，同时营业成本也增加了1.50亿元，增加率为7.34%，税金及附加也增加了2.18亿元，增加率为8.47%，销售费用、管理费用分别增加6.33亿元和6.31亿元，增长率分别为51.67%和28.63%，幅度较大，可见营销及管理难度有所增加。

（资料来源：贵州茅台酒股份有限公司财务报表分析。）

问题：财务分析能够为相关利益者提供哪些信息？

从引例可以看出，财务分析可以为企业所有者、企业债权人、企业经营决策者和政府等相关利益者提供信息。财务分析能够为相关利益者提供包括企业财务状况、企业盈利能力、企业资产管理水平、企业成本费用水平和企业未来发展能力等方面的信息。财务分析是企业财务管理的重要内容和基本手段之一，它是人们认识、了解财务活动最根本的手段之一。

任务一 财务指标分析与偿债能力分析

任务描述

A企业2018年12月31日有关资产负债表和2018年有关利润表如表6-1、表6-2所示。

表6-1 资产负债表

编制单位：A企业 2018年12月31日 单位：万元

资 产	年初数	年末数	负债及所有者权益	年初数	年末数
流动资产：			流动负债合计	1 100	1 500
货币资金	125	250	非流动负债合计	2 900	3 800
交易性金融资产	60	30	负债合计	4 000	5 300
应收账款	995	1 990	所有者权益合计	4 400	4 700
应收票据	55	40			
预付账款	20	60			
其他应收款	110	110			
存货	1 630	595			

续表

资　产	年初数	年末数	负债及所有者权益	年初数	年末数
待摊费用	55	200			
一年内到期的非流动负债	0	225			
流动资产合计	3 050	3 500			
长期资产合计	5 350	6 500			
资产合计	8 400	10 000	负债及所有者权益合计	8 400	10 000

表 6-2　　利　润　表

编制单位：A 企业　　2018年　　单位：万元

项　目	上年实际	本年数
一、营业收入	14 250	15 000
减：营业成本	12 515	13 220
营业税金及附加	140	140
销售费用	100	110
管理费用	200	230
财务费用	480	550
二、营业利润	815	750
加：投资收益	200	100
营业外收入	185	100
减：营业务支出	25	100
三、利润总额	1 175	1 000
减：所得税	415	360
四、净利润	760	640

任务要求

根据 A 企业的资产负债表和利润表，分析 A 企业的偿债能力情况。

知识准备

【案例导入】

中国石油行业分析与发展趋势预测报告

2012年以来，我国石油行业生产总体运行平稳，主要产品产量均保持低速增长。由于消费需求增长缓慢，成品油消费增速低于预期。2012年全国原油加工量的产量达4.679亿吨，同比增长3.73%。2013年，我国原油产量2.082 5 亿吨，同比增长1.7%；原油加工量4.439 8 亿吨，同比增长6.9%。2014年 1~4 月，我国原油产量 6 847 万吨，同比增长 0.3%；原油加工量 15 019 万吨，增长 4.0%

自从 1993 年中国首度成为石油净进口国以来，其原油对外依存度一路攀升，到2006年突破 45%，2009年突破 50%警戒线，2013年达到57.39%。现阶段，国内市场对石油的消费需求量不断增长，而石油增产空间有限，中国对进口石油的高依存度将长期存在。

从石油的生产来看，目前中国东部油田在减产，西部发展比预期慢，海洋油田产量仍较低，因此中国石油产量不可能大幅增长。中国原油产量将呈现缓慢上升趋势，未来国内石油供应主要依靠西部油田和海上油田的增产以及老油田的稳产。我国石油工业将向油气并重的方向发展，而保障国家石油安全的战略也将从单纯的“开源”向“开源”与“节流”并重的方向转变。

中国产业研究报告网发布的《2014—2019年中国石油行业分析与发展趋势预测报告》共十三章。首先概述了石油产业相关内容，接着分析了中国石油产业运行的现状，然后介绍了中国石油区域市场运行动态、中国石油行业竞争格局。随后，报告对中国石油行业做了重点企业经营状况分析，最后分析了中国石油行业发展前景与投资战略。

（资料来源：2014—2019年中国石油行业分析与发展趋势预测报告。）

问题：中国石油行业分析与发展趋势预测报告的主要观点是什么？

从引例可以看出，中国石油行业分析与发展趋势预测报告的主要观点认为，2012年以来，中国石油行业生产总体运行平稳，主要产品产量均保持低速增长。国内市场对石油的消费需求量不断增长，而石油增产空间有限，中国对进口石油的高依存度将长期存在。中国石油工业将朝油气并重的方向发展。进行财务分析采用的方法主要有趋势分析法、比率分析法和因素分析法。学完下面内容，将为你提供相关方面分析问题、解决问题的思路和方法。

一、财务分析与评价概述

（一）财务分析的意义和内容

财务分析是根据企业财务报表等信息资料，采用专门方法，系统分析和评价企业财务状况、经营成果以及未来发展趋势的过程。

财务分析以企业财务报告及其他相关资料为主要依据，对企业的财务状况和经营成果进行评价和剖析，反映企业在运营过程中的利弊得失和发展趋势，从而为改进企业财务管理工作和优化经济决策提供重要财务信息。

1. 财务分析的意义

财务分析对不同的信息使用者具有不同的意义。具体来说，财务分析的意义主要体现在以下几个方面：

（1）可以判断企业的财务实力。通过对资产负债表和利润表有关资料进行分析，计算相关指标，可以了解企业的资产结构和负债水平是否合理，从而判断企业的偿债能力、营运能力及获利能力等财务实力，揭示企业在财务状况方面可能存在的问题。

（2）可以评价和考核企业的经营业绩，揭示企业财务活动存在的问题。通过指标的计算、分析和比较，能够评价和考核企业的盈利能力和资产周转状况，揭示其经营管理的各个方面和各个环节问题，找出差距，得出分析结论。

（3）可以挖掘企业潜力，寻求提高企业经营管理水平和经济效益的途径。企业进行财务分析的目的不仅是发现问题，更重要的是分析问题和解决问题。通过财务分析，应保持和进一步发挥生产经营管理中成功的经验，对存在的问题应提出解决的策略和措施，以达到扬长避短、提高经营管理水平和经济效益的目的。

（4）可以评价企业的发展趋势。通过各种财务分析，可以判断企业的发展趋势，预测其生产经营的前景及偿债能力，从而为企业领导层进行生产经营决策、投资者进行投资决策和债权人进行信贷决策提供重要的依据，避免因决策错误给其带来重大损失。

2. 财务分析的内容

财务分析信息的需求者主要包括企业所有者、企业债权人、企业经营决策者和政府等。不同主体出于不同的利益考虑，对财务分析信息有着各自不同的要求。

（1）企业所有者作为投资人，关心其资本的保值和增值状况，因此较为重视企业获利能力指标，主要进行企业盈利能力分析。

（2）企业债权人因不能参与企业剩余收益分享，首先关注的是其投资的安全性，因此更重视企业偿债能力指标，主要进行企业偿债能力分析，同时也关注使企业盈利的能力分析。

（3）企业经营决策者必须对企业经营理财的各个方面，包括运营能力、偿债能力、获利能力及发展能力的全部信息予以详尽的了解和掌握，主要进行各方面综合分析，并关注企业财务风险和经营风险。

（4）政府兼具多重身份，既是宏观经济管理者，又是国有企业的所有者和重要的市场参与者，因此政府对企业财务分析的关注点因所具身份不同而异。

尽管不同企业的经营状况、经营规模、经营特点不同，但是作为运用价值形式进行的财务分析，归纳起来其分析的内容为偿债能力分析、营运能力分析、获利能力分析、发展能力分析和综合能力分析五个方面。

（二）财务分析的方法

1. 比较分析法

比较分析法，是通过对比两期或连续数期财务报告中的相同指标，确定其增减变动的方向、数额和幅度，来说明企业财务状况或经营成果变动趋势的一种方法。采用这种方法，可以分析引起变化的主要原因、变动的性质，并预测企业未来的发展趋势。

比较分析法的具体运用主要有重要财务指标的比较、会计报表的比较和会计报表项目构成的比较三种方式。

（1）重要财务指标的比较。这种方法是指将不同时期财务报告中的相同指标或比率进行纵向比较，直接观察其增减变动情况及变动幅度，考察其发展趋势，预测其发展前景。不同时期财务指标的比较主要有以下两种方法：

①定基动态比率，是以某一时期的数额为固定的基期数额而计算出来的动态比率。其计算公式为：

$$\text{定基动态比率}=\frac{\text{分析期数额}}{\text{固定基期数额}}\times 100\%$$

②环比动态比率，是以每一分析期的数据与上期数据相比较计算出来的动态比率。其计算公式为：

$$\text{环比动态比率}=\frac{\text{分析期数额}}{\text{前期数额}}\times 100\%$$

（2）会计报表的比较。这是指将连续数期的会计报表的金额并列起来，比较各指标不同期间的增减变动金额和幅度，据以判断企业财务状况和经营成果发展变化的一种方法。具体包括资产负债表比较、利润表比较和现金流量表比较等。

（3）会计报表项目构成的比较。这种方法是在会计报表比较的基础上发展而来的，是以会计报表中的某个总体指标作为100%，再计算出各组成项目占该总体指标的百分比，从而比较各个项目百分比的增减变动，以此来判断有关财务活动的变化趋势。

采用比较分析法时，应当注意以下问题：①用于对比的各个时期的指标，其计算口径必须保持一致；②应剔除偶发性项目的影响，使分析所利用的数据能反映正常的生产经营状况；③应运用例外原则对某项有显著变动的指标作重点分析，研究其产生的原因，以便采取对策，趋利避害。

2. 比率分析法

比率分析法是通过计算各种比率指标来确定财务活动变动程度的方法。比率指标的类型主要有构成比率、效率比率和相关比率三类。

（1）构成比率。构成比率又称结构比率，是某项财务指标的各组成部分数值占总体数值的百分比，反映部分与总体的关系。其计算公式为：

$$构成比率=\frac{某个组成部分数值}{总体数值}\times 100\%$$

比如，企业资产中流动资产、固定资产和无形资产占资产总额的百分比（资产构成比率），企业负债中流动负债和长期负债占负债总额的百分比（负债构成比率）等。利用构成比率，可以考察总体中某个部分的形成和安排是否合理，以便协调各项财务活动。

（2）效率比率。效率比率，是某项财务活动中所费与所得的比率，反映投入与产出的关系。利用效率比率指标，可以进行得失比较，考察经营成果，评价经济效益。

比如，将利润项目与销售成本、销售收入、资本金等项目加以对比，可以计算出成本利润率、销售利润率和资本金利润率指标，从不同角度观察比较企业获利能力的高低及其增减变化情况。

（3）相关比率。相关比率是以某个项目和与其有关但又不同的项目加以对比所得的比率，反映有关经济活动的相互关系。利用相关比率指标，可以考察企业相互关联的业务安排得是否合理，以保障经营活动顺畅进行。

比如，将流动资产与流动负债进行对比，计算出流动比率，可以判断企业的短期偿债能力；将负债总额与资产总额进行对比，可以判断企业的长期偿债能力。

采用比率分析法时，应当注意以下几点：①对比项目的相关性；②对比口径的一致性；③衡量标准的科学性。

3. 因素分析法

因素分析法是依据分析指标与其影响因素的关系，从数量上确定各因素对分析指标影响方向和影响程度的一种方法。

因素分析法具体有两种：连环替代法和差额分析法。

（1）连环替代法。连环替代法是将分析指标分解为各个可以计量的因素，并根据各个因素之间的依存关系，顺次用各因素的比较值（通常为实际值）替代基准值（通常为标准值或计划值），据以测定各因素对分析指标的影响。

【例6-1】某企业2018年10月某种原材料费用的实际数是4 620元，而其计划数是4 000

元。实际比计划增加 620 元。由于原材料费用是由产品产量、单位产品材料消耗量和材料单价三个因素的乘积组成，因此就可以把材料费用这一总指标分解为三个因素，然后逐个来分析它们对材料费用总额的影响程度。现假设这三个因素的数值如表 6-3 所示。

表 6-3 材料费用指标分解

项　目	计划数	实际数
产品产量（件）	100	110
单位产品材料消耗量（千克）	8	7
材料单价（元）	5	6
材料费用总额（元）	4 000	4 620

根据表 6-3 资料，材料费用总额实际数较计划数增加 620 元。运用连环替代法，可以计算各因素变动对材料费用总额的影响。

计划指标：100×8×5＝4 000（元）①

第一次替代：110×8×5＝4 400（元）②

第二次替代：110×7×5＝3 850（元）③

第三次替代：110×7×6＝4 620（元）④

实际指标：

②-①＝4 400-4 000＝400（元）产量增加的影响

③-②＝3 850-4 400＝-550（元）材料节约的影响

④-③＝4 620-3 850＝770（元）价格提高的影响

400-550+770＝620（元）全部因素的影响

（2）差额分析法。差额分析法是连环替代法的一种简化形式，是利用各个因素的比较值与基准值之间的差额来计算各因素对分析指标的影响。

【例 6-2】仍用【例 6-1】中的资料。可采用差额分析法计算确定各因素变动对材料费用的影响。

①由于产量增加对财务费用的影响：（110-100）×8×5＝400（元）

②由于材料消耗节约对材料费用的影响：（7-8）×110×5＝-550（元）

③由于价格提高对材料费用的影响：（6-5）×110×7＝770（元）

采用因素分析法时，必须注意以下问题：①因素分解的关联性。构成经济指标的因素必须是客观上存在着的因果关系，要能够反映形成该项指标差异的内在构成原因，否则就失去了应用价值。②因素替代的顺序性。确定替代因素时，必须根据各因素的依存关系，遵循一定的顺序并依次替代，不可随意加以颠倒，否则就会得出不同的计算结果。③顺序替代的顺序性。因素分析法在计算每一因素变动的影响时，都是在前一次计算的基础上进行，并采用连环比较的方法确定因素变化的影响结果。④计算结果的假定性。由于因素分析法计算的各因素变动的影响数会因替代顺序不同而有差别，因而计算结果不免带有假定性，即它不可能使每个因素计算的结果都达到绝对的准确。为此，分析时应力求使这种假定合乎逻辑，具有实际经济意义。这样，计算结果的假定性才不至于妨碍分析的有效性。

（三）财务分析的局限性

财务分析对于了解企业的财务状况和经营成绩、评价企业的偿债能力和经营能力、帮助制定经济决策有着显著的作用。但由于种种因素的影响，财务分析也存在着一定的局限性。在分析中，应注意这些局限性的影响，以保证分析结果的正确性。

1. 资料来源的局限性

（1）报表数据的时效性问题。财务报表中的数据均是企业过去经济活动的结果和总结，用于预测未来发展趋势，只有参考价值，并非绝对合理。

（2）报表数据的真实性问题。在企业形成其财务报表之前，信息提供者往往对信息使用者所关注的财务状况以及对信息的偏好进行仔细分析与研究，并尽力满足信息使用者对企业财务状况和经营成果信息的期望。其结果极有可能使信息使用者所看到的报表信息与企业实际状况相距甚远，从而误导信息使用者的决策。

（3）报表数据的可靠性问题。财务报表虽然是按照会计准则编制的，但不一定能准确地反映企业的客观实际。例如：报表数据未按通货膨胀进行调整；某些资产以成本计价，并不代表其现在真实价值；许多支出在记账时存在灵活性，既可以作为当期费用，也可以作为资本项目在以后年度摊销；很多资产以估计值入账，但未必正确；偶然事件可能歪曲本期的损益，不能反映盈利的正常水平。

（4）报表数据的可比性问题。根据会计准则的规定，不同的企业或同一个企业的不同时期都可以根据不同情况采用不同的会计政策和会计处理方法，使得报表上的数据在企业不同时期和不同企业之间的对比在很多时候失去意义。

（5）报表数据的完整性问题。由于报表本身的原因，其提供的数据是有限的。对报表使用者来说，可能不少需要的信息在报表或附注中根本找不到。

2. 财务分析方法的局限性

对于比较分析法来说，在实际操作时，比较的双方必须具备可比性才有意义。对于比率分析法来说，比率分析是针对单个指标进行分析，综合程度较低，在某些情况下无法得出令人满意的结论；比率指标的计算一般都是建立在以历史数据为基础的财务报表之上的，这使比率指标提供的信息与决策之间的相关性大打折扣。对于因素分析法来说，在计算各因素对综合经济指标的影响时，主观假定各因素的变化顺序而且规定每次只有一个因素发生变化，这些假定往往与事实不符。并且，无论何种分析法均是对过去经济事项的反映。随着环境的变化，这些比较标准也会发生变化。而在分析时，分析者往往只注重数据的比较，而忽略经营环境的变化，这样得出的分析结论也是不全面的。

3. 财务分析指标的局限性

（1）财务指标体系不严密。每一个财务指标只能反映企业的财务状况或经营状况的某一方面，每一类指标都过分强调本身所反映的方面，导致整个指标体系不严密。

（2）财务指标所反映的情况具有相对性。在判断某个具体财务指标是好还是坏，或根据一系列指标形成对企业的综合判断时，必须注意财务指标本身所反映情况的相对性。因此，在利用财务指标进行分析时，必须掌握好对财务指标的“信任度”。

（3）财务指标的评价标准不统一。比如，对流动比率，人们一般认为指标值为 2 比较合理，速动比率为 1 比较合适，但许多成功企业的流动比率都低于 2，不同行业的速动比率也有很大差别，如采用大量现金销售的企业，几乎没有应收账款，速动比率大大低于 1 是很正常的。相反，一些应收账款较多的企业，速动比率可能要大于1。因此，在不同企业之间用财务指标进行评价时没有一个统一标准，不便于不同行业间的对比。

（4）财务指标的计算口径不一致。比如，对反映企业营运能力指标，分母的计算既可用年末数，也可用平均数，而平均数的计算又有不同的方法，这些都会导致计算结果不一样，不利于评价比较。

【相关链接】

智能财务分析软件

这种软件以商业智能（B1）技术为基础，预设丰富的分析模型，通过鼠标拖曳任意变换分析角度与内容。可进行结构分析、趋势分析，有丰富的图形展示，可自定义各种常用的分析报表，可进行任意期间的对比分析，可深入到明细账再到会计凭证。凭借直观性与灵活性，它适合企业各种管理者使用，就算总经理不懂财务也可以使用。例如，企业全年的业务招待费以一个折线图的方式显示在总经理的面前，这位总经理肯定知道招待费支出是否正常。

（四）财务评价

财务评价，是对企业财务状况和经营情况进行的总结、考核和评价。它以企业的财务报表和其他财务分析资料为依据，注重对企业财务分析指标的综合考核。

财务综合评价的方法有很多，包括杜邦分析法、沃尔评分法等。目前我国企业经营绩效评价主要使用的是功效系数法。功效系数法又叫功效函数法，它根据多目标规划原理，对每一项评价指标确定一个满意值和不允许值，以满意值为上限，以不允许值为下限，计算各指标实现满意值的程度，并以此确定各指标的分数，再经过加权平均进行综合，从而评价被研究对象的综合状况。

运用功效系数法进行经营业绩综合评价的一般步骤包括：选择业绩评价指标，确定各项业绩评价指标的标准值，确定各项业绩评价指标的权数，计算各类业绩评价指标得分，计算经营业绩综合评价分数，得出经营业绩综合评价分级。在这一过程中，正确选择评价指标特别重要。一般来说，指标选择要根据评价目的和要求，考虑分析评价的全面性、综合性。2002年财政部等五部委联合发布了《企业绩效评价操作细则（修订）》。我国企业多数执行或参照执行该操作细则。需要指出的是，《企业绩效评价操作细则（修订）》中提到的效绩评价体系，既包括财务评价指标，又包括非财务指标，避免单纯从财务方面评价绩效的片面性。

运用科学的财务绩效评价手段，实施财务绩效综合评价，不仅可以真实反映企业经营绩效状况，判断企业的财务水平，而且有利于适时揭示财务风险，引导企业持续、快速、健康地发展。

二、偿债能力分析

偿债能力是企业对到期债务清偿的能力或现金保证程度。企业的偿债能力按其债务到期时间的长短分为短期偿债能力和长期偿债能力。

（一）短期偿债能力分析

企业短期债务一般要用流动资产来偿付，短期偿债能力是指企业流动资产对流动负债及时足额偿还的保证程度，是衡量流动资产变现能力的重要标志。企业短期偿债能力的衡量指标主要有流动比率、速动比率、现金流量比率和到期债务本息偿付比率等。

1. 流动比率

流动比率是指企业流动资产与流动负债之比。该指标将可以在一年内或超过一年的一个营业周期内变现或使用的流动资产，同一年以内到期的流动负债相比较，是衡量企业偿还短期债务能力的指标。其计算公式为：

$$流动比率=\frac{流动资产}{流动负债}$$

该指标越高，表明偿还流动负债的能力越强。国际上一般认为最适当的流动比率为 2。通常，流动比率越低，说明企业短期偿债的能力越差；流动比率越高，说明企业短期支付债务的能力越强。但是，流动比率并不是越高越好。流动比率过高，说明企业有很大一部分资金分布在流动资产上，可能会造成资金闲置，增加企业的机会成本；若分布在存货上的资金过多，很可能是存货积压滞销所致，这会降低企业的盈利能力，增加经营风险。同时，不同国家有不同的情况，同一国家不同行业的流动比率也不应该完全相同。一般而言，如果行业生产周期长，则企业的流动比率就应相应提高；如果行业生产周期短，则企业流动比率可以相对降低。所以，最好同行业的平均水平相比较，以说明短期偿债能力的好坏。

2. 速动比率

速动比率是指速动资产与流动资产的比率，也称酸性试验比率。它是反映短期偿债能力的比率。速动资产是指迅速可以变现的流动资产，主要包括货币资金、交易性金融资产、应收票据、应收账款等。速动资产不包括存货，也不包括待摊费用、预付账款、一年内到期的非流动资产和其他流动资产等。以速动资产同流动负债对比，说明企业短期债务偿还能力比流动比率具有较高的可信度。

速动资产的计算方法有两种：一种是以流动资产扣除存货计算速动资产。按照这种方法计算的速动比率又称一般速动比率。另一种是直接将货币资金、交易性金融资产、应收票据、应收账款相加计算速动资产。按照这种方法计算的速动比率称为保守速动比率。它们的计算公式为：

$$速动比率=\frac{流动资产-存货}{流动负债}$$

$$保守速动比率=\frac{货币资金+交易性金融资产+应收账款+应收票据}{流动负债}$$

说明：报表中应收利息、应收股利和其他应收款项目可视情况归入速动资产项目。

该指标越高，表明企业偿还流动负债的能力越强。国际上一般认为速动比率最好为 1，这样的比率说明企业既有好的债务偿还能力，又有合理的流动资产结构。在实际运用中，应当结合行业水平进行分析判断。

3. 现金流量比率

现金流量比率是指企业经营活动现金净流量与流动负债的比率。以收付实现制为基础的经营活动现金净流量同流动负债对比，能充分体现企业经营活动所产生的现金净流量可以在多大程度上保证当期流动负债的偿还。用该指标评价企业短期债务偿还能力更为谨慎。其计算公式为：

$$现金流量比率=\frac{经营活动现金净流量}{年末流动负债}$$

公式中分子的数据来自现金流量表，现金流量表的主表是根据收付实现制原则编制的，经营活动现金净流量数据的取得既不受企业会计政策和会计估计选择的影响，又不受流动资产变现能力的影响，因而可以直接反映企业经营活动创造现金流量的实际能力，相对流动比率和速动比率指标而言，更能准确反映企业短期债务的偿还能力。现金流量比率大，不仅表明企业支付债务的能力强，而且也表明企业经营活动创造现金流量的能力强，财务状况好。

（二）长期偿债能力分析

企业债权人和投资人不仅关心企业的短期偿债能力，更关心长期偿债能力。企业长期偿债能力的衡量指标主要有资产负债率和股东权益比率、产权比率和权益乘数、利息保障倍数和现金负债总额比率等。

1. 资产负债率

资产负债率是指企业负债总额与资产总额的比率，也称负债比率。它反映了企业的资产总额中有多大的比例是通过举债筹集的，有助于确定在企业清算时偿还全部债务的物质保障程度。资产负债率反映的是企业偿还债务的综合能力。其计算公式为：

$$\text{资产负债率}=\frac{\text{负债总额}}{\text{资产总额}}\times 100\%$$

这里需要注意的是，作为分析企业长期偿债能力的资产负债率指标中所说的资产是全部资产，而不仅是长期资产；同样，负债也包括全部负债。其原因在于，无论是短期负债还是长期负债，都应当由全部资产作为偿还的最终保障，用总资产除以总负债，实际上意味着总资产的变现价值在保证了短期负债偿还后，再用于长期负债的偿还。

资产负债率是衡量企业负债水平及风险程度的重要指标。该指标不论对企业投资人还是企业债权人都是十分重要的。

2. 产权比率

产权比率是指负债总额与股东权益总额的比率，也称负债权益比率。它反映了资金与股东所提供资金的对比关系。因此，它可以揭示企业的财务风险以及股东权益保障程度。其计算公式是：

$$\text{产权比率}=\frac{\text{负债总额}}{\text{股东权益总额}}$$

产权比率越低，说明企业长期偿债能力越好，债权人贷款的安全越有保障，企业财务风险越小。

3. 利息保障倍数

该指标是指息税前利润相当于利息支出的倍数，也称利息所得倍数、已获利息倍数等。利息保障倍数反映了企业以经营所得利润支付债务利息的能力，是利用利润表的资料来分析企业长期偿债能力的指标。其计算公式为：

$$\text{利息保障倍数}=\frac{\text{息税前利润}}{\text{利息支出}}$$

式中，息税前利润根据利润总额加利息费用（或财务费用）计算。分母中的利息支出包括财务费用中的利息费用（一般也按财务费用计算）和计入固定资产成本的资本化利息。

4. 现金负债总额比率

现金负债总额比率是指经营活动现金净流量同负债总额的比率。它反映企业流动现金净流量承担债务的能力，是反映企业长期偿债能力的指标。其计算公式为：

$$\text{现金负债总额比率}=\frac{\text{经营活动现金净流量}}{\text{负债总额}}$$

现金负债总额比率越高，说明企业支付债务利息的能力越强，负债经营的能力越强，偿债能力越好。

【相关链接】

企业财务风险的预警信号

公司生存的底线是维持经营，以免破产。暂时的经营亏损可以由有效的管理、经营方针的变化、投资方向的转变来扭转。企业也许连年亏损（如企业建立不久），但如果其拥有良好的现金流，且投资效益尚未体现，则不能认为该公司业绩很差、经营管理不善。因此，短暂的亏损不能说明任何问题，甚至资不抵债（只要拥有良好的现金流）都未必要去申请破产。真正的破产界线是现金流不足以偿还到期债务（即使考虑债务重组时也是这样），这才是财务风险的真正预警信号。当出现现金流不足以偿还本期债务或预测到下一期到期债务没有足够的现金来偿还时，企业高层应予以高度重视，采取调整经营策略等多种方式，尽力扭转局面。

【任务操作】

解：

A企业的短期偿债能力指标计算如下：

年初流动比率＝3 050÷1 100＝2.77

年末流动比率＝3 500÷1 500＝2.33

年初速动比率＝1 345÷1 100＝1.22

年末速动比率＝2 420÷1 500＝1.61

从短期偿债能力指标的计算中可以看出，年初年末流动比率均大于2，速动比率都比一般公认的标准1高，因此说明该公司的短期偿债能力有保障。

A企业的长期偿债能力指标计算如下：

年初资产负债率＝4 000÷8 400×100%＝47.62%

年末资产负债率＝5 300÷10 000×100%＝53%

年初产权比率＝4 000÷4 400＝0.91

年末产权比率＝5 300÷4 700＝1.31

2017年利息保障倍数＝（1 175+480）÷480＝3.45

2018年利息保障倍数＝（1 000+550）÷550＝2.82

从长期偿债能力指标的计算中可以看出，A企业资产负债率和产权比率均在合理的范围内，说明该企业有一定的偿债能力和负债经营能力。

职业能力训练

一、知识准备训练

（一）单项选择题

1. 利息保障倍数（　　）。

A. 大于20%为好　　B. 应等于1　　C. 应等于2　　D. 至少应大于1

2. 权益乘数＝（　　）。

A. 1÷（1−产权比率）　　B. 1÷（1−资产负债率）

C. 1-资产负债率　　D. 1-净资产收益率

3. 以下不属于速动资产的是（　　）。

A. 应收账款净额　　B. 预付账款　　C. 存货　　D. 其他应收款

4. 对企业而言，速动比率过高，会因占用现金及应收账款过多而（　　）。

A. 减少财务风险　　B. 增加企业的机会成本

C. 提高流动资产的收益率　　D. 增加财务风险

5. 评价企业短期偿债能力强弱最苛刻的指标是（　　）。

A. 已获利息倍数　　B. 速动比率　　C. 流动比率　　D. 现金比率

6. 一般认为，速动比率（　　）较合适。

A. 为 1　　B. 为 2　　C. 在 20% 以上　　D. 大于 1

7. 不会影响企业的流动比率的是（　　）。

A. 赊购原材料　　B. 用现金购买短期债券

C. 用存货对外进行长期投资　　D. 向银行办理短期借款

8. 某企业流动比率等于 2，现取得一笔长期借款会使流动比率（　　）。

A. 等于 2　　B. 大于 2　　C. 小于 2　　D. 无法确定

（二）多项选择题

1. 反映企业长期偿债能力的指标有（　　）。

A. 产权比率　　B. 资产负债率　　C. 总资产周转率　　D. 利息保障倍数

2.（　　）会降低企业的流动比率。

A. 赊购存货　　B. 应收账款大额减值

C. 股利支付　　D. 冲销坏账

（三）判断题

1. 在采用因素分析法时，可任意颠倒顺序，其计算结果是相同的。（　　）

2. 现金比率用于分析企业的短期偿债能力，所以现金比率越大越好。（　　）

3. 资产负债率越低，产权比率越低。（　　）

4. 权益乘数的高低取决于企业的资金结构：资产负债率越高，权益乘数越高，财务风险越大。（　　）

5. 已获利息倍数仅能反映企业对偿还到期债务的保证程度。（　　）

二、业务操作训练

【背景资料】

已知 A 公司有关资料如下：

A 公司资产负债表

2018年 12 月 31 日　　单位：万元

资产	年初	年末	负债及所有者权益	年初	年末
流动资产			流动负债合计	175	150
货币资金	50	45	长期负债合计	245	200
应收账款	60	90	负债合计	420	350

续表

资产	年初	年末	负债及所有者权益	年初	年末
存货	92	144			
待摊费用	23	36	所有者权益合计	280	350
流动资产合计	225	315			
固定资产净值	475	385			
总计	700	700	总计	700	700

同时，该公司2017年营业净利率为16%，总资产周转率为0.5次（年末总资产），权益乘数为2.5（年末数），净资产收益率为20%（年末净资产），2018年主营业务收入净额为420万元，净利润为63万元。

任务要求

（1）计算2018年年末的流动比率、速动比率、资产负债率、权益乘数。

（2）计算2018年的产权比率、资本保值增值率。

任务二 营运能力分析

任务描述

A企业2018年12月31日有关资产负债表如表6-4所示。

表6-4 资产负债表

编制单位：A企业 2018年12月31日 单位：万元

资产	年初数	年末数	负债及所有者权益	年初数	年末数
流动资产			流动负债合计	1 100	1 500
货币资金	125	250	非流动负债合计	2 900	3 800
交易性金融资产	60	30	负债合计	4 000	5 300
应收账款	995	1 990	所有者权益合计	4 400	4 700
应收票据	55	40			
预付账款	20	60			
其他应收款	110	110			
存货	1 630	595			
待摊费用	55	200			
一年内到期的非流动负债	0	225			
流动资产合计	3 050	3 500			
长期资产合计	5 350	6 500			
资产合计	8 400	10 000	负债及所有者权益合计	8 400	10 000

另外，2017年年初流动资产为3 200万元，应收账款为924万元，存货为1 400万元，固定资产净值为4 000万元，资产总额为7 500万元。2017年营业收入为14 250万元，2018年营业收入为15 000万元；2017年营业成本为12 515万元，2018年销售成本为13 220万元。

任务要求

根据A企业的资产负债表，分析A企业的营运能力情况。

知识准备

营运能力分析是反映企业利用资金开展业务活动的营运能力方面的财务比率，一般以企业资产的投入与获取的收入进行对比，计算资产的周转速度指标，用以衡量企业资产的管理效率。营运能力指标的高低不仅反映企业资产管理水平的好坏，而且影响企业的盈利能力和偿债能力。

营运能力指标分为资产周转率和资产周转期两种。资产周转率是指计算当期营业收入与资产平均总额的比值，表明资产在一定时期的周转次数。资产周转期是指360与资产周转率的比值，表明资产每周转一次所需要的时间。其计算公式为：

$$资产周转率=\frac{营业收入}{资产平均总额}$$

$$资产平均总额=\frac{期初资产总额+期末资产总额}{2}$$

$$资产周转期=\frac{360}{总资产周转率}$$

资产周转率越大或资产周转期越小，说明资产周转速度越快、资产管理效率越高；资产周转速度指标包括总资产周转率、流动资产周转率与周转期、固定资产周转率、存货周转率与周转期、应收账款周转率与周转期等。

（一）总资产周转率

总资产周转率是指企业一定时期营业收入与资产平均总额的比率，也称总资产利用率。它说明企业全部资产的利用效率，是评价企业营运能力的综合性指标。其计算公式为：

$$总资产周转率=\frac{营业收入}{资产平均总额}$$

$$资产平均总额=\frac{期初资产总额+期末资产总额}{2}$$

$$总资产周转天数=\frac{360}{总资产周转率}$$

总资产周转率是考察企业资产运营效率的一项重要指标，反映了企业在经营期间全部资产的管理质量和利用效果。比率越高，说明总资产周转速度越快，销售能力越强，资产利用效率越高；比率越低，说明企业资产经营效率越差，会影响企业的获利能力。实际运用这一财务比率分析时，可以和同行业平均水平相比较，衡量企业的资产管理水平；也可以同上期相比较，了解企业全部资产利用效率的改善情况。需要注意的是，该指标数值的高低，往往受到流动资产周转率、应收账款周转率和存货周转率等指标的影响。

（二）流动资产周转率与周转期

流动资产周转率是指企业一定时期营业收入与流动资产平均余额的比率，是表示流动资产周转速度、用以评价企业全部流动资产利用效率的重要指标。流动资产周转率及周转期计算公式为：

$$流动资产周转率=\frac{营业收入}{流动资产平均余额}$$

$$流动资产平均余额=\frac{期初流动资产+期末流动资产}{2}$$

$$流动资产周转天数=\frac{360}{流动资产周转率}$$

流动资产周转率反映了企业流动资产的周转速度，它是从企业全部资产中流动性最强的流动资产角度对企业资产的利用效率进行的分析，以进一步揭示影响企业资产质量的主要因素。通常认为，正常经营情况下流动资产周转率越高（周转天数越少），反映流动资产周转速度越快，可相对节约流动资金，等于相对扩大资产投入，增强企业盈利能力；反之，流动资产周转速度缓慢，则需要补充新的流动资金参加周转，必然降低企业的盈利能力和偿债能力。

（三）固定资产周转率

固定资产是企业生产经营的物资技术基础，直接决定企业的生产经营能力。固定资产周转率是企业一定时期营业收入与固定资产平均总额的比率。它是反映固定资产利用效率的指标。

$$固定资产周转率=\frac{营业收入}{固定资产平均总额}$$

$$固定资产平均总额=\frac{期初固定资产总额+期末固定资产总额}{2}$$

$$固定资产周转天数=\frac{360}{固定资产周转次数}$$

固定资产周转率越高，说明公司固定资产的利用效率越高，管理水平越高。如果固定资产周转率与同行业平均水平相比偏低，说明企业的生产效率较低，生产利用能力不够，可能会影响企业的获利能力。

（四）存货周转率与周转期

存货周转率是企业一定时期营业成本与平均存货余额的比率。它是反映存货周转速度、变现能力、利用效率和存货质量的指标。存货周转率及周转期计算公式为：

$$存货周转率（次）=\frac{营业成本}{平均存货余额}$$

$$平均存货余额=\frac{期初存货余额+期末存货余额}{2}$$

$$存货周转天数=\frac{360}{存货周转次数}$$

如果企业的生产经营活动具有很强的季节性，存货平均余额应该按季节或月份余额来计算，即先计算出各月份或季节的存货平均余额，然后再计算全年的存货平均余额。

存货周转次数越多（周转天数越少），说明存货的变现速度越快，存货利用效率越好，企业的销售能力越强，存货质量越好，占用在存货上的资金越少。分析时，可以与同行业水平或上期周转速度相比较。

（五）应收账款周转率与周转期

应收账款周转率是企业一定时期营业收入与应收账款平均余额的比率。它反映了企业应收账款的周转速度。应收账款周转率与周转期计算公式为：

$$应收账款周转率=\frac{营业收入}{应收账款平均余额}$$

$$应收账款平均余额=\frac{期初应收账款+期末应收账款}{2}$$

$$应收账款周转期=\frac{360}{应收账款周转率}$$

从理论上讲，应收账款是赊销造成的，因此公式中的营业收入应采用赊销金额，但是在财务报表中并不能直接提供赊销金额，所以一般采用营业收入。在各年赊销金额波动不大的情况下，采用营业收入计算的指标同样能比较准确地反映应收账款周转速度的情况，而且，只要坚持一贯性原则，并不影响指标的分析、应用。

通常认为，应收账款周转率越高（周转天数越少），说明应收账款流动性越强，质量越好，短期偿债能力也会增强。由于季节性经营，大量采用分期收款或现金方式结算等，都可能使本指标结果失实，所以，应结合企业的前后期间、行业平均水平进行综合评价。

【相关链接】

财务分析师

在美国，注册财务分析师（或称注册金融分析师，简称 CFA）是指获得特许从业证书，服务于证券发行承销交易机构、投资咨询机构、银行、保险公司、投资公司、共同基金、养老基金及其他机构投资者，专门从事投资分析、咨询和管理工作的人员。一支高素质的财务分析师队伍可以帮助投资者正确进行投资和决策，化解和减少风险。在发达成熟的市场经济国家，财务分析师和注册会计师、资产评估师等专业队伍共同构成了证券市场的质量监督、风险预测、投资分析等的主要力量。

【任务操作】

解：

A 企业营运能力指标计算如下：

2017年总资产周转率＝14 250÷（7 500+8 400）÷2＝1.79（次）

2018年总资产周转率＝15 000÷（8 400+10 000）÷2＝1.63（次）

2017年固定资产周转率＝14 250÷（4 000+5 010）÷2＝3.16（次）

2018年固定资产周转率＝15 000÷（5 010+6 280）÷2＝2.66（次）

2017年流动资产周转率＝14 250÷（3 200+3 050）÷2＝4.56（次）

2018年流动资产周转率＝15 000÷（3 050+3 500）÷2＝4.58（次）

2017年存货周转率＝12 515÷（1 400+1 630）÷2＝8.26（次）

2018年存货周转率＝13 220÷（1 630+595）÷2＝11.88（次）

2017年应收账款周转率＝14 250÷（924+1 050）÷2＝14.44（次）

2018年应收账款周转率＝15 000÷（1 050+2 030）÷2＝9.74（次）

从以上指标计算中可以看出，A 公司2018年流动资产周转率和总资产周转率与上年差异不大，但是固定资产周转率比上年减慢，说明企业营运能力有所减弱，这种减弱幅度是否合理，还要看公司目标及与同行业水平的比较而定。在流动资产的具体项目上，存货的周转速度加快了3.62次，说明存货的流动性增强；应收账款的周转率下降说明其应收账款的收回可能存在问题，企业应进一步查明其具体原因。

职业能力训练

一、知识准备训练

（一）单项选择题

1. 反映资产占用与收入之间关系的指标是（　　）。

A. 流动资产产值率　　B. 流动资产周转率
C. 固定资产产值率　　D. 总资产产值率

2. 从资产流动性方面反映总资产效率的指标是（　　）。

A. 总资产产值率　　B. 总资产收入率　　C. 总资产周转率　　D. 产品销售率

（二）多项选择题

1. 反映企业营运能力的指标有（　　）。

A. 总资产收入率　　B. 固定资产收入率
C. 流动资产周转率　　D. 存货周转率

2. 反映流动资产周转情况的指标有（　　）。

A. 应收账款周转率　　B. 应收账款周转天数
C. 流动资产周转率　　D. 存货周转天数

3. 存货周转速度快（　　）。

A. 表明存货管理效率高　　B. 会增强企业的短期偿债能力
C. 会提高企业的获利能力　　D. 会增加存货占用的资金

4. 影响应收账款周转率正确计算的因素主要有（　　）。

A. 大量使用分期付款结算方式　　B. 现金销售占比重较大
C. 季节性经营　　D. 年末大量销售或年末销售幅度下降

（三）判断题

1. 资产周转次数越多，周转天数越多，表明资产周转速度越快。（　　）

2. 存货周转速度越快，则存货的流动性越强，存货转换为现金或者应收账款的速度也就越快。（　　）

3. 应收账款周转率反映企业应收账款的周转速度，应收账款周转率越大，对企业越有利。（　　）

二、业务操作训练

【背景资料】

某公司年初存货为15万元，应收账款12万元。年末流动比率为2，速动比率为1.5，存货周转率为4次；流动资产为42万元，其中现金类资产为10万元；本期销售成本率为80%。假定该公司流动资产包括存货、应收账款和现金类资产，其他忽略不计。

任务要求

计算该公司的本年营业收入和应收账款的周转期。

任务三 盈利能力分析

任务描述

A 企业2018年 12 月 31 日有关资产负债表和2018年有关利润表如表 6-5、表 6-6 所示。

表 6-5 资产负债表

编制单位：A 企业 2018年 12 月 31 日 单位：万元

资产	年初数	年末数	负债及所有者权益	年初数	年末数
流动资产			流动负债合计	1 100	1 500
货币资金	125	250	非流动负债合计	2 900	3 800
交易性金融资产	60	30	负债合计	4 000	5 300
应收账款	995	1 990	所有者权益合计	4 400	4 700
应收票据	55	40			
预付账款	20	60			
其他应收款	110	110			
存货	1 630	595			
待摊费用	55	200			
一年内到期的非流动负债	0	225			
流动资产合计	3 050	3 500			
长期资产合计	5 350	6 500			
资产合计	8 400	10 000	负债及所有者权益合计	8 400	10 000

表 6-6 利 润 表

编制单位：A 企业 2018年 单位：万元

项 目	上年实际	本年数
一、营业收入	14 250	15 000
减：营业成本	12 515	13 220
营业税金及附加	140	140
销售费用	100	110
管理费用	200	230
财务费用	480	550
二、营业利润	815	750
加：投资收益	200	100
营业外收入	185	100
减：营业务支出	25	100
三、利润总额	1 175	1 000
减：所得税	415	360
四、净利润	760	640

任务要求

根据 A 企业的资产负债表和利润表，分析 A 企业的盈利能力情况。

知识准备

盈利能力是指企业在一定时期内赚取利润、实现资金增值的能力，它通常表现为企业收益数额的大小与水平的高低。在正常条件下，企业实现利润的多少，能够体现企业经营管理水平的高低和经济效益的好坏。盈利能力的大小必须与同行业的先进企业水平、同行业的竞争对手以及企业前期进行比较，才能做出正确的分析和评价。盈利能力分析主要包括投资收益能力分析、经营获利能力分析、资本保值增值能力分析和上市公司盈利能力分析等，本书主要讲述前三个指标分析。

一、投资收益能力分析

（一）净资产收益率

净资产收益率是指企业一定时期净利润与平均净资产的比率，也称权益净利率。净资产收益率充分体现了投资者投入资本获取收益的能力，反映了投资与报酬的关系，是评价企业资本经营效益的核心指标。其计算公式为：

$$净资产收益率=\frac{净利润}{净资产平均余额}\times100\%$$

（二）总资产报酬率

总资产报酬率是指企业一定时期获得的息税前利润总额与平均资产总额的比率。总资产报酬率主要用来衡量企业利用资产获取利润的能力，表示企业包括净资产和负债在内的全部资产的总体获利能力，是评价企业资产运营效益的重要指标。其计算公式为：

$$总资产报酬率=\frac{利润总额+利息费用}{资产平均总额}\times100\%$$

总资产报酬率表示企业全部资产获取收益的水平，全面反映了企业的获利能力和投入产出状况，该指标越高，表明企业投入产出的水平越好，企业的资产运营越有效。通过对该指标的深入分析，可以增强各方面对企业资产经营的关注，促进企业提高单位资产的收益水平。该指标也是企业筹资决策的重要依据，一般情况下，企业可据此指标与市场资本利率进行比较，如果该指标大于市场利率，则表明企业可以充分利用财务杠杆，进行负债经营，获取尽可能多的收益；如果总资产报酬率较低，说明过多利用负债是不利的。

（三）总资产净利率

总资产净利率是指企业一定时期净利润与平均资产总额的比率，用来衡量企业利用资产获取净利润的能力。其计算公式是：

$$总资产净利率=\frac{净利润}{平均总资产}\times100\%$$

总资产净利率是一个综合性较强的财务指标，通过分析影响指标的因素，并层层分解，研究彼此间的依存关系，可以揭示公司的获利能力和资产周转速度。总资产净利率与销售净利率和总资产周转率的关系为：

$$总资产净利率=\frac{净利润}{平均总资产}=\frac{净利润}{营业收入}\times\frac{营业收入}{平均总资产}=营业净利润\times总资产周转率$$

二、经营获利能力分析

（一）营业毛利率

营业毛利率是指企业一定时期营业毛利与营业收入的比率，也称毛利率。其计算公式为：

$$营业毛利率=\frac{营业毛利}{营业收入}\times 100\%$$

$$营业毛利=营业收入-营业成本$$

营业毛利率主要受产品销售价格、单位产品成本的影响，而产品销售价格又受市场竞争的情况与基本企业市场竞争能力的影响，单位成本的高低受企业成本管理水平的影响。所以，销售毛利率越大，说明企业营业成本越低，竞争能力越强，经营业务获利能力越强；反之，则说明企业成本过高，产品质量不高，竞争能力不强。另外，营业毛利率的高低还受到行业特点的影响，营业周期短、固定成本低的行业，营业毛利率一般较低，如零售业；而营业周期大的行业，营业毛利率通常要高一些。因此，营业毛利率的高低，一般应与行业平均水平相比较。

（二）营业利润率

营业利润率是指企业一定时期营业利润同营业收入的比率，反映了企业全部经营业务的获利能力。其计算公式为：

$$营业利润率=\frac{营业利润}{营业收入}\times 100\%$$

$$营业利润=营业收入-营业成本-营业税费-销售费用-管理费用-财务费用$$

（三）营业净利率

营业净利率是指企业一定时期净利润与营业收入的比率。其计算公式为：

$$营业净利率=\frac{净利润}{营业收入}\times 100\%$$

（四）成本费用利润率

成本费用利润率是指企业利润总额与成本费用总额的比率，反映了企业经营过程中发生的耗费与获得的收益之间的关系。其计算公式为：

$$成本费用利润率=\frac{利润总额}{成本费用总额}\times 100\%$$

一般认为，成本费用包括营业成本、销售费用、管理费用、财务费用等，也有的把营业税、所得税考虑进去。

三、资本保值增值能力分析

企业的资本保值增值能力通常用资本保值增值率来衡量。资本保值增值率是指企业本年末所有者权益扣除客观增减因素后同年初所有者权益的比率。资本保值增值率表示企业由于当年经营方面的原因使股东权益增减变动的情况，是评价企业财务效益状况的指标。其计算公式是：

$$资本保值增值率=\frac{扣除客观因素后的年末所有者权益}{年初所有者权益}\times 100\%$$

扣除客观因素后的年末所有者权益是指扣除客观因素后对所有者权益影响的数额，需要扣除或加回的项目包括客观因素影响的增加额和客观因素影响的减少额。客观因素影响的增加额如所有者追加投资额等，客观因素影响的减少额如分配现金股利等。

资本保值增值率是根据“资本保全”原则设计的指标，更加谨慎、稳健地反映了企业资本保全和增值的状况。它充分体现了对所有者权益的保护，能够及时有效地发现侵蚀所有者权益的现象。该指标反映了投资者投入企业资本的保全性和增长性。该指标越高，说明企业的资本保全状况越好，所有者权益增长越快，债权人的债务越有保障，企业发展的后劲越强。该指标如为负数，表明企业资本受到侵蚀，没有实现资本保全，损害了所有者的权益，也妨碍了企业进一步发展壮大，应予以充分重视。

【理财技巧】

重视非物质性因素对企业盈利能力的影响

人们在分析企业盈利能力时常常只注重分析企业的销售收入、成本、费用、资产规模、资本结构等直接影响企业盈利水平的物质性因素，而忽视企业的商业信誉、企业文化、管理能力、专有技术以及宏观环境等一些非物质性因素对企业盈利能力的影响。事实上，非物质性因素也是影响企业盈利能力的重要因素，比如企业有良好的商业信誉、较好的经营管理能力和企业文化，将会使企业在扩大销售市场、成本控制、获取超额利润等方面有所收获，这都有利于企业盈利能力的提高。财务人员在对企业的财务能力进行分析时，如果只注重分析企业的物质性因素，而忽视非物质性因素对企业发展的作用，就不能够揭示企业盈利的深层次原因，也难以准确预测企业的未来盈利水平。

【任务操作】

解：

A 企业的盈利能力指标计算如下：

2017年总资产报酬率＝（760+415+480）÷（7 500+8 400）÷2×100%＝20. 82%

2018年总资产报酬率＝（640+360+550）÷（8 400+10 000）÷2×100%＝16. 85%

2017年净资产收益率＝760÷（4 000+4 400）÷2×100%＝18. 10%

2018年净资产收益率＝640÷（4 400+4 700）÷2×100%＝14. 07%

2017年总资产净利率＝760÷（7 500+8 400）÷2×100%＝9. 56%

2018年总资产净利率＝640÷（8 400+10 000）÷2×100%＝6. 96%

2017年营业利润率＝815÷14 250×100%＝5. 72%

2018年营业利润率＝750÷15 000×100%＝5%

2017年营业净利率＝760÷14 250×100%＝5. 33%

2018年营业净利率＝640÷15 000×100%＝4. 27%

从上述计算可以看出，2018年各项盈利指标均低于上年，盈利能力有所下降，企业需对公司资产的使用情况、成本开支情况进一步分析，增强企业的盈利能力。

职业能力训练

一、知识准备训练

（一）单项选择题

1. 某公司2018年年初资产总额为 400 万元，年末资产总额为 600 万元，当年的净利润为 60 万元，所得税税额为 12 万元，计入财务费用的利息支出为 4 万元，则该公司2018年的总资产报酬率为（　　）。

A. 18.4%　　B. 16%　　C. 14.4%　　D. 15.2%

2. 甲公司2018年的销售净利率比2017年下降 6%，总资产周转率提高 8%。假定权益乘数与2017年相同，那么甲公司2018年的净资产收益率比2017年提高（　　）。

A. 4.5%　　B. 5.5%　　C. 2%　　D. 10.5%

（二）多项选择题

指标数值越高，表明企业获利能力越强的指标有（　　）。

A. 销售利润率　　B. 资产负债率

C. 净资产收益率　　D. 速动比率

（三）判断题

1. 总资产利润率是反映企业获利能力的核心指标。(　　)

2. 用来评价企业盈利能力的总资产报酬率指标中的“报酬”是指净利润。(　　)

3. 某企业去年的销售净利率为5.73%，资产周转率为2.17；今年的销售净利率为4.88%，资产周转率为2.83。若两年的资产负债率相同，今年的净资产收益率与去年相比的变化趋势为上升。(　　)

二、业务操作训练

【背景资料】

某公司上年利润总额为1 250万元，营业收入为3 750万元，资产平均余额为4 687.5万元，所有者权益为2 812.5万元，企业所得税税率为 25%。

任务要求

（1）计算总资产周转率。

（2）计算总资产净利率。

（3）计算净资产收益率。

（4）计算营业净利率。

任务四 财务综合分析

任务描述

某公司为了确保在未来市场逐渐扩展的同时使经济效益稳步上升，维持行业排头兵的位置，拟对公司近三年的财务状况和经济效益情况，运用杜邦财务分析方法进行全面分析，以便找出公司在这方面存在的问题，并针对问题提出改进措施。

公司近三年的主要财务数据和财务比率如表 6-7 所示。

表 6-7　　公司2016—2018年的相关财务资料　　单位：万元

年　份	2016	2017	2018
销售额	4 000	4 300	3 800
资产	1 430	1 560	1 695

续表

年　份	2016	2017	2018
普通股（万股）	100	100	100
留存收益	500	550	550
股东权益	600	650	650
权益乘数		2.39	2.5
流动比率	1.19	1.25	1.2
平均收现期（天）	18	22	27
存货周转率	8	7.5	5.5
长期负债/股东权益	0.5	0.46	0.46
销售毛利率（%）	20	16.3	13.2
营业净利率（%）	7.5	4.7	2.6

任务要求

（1）分析说明该公司2018年与2017年相比，净资产收益率的变化及其原因。

（2）分析说明该公司资产、负债和所有者权益的变化及其原因。

（3）应从哪些方面改善公司的财务状况和经营业绩？

【案例导入】

四川长虹2013年报分析

四川长虹股份有限公司（以下简称公司）2013年总资产为58 837 000 000元，与2012年的54 545 500 000元相比有较大幅度增长，增长了7.87%。公司2013年负债总额为39 335 200 000元，与2012年的36 434 500 000元相比有较大幅度增长，增长了7.96%。2013年所有者权益与2012年相比变化不大。

公司2013年营业收入为58 875 300 000元，与2012年的52 334 100 000元相比大幅增长，增长了12.5%。2013年净利润为757 230 000元，与2012年的273 188 000元相比成倍增长，增长了1.77倍。

公司2013年营业成本为49 133 900 000元，与2012年的43 990 200 000元相比大幅增长，增长了11.69%。2013年销售费用为5 190 130 000元，与2012年的4 738 930 000元相比大幅增长，增长了9.52%。2013年管理费用为2 709 520 000元，与2012年的2 263 450 000元相比大幅增长，增长了19.71%。2013年财务费用为119 671 000元，与2012年的256 391 000元相比大幅下降，下降了53.32%。

公司2013年资产周转天数为351.46天，2012年为371.34天，2013年比2012年缩短了19.88天。

公司资产净利率为1.34%，与2012年的0.51%相比，有上升趋势。这主要是由于企业采取了措施，加强成本控制、提高资产周转速度等，并且产生了效益。公司权益乘数与2012年相比，基本没有变化。与2012年相比，负债总额和资产总额都上升了，但是企业负债的上升幅度大于资产的上升幅度，所以资产负债率上涨了，由此权益乘数也基本没有变化。

（资料来源：四川长虹2013年财务分析报告。）

问题：净资产收益率指标主要受哪些关键财务指标影响？

从引例可以看出，净资产收益率指标是一个综合性最强的财务分析指标，是杜邦财务分析体系的起点和核心。净资产收益率高低的决定因素主要有三个，即销售净利率、总资产周转率和权益乘数。财务综合分析的方法很多，其中应用比较广泛的有杜邦财务分析体系和沃尔评分法。

知识准备

财务分析的最终目的在于全面、准确、客观地揭示与披露企业财务状况和经营情况，并借以对企业经济效益优劣做出合理的评价。显然，要达到这样一个分析目的，仅测算几个简单、孤立的财务比率，或者将一些孤立的财务分析指标堆砌在一起，彼此毫无联系地考察，不可能得出合理、正确的综合性结论，有时甚至会得出错误的结论。因此，只有将企业偿债能力、营运能力、投资收益实现能力以及发展趋势等各项分析指标有机地联系起来，作为一套完整的体系，相互配合使用，做出系统的综合评价，才能从总体上把握企业财务状况和经营情况的优劣。

综合分析的意义在于能够全面、正确地评价企业的财务状况和经营成果，因为局部不能替代整体，某项指标的好坏不能说明整个企业经济效益的高低。除此之外，综合分析的结果在进行企业不同时期比较分析和不同企业之间比较分析时消除了时间上和空间上的差异，使之更具有可比性，有利于总结经验、吸取教训、发现差距、赶超先进。进而，从整体上、本质上反映和把握企业生产经营的财务状况和经营成果。

企业综合分析方法有很多，传统方法主要有杜邦分析法和沃尔评分法等。

一、杜邦分析法

杜邦分析法，又称杜邦财务分析体系，简称杜邦体系，是利用各主要财务比率指标间的内在联系，对企业财务状况及经济效益进行综合系统分析评价的方法。该体系是以净资产收益率为起点，以总资产净利率和权益乘数为核心，重点揭示企业获利能力及权益乘数对净资产收益率的影响，以及各相关指标间的相互影响作用关系。因其最初由美国杜邦企业成功应用，故得名。

杜邦分析法将净资产收益率（权益净利率）分解如图 6-1 所示。其分析关系式为：

$$净资产收益率=销售净利率\times总资产周转率\times权益乘数$$

运用杜邦分析法需要抓住以下几点：

（1）净资产收益率是一个综合性最强的财务分析指标，是杜邦分析体系的起点。财务管理的目标之一是使股东财富最大化，净资产收益率反映了企业所有者投入资本的获利能力，说明了企业筹资、投资、资产营运等各项财务及其管理活动的效率，而不断提高净资产收益率是使所有者权益最大化的基本保证。所以，这一财务分析指标是企业所有者、经营者都十分关心的。而净资产收益率高低的决定因素主要有三个，即销售净利率、总资产周转率和权益乘数。这样，在进行分解之后，就可以将净资产收益率这一综合性指标升降变化的原因具体化，从而它比只用一项综合性指标更能说明问题。

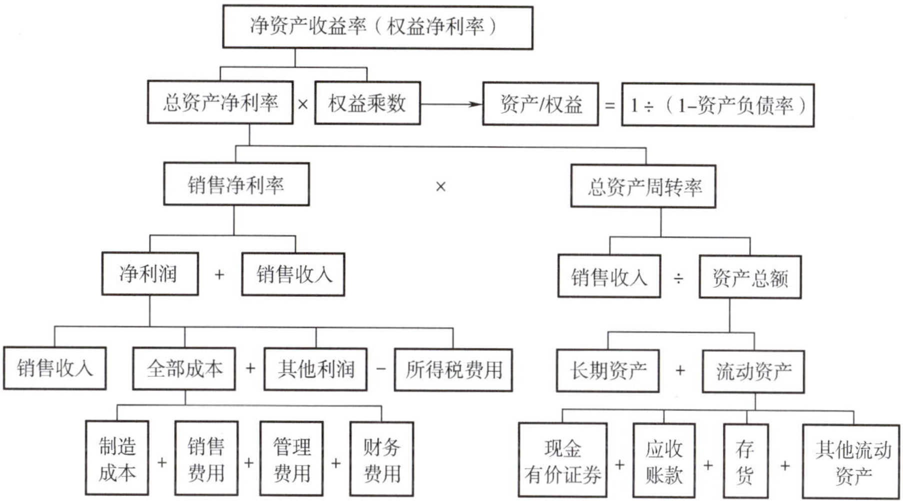

图 6-1 杜邦分析体系

注：①销售净利率即营业净利率，销售收入即营业收入。

②有关资产、负债与权益指标通常用平均值计算。

（2）销售净利率反映了企业净利润与销售收入的关系，它的高低取决于销售收入与成本总额的高低。要想提高销售净利率，一是要扩大销售收入，二是要降低成本费用。扩大销售收入既有利于提高销售净利率，又有利于提高总资产周转率。降低成本费用是提高销售净利率的一个重要因素，从杜邦分析图可以看出成本费用的基本结构是否合理，从而找出降低成本费用的途径和加强成本费用控制的办法。如果企业财务费用支出过高，就要进一步分析其负债比率是否过高；如果管理费用过高，就要进一步分析资产周转情况等。从图 6-1 中还可以看出，提高销售净利率的另一途径是提高其他利润。为了详细地了解企业成本费用的发生情况，在具体列示成本总额时，还可根据重要性原则，将那些影响较大的费用单独列示，以便为寻求降低成本的途径提供依据。

（3）影响总资产周转率的一个重要因素是资产总额。资产总额由流动资产与长期资产组成，它们的结构合理与否将直接影响资产的周转速度。一般来说，流动资产直接体现企业的偿债能力和变现能力，而长期资产则体现了企业的经营规模、发展潜力。两者之间应该有一个合理的比例关系。如果发现某项资产比重过大，影响资金周转，就应深入分析其原因，例如企业持有的货币资金超过业务需要，就会影响企业的盈利能力；如果企业占有过多的存货和应收账款，则既会影响获利能力，又会影响偿债能力。因此，还应进一步分析各项资产的占用数额和周转速度。

（4）权益乘数主要受资产负债率指标的影响。资产负债率越高，权益乘数就越高，说明企业的负债程度比较高，给企业带来了较多的杠杆利益，同时也带来了较大的风险。

【例 6-3】某企业有关财务数据如表 6-8、表 6-9 所示。分析该企业净资产收益率变化的原因。

表 6-8　　基本财务数据　　单位：万元

年度	净利润	销售收入	平均资产总额	平均负债总额	全部成本	制造成本	销售费用	管理费用	财务费用
2017年	10 284.04	411 224.01	306 222.94	205 677.07	403 967.43	373 534.53	10 203.05	18 667.77	1 562.08
2018年	12 653.92	757 613.81	330 580.21	215 659.54	736 747.24	684 261.91	21 740.96	25 718.20	5 026.17

表 6-9　　财务比率

年　度	2017	2018
净资产收益率	10.23%	11.01%
权益乘数	3.05	2.88
资产负债率	67.2%	65.2%
总资产净利率	3.36%	3.83%
销售净利率	2.5%	1.67%
总资产周转率（次）	1.34	2.29

解：①对净资产收益率的分析。

该企业的净资产收益率在2017年至2018年间出现了一定程度的好转，从2017年的10.23%增加至2018年的11.01%。企业的投资者在很大程度上依据这个指标来判断是否投资或是否转让股份，考察经营者业绩和决定股利分配政策。这些指标对企业的管理者也至关重要。

净资产收益率=权益乘数×总资产净利率

2017年　10.23%=3.05×3.36%

2018年　11.01%=2.88×3.83%

通过分解可以明显看出，该企业净资产收益率的变动是资本结构（权益乘数）变动和资产利用效果（总资产净利率）变动两方面共同作用的结果，而该企业的总资产净利率太低，显示出很差的资产利用效果。

②对总资产净利率的分析。

总资产净利率=销售净利率×总资产周转率

2017年　3.36%=2.5%×1.34

2018年　3.83%=1.67%×2.29

通过分解可以看出2018年该企业的总资产周转率有所提高，说明资产的利用得到了比较好的控制，显示出比前一年较好的效果，表明该企业利用其总资产产生销售收入的效率在增加。总资产周转率提高的同时销售净利率的减少阻碍了总资产净利率的增加。

③对销售净利率的分析。

$$销售净利率=\frac{净利润}{销售收入}$$

2017年　2.5%=10 284.04÷411 224.01

2018年　1.67%=12 653.92÷757 613.81

该企业2018年大幅度提高了销售收入，但是净利润的提高幅度却很小，分析其原因是成本费用增多，从表 6-8 可知：全部成本从2017年的403 967.43万元增加到2018年的736 747.24

万元，与销售收入的增加幅度大致相当。

④对权益乘数的分析。

$$权益乘数=\frac{资产总额}{权益总额}$$

$$2017年\quad 3.05=\frac{306\,222.94}{306\,222.94-205\,677.07}$$

$$2018年\quad 2.88=\frac{330\,580.21}{330\,580.21-215\,659.54}$$

该企业下降的权益乘数，说明企业的资本结构在2017年至2018年发生了变动，2018年的权益乘数较2017年有所减小。权益乘数越小，企业负债程度越低，偿还债务能力越强，财务风险有所降低。这个指标同时也反映了财务杠杆对利润水平的影响。该企业的权益乘数一直处于2~5，也即负债率在50%~80%，属于激进战略型企业。管理者应该准确把握企业所处的环境，准确预测利润，合理控制负债带来的风险。

⑤结论。对于该企业，最为重要的就是要努力降低各项成本，在控制成本上下功夫，同时要保持较高的总资产周转率。这样，可以使销售净利率得到提高，进而使总资产净利率有大的提高。

二、沃尔评分法

企业财务综合分析的先驱者之一是亚历山大·沃尔。他在20世纪初出版的《信用晴雨表研究》和《财务报表比率分析》中提出了信用能力指数的概念，并把若干个财务比率用线性关系结合起来，以此来评价企业的信用水平，被称为沃尔评分法。他选择了七种财务比率，分别给定了其在总评价中所占的比重，总和为100分，然后，确定标准比率，并与实际比率相比较，评出每项指标的得分，求出总评分。

【例6-4】某企业是一家中型电力企业，2018年的财务状况评分的结果如表6-10所示。

表6-10　沃尔综合评分表

财务比率	比重 1	标准比率 2	实际比率 3	相对比率 4=3÷2	综合指数 5=1×4
流动比率	25	2	1.66	0.83	20.75
净资产/负债	25	1.5	2.39	1.59	39.75
资产/固定资产	15	2.5	1.84	0.736	11.04
销售成本/存货	10	8	9.94	1.243	12.43
销售收入/应收账款	10	6	8.61	1.435	14.35
销售收入/固定资产	10	4	0.55	0.137 5	1.38
销售收入/净资产	5	3	0.4	0.133	0.67
合计	100				100.37

从表6-10可知，该企业的综合指数为100.37，总体财务状况是不错的，综合评分达到标准的要求。但由于该方法技术上的缺陷，夸大了达到标准的程度。

从理论上讲，沃尔评分法有一个弱点，就是未能证明为什么要选择这七个指标，而不是更多些或更少些，或者选择别的财务比率，以及未能证明每个指标所占比重的合理性。沃尔评分法从技术上讲还有一个问题，就是当某一个指标严重异常时，会对综合指数产生不合逻辑的重大影响。这个缺陷是由相对比率与比重相“乘”而引起的。财务比率提高一半，其综合指数增加 100%；而财务比率缩小一半，其综合指数只减少 50%。

现代社会与沃尔的时代相比，已有很大的变化。一般认为企业财务评价的内容首先是盈利能力，其次是偿债能力，最后是成长能力，它们之间大致可按 5∶3∶2 的比重来分配。盈利能力的主要指标是总资产报酬率、销售净利率和净资产收益率，这三个指标可按 2∶2∶1 的比重来安排。偿债能力有四个常用指标。成长能力有三个常用指标（都是本年增量与上年实际量的比值）。

因而，在采用此方法进行财务状况综合分析和评价时，应注意以下几个方面的问题：①同行业的标准值必须准确无误；②标准分值的规定应根据指标的重要程度合理确定；③分析指标应尽可能全面，采用指标越多，分析的结果越接近现实。尽管沃尔评分法在理论上还有待证明，在技术上也需要完善，但它在实践中还是具有较为广泛的应用价值。

【任务操作】

解：

（1）

2017年营业净利率＝4.7%

2017年净利润＝4 300×4.7%＝202.1（万元）

2017年资产周转率＝4 300÷［（1 560+1 430）÷2］＝2.88（次）

2017年权益乘数＝2.39

2018年营业净利率＝2.6%

2018年净利润＝3 800×2.6%＝98.8（万元）

2018年资产周转率＝3 800÷［（1 695+1 560）÷2］＝2.33（次）

2018年权益乘数＝2.50

2017年净资产收益率＝4.7%×2.88×2.39＝32.35%

2018年净资产收益率＝2.6%×2.33×2.5＝15.15%

净资产收益率的总差异为15.15%−32.35%＝−17.2%

分析：营业净利率变动对净资产收益率的影响程度：

（2.6%−4.7%）×2.88×2.39＝−14.45%

资产周转率变动对净资产收益率的影响程度：

2.6%×（2.33−2.88）×2.39＝−3.42%

权益乘数变动对净资产收益率的影响程度：

2.6%×2.33×（2.5−2.39）＝0.67%

营业净利率、资产周转率、权益乘数三因素变动对净资产收益率的影响程度：

−14.45%+（−3.42%）+0.67%＝−17.2%

该公司净资产收益率比上年下降，主要是运用资产的获利能力下降，其资产周转率和营业净利率都在下降。总资产周转率下降的原因是平均收现期延长和存货周转率下降；营业净利率下降的原因是销售毛利率在下降。

（2）2018年的总资产为1 695万元，2017年的总资产为1 560万元。该公司总资产在增加，主要原因是存货和应收账款占用增加。2018年负债是筹资的主要来源，而且是流动负债。长期负债和所有者权益都没有增加，所有盈余都用于发放股利。

（3）改善公司财务状况和经营业绩的措施是：扩大销售，降低进货成本，降低存货、应收账款，增加留存收益。

职业能力训练

一、知识准备训练

（一）多项选择题

1. 财务综合分析就是将（　　）分析纳入一个有机的分析系统。

A. 营运能力　　B. 偿债能力　　C. 现金流量　　D. 盈利能力

2. 下列属于企业财务综合分析方法的有（　　）。

A. 趋势分析法　　B. 杜邦分析法　　C. 沃尔评分法　　D. 因素分析法

（二）判断题

1. 经营者是各相关主体中对企业分析最全面的，需要了解掌握企业经营理财的各个方面，包括运营能力、偿债能力、获利能力及发展能力的全部信息。(　　)

2. 在总资产净利率不变的情况下，资产负债率越高，净资产收益率越高。(　　)

3. 在杜邦分析体系中计算权益乘数时，资产负债率是用期末负债总额与期末资产总额来计算的。(　　)

二、业务操作训练

【背景资料 1】

ABC 公司近三年的主要财务数据和财务比率如下表所示。

单位：万元

项目	2016年	2017年	2018年
销售收入	4 000	4 200	3 500
净利润	300	202. 1	98. 8
年末资产	1 430	1 650	1 795
年末股东权益	600	650	650

任务要求

（1）计算2017年和2018年的净资产收益率、销售净利率、总资产周转率和权益乘数（涉及资产负债表的数据均采用平均数计算）。

（2）利用因素分析法分析说明该公司2018年与2017年相比净资产收益率的变化及其原因（按销售净利率、总资产周转率、权益乘数顺序，计算结果保留小数点后四位）。

【背景资料 2】

淮海公司2018年资产负债表和利润表资料如下：

资产负债表

编制单位：淮海公司　　2018年12月31日　　单位：千元

资产	金额		负债及所有者权益	金额
	年初	年末		
现金	764	310	应付账款	516
应收账款	1 156	1 344	应付票据	336
存货	700	966	其他流动负债	468
固定资产净值	1 170	1 170	长期负债	1 026
			实收资本	1 444
资产合计	3 790	3 790	负债及所有者权益合计	3 790

利　润　表

2018年　　单位：千元

项目	金额	项目	金额
销售收入	8 430	利息费用	498
销货成本	6 570	税前利润	382
毛利	1 860	所得税	152. 8
管理费用	980	净利润	229. 2

任务要求

（1）计算该公司有关的财务比率，填入下表第二列。

财务比率	本公司	行业平均水平
1. 流动比率		2
2. 速动比率		1
3. 资产负债率		50%
4. 存货周转率		6 次
5. 应收账款周转率		9 次
6. 销售净利率		8%
7. 销售毛利率		20%
8. 权益净利率		10%
9. 已获利息倍数		4 倍

（2）与行业平均水平比较，说明该公司可能存在的问题。

【背景资料 3】

已知 A 公司有关资料如下：

A 公司资产负债表

2018年 12 月 31 日　　单位：万元

资产	年初	年末	负债及所有者权益	年初	年末
流动资产			流动负债合计	175	150
货币资金	50	45	长期负债合计	245	200
应收账款	60	90	负债合计	420	350
存货	92	144			
待摊费用	23	36	所有者权益合计	280	350
流动资产合计	225	315			
固定资产净值	475	385			
总计	700	700	总计	700	700

同时，该公司2017年度营业净利率为 16%，总资产周转率为0. 5次（年末总资产），权益乘数为2. 5（年末数），净资产收益率为 20%（年末净资产），2018年主营业务收入净额为 420 万元，净利润为 63 万元。

任务要求

(1) 计算2018年年末的流动比率、速动比率、资产负债率、权益乘数。

(2) 计算2018年总资产周转率、销售净利率和净资产收益率（资产、净资产均按期末数计算）。

(3) 计算2018年产权比率、资本保值增值率。

(4) 通过因素分析法，结合已知资料和任务 (1)、(2) 分析销售净利率、总资产周转率和权益乘数变动对净资产收益率的影响（假设按此顺序分析）。

【背景资料 4】

已知某公司2018年会计报表的有关资料如下：

单位：万元

资产负债表项目	年初数	年末数
资产	8 000	10 000
负债	4 500	6 000
所有者权益	3 500	4 000
利润表项目	上年数	本年数
主营业务收入净额	（略）	20 000
净利润	（略）	500

任务要求

(1) 计算杜邦财务分析体系中的下列指标（凡计算指标涉及资产负债表项目数据的，均按平均数计算）：①净资产收益率；②总资产净利率（保留三位小数）；③主营业务净利率；

④总资产周转率（保留三位小数）；⑤权益乘数。

（2）用文字列出净资产收益率与上述其他各指标之间的关系式，并用本题数据加以验证。

【背景资料5】

某公司2018年度简化资产负债表如下：

某公司资产负债表

2018年12月31日　　单位：万元

资　产		负债及所有者权益	
货币资金	50	应付账款	100
应收账款		长期负债	
存货		实收资本	100
固定资产		留存收益	100
资产合计		负债及所有者权益合计	

其他有关财务指标如下：

（1）长期负债与所有者权益之比为0.5。

（2）销售毛利率为10%。

（3）存货周转率（存货按年末数计算）为9次。

（4）平均收账期（应收账款按年末数计算，一年按360天计算）为18天。

（5）总资产周转率（总资产按年末数计算）为2.5次。

任务要求

利用上述资料，填写资产负债表的空白部分，并列示所填数据的计算过程。

【背景资料6】

某公司只生产一种产品，现着手预测新的流动资金需求，需要建立2018年12月31日的预计资产负债表，2018年预计销售额为200万元，行业平均的财务比率如下：流动比率为2.2，自有资金利润率为25%，产权比率为0.8，销售净利率为5%，短期负债与所有者权益之比为1∶2，应收账款与销售额之比为1∶10，速动比率为1.2。

任务要求

（1）以行业平均财务比率为依据，填列预计资产负债表（简易）各项目金额。

（2）如该年股利支付率为30%，计算2018年留存收益及股东投入资本。

（3）计算该公司预计资产负债率、权益乘数、资产净利润率。

资产负债表（简易）　　单位：万元

资产项目	金额	负债项目	金额
现金	4	流动负债	20
应收账款	20	长期负债	12
存货	20	负债合计	32

续表

资产项目	金额	负债项目	金额
流动资产小计	44	所有者权益	40
固定资产	28		
资产总计	72	负债及所有者权益合计	72

【背景资料7】

甲公司2018年简化比较资产负债表如下所示：

单位：万元

资产项目	2017年	2018年	负债及所有者权益	2017年	2018年
现金	15	27	流动负债	63	66
应收账款	63	70	长期负债	20	20
存货	165	155	股本	100	100
固定资产净值	50	70	留存收益	117	136
资产总额	300	322	负债及所有者权益合计	300	322

2018年利润表部分数据：销售收入1 160万元，销售成本719万元，息税前利润130万元，净利润85.8万元。

任务要求

（1）计算甲公司2018年下列比率指标：流动比率、速动比率、存货周转率、总资产周转率、总资产报酬率、销售净利率、权益乘数、自有资金利润率（小数点后保留两位）。

（2）如果甲公司2017年销售净利率、总资产周转率、权益乘数分别为4.8%、3.23、1.38，判断下列说法正确与否。

A. 2018年的自有资金利润率为21.4%。

B. 2018年自有资金利润率比上年提高主要是由于公司经营盈利能力和资金营运能力提高所致。

C. 2018年权益乘数比上年下降，意味着公司经营风险降低。

D. 2018年甲公司财务状况更趋于稳健。

【背景资料8】

淮海公司有关资料如下表所示：

资产负债表（简表）

2018年12月31日 单位：万元

资产	年初数	年末数	负债及所有者权益	年初数	年末数
现金	155	180	应付票据	168	172
应收账款	672	653	应付账款	258	280

续表

资产	年初数	年末数	负债及所有者权益	年初数	年末数
存货	483	536	其他流动负债	234	259
流动资产总额	1 310	1 369	长期负债	513	550
固定资产总额	585	620	股东权益	722	728
资产总计	1 895	1 989	负债及所有者权益总计	1 895	1 989

淮海公司2018年销售收入为3 835万元，净利润为 215 万元。

任务要求

（1）运用杜邦分析法对淮海公司进行综合分析。

（2）你如何评价淮海公司的经营状况？

职业能力拓展

【背景资料 1】

某公司2018年的有关资料如下：

（1）2018年 12 月 31 日资产负债表（简表）如下：

表 6-11　某公司2018年 12 月 31 日资产负债表（简表）　单位：万元

资产	年初	年末	负债及所有者权益	年初	年末
流动资产			流动负债合计	350	327
货币资金	195	225	长期负债合计	435	558
交易性金融资产	70	40	负债合计	785	885
应收账款	202. 5	195			
存货	240	255			
流动资产合计	707. 5	715			
长期股权投资	150	150	实收资本	750	750
固定资产	1 000	1 100	未分配利润	322. 5	330
			所有者权益合计	1 072. 5	1 080
合计	1 857. 5	1 965	合计	1 857. 5	1 965

（2）2018年利润表（简表）如下：

表 6-12　某公司2018年利润表（简表）　单位：万元

项　目	金额	项　目	金额
营业收入	2 000	其中：利息费用	20
减：营业成本（变动成本）	1 400	营业利润	200
营业税金及附加（变动成本）	200	减：所得税（所得税税率为 25%）	50
期间费用（固定成本）	200	净利润	150

（3）假设该公司股票属于固定成长股票，股利固定增长率为4%。该公司2018年年末每股现金股利为0.20元，年末普通股股数为100万股。该公司股票的β系数为1.3，市场组合的收益率为10%，无风险收益率为2%。

（4）该公司2018年经营性现金流入为1 360万元，经营性现金流出为1 310万元。

☞思考与分析

（1）计算该公司2018年年末的流动比率、速动比率、现金比率、权益乘数和利息保障倍数。

（2）计算该公司2018年应收账款周转率、存货周转率（按营业成本计算）和总资产周转率。

（3）计算该公司2018年净资产收益率、总资产报酬率和资产保值增值率。

注：计算结果保留小数点后两位小数。

【背景资料2】

淮海公司本年和上年有关财务数据如下表所示：

表6-13　2018年淮海公司财务数据　单位：元

项　目	上年实际	本年实际
营业收入	1 658 516 288	2 566 149 097
净利润	52 851 695	79 572 752
平均资产总额	1 370 431 675	1 668 824 985
平均负债总额	565 635 721	806 082 306
平均净资产	804 795 954	862 742 679

☞思考与分析

作为公司的财务人员，结合所掌握的财务报表资料，利用指标之间的相关关系，计算相关财务指标，建立杜邦财务分析体系，对公司两年来的财务情况进行综合分析。

【背景资料3】

红星公司是一家拥有60多年历史的大型企业。该公司颇有战略头脑，十分重视新产品和新工艺的开发，重视对老设备进行技术改造，引进国外先进技术，拥有国内一流的生产线。该公司生产的产品在国内具有较高的市场占有率。该公司还十分重视战略重组，大力推行前向一体化和后向一体化，使公司形成了一条由原材料供应到产品制造再到产品销售“一条龙”稳定的价值生产链。由于该公司战略经营意识超前，管理得法，公司规模迅速扩展，销量和利润逐年递增，跃居国内排头兵位置。但由于近两年企业扩展太快，经营效率有所下降。

该公司为了把握未来，对公司未来几年面临的市场和风险进行了预测。预测结果表明，在未来几年内，伴随国民经济的快速发展，市场对产品的需求剧增，这种市场发展势头给公司带来了千载难逢的发展机会。预测结果还表明，公司未来面临的风险也在逐步加大，国内介入的企业逐渐增多，国外生产公司意欲打入中国市场，这些都会对公司的未来市场、生产经营和经济效益提出严峻的挑战。

公司为了确保在未来市场逐渐扩展的同时使经济效益稳步上升，维持行业排头兵的位置，拟对公司近三年的财务状况和经济效益情况，运用杜邦财务分析方法进行全面分析，以便找出公司在这方面存在的问题，并针对问题提出改进措施。

公司近三年的主要财务数据和财务比率如表 6-14 所示。

表 6-14　红星公司2016—2018年的相关财务资料　单位：万元

年　份	2016	2017	2018
销售额	4 000	4 300	3 800
资产	1 430	1 560	1 695
普通股（万股）	100	100	100
留存收益	500	550	550
股东权益	600	650	650
权益乘数		2. 39	2. 5
流动比率	1. 19	1. 25	1. 2
平均收现期（天）	18	22	27
存货周转率	8	7. 5	5. 5
长期负债/股东权益	0. 5	0. 46	0. 46
销售毛利率（%）	20	16. 3	13. 2
营业净利率（%）	7. 5	4. 7	2. 6

☞思考与分析

（1）分析说明该公司2018年与2017年相比净资产收益率的变化及其原因。

（2）分析说明该公司资产、负债和所有者权益的变化及其原因。

（3）应从哪些方面改善公司的财务状况和经营业绩？

任务五　撰写财务分析报告

任务描述

根据财务综合分析的内容，举例说明编写财务分析报告。

知识准备

一、财务分析报告的含义

财务分析报告是反映企业财务状况和财务成果意见的报告性书面文件。撰写财务分析报告是对财务分析工作的概括和总结的重要环节。财务分析人员将财务分析评价结果向会计报表的使用者报告，以便他们通过财务分析报告了解企业的财务状况、经营成果、发展前景以及存在的障碍，从而做出科学、合理的决策；同时财务分析报告也是财务分析人员分析工作的最终成果，其撰写质量的高低直接反映报表分析人员的业务能力和素质。可见，财务分析报告是会计报表使用者做出决策的依据，也是财务分析人员工作能力的最好体现，使相关人员对财务分析予以足够的重视。

二、财务分析报告的类型

了解财务分析报告的分类有助于掌握各类不同内容分析报告的特点，按不同的要求撰写财务分析报告。财务分析报告可按不同标准进行分类。

（一）财务分析报告按其分析的内容范围分类

企业一般都应根据企业财务通则和行业会计制度的规定，结合其业务的特点，既要对企业的财务活动进行综合分析，又要进行专题分析，有时根据具体需要进行简要分析，相应的财务分析报告也就有综合分析报告、专题分析报告和简要分析报告，并各有不同的特点。

1. 综合分析报告

综合分析报告又称全面分析报告，是企业通过资产负债表、损益表、现金流量表、会计报表附表、会计报表附注及财务情况说明书、财务和经济活动所提供的信息及内在联系，运用一定的科学分析方法，对企业的业务经营情况，利润实现情况和分配情况，资金增减变动和周转利用情况，税金缴纳情况，存货、固定资产等主要财产的盘点、盘亏、毁损变动情况及对本期或以后时期财务状况将发生重大影响的事项等做出客观、全面、系统的分析和评价，并进行必要的科学预测和决策而形成的书面报告。一般进行年度或半年度分析时采用这种类型。

2. 专题分析报告

专题分析报告又称单项分析报告，是指针对某一时期企业经营管理中的某些关键问题、重大经济措施或薄弱环节等进行专门分析后形成的书面报告。它具有不受时间限制、一事一议、易被经营管理者接受、收效快的特点。因此，专题分析报告能总结经验，引起领导和业务部门重视所分析的问题，从而提高管理水平。专题分析报告有助于宏观、微观财务管理问题的进一步研究，为做出更高层次的财务管理决策开辟有价值的思路。

专题分析的内容很多，比如关于企业清理积压库存，处理逾期应收账款的经验，对资金、成本、费用、利润等方面的预测分析，处理母子公司各方面的关系等问题均可进行专题分析，从而为各级领导做出决策提供现实依据。

3. 简要分析报告

简要分析报告是对主要经济指标在一定时期，对存在的问题或比较突出的问题进行概要的分析，进而对企业财务活动的发展趋势以及经营管理的改善情况进行判断而形成的书面报告。

简要分析报告具有简明扼要、切中要害的特点。通过分析，能反映、说明企业在分析期内业务经营的基本情况，以及企业累计完成各项经济指标的情况并预测今后发展趋势。简要分析报告主要适用于定期分析，可按月、按季进行编制。

（二）财务分析报告按其分析的时间分类

财务分析报告按其分析的时间可分为定期分析报告与不定期分析报告两种。

1. 定期分析报告

定期分析报告一般是由上级主管部门或企业内部规定的每隔一段相等的时间应予编制和上报的财务分析报告。如每半年、年末编制的综合财务分析报告就属定期分析报告。

2. 不定期分析报告

不定期分析报告，是从企业财务管理和业务经营的实际需要出发，不做时间规定而编制的财务分析报告。如上述的专题分析报告就属于不定期分析报告。

三、财务分析报告的编写要求

为了最终得到一份高质量的财务分析报告，在财务分析及其分析报告编制过程中应注意以下几个问题。

（一）财务分析报告应满足不同报告使用者的需要

在实际工作中，因为财务分析报告的使用者有各自不同的要求，因此使得分析的内容也应有一定的区别。例如，企业外部投资者所做出的投资分析报告要提供有关企业能否投资方面的分析资料，而企业内部经营者却想得到企业整体经营状况的分析结论。

（二）财务分析报告须具备真实性

真实性是财务分析报告质量好坏的重要评价标准。要完成一份真实可靠的分析报告，得出正确的分析结论，与有效的分析密不可分。这不仅要求在分析资料的搜集过程中应保证分析资料的真实，也要求在具体分析时选择科学而高效的分析技术和方法。要保证分析资料的真实可靠，应先注意资料来源的权威、合法性，并且尽可能通过实际考证确保资料的真实。如对企业财务数据资料的分析应关注审计师出具的审计报告，这对于企业报表的真实性、合理性有重要说明作用。

（三）财务分析报告必须明晰

财务分析要求报告的内容条理清晰，表述顺畅，没有语法错误，不易使人误解。这就要求分析报告的行文要尽可能流畅、通顺、简明、精练，避免口语化、冗长化。

（四）财务分析报告须体现出重要性原则

财务分析报告要求在编制过程中，要根据其重要性大小做到详略得当。如上所述，对于重要的、对决策有着重要影响的内容不仅要详细地反映，而且要放在报告前面。对于可作为决策参考的不太重要的内容则放在报告后面做较为简略的反映。

（五）财务分析报告必须及时提供给使用者

由于财务分析报告是用于评价企业经营状况、作为相关决策依据的重要信息来源，而影响企业经营的内外部经济环境都在不断变化，企业面对的是复杂多变的市场，在这个大市场，任何宏观经济环境的变化或行业竞争对手政策的改变都会或多或少地影响着企业的竞争力甚至决定着企业的命运，所以报告的时限性非常强。

另外，在编制财务分析报告的过程中，还应遵守成本效益原则，要在本着圆满完成分析任务的前提下，尽量利用较为便利的分析手段简化工作。

四、财务分析报告撰写的基本步骤

（一）撰写前的准备工作

1. 搜集资料阶段

搜集资料是一个调查过程，深入全面的调查是进行科学分析的前提，但调查要有目的地进行。分析人员可以在日常工作中，根据财务分析内容要点，经常搜集积累有关资料。这些资料既包括间接的书面资料，又包括从直属企业取得的第一手资料。财务分析人员应搜集的资料具体包括：①各类财务资料；②各类业务资料；③各类报纸、杂志公布的行业资料；

④其他资料。

2. 整理核实资料

各类资料搜集齐全后，要加以整理核实，保证其合法性、正确性和真实性，同时根据所规划的财务分析报告内容进行分类。整理核实资料是财务分析工作的中间环节，起着承上启下的作用。在这一阶段，分析人员应根据分析的内容要点做摘记，合理分类，以便查找和使用。

应该指出，搜集资料和整理核实资料不是截然分离的两个阶段，一般可以边搜集边核实整理，相互交叉进行。但切忌临近撰写分析报告才搜集资料，应把这项任务贯穿在日常工作中进行，这样才能搜集到内容丰富、涉及面广、有参考价值的资料，在进行分析时就会胸有成竹，忙而不乱。

（二）财务分析报告的选题

由于财务分析报告的形式多种多样，因此报告的选题没有统一的标准和模式，一般可以根据报告所针对的主要内容和提供的核心信息确定报告的选题，如“某季度财务分析”“负债情况分析”“税法变更对企业效益的影响分析”等都是比较合适的选题。报告的选题应能准确地反映出报告的主题思想。报告的选题一旦确定，就可紧紧围绕选题搜集资料、整理资料并编制财务分析报告。

（三）财务分析报告的起草

资料整理完毕，选题确定后，就可以进入财务分析报告的撰写阶段，而财务分析报告撰写的首要工作就是报告的起草。财务分析人员需要具备较强的综合素质才能胜任编制财务分析报告这一重要工作。

报告应围绕报告的选题并按报告的结构进行，特别是专题分析报告，应将问题分析透彻，真正地分析问题、解决问题。对综合分析报告的起草，最好先拟写报告的提纲，提纲必须能反映综合分析报告的主要内容，然后只需在提纲框架的基础上，依据所搜集、整理的资料选择恰当的分析方法，起草综合分析报告。

（四）财务分析报告的修订

财务分析报告形成初稿后，可交由财务分析报告的直接使用者审阅，并征求使用者的意见和建议，补充新的内容，使之更加完善，最后由直接使用者审定即可定稿。

五、财务分析报告的结构

结构是指分析报告如何分段而又构成一个整体的问题。一般根据报告所反映的内容可以多种多样。综合财务分析报告的结构大致如下。

（一）标题

标题应简明扼要，准确反映报告的主题思想。标题是对财务分析报告最精练的概括，它不仅要确切地体现分析报告的主题思想，而且要用语简洁、醒目。由于财务分析报告的内容不同，其标题也就没有统一标准和固定模式，应根据具体的分析内容而定。如“某月份简要会计报表分析报告”“某年度综合财务分析报告”“资产使用效率分析报告”等都是较合适的标题。财务分析报告一旦拟定了标题，就应围绕它利用所搜集的资料进行分析并撰写报告。

（二）报告目录

报告目录应当显示财务分析报告所分析的内容以及所在的页码。

（三）重要提示

重要提示主要是针对本期报告新增的内容或须加以重点关注的问题事先做出说明。

（四）报告摘要

报告摘要是概括公司综合情况，让财务报告使用者对财务分析报告有一个总括的认识，是对本期财务分析报告内容的高度浓缩，要求言简意赅、点到为止。

（五）正文

正文是财务分析报告的最主要部分，全面、细致地反映出所要分析的内容。正文具体包括说明段、分析段、评价段以及具体改进措施和建议。

总之，财务分析人员应明确财务分析报告的作用，掌握不同类型报告的特点，重视撰写报告的几个问题，不断提高自己的综合业务水平，做好财务分析工作，这样才能当好企业经营管理者的参谋和助手。

【理财技巧】

财务分析之“七忌”

财务分析要达到重点突出、说明清楚、报送及时、预测准确、措施得力的目的；进入财务工作“灵魂”之境界，充分发挥其诊断企业的“听诊器”、观察企业运行状况的“显微镜”之功能，必须“七忌”：一忌面面俱到，泛泛而谈；二忌千篇一律，文章格式化；三忌只是数字的堆砌罗列，没有情况说明；四忌浅尝辄止，停留于表面现象；五忌报喜不报忧；六忌上报不及时；七忌专业味太浓。

【任务操作】

例一：

淮海公司2018年财务分析报告

淮海公司2018年实现主营业务收入750 796万元，比2017年主营业务收入593 673万元多57 123万元，销售呈上升趋势，从公司2018年度的会计报表中可以看出，公司资产负债率较高，存货周转率降低了，应收账款周转率提高了，公司应收账款回款速度加快了。公司融资渠道比较通畅，但财务风险较大；公司净资产报酬率较低，但盈利能力较强。

一、偿债能力分析（表6-15）

表6-15　　淮海公司偿债能力指标　　单位：%

项目	2017年（1）	2018年（2）	增减差异 （3）＝（2）－（1）	增减比例 （4）＝（3）÷（1）
流动比率	54	80	26	48.15
速动比率	30	45	15	50
现金比率	16.4	25.08	8.68	52.93
资产负债率	59.48	53.73	-5.75	-9.67
产权比率	146.82	116.10	-30.72	-20.92

由表 6-15 可知，2018年的流动比率、速动比率、现金比率均比2017年有了明显提高，说明2018年短期偿债能力增强了。该公司资产负债率较高，一方面说明其财务风险较大，另一方面也说明公司总体融资渠道比较畅通，总资产中的 50%以上是由债权人提供的，2018年比2017年降低5. 65%，表明公司对财务风险进行了必要的控制，有利于减轻公司的偿债压力。两年产权比率均在 100%以上，说明公司资产过度运用负债经营，会带来较大的财务风险。因此，2018年的长期资产偿债能力比2017年也增强了。总之，公司2018年的偿债能力比2017年增强了。

二、营运能力分析（表 6-16）

表 6-16　淮海公司营运能力指标

项　目	2017年（1）	2018年（2）	增减差异 （3）=（2）-（1）	增减比例 （4）=（3）÷（1）
存货周转率（次）	3. 58	3. 42	-0. 16	-4. 47%
存货周转天数（天）	100	105	5	5%
应收账款周转率（次）	30. 41	31. 57	1. 16	38. 15%
应收账款周转天数（天）	12	11	-1	-8. 33%
流动资产周转率（次）	2. 77	2. 59	-1. 8	-6. 50%
总资产周转率（次）	0. 81	0. 84	0. 03	3. 70%

从存货周转率和周转天数去分析，2018年比2017年降低了，营运能力降低了；但从应收账款周转率和周转天数去分析，2018年比上年的营运能力提高了，说明公司应收账款回款速度加快，这与公司的信用政策和产品的市场需求有关系。从流动资产周转率分析，2018年较2017年有所下降，表明流动资产利用效率略有降低。总资产周转率略有提高。总的来说，2018年的营运能力比2017年提高了。

三、盈利能力分析（表 6-17）

表 6-17　淮海公司盈利能力指标　单位：%

项目	2017年（1）	2018年（2）	增减差异 （3）=（2）-（1）	增减比例 （4）=（3）÷（1）
销售净利率	3. 33	3. 38	0. 05	1. 5
资产净利率	2. 68	2. 83	0. 15	5. 60
成本费用利润率	3. 39	3. 42	0. 03	0. 88
净资产报酬率	6. 43	6. 52	0. 09	1. 40

2018年的销售净利率比2017年增加0. 05%，这表明公司在经营管理方面是有成效的。当然较高的销售净利率也可能是依靠较大的资产或资本的投入来维持的，还应结合企业运用资源的效率和投资报酬率。公司资产净利率较低，属于微利企业，资产净利率比2017年增加

0.15%，公司成本费用利润率上升0.03%，企业经济效益有所提高，净资产报酬率比上一年增加0.09%，从这几个指标分析，说明该公司2018年的盈利能力较强。

总之，公司的获利能力较强，经济效益有所提高，经营管理有一定成效，表现为净资产报酬率、成本费用利润率、销售净利润率都有所提高。公司对财务风险做了必要的控制，偿债压力有所减轻，短期偿债能力和长期偿债能力有所增强，融资渠道畅通，表现为流动比率、速动比率、现金比率都有所提高，资产负债率和产权比率较高。公司采取了有效的信用政策，抓住了产品市场需求特性，应收账款回款速度加快了，公司营运能力提高了，表现为应收账款周转率和总资产周转率有所提高。对于公司存在的问题，建议采取以下措施加以解决：

(1) 对呆滞、积压的存货，在查明原因的基础上积极处理，不断挖掘内部潜力，提高存货的周转速度，以加速流动资金的周转。

(2) 公司要适当调整融资结构，防止过度运用负债经营给公司带来的财务风险，可请求投资者追加投资，以优化融资结构；同时对负债内部结构也应做适当调整，增加长期负债比重，相对减少流动负债比重，以减轻公司短期偿债压力。

(3) 不断创新，增强公司的核心竞争力；提高产品的附加值，走出微利企业的怪圈。

进一步总结成功的经验，并加以推广，对出现的问题切不可掉以轻心，一定要及时解决。

例二：

贵州茅台财务分析报告

步骤一：通过网络、报纸等媒体，查询贵州茅台（600519）2007年度的财务报告。

步骤二：根据财务分析的要求，对该公司2007年的偿债能力、盈利能力、营运能力、发展能力分别进行分析，然后进行杜邦财务分析，最后编制财务分析报告。

一、公司简介

主营业务：以茅台酒为龙头的酒类系列产品的生产与销售；饮料、食品、饲料、包装材料的生产与销售；防伪技术开发、生物工程、信息产业相关产品的研制与开发；资本运营及相关投资业务。

主要产品及市场：本公司年产贵州茅台酒不足4 000吨，在国内的销售全部由公司控股的销售公司进行。公司产品目前在国内的主要市场集中在山东、河南、辽宁、江苏、贵州。2000年，上述几个市场销售占本公司销售收入的37.41%。此外，本公司产品还出口到100多个国家和地区，产品出口主要是通过本公司下属进出口公司与贵州省粮油进出口公司共同进行，出口的品种主要是53度、43度、38度贵州茅台酒及部分陈年茅台酒，年创外汇收入近1 000万美元。

所属行业：酒精及饮料酒制造业。

二、偿债能力分析

公司短期偿债能力分析见表6-18。

表6-18　短期偿债能力分析表

指　标	2007年12月31日	2006年12月31日	五粮液（000 858）
流动比率	3.44	1.99	3.34
速动比率	2.35	1.41	2.41

公司长期偿债能力分析见表6-19。

表6-19 长期偿债能力分析表 单位:%

指标	2007年12月31日	2006年12月31日	五粮液
资产负债率	20.15	35.55	16.81
产权比率	25.65	56.12	20.33

贵州茅台总体上各年都有很好的流动比率，2007年，流动比率偏高，主要是未分配利润等股东权益较高造成的。

速动比率分析结果与流动比率类似，贵州茅台的流动比率、速动比率与行业平均值比较接近，基于这个理由可以认为贵州茅台的短期偿债能力也比较好。

实业性公司的资产负债率大多以不超过50%为好，我们认为贵州茅台的资产负债率是合适的，要优于行业平均值，而低于五粮液。

事实上在后面的筹资分析中大家可以看到，贵州茅台非流动负债非常少，几乎没有，所以公司目前不存在不能偿还长期债务的风险。

三、营运能力分析

公司营运能力分析见表6-20。

表6-20 营运能力分析表

指标	2007年12月31日	2006年12月31日	五粮液
应收账款周转率（天）	126.14	87.53	1 122.92
存货周转率（次）	0.41	0.41	2.04

存货的周转在酿酒行业属于较低水平，低于行业平均水平，在行业排名非常靠后。

但由于酒有其本身与众不同的特点，茅台酒由于其独特的酱香型口感，必须经过5年陈酿才能出产品，且存放越久，品质越好，价值也越高。而五粮液属于浓香型白酒，浓香型白酒最快可以在15天酿成，制造周期要少于茅台。所以我们并不否定贵州茅台的存货周转率。

四、盈利能力分析

公司盈利能力分析见表6-21。

表6-21 贵州茅台盈利能力分析表 单位:%

指标	2007年12月31日	2006年12月31日	五粮液
销售净利率	39.11	31.5	20.04
资产报酬率	28.49	17.24	12.69
股东权益报酬率	34.38	25.51	15.35

贵州茅台拥有非常高的净资产收益率，在酿酒行业一直处于领先的位置，并且优于五粮液，呈现出非常好的逐年提高的走势，公司所有者可以得到很高的投资报酬率。

五、综合分析

杜邦分析如图 6-2 所示。

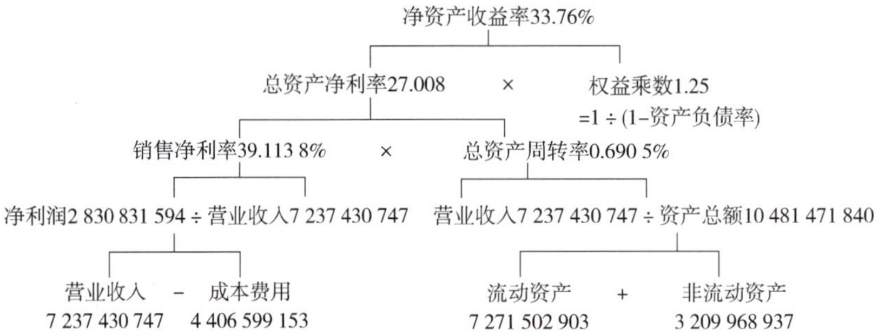

图 6-2　贵州茅台杜邦财务分析图

偿债能力处于同行上游，财务指标现金比率为2. 235 5，相对于行业平均水平0. 316，显示出较强的短期偿债能力。另外，该公司的资产负债率为20. 15%，低于行业平均值，表明该公司在行业中有较强的长期偿债能力。公司存在较大付息压力。但偿债能力似乎有点过于安全，不能够充分利用资金给股东带来收益；盈利能力在同行中处于领先水平，财务指标每股收益3. 00元，相对于行业平均每股收益，表明公司收益状况良好。公司产品利润空间较大，成本优势明显；现金管理能力在同行中处于领先水平，财务指标每股营业现金流量1. 85元，与行业平均水平相比，公司经营活动有较强的获取现金能力。该报告期内公司实行偏紧的股利分配政策；成长能力处于行业中游，公司业务增长势头较好。公司维持固定资产较快的扩张速度。资产运营能力处于行业中游，资产周转率为0. 690 5。应收账款回款速度较快，但存货的流动性由于其产品特性比较低。

茅台公司的股权收益率近年来呈现不断上升的趋势，考虑到其营运资产收益率在上升的轨道中，以及如果能够合理运用大量货币资金的话，预计还有较大的上升空间。

长期负债合计为零，短期负债、应付票据也为零。从中我们可以看到，茅台公司具有很强的资金调配能力，各财务指标都显示出公司的财务环境可以给公司未来经营提供充足和稳健的资金支持，这有利于贵州茅台公司扩大战略选择的范围和战略实施良好完成，有利于公司业务的进一步发展。但同时这也是把“双刃剑”。公司手中握有大量现金，投资收益低下，也超过了其自身投资发展的需要，因此拖累了公司的股权收益率，使得报告的净资产收益率掩盖了其经营更强的盈利率。一个出色的管理层是应该懂得运用财务杠杆来为公司带来放大效应的。当筹资取得的资金带来的收益大于筹资所支付的成本时，管理层应采取行动来为股东带来更大的收益。从贵州茅台所公布的报告中我们可以看到，贵州茅台公司管理团队年龄偏大，在经营和管理上受政府政策干预而显保守，开拓市场能力不足。

公司的财务政策十分稳健，多年来很少使用金融负债筹资。但是必须指出，放弃使用金融负债，也降低了利息的税盾效应以及对净利润的放大效应。公司如果使用金融负债的话，收益率还可进一步上升。

公司由于其行业中的强势地位，因此可大量运用无成本的营运负债来提高公司的净营运资产收益率。营运负债对公司的净营运资产收益率具有很大的贡献。

公司的核心盈利指标，营运资产收益率常年保持较高的水平，并呈现上升趋势。

六、财务评价

从市场发展来看，白酒市场已经达到饱和，但人们对白酒的偏好随着经济情况的向好由低档产品向高档产品转移，所以在总需求下降的情况下，高档白酒仍然可以保持稳步上升的趋势。白酒的高端市场受经济情况影响较小，有稳步上升的发展态势。我们认为，投资该行业的高端市场还有一定的增值空间。

从公司战略布局来看，贵州茅台公司逐渐认识到茅台品牌对公司业绩的支撑，根据目前的市场情况着重建设专卖店营销网络项目，加强广告宣传力度，并积极组织产品打假，以维护公司的品牌和形象。在通过提升品牌形象挖掘并扩大消费者需求的同时，公司也努力扩大白酒的生产能力，并利用现有品牌的优势兼并其他公司的生产能力开发新品牌扩大市场占有率。茅台公司2007年生产能力达到 1 万吨，净利润比 2016 年增加 56%。综合销售收入、净利润等指标位居全行业第一。相信随着茅台公司产能的进一步扩大，其业绩还将继续保持稳步上升的态势。

职业能力训练

【背景资料】

淮海公司2018年年末的财务报表及其行业的比率见下表：

资产负债表（简表）

2018年 12 月 31 日　　单位：千元

资产	金额	负债及所有者权益	金额
现金	8 143	应付账款	54 449
应收账款	5 596	应付票据	7 711
存货	148 554	其他流动负债	28 823
其他流动资产	11 608	长期负债	103 662
固定资产净值	132 609	递延所得税负债	20 347
		股东权益	91 518
资产总计	306 510	负债及所有者权益总计	306 510

利润表（简表）

2018年　　单位：千元

项目	金额	项目	金额
销售收入净值	761 734	利息费用	15 245
销货成本	550 930	税前利润	39 489
营业毛利	210 804	所得税	9 872. 25
销售及管理费用	156 070	净利润	29 616. 75
营业利润	54 734		

行业比率：流动比率 2.0；速动比率 0.5；应收账款平均收款期 12 天；存货周转率 4.0；固定资产周转率 8.0；资产周转率 3.2；已获利息保障倍数 3.0；销售净利率 3.33%；资产报酬率 10.6%；权益报酬率 18.4%。

任务要求

（1）计算公司与行业相对应的比率，将它们与行业比率作比较，分析哪些比率强于或弱于行业平均水平。

（2）给出总的分析结论，写出财务分析报告。

【职业道德与企业伦理】

绿大地会计造假案

案例背景：

往日的大牛股绿大地股票价格从2010年 11 月 12 日44.86元高点，一路跌到昨日（2011年 5 月 10 日）的收盘价14.37 元。为什么该股票在不出半年的时间暴跌 68%？因为它是个问题公司，很可能有被退市的危险。2010年 3 月 17 日，证监会立案调查绿大地，因为它涉嫌信息披露违规，发现公司存在涉嫌虚增资产、虚增收入、虚增利润等多项违法违规行为。2011年 3 月 17 日，公安机关以涉嫌欺诈发行股票罪逮捕了该公司原董事长何学葵。2011年 4 月 9 日，公安机关以涉嫌违规披露、不披露重要信息罪名对该公司董事、财务总监李鹏采取强制措施。2011年 5 月 4 日，深交所对该公司股票实施“退市风险警示”特别处理。

绿大地生物科技股份有限公司在2010年第一季报中可以看出，仅合并现金流量这个项目中就有多达 27 项差错，其中有 8 项差错为几千万元，而出现几亿元的差错的地方多达 12 项。此外，绿大地公司在此间的筹资活动中现金流出小计差异为6.08亿元，筹资活动产生的现金流量净额差异为 4.52 亿元，现金及现金等价物净增加额差异为7.05亿元，这三项在被查实后修正值达到几千万元。从这几项的差异中也可以看出2010年第一季度的财务报表问题多多。

绿大地在2011年 3 月到 4 月期间资金流出频繁，而资金流入较少，但在该公司一季度报表中却未提及资金大量流出，反而将资产夸张增大，导致公司问题暴露。其2010年一季度的固定资产多计 5 983.67 万元，应付款多计 6 295.75 万元。绿大地对此的解释是，固定资产的差异原因在于“因工作失误”，将北京分公司的固定资产已包含在本部报表中，又将其列入合并报表（即计算 2 次），造成该项目虚增。绿大地在2010年一季度的销售额仅为 5 989.35万元，但是缴纳的税费却高达 3.02 亿元。如此令人费解的税费缴纳，不免让人产生怀疑。

绿大地被查的导火线，是因为该公司2010年 3 月的第一季度报表，这是一份令人叹为观止的季度报告。拿2010年第一季度的利润表和2005年全年做一个对比来看，2010年仅第一季度营业收入和2005年的全年营业收入只差 332 万元。仅这一项就足以说明绿大地在2010年第一季度利润表中存在问题。2005年的绿大地每股收益是0.67元，到了2010年的每股收益变为 0.1元。在2010年 4 月 28 日预告基本每股收益 0.27 元，4 月 30 日正式出台的第一季度报每股收益只有0.1元，两天之差，营业总收入、净利润、每股收益“暴跌”。从绿大地提供的披露数据来看，2006年度负债为1.04 亿元，实际负债则为1.9亿元；2006年销售收入为1.9亿元，实际为1.51 亿元；2005年净利润 3 723.64万元，实际不足该数据的 90%。目前的信息显示，该公司并不只有2010年一季报出现类似问题。最近 3 年来，该公司的年度报告，也接连出现类似状况。从2006年到2010年，绿大地的财务可以说是大变脸，其中存在的问题很多。（资料

来源：绿大地会计造假案例分析，已作适当删减。）

问题：上市公司财务造假的动机是什么？

分析：上市公司财务造假的动机主要在于最初上市时的业绩承诺和股权激励的诱惑，这种巨大的利益诱惑使许多准备上市和已上市公司实施财务造假行为。绿大地公司财务造假的手段主要包括：虚增收入、虚增资产、虚增利润等。财务造假将给社会带来危害，造假的会计报表必然会误导市场，导致资源的逆向配置，并且误导投资者，投资者根据失真的财务信息往往会做出错误的判断和决策，遭受投资损失。绿大地的财务造假行为不符合职业道德与企业伦理。

模块七
Excel 在财务管理中的典型应用

职业能力目标

知识目标

1. 掌握使用 Excel 进行本量利分析及自制或外购决策分析的方法。
2. 掌握使用 Excel 进行偿债能力、资产营运能力和盈利能力财务指标分析的方法。
3. 掌握使用 Excel 进行杜邦综合财务指标分析的方法。

技能目标

1. 能使用 Excel 进行本量利分析及自制或外购决策分析和计算。
2. 能使用 Excel 进行偿债能力、资产营运能力和盈利能力财务指标分析和计算。
3. 能使用 Excel 进行杜邦综合财务指标分析和计算。

【案例导入】

神奇的 Excel 表格

Excel 不仅是用来做表格的，它可以进行会计处理、财务分析、图表分析、建立财务分析模型、数据透视分析、函数运算、数学公式编辑等，在诸多方面都很有用处。

随着市场经济的发展，市场竞争加剧，各个企业的经济环境不断发生变化，企业对会计职能的要求，已从单纯的会计核算型向财务管理型发展。这要求企业充分利用现有的财务信息资源，准确地分析当前的财务状况，并对未来的财务状况进行预测分析，以便为管理层提供较好的决策方案。Excel 则充分满足了企业的这个需要。因此，作为未来的财务从业者，掌握并熟练运用 Excel 是非常有必要的，这会是我们在以后求职中获胜的一项技能。

财务人员每天面对大量数据和信息，大部分的数据都将通过 Excel 处理。决策和分析需要用数据（事实）说话，Excel 是帮助财务人员进行数据处理的强大通用工具。用好 Excel 意味着大大减少工作量和劳动强度；节省时间去处理更为重要的任务；及时快速的决策支持；在下属和上司面前树立自己的技术权威。

讨论：你认为 Excel 在财务管理中的地位和作用有哪些？

任务一 认识 Excel 的主要功能

一、何为 Excel？

Excel 是 Microsoft Office System 中的电子表格程序。你可以使用 Excel 创建工作簿（电子表格集合）并设置工作簿格式，以便分析数据和做出更明智的业务决策。特别是，你可以使用 Excel 跟踪数据，生成数据分析模型，编写公式以对数据进行计算，以多种方式透视数据，并以各种具有专业外观的图表来显示数据。

Excel 的一般用途包括：

会计专用：你可以在众多财务会计报表（例如，现金流量表、收入表或损益表）中使用 Excel 强大的计算功能。

预算：无论你的需求是与个人还是公司相关，你都可以在 Excel 中创建任何类型的预算，例如，市场预算计划、活动预算或退休预算。

账单和销售：Excel 还可以用于管理账单和销售数据，你可以轻松创建所需表单，例如，销售发票、装箱单或采购订单。

报表：你可以在 Excel 中创建各种可反映数据分析或汇总数据的报表，例如，用于评估项目绩效、显示计划结果与实际结果之间的差异的报表或可用于预测数据的报表。

计划：Excel 是用于创建专业计划或有用计划程序（例如，每周课程计划、市场研究计划、年底税收计划，或者有助于你安排每周膳食、聚会或假期的计划工具）的理想工具。

跟踪：你可以使用 Excel 跟踪时间表或列表（例如，用于跟踪工作的时间表或用于跟踪设备的库存列表）中的数据。

使用日历：由于 Excel 工作区类似于网格，因此它非常适用于创建任何类型的日历，例如，用于跟踪学年内的活动的教学日程表或用于跟踪公司活动和里程碑的财政年度日历。

无论你是否已经在使用 Excel，在学习 Excel 各种强大的功能之前，我们首先对其主要功能进行一下认真简单的介绍。

生活在“信息时代”中的人比以前任何时候都更频繁地与数据打交道，Excel 就是为现代人进行数据处理而定制的一个工具。它的操作方法非常易于学习，所以能够更广泛地使用。无论是在科学研究、医疗教育、商业活动还是在家庭生活中，Excel 都能满足大多数人的数据处理需求。

Excel 作为一个适合现代人进行数据处理的工具，“数据处理”实际上是一个非常广义的概念，包含了与数据这个对象所进行的一切活动。具体地说，Excel 拥有强大的计算、分析、传递和共享功能，可以帮助用户将繁杂的数据化为信息。

二、Excel 的主要功能

（一）数据记录与整理

孤立的数据包含的信息量太少，而过多的数据又让人难以理清头绪，利用表格的形式将它们记录下来并加以整理是一个不错的方法。Excel 作为电子表格软件，围绕着表格制作与使用锁具别的一系列功能是其最基本的功能。大到多表格试图的精确控制，小到一个单元格的格式设置，Excel 几乎能为用户租到他们在处理工作表格时想做的需求。除此以外，利用条件格式功能，用户还可以快速地标识出表格中具有需求特征的数据，而不必用人眼去逐一查找。利用数据有效性功能，用户还可以设置何种数据允许被记录，而何种不能并提示，如图 7- 1 所示。

C2 fx A

	A	B	C	D	E
1	日期	订单号	大类	小类	数量
2	2月1日		A（下拉列表：A、B、C）		
3	3月2日				
4	3月2日				
5	3月1日		A	a2	
6					

图 7-1　数据有效性

对于复杂的表格，分级显示功能可以帮助用户随心所欲地调整表格阅读模式，既能一览众山小，又能明察秋毫，如图 7-2 所示。

	A	B	C	D	E	F
1	员工姓名	性别	出生年月	年龄	职称	岗位级别
2	周芷若	女	1976年3月	36	助工	4级
3	何太冲	男	1976年7月	36	助工	4级
4		2		36 计数		
5	张三丰	男	1947年8月	65	工程师	7级
6		1		65 计数		
7	何足道	男	1956年5月	56	高级工程师	9级
8		1		56 计数		
9	宋青书	男	1979年3月	33	助工	5级
10		1		33 计数		
11	纪晓芙	女	1978年2月	34	助工	5级
12		1		34 计数		
13	钟灵	女	1970年7月	42	技术员	3级
14		1		42 计数		
15	任我行	男	1960年4月	52	技术员	2级
16	王语嫣	女	1960年3月	52	助工	5级
17		2		52 计数		

图 7-2　分类汇总

数据的录入与整理工作往往较为烦琐和枯燥，Excel 为此还提供了语音功能，可以让耳朵和嘴来帮助作业，即轻松又高效。

（二）数据计算

Excel 的计算功能与其他的计算器具相比，完全不可等同。四则运算、开方乘幂这样的计算只需用简单的公式来完成或某些内置函数即可完成，而一旦一些较为复杂的则可通过函数进行计算。Excel 内置了数量庞大的又实用的函数，是其一大亮点。函数实为能够按一定规则进行计算的功能模块。在执行复杂计算时，我们只需要选择正确的函数，然后为其制定所需参数，它就能在短时间内返回结果值，如图 7-3 所示。

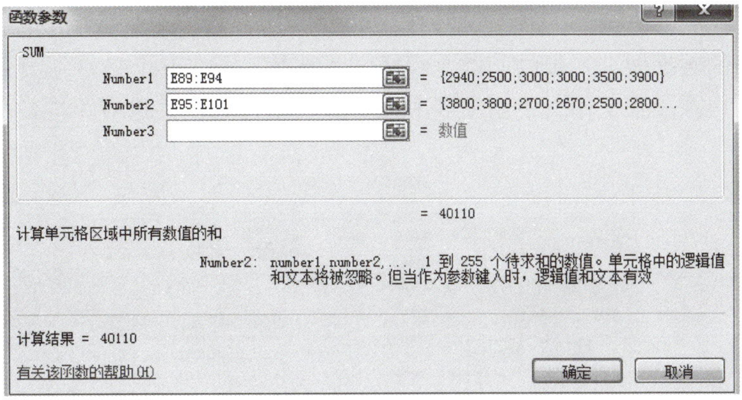

图 7-3 为函数指定计算参数

Excel 各版本中都内置有上百个函数，并分为多个类别，现以 Excel 2010 版中的内置函数为例，函数分类如表 7-1 所示，新版本中总共分为 13 类，其中有些是为了兼容老版本的函数而保留的。在这些数量众多的内置函数中，用户只要正确地选择都可以完成绝大多数领域的常规计算任务。以前某些计算任务都需要由专业的计算机人员进行复杂的编程才能实现，现在任何一个使用者只要在了解了其语法后，通过鼠标的点击就可以完成了。

表 7-1 Excel 2010 函数分类

函数分类			
兼容性函数	多维数据集函数	数据库函数	日期和时间函数
工程函数	财务函数	信息函数	逻辑函数
查找和引用函数	数学和三角函数	统计函数	文本函数
与加载项一起安装的用户定义的函数			

图 7-4 是将几个函数嵌套应用的较为复杂的计算示例。

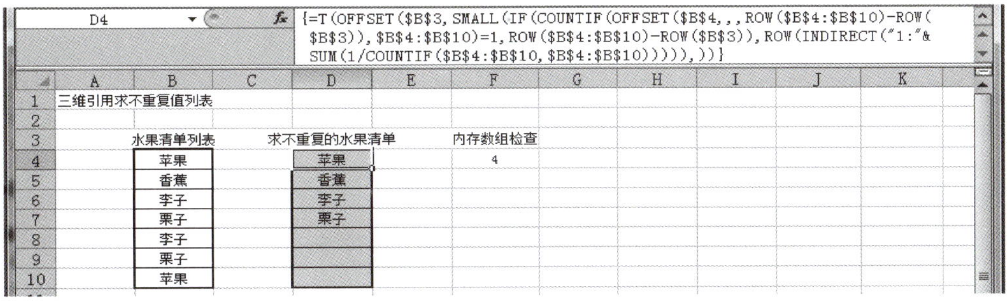

图 7-4 函数的嵌套应用

（三）数据分析

要从大量的数据中获取需要的信息，仅仅依靠计算是不够的，还需要利用一种或多种思路和方法进行合理科学的分析。数据分析也是 Excel 所擅长的一项工作（功能）。

Excel 中的排序、筛选和分类汇总是我们经常使用也是最简单的数据分析方法，它们能够合理地对表格中的数据做进一步的归类与组织。“列表”至 Excel 2003 版开始新增一项实用功能，它允许用户在一张工作表中创建多个独立的数据列表，并进行不同的分类和组织，如图 7-5 所示。

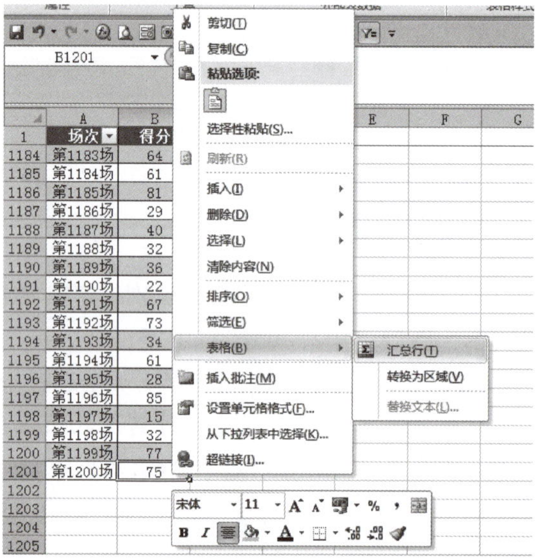

图 7-5 Excel 2010的列表功能

接下来是 Excel 中另外一个数据分析的重要工具——数据透视表。数据透视表是 Excel 最具特色的分析工具，也是最简易的分析工具，我们只需要几步操作，就能灵活地以多种不同的显示方式展示数据的特性，根据不同的需求种类，变换出不同的类型报表，实现对数据信息的透视，如图 7-6 所示。

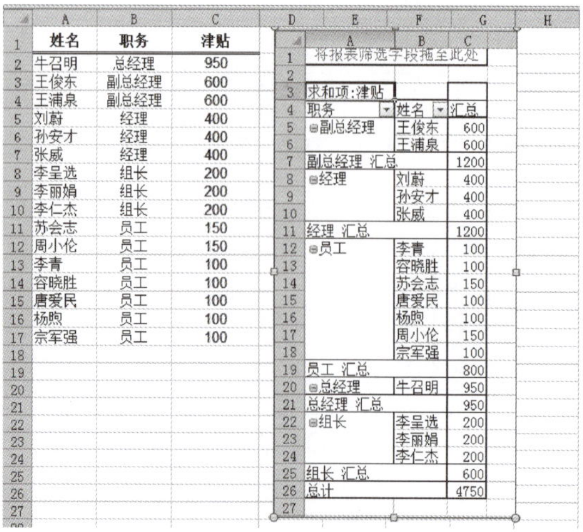

图 7-6 数据透视表

除此之外，Excel 还有许多其他分析工具，如模拟运算、单变量求解和规划求解等其他分析功能工具，如图 7-7 所示。这些大家可以通过看帮助文件及其他资料进行了解，在 Excel 2003 中这几个功能都需要加载才能使用，部分可以在 2007 版以上直接使用的函数也是需要加载才能使用。

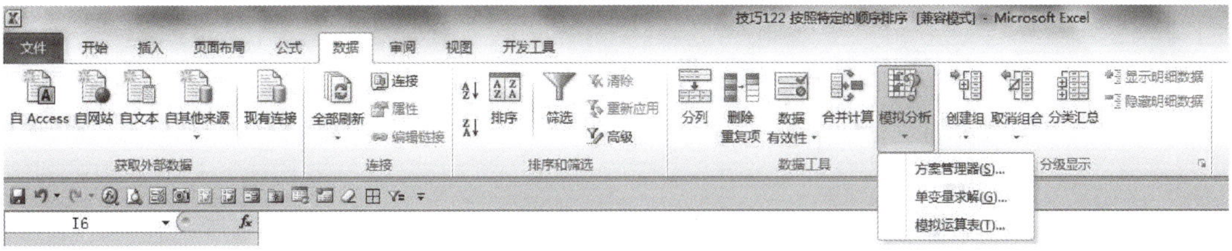

图 7-7　Excel 2010版的模拟运算等功能

（四）图表的制作

所谓一图胜千言，一份精美切题的图表可以让原本复杂枯燥的数据表格和总结文字立即变得生动起来。Excel 的图表图形功能可以帮助使用者迅速创建各种各样的商业图表，直观形象地传达信息，如图 7-8 所示。

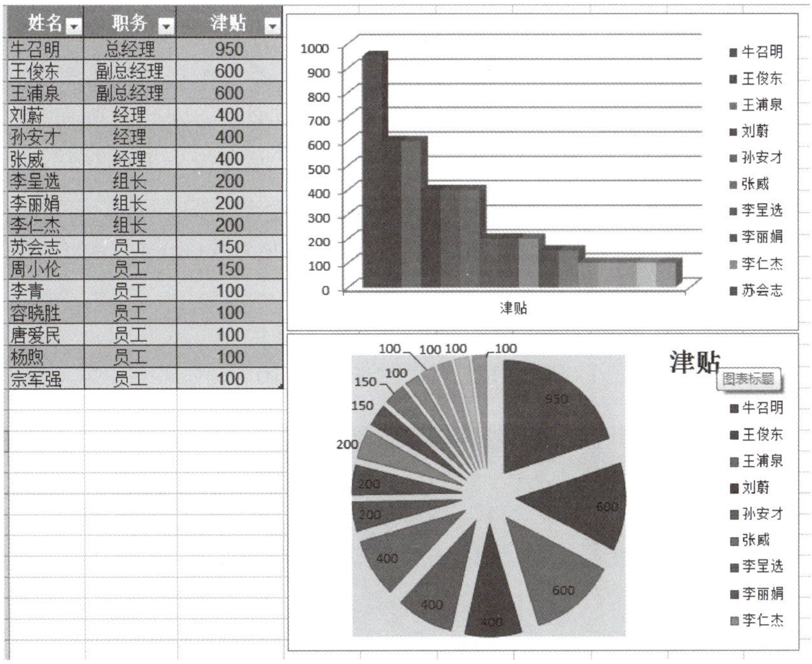

图 7-8　Excel 图表

（五）信息传递和共享

协同工作是近代的重要工作理念，从 Excel 2003 起不但可以与其他的 Office 组件无缝连接，而且可以帮助用户通过 Intranet 与其他用户协同工作，方便交换信息。Excel 等文件的协同共享方式及设置大家也可以去看帮助里的说明设置操作，如图 7-9 所示。

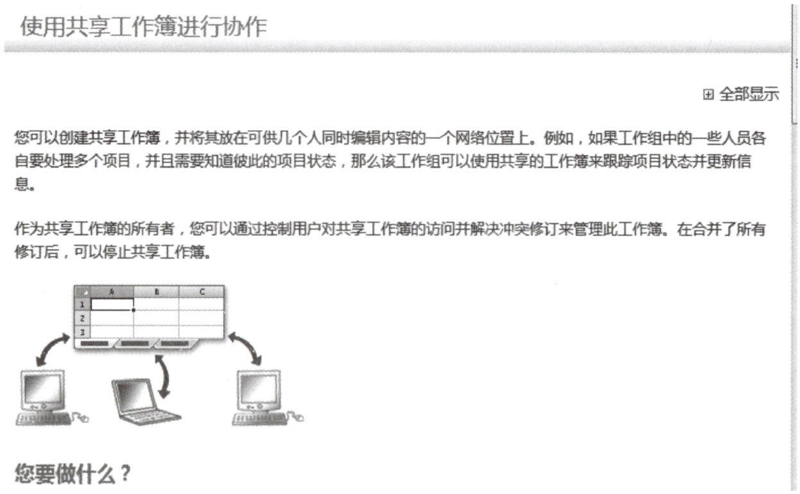

图 7-9　Excel 的协同共享设置

任务二　Excel 在决策分析中的应用

一、任务分析

作为财务人士，除了在编写财务分析、经营分析、专项分析报告时要经常用到图表，对于财务经理、管理会计来说，可能还要做决策分析。比如多个方案的盈利对比分析、自制还是购买的方案分析，这些方案分析如果用图表来展示将更加直观。下面介绍在经营决策中经常用到的本量利分析图和决策方案分析图两种图表的制作。

假设生产某产品的单位变动成本为 60 元，固定成本为 100 000 元，产品销售单价为 160 元。根据利润计算公式

$$销售利润=销售收入-（单位变动成本\times销量+固定成本）$$

不难算出，盈亏平衡点在 1 000。用图表表示如图 7-10 所示。

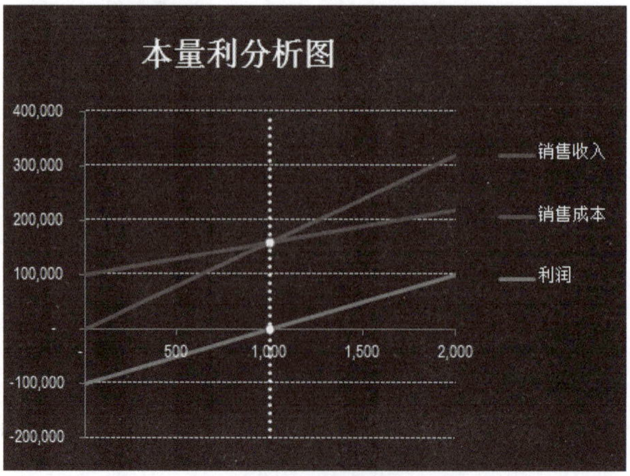

图 7-10　本量利分析图

二、任务实施

1. 本量利分析图

下面我们介绍如何使用散点图来绘制本量利分析图。

Step1：打开示例文件“本量利分析图”，根据 A1：B4 单元格区域的基础数据，制作反映销量、收入、成本、利润最大最小值的表格，如 A6：C10 区域所示（图 7-11）。

	A	B	C
1	基础数据：		
2	销售单价	160	
3	单位变动成本	60	
4	固定成本	100,000	
5			
6	绘图区：	最小值	最大值
7	销量	-	2,000
8	销售收入	-	320,000
9	销售成本	100,000	220,000
10	利润	-100,000	100,000
11			
12	盈亏平衡销量	1,000	-
13	盈亏平衡销售收入	160,000	-
14			
15	销售利润＝销售收入－（单位变动成本*销量+固定成本）		
16	I=S-（Cv×Q+F）		

图 7-11　本量利分析表

Step2：选定 A7：C10 单元格区域，点击【插入】选项卡→【图表】组→【散点图】→【带直线的散点图】（图 7-12）。

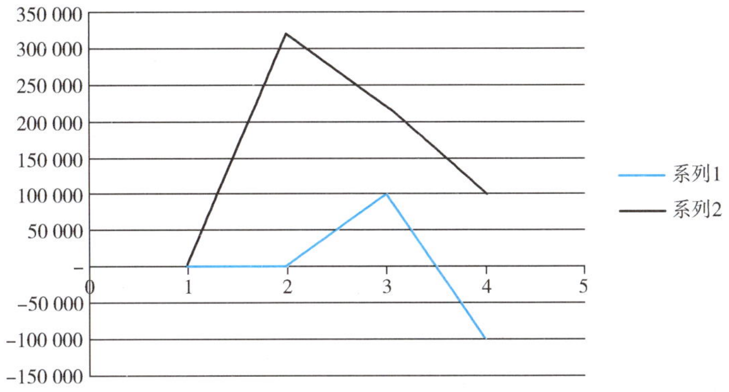

图 7-12　创建带直线的散点图

Step3：选中图表→点击图表工具【设计】选项卡，点击数据组中的【切换行/列】。此时图表的主体部分已经绘制完毕（图 7-13）。

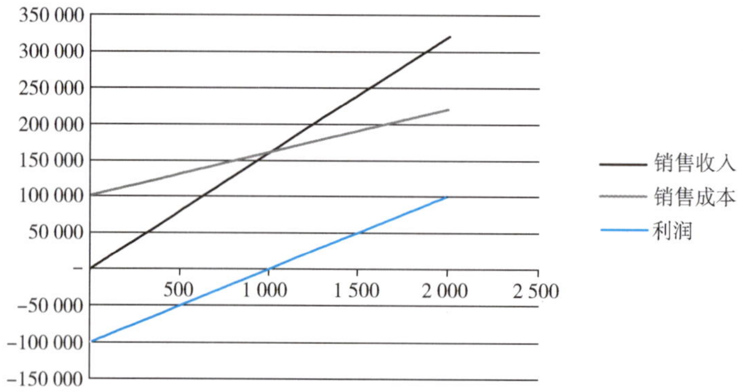

图 7-13　行列切换后的图表样式

Step4：为了突出显示收入与成本交叉之处的盈亏平衡点，需增加一个数据系列，用散点图来绘制。选中图表→图表工具【设计】→【选择数据】→打开“选择数据源”对话框→点击【添加】→打开“编辑数据”对话框，按图 7-14 输入系列名称、X 轴值、Y 轴值。

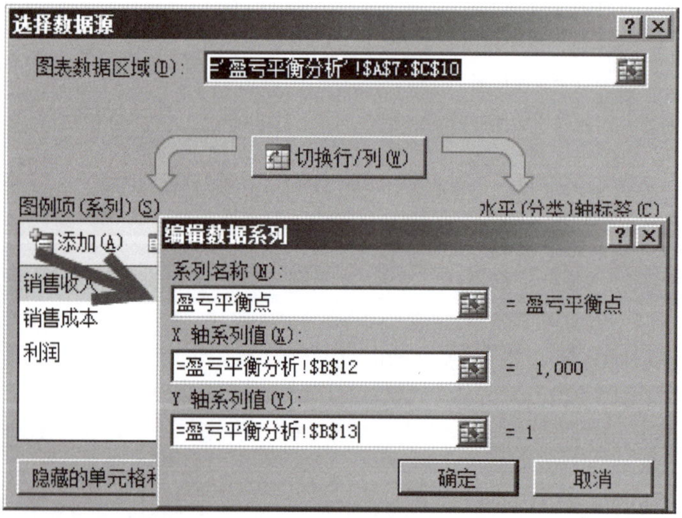

图 7-14　添加盈亏平衡点的数据系列

Step5：添加“利润”系列线与 X 轴交叉的数据点，需增加一个数据系列，用散点图来绘制。方法同 Step4，具体设置如图 7-15 所示。

Step6：添加一条穿过利润零点与盈亏平衡点的线段。方法同 Step4。具体设置如图 7-16 所示。

X 轴系列值：

= (盈亏平衡分析！ $ B $ 12，盈亏平衡分析！ $ B $ 12)

Y 轴系列值：

= {-200 000，400 000}

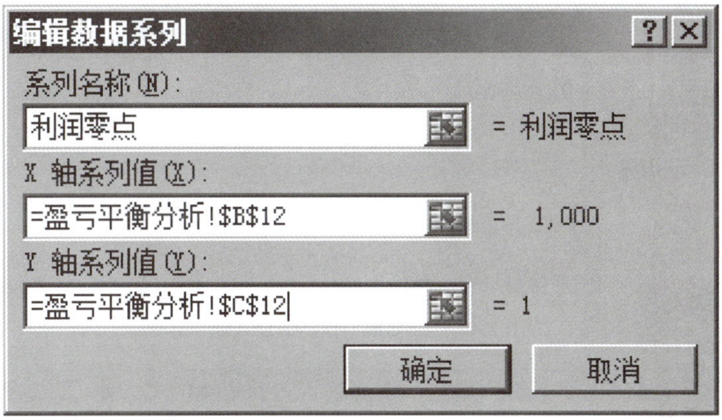

图 7-15　添加利润零点的数据系列

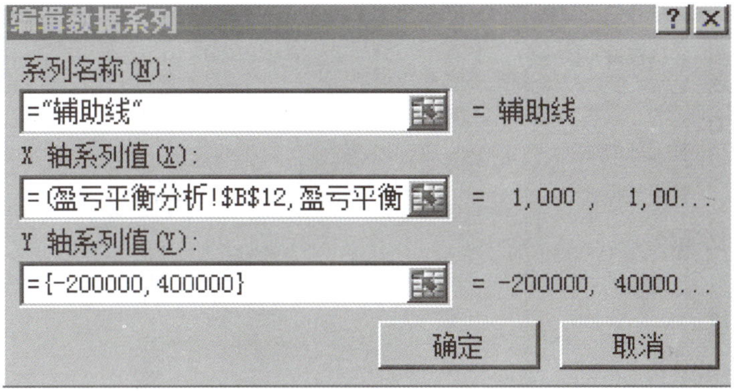

图 7-16　添加穿过利润零点和盈亏平衡点的辅助线

设置后效果如图 7-17 所示。

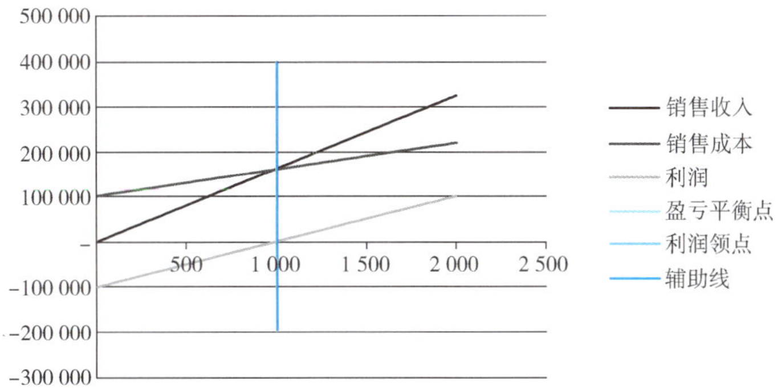

图 7-17　初步设置后的效果图

Step7：分别选择“盈亏平衡点”和“利润零点”数据系列，按图 7-18 设置数据系列格式。

Step8：将图表填充色设置为棕黑色，进行其他美化设置，美化后的图表如图 7-10 所示。

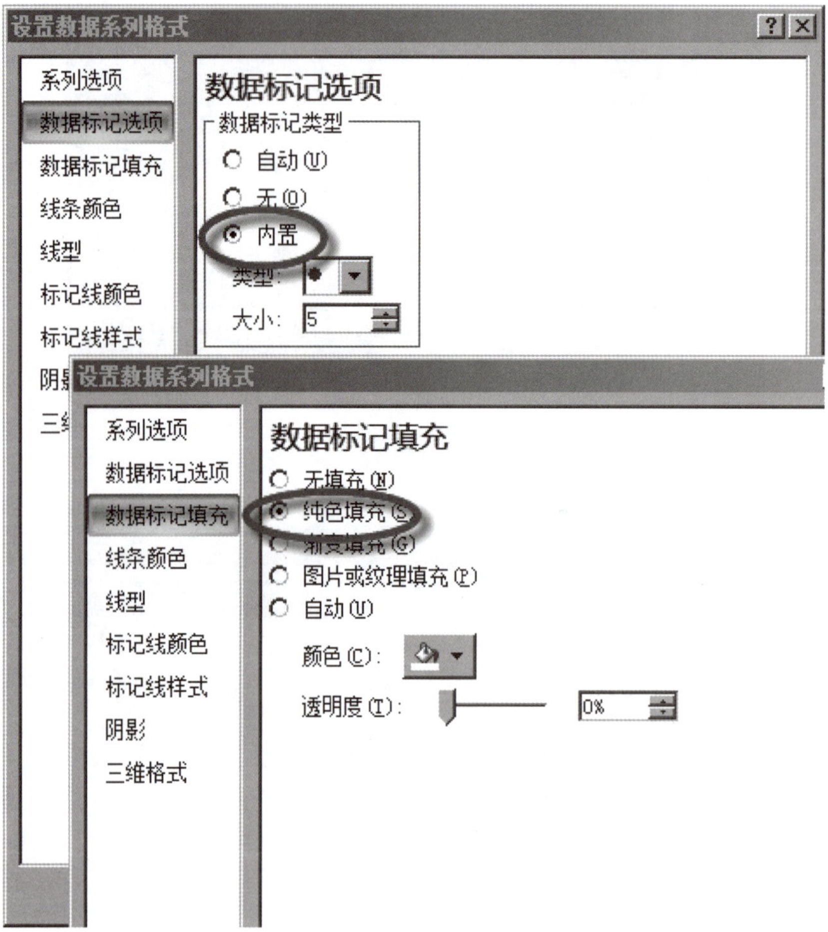

图 7-18 设置“盈亏平衡点”和“利润零点”的格式

2. 动态图表基础知识

动态图表也称为交互式图表，可以随着用户点击或选择的变化而变化。与普通的静态图表相比，它可以提供更丰富、灵活的数据系列组合。我们日常工作中用到的图表，都是根据表格数据绘制的，表格一旦确定，图表的数据系列组合也随之确定，至多是手工添加或删除某些数据系列。但在做财务分析时，如果数据量较多、分析的维度较多，要一一展示就需要很多张图表，既增加了工作量，又使分析报告显得累赘。这时，我们就可以使用动态图表。

动态图表的制作方法主要有定义名称法和辅助表法。两种方法都要应用到控件或有效性以及常用的查找引用函数，图表的绘图数据源会根据用户的选择变化而变化。下面先介绍控件的使用。

Excel 默认工具栏或菜单没有将控件工具箱显示出来，要使用控件，需手工添加，具体方法：点击【文件】菜单→【选项】→打开 Excel 选项对话框，按图 7-19 所示的步骤添加“插入控件”按钮。

单击确定后就在快速访问工具栏添加了“插入控件”按钮，如图 7-20 所示。

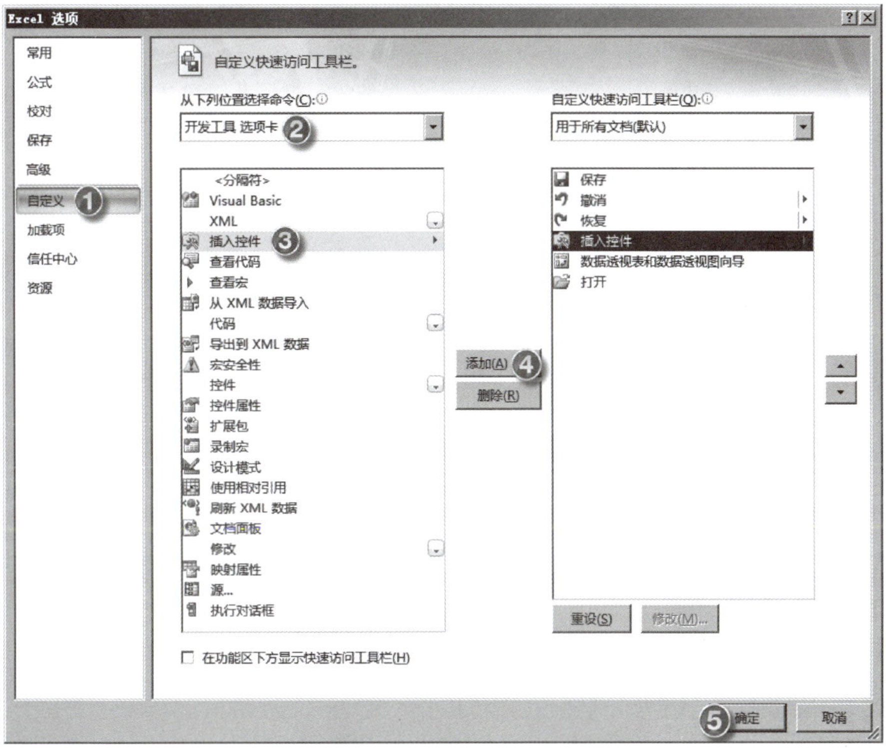

图 7-19 添加“插入控件”按钮

图 7-20 插入控件按钮

制作动态图表常用的控件有：数值调节按钮、组合框、列表框、选项按钮、复选框等。我们以组合框为例，介绍其使用方法。

打开示例文件“控件的使用”，表格数据如 A1：C5 所示（图 7-21）。

在 A8：C10 单元格区域建立图表数据，B7 单元格为组合框的链接单元格，其数字将随后面即将插入的组合框数据变动而变动。

A9 单元格公式

=OFFSET（A2，B7-1，COLUMN（）-1，1，1）

	A	B	C
1	季度	A公司	B公司
2	一季度	31,453.00	14,630.00
3	二季度	8,762.00	40,118.00
4	三季度	27,976.00	87,488.00
5	四季度	75,195.00	95,100.00
6			
7	图表数据:	2	
8	季度	A公司	B公司
9	二季度	8,762.00	40,118.00
10	截止二季度累计	40,215.00	54,748.00

图 7-21 控件的使用

A10 单元格公式

="截止"&A9&"累计"

B10 单元格公式

=SUM(OFFSET(B$2,0,0,$B$7,1))

然后将 A9 单元格、B10 单元格向右拖拉填充公式。

点击快速访问工具栏的“插入控件”按钮，插入“组合框”控件。右键点击组合框控件，点击设置控件格式，打开“设置格式控件”对话框。在“控件”选项卡，设置数据源、单元格链接。单元格链接是指当控件数字变动时，所链接的单元格数据会自动变化，比如在本示例中，选定组合框下拉列表中的“第二季度”，则 B7 单元格自动变为 2（也就是“第二季度”在列表中所在的位次），如图 7-22 所示。

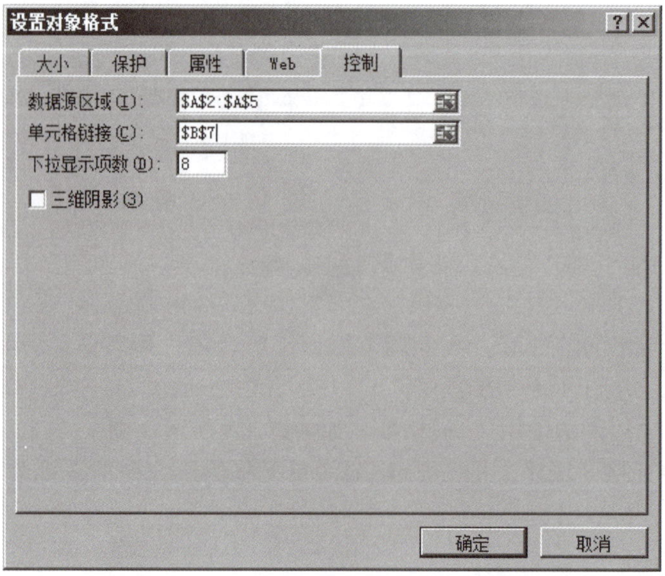

图 7-22 设置组合框的数据源及单元格链接

然后，选定 B8：C10 单元格区域，插入簇状柱形图，表格如图 7-23 所示。

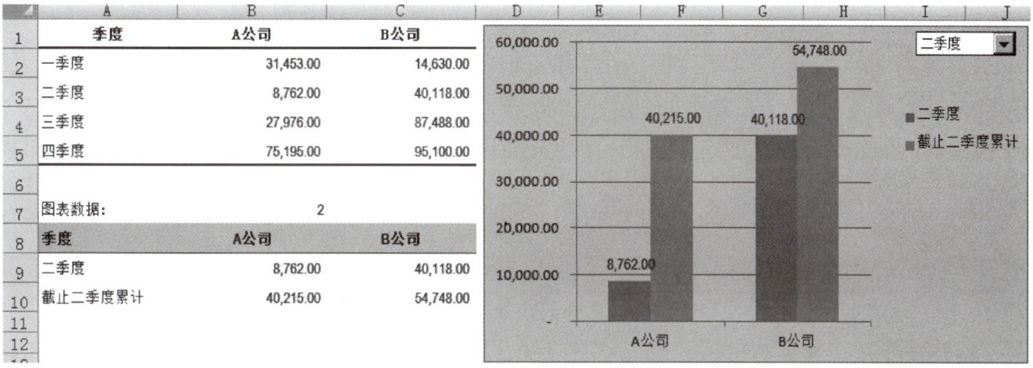

	A	B	C
1	季度	A公司	B公司
2	一季度	31,453.00	14,630.00
3	二季度	8,762.00	40,118.00
4	三季度	27,976.00	87,488.00
5	四季度	75,195.00	95,100.00
6			
7	图表数据:	2	
8	季度	A公司	B公司
9	二季度	8,762.00	40,118.00
10	截止二季度累计	40,215.00	54,748.00

图 7-23 插入簇状柱形图

选择组合框中的第三季度，A9：C10 单元格区域及图表自动变为图 7-24 的样子。

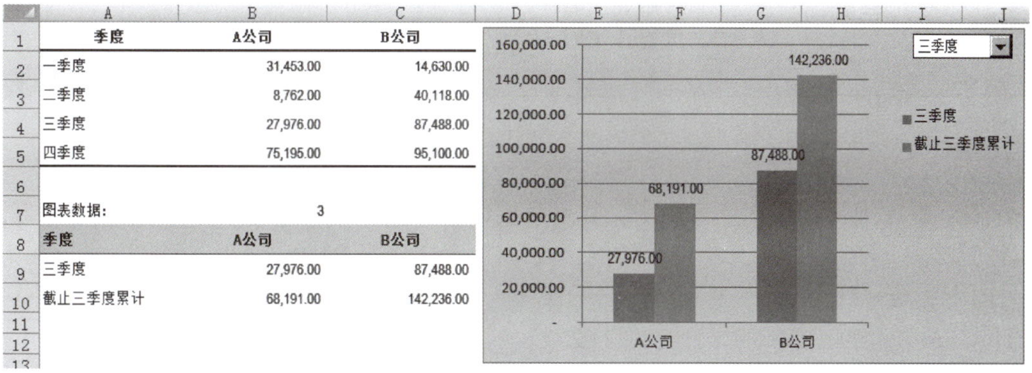

	A	B	C
1	季度	A公司	B公司
2	一季度	31,453.00	14,630.00
3	二季度	8,762.00	40,118.00
4	三季度	27,976.00	87,488.00
5	四季度	75,195.00	95,100.00
6			
7	图表数据:	3	
8	季度	A公司	B公司
9	三季度	27,976.00	87,488.00
10	截止三季度累计	68,191.00	142,236.00

图 7-24 成功创建使用组合框控制的动态图表

【知识链接】

OFFSET 函——偏移追踪器

1. 函数技能

OFFSET 函数可以追踪以某单元格为起点，向上（下）左（右）移动任意单位后所对应的单元格或单元格区域的信息。简单来说，它可以告诉你，教室里坐在小明后面第三排再往左数第二个的同学以及他的若干邻座都是谁。

2. 语法格式

语法形式是 OFFSET（reference，rows，cols，[height]，[width]）

OFFSET 函数语法具有下列参数：

reference（引用，起点单元格）必需。要以其为偏移量的底数的引用。引用必须是对单元格或相邻的单元格区域的引用；否则 OFFSET 返回错误值 #VALUE!。

rows（行偏移单位）必需。需要左上角单元格引用的向上或向下行数。rows 可为正数

（这意味着在起始引用的下方）或负数（这意味着在起始引用的上方）。

cols（列偏移单位）必需。需要结果的左上角单元格引用的从左到右的列数。cols 可为正数（这意味着在起始引用的右侧）或负数（这意味着在起始引用的左侧）。

height（高度）可选。需要返回的引用的行高。height 必须为正数。

width（宽度）可选。需要返回的引用的列宽。width 必须为正数。

例如，在下面“车间工时统计表”中（图 7-25），如何查询任意月份的合计工时和累计工时？

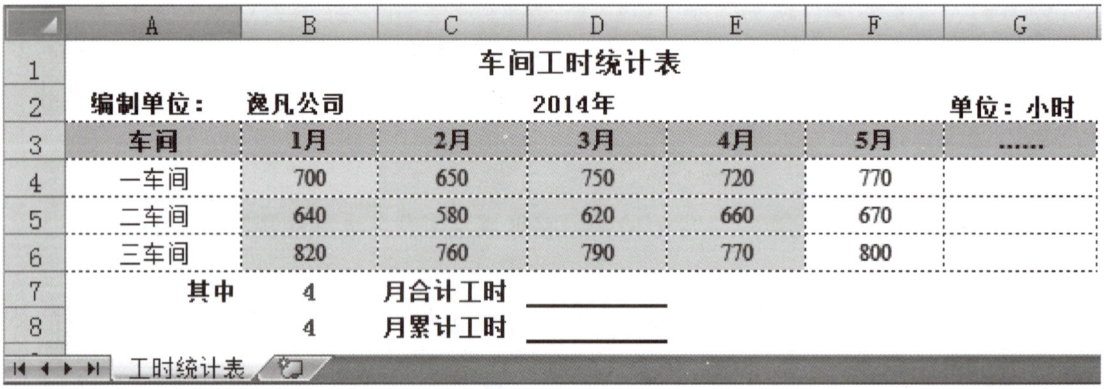

	A	B	C	D	E	F	G
1				车间工时统计表			
2	编制单位：	逸凡公司		2014年			单位：小时
3	车间	1月	2月	3月	4月	5月	……
4	一车间	700	650	750	720	770	
5	二车间	640	580	620	660	670	
6	三车间	820	760	790	770	800	
7	其中	4	月合计工时				
8		4	月累计工时				

图 7-25 车间工时统计表

解答：在“车间工时统计表”中，如果我们以一车间 1 月工时对应的 B4 单元格为起点，那么计算某月的合计工时，以 4 月为例，实际上就是计算 B4 单元格往下偏移的行数为零（即纵向不变），并向右偏移 3 列（月份数减 1），且行跨度为 3、列跨度为 1 的单元格区域（即 E4：E6 单元格区域）的合计（图 7-26）。

D7 单元格公式为

=SUM（OFFSET（B4，0，B7-1，3，1））

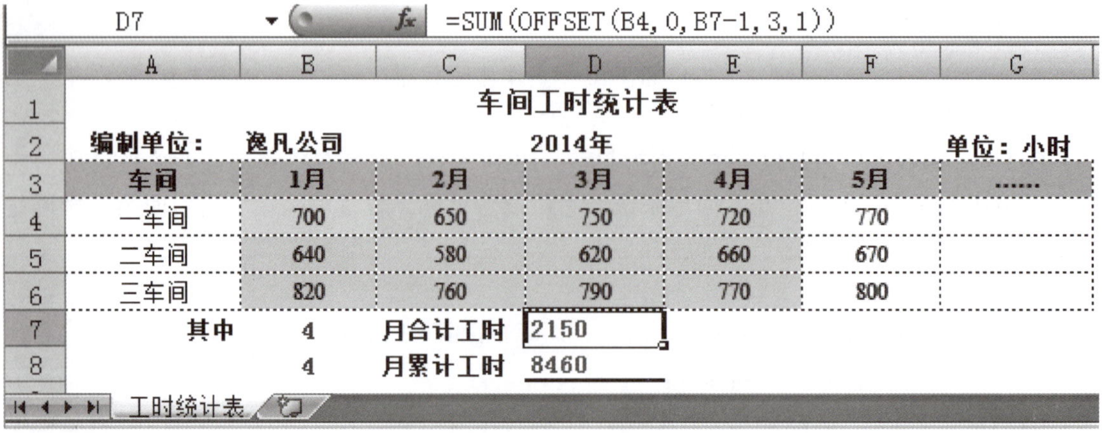

	A	B	C	D	E	F	G
1				车间工时统计表			
2	编制单位：	逸凡公司		2014年			单位：小时
3	车间	1月	2月	3月	4月	5月	……
4	一车间	700	650	750	720	770	
5	二车间	640	580	620	660	670	
6	三车间	820	760	790	770	800	
7	其中	4	月合计工时	2150			
8		4	月累计工时	8460			

图 7-26 车间工时某月合计的计算公式

我们再来看截至某月的累计工时计算，仍以 4 月为例，此时应对以起点为基准（即偏移行数和列数均为零），行跨度为 3、列跨度为统计月份数的单元格区域（即 B4：E6 单元格区域）进行求和，如图 7-27 所示。

D8 单元格公式为

=SUM（OFFSET（B4，0，0，3，B8））

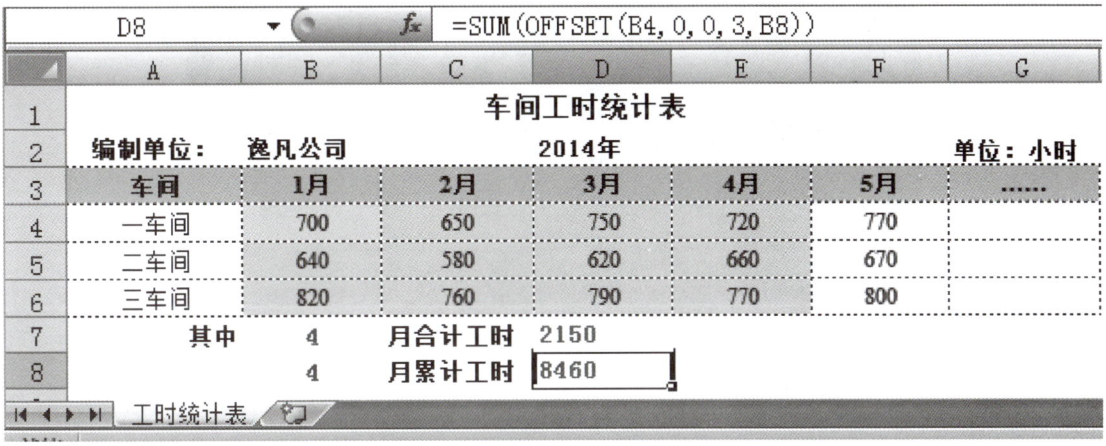

D8　=SUM(OFFSET(B4,0,0,3,B8))

	A	B	C	D	E	F	G
1	车间工时统计表						
2	编制单位：	逸凡公司		2014年			单位：小时
3	车间	1月	2月	3月	4月	5月	……
4	一车间	700	650	750	720	770	
5	二车间	640	580	620	660	670	
6	三车间	820	760	790	770	800	
7	其中	4	月合计工时	2150			
8		4	月累计工时	8460			

工时统计表

图 7-27　车间工时截至某月累计的计算公式

【知识链接】

ROW 函数和 COLUMN 函数——行列坐标查询仪

1. 函数技能

ROW 函数与 COLUMN 函数分别返回查询单元格的行与列的序号。和 INDEX 函数中锁定坐标不同的是，该序号为 Excel 的原始序号，与相关查询范围无关。列号查询时，返回的信息并非行坐标对应的字母，而是字母的顺序。

2. 语法公式

ROW（［reference］），即 ROW（待查询的单元格或区域）

COLUMN（［reference］），即 COLUMN（待查询的单元格或区域）

其中：

（1）当参数为单元格区域时，仅以第一个单元格的信息为准。

（2）若参数空缺，则默认为查询该公式所在的单元格。

3. 自制与外购方案的决策分析

在本量利分析图中，我们通过编制销量、收入、成本、利润最大值最小值的一个表格，利用散点图绘制了本量利分析图。在此图表的基础上，将收入变为外购成本、成本变为自制总成本，即可用于自制与外购方案的决策分析。

本案例涉及财务管理中决策分析的相关内容，某公司将根据相关数据对某项材料做出外购或自制的决策。使用本案例介绍如何制作动态图表，采用微调按钮来改变表格的相关数值，图表将根据数字的变化而变化（图 7-28）。

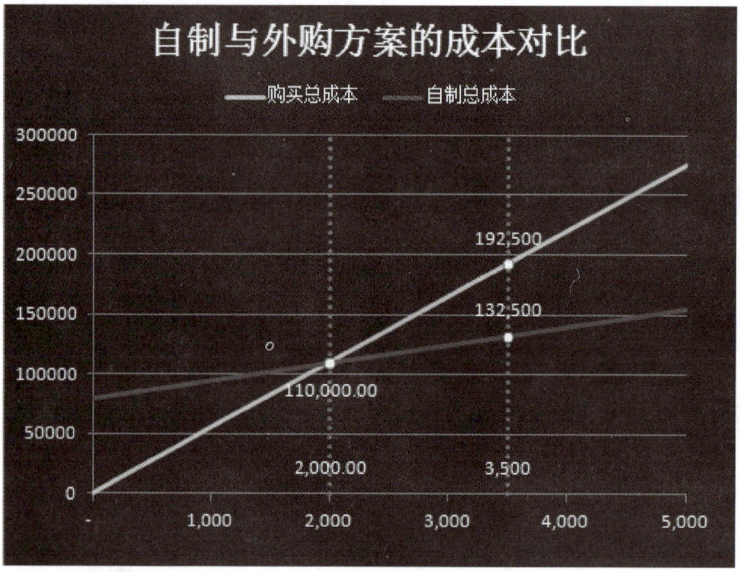

图 7-28 自制与外购方案决策分析动态图表

Step1：打开示例文件“自制与外购方案决策分析动态图表”，根据 A1：E5 单元格区域的基础数据，测算出盈亏平衡点及盈亏平衡点时的共同成本（图 7-29）。

B7 单元格公式

=ROUND（E3/（B3-E4），2）

B8 单元格公式

=ROUND（B7＊B3，2）

A9 单元格公式

=" 当数量为" &B1&" 时应选择："

B9 单元格公式

=IF（B5>E5，" 自制方案"，" 外购方案" ）

Step2：根据基础数据在 A12：C14 单元格区域建立绘图区的表格（即设置散点图的最大值最小值，参见本量利分析图的制作）。

B14 单元格公式

=B3＊A14

C14 单元格公式

=E4＊A14+E3

Step3：创建微调框，并与单元格关联。

Step 3.1：在 B2 单元格旁插入数值微调框。点击快速访问工具栏的“插入控件”按钮创建微调框→右键点击数值微调框→点击“设置控件格式”打开“设置控件格式”对话框。按图 7-30 进行设置最大值、最小值、步长、单元格链接（点击数值微调框时，链接的单元格相应变动）。

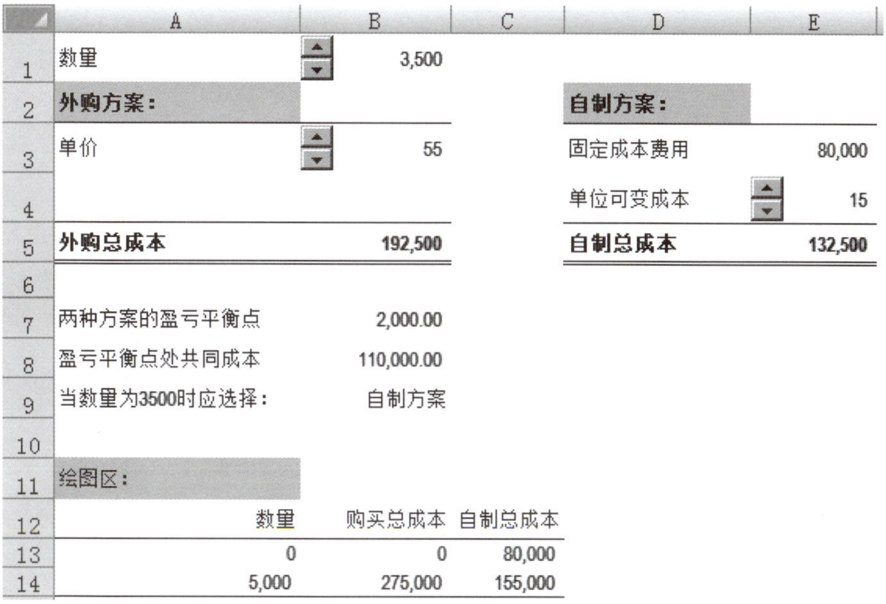

	A	B	C	D	E
1	数量	3,500			
2	**外购方案：**			**自制方案：**	
3	单价	55		固定成本费用	80,000
4				单位可变成本	15
5	**外购总成本**	**192,500**		**自制总成本**	**132,500**
6					
7	两种方案的盈亏平衡点	2,000.00			
8	盈亏平衡点处共同成本	110,000.00			
9	当数量为3500时应选择：	自制方案			
10					
11	绘图区：				
12	数量	购买总成本	自制总成本		
13	0	0	80,000		
14	5,000	275,000	155,000		

图 7-29　自制与外购方案决策分析动态表

图 7-30　设置数值微调按钮的最大、最小值和步长值 1

Step 3. 2：重复 Step 3. 1，在 B3 单元格旁插入数值微调框，按图 7-31 进行设置。

图 7-31　设置数值微调按钮的最大、最小值和步长值 2

Step 3. 3：重复 Step 3. 1，在 E4 单元格旁插入数值微调框，按图 7-32 进行设置。

图 7-32　设置数值微调按钮的最大、最小值和步长值 3

Step4：选择 A12：C14 单元格区域，绘制带直线的散点图（步骤详见本量利分析图）。
Step5：添加“盈亏平衡点”数据系列（图 7-33）。

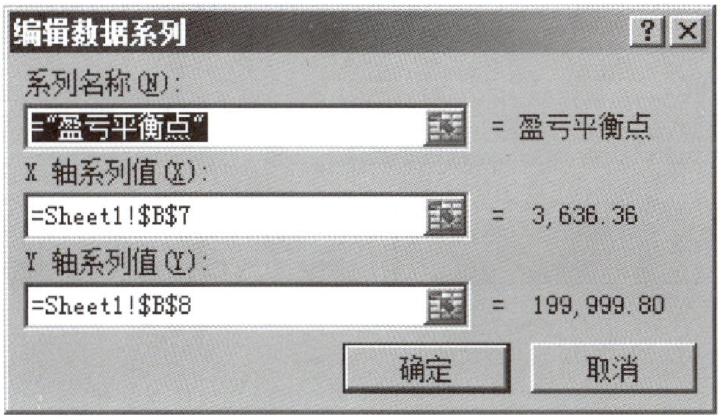

图 7-33　添加盈亏平衡点数据系列

Step6：添加“自制成本”数据系列（图 7-34）。

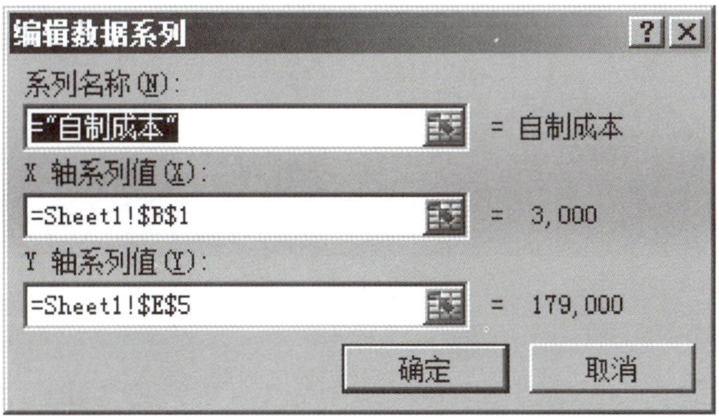

图 7-34　添加“自制成本”数据系列

Step7：添加“外购成本”数据系列（图 7-35）。

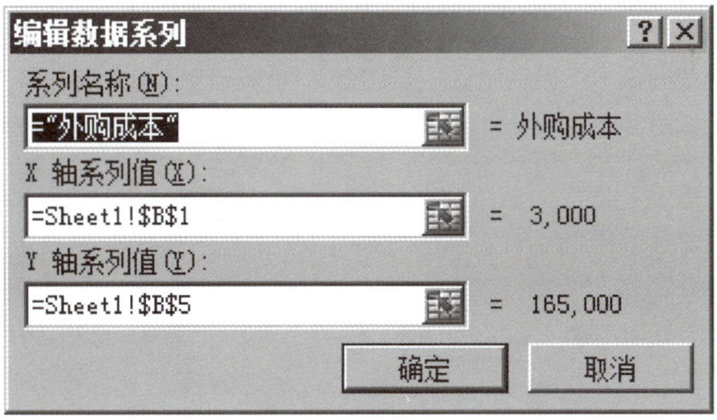

图 7-35　添加“外购成本”数据系列

Step8：添加“辅助线 1”数据系列（图 7-36）。

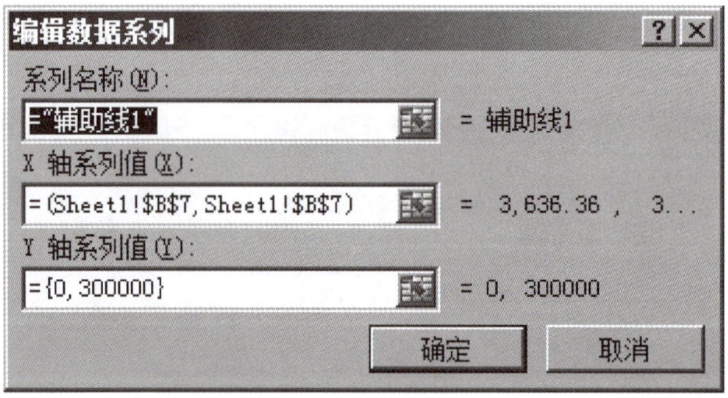

图 7-36 添加“辅助线 1”数据系列

Step9：添加“辅助线 2”数据系列（图 7-37）。

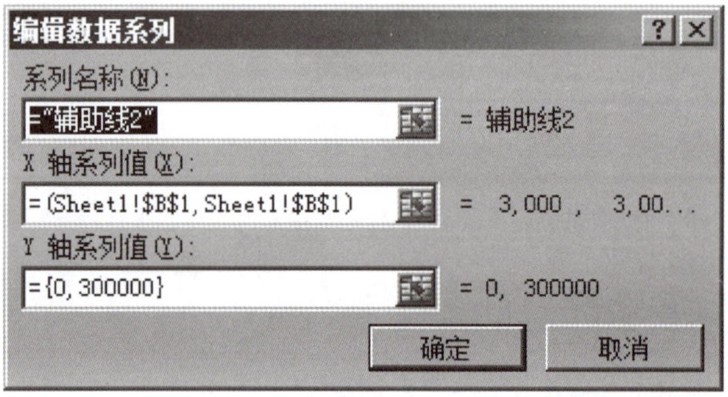

图 7-37 添加“辅助线 2”数据系列

Step10：进行以上设置后，动态图表就基本上完工了，将随着 B1、B3、E4 单元格旁的微调按钮的点击变化而变化。效果如图 7-38 所示。

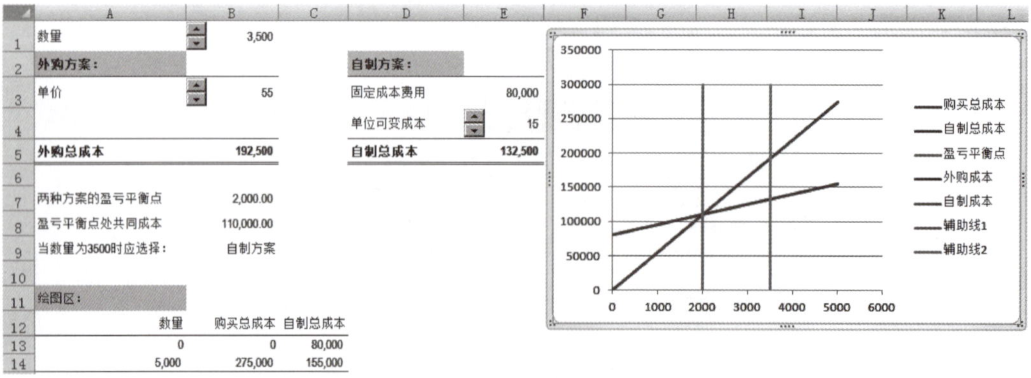

图 7-38 动态图表初步完工图

Step11：根据个人偏好进行美化设置，美化后效果如图 7-28 所示。

【知识链接】

ROUND 函数——从根源上控制小数位数

1. 函数技能

ROUND 函数可将某个数字四舍五入为指定的位数。因为通过单元格格式设定的小数位数只是按设定的位数四舍五入保留来显示（图 7-39）。我们在 D1：D3 单元格分别录入0. 123 45，虽然通过单元格格式设置将其小数点控制在 2 位，但是从编辑栏我们可以看到其本质仍然是0. 123 45。所以在 D4 单元格对 D1：D3 单元格进行求和时参与计算的是 3 个0. 123 45，其和为0. 370 3 550，控制小数位数后，显示为0. 37，而不是我们希望的0. 36（=0. 12×3）。如果要想让数据彻底地放弃被舍掉的小数位数，就得用 ROUND 函数了。

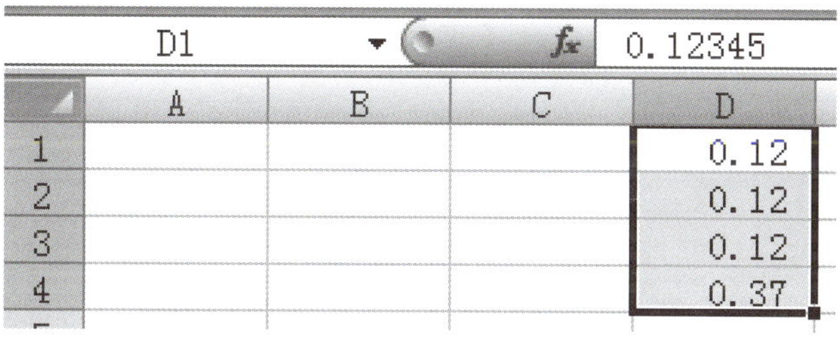
D1　fx　0.12345

	A	B	C	D
1				0.12
2				0.12
3				0.12
4				0.37

图 7-39　单元格设置控制小数位数背后的真相

2. 语法格式

ROUND（number，num_ digits），即 ROUND（待控制小数位数的数据，控制的小数位数）

ROUND 函数语法具有下列参数：

number　　必需。要四舍五入的数字。

num_ digits　　必需。要进行四舍五入运算的位数。

例如，在税金统计表（图 7-40）中，根据价税合计除以1. 17乘以0. 17计算的增值税（已经通过设置单元格格式控制为 2 位小数），为什么与合计数存在误差？

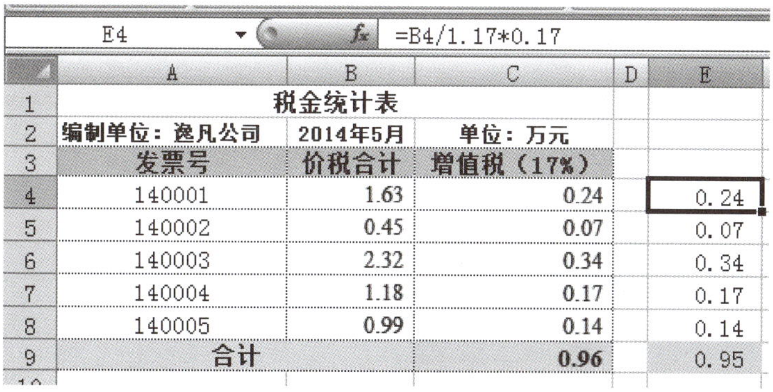
E4　fx　=B4/1.17*0.17

	A	B	C	D	E
1	税金统计表				
2	编制单位：逸凡公司	2014年5月	单位：万元		
3	发票号	价税合计	增值税（17%）		
4	140001	1.63	0.24		0.24
5	140002	0.45	0.07		0.07
6	140003	2.32	0.34		0.34
7	140004	1.18	0.17		0.17
8	140005	0.99	0.14		0.14
9	合计		0.96		0.95

图 7-40　税金计算表

解答：

我们对计算税额的公式稍加处理，就可得到没有误差的合计数了（图 7-40）。

C4 单元格公式

=ROUND（B4/1.17＊0.17，2）

执行列填充后，合计数就显示为0.96了。

任务三 Excel 在比率分析中的应用

一、任务分析

财务比率分析法是财务分析中一种最基本、最核心的分析方法。它是对财务报表中的有关项目进行对比而得出一系列财务指标，用这些财务指标揭示企业财务状况的一种分析方法。常用的财务分析比率指标主要有短期偿债能力分析比率、资产运营效率比率、长期偿债能力分析比率、盈利能力比率四类。

二、任务实施

财务报表所提供的数据和有关指标，只是概括地反映企业的财务状况和经营成果，要想深刻地了解企业的财务状况、经营过程和经营成果，必须对财务报表的有关数据进行加工、联系和对比，并对此进行分析和评价。

下面我们对逸凡公司2010年 9 月份的财务报表建立财务比率分析模型。

操作步骤如下。

Step 1 新建财务分析工作簿

打开“逸凡公司”文件夹，新建一个工作簿，重命名为“财务分析”。将“Sheet1”重命名为“资产负债表”，将“Sheet2”重命名为“利润表”，如图 7-41 所示。

图 7-41

Step 2 复制财务报表原始数据

打开“总账”工作簿，打开“资产负债表”工作表，选择 A1：H37 单元格区域，右击打开快捷选项卡，选择“复制”命令项，再打开“财务分析”工作簿中的“资产负债表”工作表，选择 A1 单元格，右击打开快捷选项卡，选择“选择性粘贴”命令项，选择“值和数字格式”单选项，如图 7-42 所示，单击“确定”按钮。

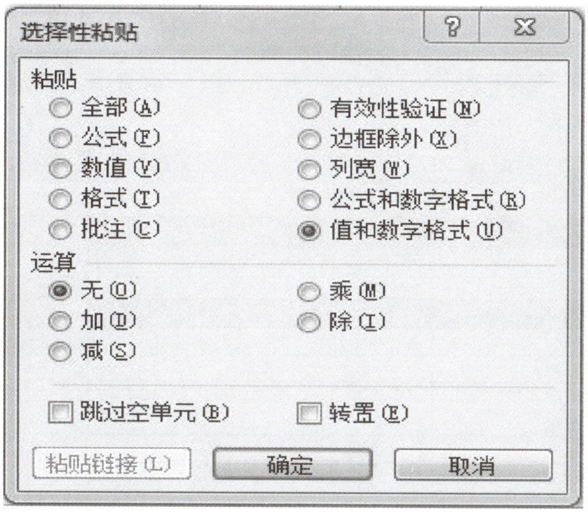

图 7-42

再选择 A1 单元格，右击打开快捷选项卡，选择“选择性粘贴”命令项，选择“格式”单选项。调整一下单元格列宽，让每个单元格的内容全部显示出来，如图 7-43 所示。

	A	B	C	D	E	F	G	H
1	资产负债表							
2							会企01表	
3	编制单位：兴旺公司			2010年9月30日			单位：元	
4	行次	资产类科目	年初数	期末数	行次	负债及所有者权益科目	年初数	期末数
5	001	流动资产：			001	流动负债：		
6	002	货币资金	2,793,000.00	2,512,834.00	002	短期借款	240,000.00	90,000.00
7	003	交易性金融资产	25,000.00	0.00	003	交易性金融负债	0.00	0.00
8	004	应收票据	246,000.00	246,000.00	004	应付票据	300,000.00	200,000.00
9	005	应收账款	398,800.00	598,200.00	005	应付账款	916,850.00	916,850.00
10	006	预付账款	100,000.00	100,000.00	006	预收账款	0.00	0.00
11	007	应收利息	0.00	0.00	007	应付职工薪酬	110,000.00	152,000.00
12	008	应收股利	0.00	0.00	008	应交税费	30,000.00	128,484.00
13	009	其他应收款	4,000.00	4,000.00	009	应付利息	0.00	11,500.00
14	010	存货	2,593,050.00	2,657,750.00	010	应付股利	0.00	0.00
15	011	一年内到期的非流动资产			011	其他应付款	57,600.00	57,600.00
16	012	其他流动资产			012	一年内到期的非流动负债		
17	013	流动资产合计	6,159,850.00	6,118,784.00	013	其他流动负债		
18	014	非流动资产：			014	流动负债合计	1,654,450.00	1,556,434.00

资产负债表 / 利润表 / 财务比率分析模型表 / 财务比较分析 / 财务趋势图解分析 / 流动资产结构图 / 财务结构图解

图 7-43

同样，将“利润表”的单元格格式和值复制粘贴到“财务分析”工作簿的“利润表”中。

Step 3 建立财务比率分析模型

（1）将 Sheet3 重命名为“财务比率分析模型表”，按照如图 7-44 所示设置“财务比率分析模型表”的格式。

（2）计算流动比率。在“财务比率分析模型表”的 B3 单元格中，输入

```
=资产负债表！D17/资产负债表！H18
```

（3）计算速动比率。在 B4 单元格中输入

=（资产负债表！D17-资产负债表！D14-资产负债表！D10-资产负债表！D15-资产负债表！D16）/资产负债表！H18

	A	B	C	D
1	财务分析			
2	一、变现能力比率			
3	流动比率			
4	速动比率			
5	二、资产管理比率			
6	存货周转率			
7	应收账款周转率			
8	流动资产周转率			
9	固定资产周转率			
10	总资产周转率			
11	三、负债比率			
12	资产负债率			
13	股东权益比率			
14	产权比率			
15	利息保障倍数			
16	四、盈利能力比率			
17	资产报酬率			
18	股东权益报酬率			
19	营业利润率			
20				
21				

图 7-44

（4）计算存货周转率。在 B6 单元格中，输入

=利润表！C6/（（资产负债表！C14+资产负债表！D14）/2）

（5）计算应收账款周转率。在 B7 单元格中，输入

=利润表！C5/（（资产负债表！C9+资产负债表！C8+资产负债表！D9+资产负债表！D8）/2）

（6）流动资产周转率。在 B8 单元格中，输入

=利润表！C5/（（资产负债表！C17+资产负债表！D14）/2）

（7）计算固定资产周转率。在 B9 单元格中，输入

=利润表！C5/（（资产负债表！C24+资产负债表！D24）/2）

（8）计算总资产周转率。在 B10 单元格中，输入

=利润表！C5/（（资产负债表！C37+资产负债表！D37）/2）

（9）计算资产负债率。在 B12 单元格中，输入

=资产负债表！H28/资产负债表！D37

（10）计算股东权益比率。在 B13 单元格中，输入

=资产负债表！H35/资产负债表！D37

（11）计算产权比率。在 B14 单元格中，输入

=资产负债表！H28/资产负债表！H35

(12) 计算利息保障倍数。在 B15 单元格中，输入

=（利润表！C19+利润表！C10）/利润表！C10

(13) 计算总资产报酬率。在 B17 单元格中，输入

=利润表！C21/（（资产负债表！C37+资产负债表！D37）/2）

(14) 计算股东权益报酬率。在 B18 单元格中，输入

=利润表！C21/（（资产负债表！G35+资产负债表！H35）/2）

(15) 计算营业利润率。在 B19 单元格中，输入

=利润表！C15/利润表！C5

以上指标设置完成后，财务比率分析模型建成，如图 7-45 所示。

	A	B	C	D
1	财务分析			
2	一、变现能力比率			
3	流动比率	3.93		
4	速动比率	2.16		
5	二、资产管理比率			
6	存货周转率	0.23		
7	应收账款周转率	1.34		
8	流动资产周转率	0.23		
9	固定资产周转率	0.44		
10	总资产周转率	0.10		
11	三、负债比率			
12	资产负债率	0.30		
13	股东权益比率	0.70		
14	产权比率	0.44		
15	利息保障倍数	13.19		
16	四、盈利能力比率			
17	资产报酬率	2.12%		
18	股东权益报酬率	3.06%		
19	营业利润率	31.13%		
20				
21				

资产负债表 / 利润表 / 财务比率分析模型表

就绪

图 7-45

该财务比率分析模型中的数据会随着企业会计报表中数据的变化自动更新，因而具有及时、高效、直观的特点。

任务四　Excel 在综合分析中的应用

一、任务分析

通过财务比率分析指标能了解企业的财务状况，但不能综合反映企业诸多财务指标之间的联系。实际上各种财务比率之间都存在一定的相互联系。因此，在进行财务分析时，应该将企业的财务状况看作一个系统来进行综合分析，这样才能比较全面地了解企业的财务状况。

杜邦分析法就是一种典型的财务综合分析方法。

杜邦分析法（又称杜邦财务分析体系），简称杜邦体系，是利用各主要财务比率指标间的内在联系，对企业财务状况及经济效益进行综合系统分析评价的方法。

杜邦分析法的关键是建立杜邦系统图。

杜邦系统图是由分析框和连线构成的，其中每个分析框都标出了分析项目的名称、比率公式和对应的计算结果，因此设计杜邦系统图的主要步骤就是设计分析框。

杜邦分析中的几种主要的财务指标关系为：

所有者权益报酬率＝总资产报酬率×权益乘数

总资产报酬率＝销售净利率×总资产周转率

所有者权益报酬率＝销售净利率×总资产周转率×权益乘数

权益乘数＝资产/所有者权益＝1/（1-资产负债率）

即：所有者权益报酬率高低的决定因素主要有两大方面，即总资产报酬率和权益乘数，总资产净利率又可以进一步分解为销售净利率、总资产周转率。

二、任务实施

操作步骤如下。

Step 1 新建工作表

打开“财务分析”工作簿，插入一张新工作表，重命名为“杜邦系统分析图”。按图 7-46 的格式，输入指标名称，用绘图工具把线条连接起来。

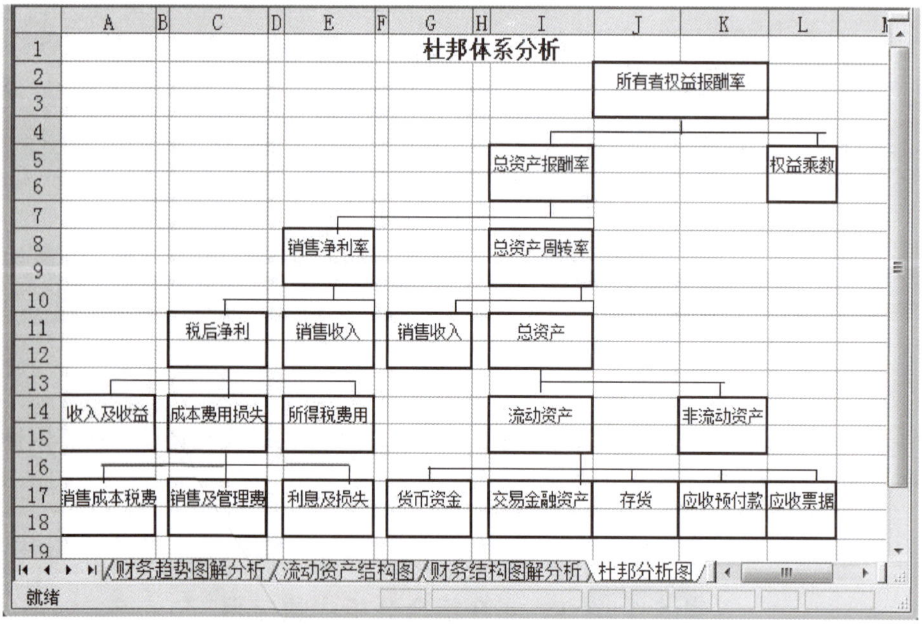

图 7-46

Step 2 按照取数公式计算指标的数值

（1）输入公式应当从杜邦系统分析图底行开始，从下往上逐行输入，如图 7-47 所示。杜邦系统分析图中有关数值是根据逸凡公司2010年 9 月资产负债表和利润表计算得到的。

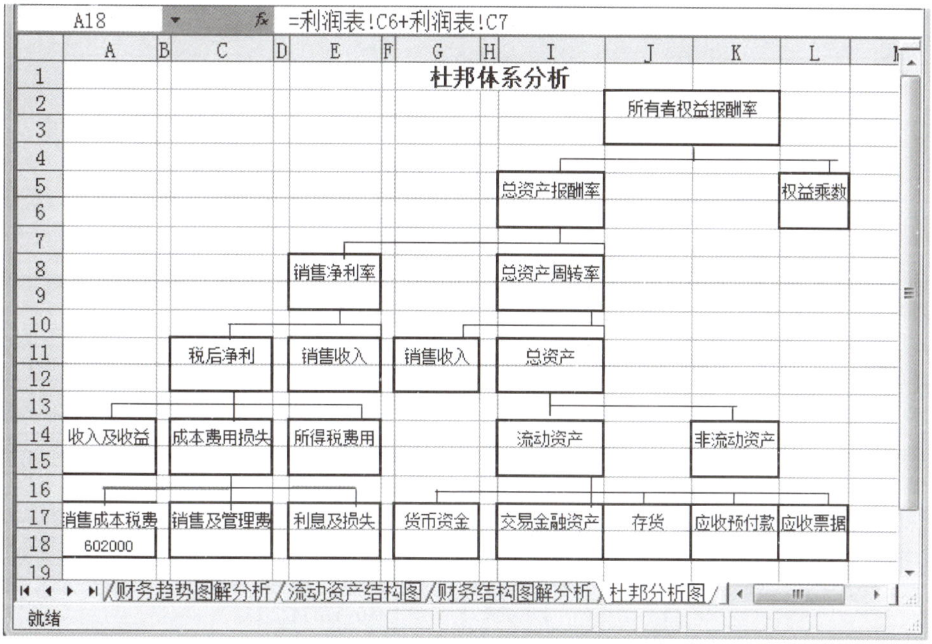

图 7-47

取数公式如下：

A18=利润表！C6+利润表！C7

C18=利润表！C8+利润表！C9

E18=利润表！C10+利润表！C11+利润表！C17

G18=资产负债表！D6

I18=资产负债表！D7

J18=资产负债表！D14

K18=资产负债表！D9+资产负债表！D10+资产负债表！D13

L18=资产负债表！D8

A15=利润表！C5+利润表！C13+利润表！C16

C15=A18+C18+E18

E15=利润表！C20

I15=G18+I18+J18+K18+L18

K15=资产负债表！D36

C12=A15-C15-E15

E12=利润表！C5

G12=利润表！C5

I12=I15+K15

E9=C12/E12

I9=G12/I12

I6=E9×I9

L6=资产负债表！D37/资产负债表！H28

J3=I6fL6

（2）输入完毕后，得到最终完成的杜邦分析图，如图 7-48 所示。

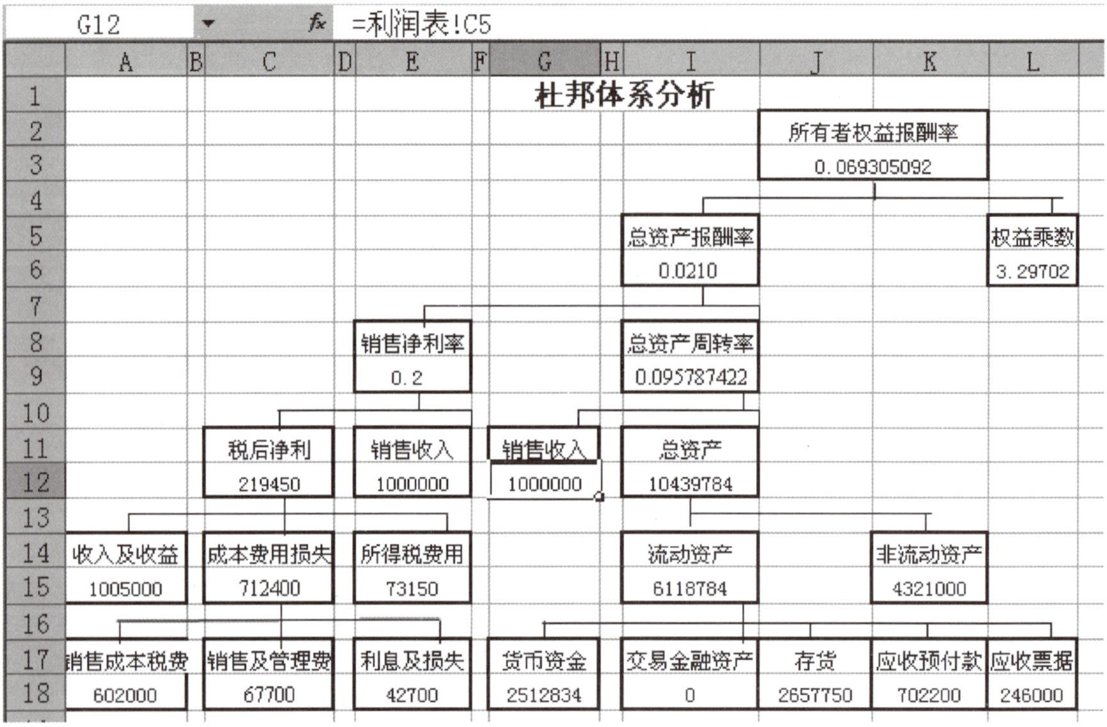

图 7-48

实战训练 1

一、实训目的

掌握使用 Excel 进行财务趋势分析和财务比率分析。

二、实训资料

公正会计师事务所接受大华公司的委托，审计大华公司的2017年度的财务报表。公正会计师事务所委派注册会计师李豪担任项目经理，负责编制审计计划。

李豪分派了助理人员张雷、王景对大华公司财务报表项目进行趋势分析性测试，见表7-2、表7-3、表7-4。

李豪在复核张雷、王景编制的趋势分析性测试工作底稿的基础上形成了分析性测试汇总表，见表7-5。

表 7-2 资产负债表和利润表横向趋势分析

被审计单位：大华公司编制人：张雷 26/1/2018 索引号：C11

会计期间和截止日：2017年12月31日 复核人：李豪 26/1/2018

会计报表项目	2016年	2017年	2017年比2016年增长		说明
	已审数	未审数	金额	百分比	
	①	②	③=②-①	④=③/①	
营业收入	38 019	28 399			
营业成本	29 842	21 762			
营业利润	7 685	6 159			
利润总额	310	-1 017			
净利润	277	-1 017			
存货	23 034	19 206			
应收账款	21 847	25 488			
速动资产	22 661	26 907			
流动资产	52 125	55 023			
流动负债	50 088	51 979			
流动资产净额	82 837	85 367			
固定资产	45 354	46 811			
在建工程	1 822	1 036			
资产总额	82 837	85 367			
负债总额	63 351	66 276			
实收资本	13 421	14 053			
净资产额	19 486	19 091			

说明：说明栏仅分析增减比例超过10%的项目。

表 7-3 资产负债表纵向趋势分析

被审计单位：大华公司编制人：张雷 26/1/2018 索引号：C12

会计期间和截止日：2017年12月31日复核人：李豪 26/1/2018

会计报表项目	2016年		2017年		增减数（%）	说明
	已审数	%	未审数	%		
	①	②	③	④	⑤=④-②	
流动资产	52 125		55 023			
长期投资	554		554			
固定资产净额	27 857		27 358			
在建工程	1 822		1 036			
长期待摊费用	479		1 285			
无形资产	0		111			

续表

会计报表项目	2016年		2017年		增减数（%）	说明
	已审数	%	未审数	%		
	①	②	③	④	⑤=④-②	
资产合计	82 837		85 367			
流动负债	50 088		51 979			
长期负债	13 263		14 297			
负债合计	63 531		66 276			
实收资本	13 421		14 053			
其他权益	6 065		5 038			
权益合计	19 486		19 091			

说明：说明栏仅分析增减比例超过10%的项目。

表7-4　　比率趋势分析

被审计单位：大华公司编制人：王景　　26/1/2018　　索引号：C13

会计期间和截止日：2017年12月31日　　复核人：李豪　　26/1/2018

比率指标	计算公式	2016年	2017年	增减数	说明
		①	②	③=②-①	
偿债能力比率					
1. 流动比率	流动资产/流动负债				
2. 速动比率	速动资产/流动负债				
财务杠杆比率					
1. 负债比率	负债总额/资产总额				
2. 资本对负债比率	资本总额/负债总额				
3. 利息保障系数	（税前利润+利息支出）/利息支出				
经营效率比率					
1. 存货周转率	销售成本/平均存货				
2. 应收账款周转率	销售收入/平均应收账款				
3. 总资产周转率	营业收入/平均资产				
获利能力比率					
1. 销售利润率比率	利润总额/营业收入				
2. 资产报酬率	净利润/平均净资产				

说明：说明栏仅分析增减比例超过50%的项目。

表 7-5　　分析测试情况汇总表

被审计单位：大华公司编制人：王景　26/1/2018　索引号：C14
会计期间和截止日：2017年 12 月 31 日　复核人：李豪　26/1/2018　页次：

测试项目	重要事项说明
资产负债表横向趋势分析表	
资产负债表纵向趋势分析表	
利润表横向趋势分析表	
比率趋势分析表	
项目经理对测试结果的综合分析 或初步确定的审计重点	

表 7-6　　总体审计策略

被审计单位：大华公司编制人：李豪　27/1/2018　索引号：C15
会计期间和截止日：2017年 12 月 31 日　复核人：王一　28/1/2018

一、委托审计的目的、范围
二、审计策略（是否实施预审，是否进行内部控制测试；实质性测试按业务循环还是按报表项目等）
三、评价内部控制和审计风险
四、重要会计问题及重点审计领域
五、重要性标准初步估计
六、计划审计日期
七、审计小组组成及人员分工
八、修订计划记录

三、实训要求

（1）根据已有资料，将资产负债表和利润表横向趋势分析表填写完整，见表7-2。
（2）根据已有资料，将资产负债表纵向趋势分析表填写完整，见表7-3。
（3）根据已有资料，将比率趋势分析表填写完整，见表7-4。
（4）根据已有资料，将分析测试情况汇总表表填写完整，见表7-5。
（5）根据已有资料，将总体审计策略表填写完整，见表7-6。

实战训练 2

一、实训目的

学会使用 Excel 进行财务比率分析、财务图解分析和财务综合分析。

二、实训资料

AAA 股份有限公司资产负债表和利润表如表7-7、表7-8所示。

表 7–7 **AAA 公司资产负债表**

编制单位：AAA 股份有限公司 2018年 12 月 31 日 单位：元

资产类科目	期末数	负债及所有者权益科目	期末数
流动资产		流动负债	
货币资金	3 116 879 678	应付票据	2 378 250 000
应收账款	114 964 912	应付账款	2 031 321 497
应收票据	3 655 031 660	应付职工薪酬	370 937 019
存货	3 872 554 775	应交税费	127 573 453
流动资产合计	10 759 431 025	流动负债合计	4 908 081 969
非流动资产		非流动负债	
长期股权投资	342 534 200	长期借款	3 980 403 780
固定资产	12 075 304 733	应付债券	86 955 007
无形资产	56 535 664	非流动负债合计	4 067 358 787
非流动资产合计	12 474 374 597	负债合计	8 975 440 756
		所有者权益	
		股本	10 661 669 471
		盈余公积	1 717 619 491
		未分配利润	1 879 075 904
		所有者权益合计	14 258 364 866
资产总计	23 233 805 622	负债及所有者权益总计	23 233 805 622

表 7–8 **AAA 公司利润表**

编制单位：AAA 股份有限公司 2018年 单位：元

项目	本期金额
一、营业收入	22 200 884 215
减：营业成本	19 476 068 662
营业税金及附加	118 487 262
销售收入	166 974 224
管理费用	905 238 491
财务费用	282 880 371
二、营业利润	1 251 235 205
加：营业外收入	591 136
减：营业外支出	109 039 378
三、利润总额	1 142 786 963
减：所得税费用	395 964 865
四、净利润	746 822 098

其中，“存货”期初数为2 465 776 889元，“应收账款”期初数为81 275 644元，流动资产期初数为9 956 743 321元，所有者权益期初余额为10 653 856 453元。

三、实训要求

（1）根据上述资产负债表和利润表中的数据，计算表7-9财务分析指标，并建立AAA公司的财务比率分析模型。

表7-9 AAA公司的财务比率分析模型

财务分析指标	
一、变现能力比率	
流动比率	
速动比率	
二、资产管理比率	
存货周转率	
应收账款周转率	
流动资产周转率	
三、负债比率	
资产负债率	
股东权益比率	
产权比率	
利息保障倍数	
四、盈利能力比率	
股东权益报酬率	
营业利润率	

（2）根据上述企业简化资产负债表，利用财务结构图解分析法，对企业的财务状况进行如下分析：对企业资产中流动资产、固定资产和无形资产及其他资产占资产总额的资产结构比率情况进行图解分析；对企业负债中流动负债和长期负债占负债总额的负债构成比率情况进行图解分析。

（3）建立该企业的杜邦分析系统图。

附录
资金时间价值系数表

附表一　　1元复利终值表

期数	1%	2%	3%	4%	5%	6%	7%	8%	9%	10%
1	1.010 0	1.020 0	1.030 0	1.040 0	1.050 0	1.060 0	1.070 0	1.080 0	1.090 0	1.100 0
2	1.020 1	1.040 4	1.060 9	1.081 6	1.102 5	1.123 6	1.144 9	1.166 4	1.188 1	1.210 0
3	1.030 3	1.061 2	1.092 7	1.124 9	1.157 6	1.191 0	1.225 0	1.259 7	1.295 0	1.331 0
4	1.040 6	1.082 4	1.125 5	1.169 9	1.215 5	1.262 5	1.310 8	1.360 5	1.411 6	1.464 1
5	1.051 0	1.104 1	1.159 3	1.216 7	1.276 3	1.338 2	1.402 6	1.469 3	1.538 6	1.610 5
6	1.061 5	1.126 2	1.194 1	1.265 3	1.340 1	1.418 5	1.500 7	1.580 9	1.677 1	1.771 6
7	1.072 1	1.148 7	1.229 9	1.315 9	1.407 1	1.503 6	1.605 8	1.713 8	1.828 0	1.948 7
8	1.082 9	1.171 7	1.266 8	1.368 6	1.477 5	1.593 8	1.718 2	1.850 9	1.992 6	2.143 6
9	1.093 7	1.195 1	1.304 8	1.423 3	1.551 3	1.689 5	1.838 5	1.999 0	2.171 9	2.357 9
10	1.104 6	1.219 0	1.343 9	1.480 2	1.628 9	1.790 8	1.967 2	2.158 9	2.367 4	2.593 7
11	1.115 7	1.243 4	1.384 2	1.539 5	1.710 3	1.898 3	2.104 9	2.331 6	2.580 4	2.853 1
12	1.126 8	1.268 2	1.425 8	1.601 0	1.795 9	2.012 2	2.252 2	2.518 2	2.812 7	3.138 4
13	1.138 1	1.293 6	1.468 5	1.665 1	1.885 6	2.132 9	2.409 8	2.719 6	3.065 8	3.452 3
14	1.149 5	1.319 5	1.512 6	1.731 7	1.979 9	2.260 9	2.578 5	2.937 2	3.341 7	3.797 5
15	1.161 0	1.345 9	1.558 0	1.800 9	2.078 9	2.396 6	2.759 0	3.172 2	3.642 5	4.177 2
16	1.172 6	1.372 8	1.604 7	1.873 0	2.182 9	2.540 4	2.952 2	3.425 9	3.970 3	4.595 0
17	1.184 3	1.400 2	1.652 8	1.947 9	2.292 0	2.692 8	3.158 8	3.700 0	4.327 6	5.054 5
18	1.196 1	1.428 2	1.702 4	2.025 8	2.406 6	2.854 3	3.379 9	3.996 0	4.717 1	5.559 9
19	1.208 1	1.456 8	1.753 5	2.106 8	2.527 0	3.025 6	3.616 5	4.315 7	5.141 7	6.115 9
20	1.220 2	1.485 9	1.806 1	2.191 1	2.653 3	3.207 1	3.869 7	4.661 0	5.604 4	6.727 5
21	1.232 4	1.515 7	1.860 3	2.278 8	2.786 0	3.399 6	4.140 6	5.033 8	6.108 8	7.400 2
22	1.244 7	1.546 0	1.916 1	2.369 9	2.925 3	3.603 5	4.430 4	5.436 5	6.658 6	8.140 3
23	1.257 2	1.576 9	1.973 6	2.464 7	3.071 5	3.819 7	4.740 5	5.871 5	7.257 9	8.254 3
24	1.269 7	1.608 4	2.032 8	2.563 3	3.225 1	4.048 9	5.072 4	6.341 2	7.911 1	9.849 7
25	1.282 4	1.640 6	2.093 8	2.665 8	3.386 4	4.291 9	5.427 4	6.848 5	8.623 1	10.835
26	1.295 3	1.673 4	2.156 6	2.772 5	3.555 7	4.549 4	5.807 4	7.396 4	9.399 2	11.918
27	1.308 2	1.706 9	2.221 3	2.883 4	3.733 5	4.882 3	6.213 9	7.988 1	10.245	13.110
28	1.321 3	1.741 0	2.287 9	2.998 7	3.920 1	5.111 7	6.648 8	8.627 1	11.167	14.421

续表

期数	1%	2%	3%	4%	5%	6%	7%	8%	9%	10%
29	1. 334 5	1. 775 8	2. 356 6	3. 118 7	4. 116 1	5. 418 4	7. 114 3	9. 317 3	12. 172	15. 863
30	1. 347 8	1. 811 4	2. 427 3	3. 243 4	4. 321 9	5. 743 5	7. 612 3	10. 063	13. 268	17. 449
40	1. 488 9	2. 208 0	3. 262 0	4. 801 0	7. 040 0	10. 286	14. 794	21. 725	31. 408	45. 259
50	1. 644 6	2. 691 6	4. 383 9	7. 106 7	11. 467	18. 420	29. 457	46. 902	74. 358	117. 39
60	1. 816 7	3. 281 0	5. 891 6	10. 520	18. 679	32. 988	57. 946	101. 26	176. 03	304. 48

期数	12%	14%	15%	16%	18%	20%	24%	28%	32%	36%
1	1. 120 0	1. 140 0	1. 150 0	1. 160 0	1. 180 0	1. 200 0	1. 240 0	1. 280 0	1. 320 0	1. 360 0
2	1. 254 4	1. 299 6	1. 322 5	1. 345 6	1. 392 4	1. 440 0	1. 537 6	1. 638 4	1. 742 4	1. 849 6
3	1. 404 9	1. 481 5	1. 520 9	1. 560 9	1. 643 0	1. 728 0	1. 906 6	2. 087 2	2. 300 0	2. 515 5
4	1. 573 5	1. 689 0	1. 749 0	1. 810 6	1. 938 8	2. 073 6	2. 364 2	2. 684 4	3. 036 0	3. 421 0
5	1. 762 3	1. 925 4	2. 011 4	2. 100 3	2. 287 8	2. 488 3	2. 931 6	3. 436 0	4. 007 5	4. 652 6
6	1. 973 8	2. 195 0	2. 313 1	2. 436 4	2. 699 6	2. 986 0	3. 635 2	4. 398 0	5. 289 9	6. 327 5
7	2. 210 7	2. 502 3	2. 660 0	2. 826 2	3. 185 5	3. 583 2	4. 507 7	5. 629 5	6. 982 6	8. 605 4
8	2. 476 0	2. 852 6	3. 059 0	3. 278 4	3. 758 9	4. 299 8	5. 589 5	7. 205 8	9. 217 0	11. 703
9	2. 773 1	3. 251 9	3. 517 9	3. 803 0	4. 435 5	5. 159 8	6. 931 0	9. 223 4	12. 166	15. 917
10	3. 105 8	3. 707 2	4. 045 6	4. 411 4	5. 233 8	6. 191 7	8. 594 4	11. 806	16. 060	21. 647
11	3. 478 5	4. 226 2	4. 652 4	5. 117 3	6. 175 9	7. 430 1	10. 657	15. 112	21. 199	29. 439
12	3. 896 0	4. 817 9	5. 350 3	5. 936 0	7. 287 6	8. 916 1	13. 215	19. 343	27. 983	40. 037
13	4. 363 5	5. 492 4	6. 152 8	6. 885 8	8. 599 4	10. 699	16. 386	24. 759	36. 937	54. 451
14	4. 887 1	6. 261 3	7. 075 7	7. 987 5	10. 147	12. 839	20. 319	31. 691	48. 757	74. 053
15	5. 473 6	7. 137 9	8. 137 1	9. 265 5	11. 974	15. 407	25. 196	40. 565	64. 359	100. 71
16	6. 130 4	8. 137 2	9. 357 6	10. 748	14. 129	18. 488	31. 243	51. 923	84. 954	136. 97
17	6. 866 0	9. 276 5	10. 761	12. 468	16. 672	22. 186	38. 741	66. 461	112. 14	186. 28
18	7. 690 0	10. 575	12. 375	14. 463	19. 673	26. 623	48. 039	86. 071	148. 02	253. 34
19	8. 612 8	12. 056	14. 232	16. 777	23. 214	31. 948	59. 568	108. 89	195. 39	344. 54
20	9. 646 3	13. 743	16. 367	19. 461	27. 393	38. 338	73. 864	139. 38	257. 92	468. 57
21	10. 804	15. 668	18. 822	22. 574	32. 324	46. 005	91. 592	178. 41	340. 45	637. 26
22	12. 100	17. 861	21. 645	26. 186	38. 142	55. 206	113. 57	228. 36	449. 39	866. 67
23	13. 552	20. 362	24. 891	30. 376	45. 008	66. 247	140. 83	292. 30	593. 20	1 178. 7
24	15. 179	23. 212	28. 625	35. 236	53. 109	79. 497	174. 63	374. 14	783. 02	1 603. 0
25	17. 000	26. 462	32. 919	40. 874	62. 669	95. 396	216. 54	478. 90	1 033. 6	2 180. 1
26	19. 040	30. 167	37. 857	47. 414	73. 949	114. 48	268. 51	613. 00	1 364. 3	2 964. 9
27	21. 325	34. 390	43. 535	55. 000	87. 260	137. 37	332. 95	784. 64	1 800. 9	4 032. 3

续表

期数	12%	14%	15%	16%	18%	20%	24%	28%	32%	36%
28	23.884	39.204	50.066	63.800	102.97	164.84	412.86	1 004.3	2 377.2	5 483.9
29	26.750	44.693	57.575	74.009	121.50	197.81	511.95	1 285.6	3 137.9	7 458.1
30	29.960	50.950	66.212	85.850	143.37	237.38	634.82	1 645.5	4 142.1	10 143.0
40	93.051	188.83	267.86	378.72	750.38	1 469.8	5 455.9	19 427	66 521	*
50	289.00	700.23	1 083.7	1 670.7	3 927.4	9 100.4	46 890	*	*	*
60	897.60	2 595.9	4 384.0	7 370.2	20 555.0	56 348.0	*	*	*	*

注：*>99 999。

附表二 1元复利现值表

期数	1%	2%	3%	4%	5%	6%	7%	8%	9%	10%
1	0.990 1	0.980 4	0.970 9	0.961 5	0.952 4	0.943 4	0.934 6	0.925 9	0.917 4	0.909 1
2	0.980 3	0.971 2	0.942 6	0.924 6	0.907 0	0.890 0	0.873 4	0.857 3	0.841 7	0.826 4
3	0.970 6	0.942 3	0.915 1	0.889 0	0.863 8	0.839 6	0.816 3	0.793 8	0.772 2	0.751 3
4	0.961 0	0.923 8	0.888 5	0.854 8	0.822 7	0.792 1	0.762 9	0.735 0	0.708 4	0.683 0
5	0.951 5	0.905 7	0.862 6	0.821 9	0.783 5	0.747 3	0.713 0	0.680 6	0.649 9	0.620 9
6	0.942 0	0.888 0	0.837 5	0.790 3	0.746 2	0.705 0	0.666 3	0.630 2	0.596 3	0.564 5
7	0.932 7	0.860 6	0.813 1	0.759 9	0.710 7	0.665 1	0.622 7	0.583 5	0.547 0	0.513 2
8	0.923 5	0.853 5	0.787 4	0.730 7	0.676 8	0.627 4	0.582 0	0.540 3	0.501 9	0.466 5
9	0.914 3	0.836 8	0.766 4	0.702 6	0.644 6	0.591 9	0.543 9	0.500 2	0.460 4	0.424 1
10	0.905 3	0.820 3	0.744 1	0.675 6	0.613 9	0.558 4	0.508 3	0.463 2	0.422 4	0.385 5
11	0.896 3	0.804 3	0.722 4	0.649 6	0.584 7	0.526 8	0.475 1	0.428 9	0.387 5	0.350 5
12	0.887 4	0.788 5	0.701 4	0.624 6	0.556 8	0.497 0	0.444 0	0.397 1	0.355 5	0.318 6
13	0.878 7	0.773 0	0.681 0	0.600 6	0.530 3	0.468 8	0.415 0	0.367 7	0.326 2	0.289 7
14	0.870 0	0.757 9	0.661 1	0.577 5	0.505 1	0.442 3	0.387 8	0.340 5	0.299 2	0.263 3
15	0.861 3	0.743 0	0.641 9	0.555 3	0.481 0	0.417 3	0.362 4	0.315 2	0.274 5	0.239 4
16	0.852 8	0.728 4	0.623 2	0.533 9	0.458 1	0.393 6	0.338 7	0.291 9	0.251 9	0.217 6
17	0.844 4	0.714 2	0.605 0	0.513 4	0.436 3	0.371 4	0.316 6	0.270 3	0.231 1	0.197 8
18	0.836 0	0.700 2	0.587 4	0.493 6	0.415 5	0.350 3	0.295 9	0.250 2	0.212 0	0.179 9
19	0.827 7	0.686 4	0.570 3	0.474 6	0.395 7	0.330 5	0.276 5	0.231 7	0.194 5	0.163 5
20	0.819 5	0.673 0	0.553 7	0.456 4	0.376 9	0.311 8	0.258 4	0.214 5	0.178 4	0.148 6
21	0.811 4	0.659 8	0.537 5	0.438 8	0.358 9	0.294 2	0.241 5	0.198 7	0.163 7	0.135 1
22	0.803 4	0.646 8	0.521 9	0.422 0	0.341 8	0.277 5	0.225 7	0.183 9	0.150 2	0.122 8
23	0.795 4	0.634 2	0.506 7	0.405 7	0.325 6	0.261 8	0.210 9	0.170 3	0.137 8	0.111 7
24	0.787 6	0.621 7	0.491 9	0.390 1	0.310 1	0.247 0	0.197 1	0.157 7	0.126 4	0.101 5

续表

期数	1%	2%	3%	4%	5%	6%	7%	8%	9%	10%
25	0.779 8	0.609 5	0.477 6	0.375 1	0.295 3	0.233 0	0.184 2	0.146 0	0.116 0	0.092 3
26	0.772 0	0.597 6	0.463 7	0.360 4	0.281 2	0.219 8	0.172 2	0.135 2	0.106 4	0.083 9
27	0.764 4	0.585 9	0.450 2	0.346 8	0.267 8	0.207 4	0.160 9	0.125 2	0.097 6	0.076 3
28	0.756 8	0.574 4	0.437 1	0.333 5	0.255 1	0.195 6	0.150 4	0.115 9	0.089 5	0.069 3
29	0.749 3	0.563 1	0.424 3	0.320 7	0.242 9	0.184 6	0.140 6	0.107 3	0.082 2	0.063 0
30	0.741 9	0.552 1	0.412 0	0.308 3	0.231 4	0.174 1	0.131 4	0.099 4	0.075 4	0.057 3
35	0.705 9	0.500 0	0.355 4	0.253 4	0.181 3	0.130 1	0.093 7	0.067 6	0.049 0	0.035 6
40	0.671 7	0.452 9	0.306 6	0.208 3	0.142 0	0.097 2	0.066 8	0.046 0	0.031 8	0.022 1
45	0.649 1	0.410 2	0.264 4	0.171 2	0.111 3	0.072 7	0.047 6	0.031 3	0.020 7	0.013 7
50	0.608 0	0.371 5	0.228 1	0.140 7	0.087 2	0.054 3	0.033 9	0.021 3	0.013 4	0.008 5
55	0.578 5	0.336 5	0.196 8	0.115 7	0.068 3	0.040 6	0.024 2	0.014 5	0.008 7	0.005 3

期数	12%	14%	15%	16%	18%	20%	24%	28%	32%	36%
1	0.892 9	0.877 2	0.869 6	0.862 1	0.847 5	0.833 3	0.806 5	0.781 3	0.757 6	0.735 3
2	0.797 2	0.769 5	0.756 1	0.743 2	0.718 2	0.694 4	0.650 4	0.610 4	0.573 9	0.540 7
3	0.711 8	0.675 0	0.657 5	0.640 7	0.608 6	0.578 7	0.524 5	0.476 8	0.434 8	0.397 5
4	0.635 5	0.592 1	0.571 8	0.552 3	0.515 8	0.482 3	0.423 0	0.372 5	0.329 4	0.292 3
5	0.567 4	0.519 4	0.497 2	0.476 2	0.437 1	0.401 9	0.341 1	0.291 0	0.249 5	0.214 9
6	0.506 6	0.455 6	0.432 3	0.410 4	0.370 4	0.334 9	0.275 1	0.227 4	0.189 0	0.158 0
7	0.452 3	0.399 6	0.375 9	0.353 8	0.313 9	0.279 1	0.221 8	0.177 6	0.143 2	0.116 2
8	0.403 9	0.350 6	0.326 9	0.305 0	0.266 0	0.232 6	0.178 9	0.138 8	0.108 5	0.085 4
9	0.360 6	0.307 5	0.284 3	0.263 0	0.225 5	0.193 8	0.144 3	0.108 4	0.082 2	0.062 8
10	0.322 0	0.269 7	0.247 2	0.226 7	0.191 1	0.161 5	0.116 4	0.084 7	0.062 3	0.046 2
11	0.287 5	0.236 6	0.214 9	0.195 4	0.161 9	0.134 6	0.093 8	0.066 2	0.047 2	0.034 0
12	0.256 7	0.207 6	0.186 9	0.168 5	0.137 3	0.112 2	0.055 7	0.051 7	0.035 7	0.025 0
13	0.229 2	0.182 1	0.162 5	0.145 2	0.116 3	0.093 5	0.061 0	0.040 4	0.027 1	0.018 4
14	0.204 6	0.159 7	0.141 3	0.125 2	0.098 5	0.077 9	0.049 2	0.031 6	0.020 5	0.013 5
15	0.182 7	0.140 1	0.122 9	0.107 9	0.083 5	0.064 9	0.039 7	0.024 7	0.015 5	0.009 9
16	0.163 1	0.122 9	0.106 9	0.098 0	0.070 9	0.054 1	0.032 0	0.019 3	0.011 8	0.007 3
17	0.145 6	0.107 8	0.092 9	0.080 2	0.060 0	0.045 1	0.025 9	0.015 0	0.008 9	0.005 4
18	0.130 0	0.094 6	0.080 8	0.069 1	0.050 8	0.037 6	0.020 8	0.011 8	0.006 8	0.003 9
19	0.116 1	0.082 9	0.070 3	0.059 6	0.043 1	0.031 3	0.016 8	0.009 2	0.005 1	0.002 9
20	0.103 7	0.072 8	0.061 1	0.051 4	0.036 5	0.026 1	0.013 5	0.007 2	0.003 9	0.002 1
21	0.092 6	0.063 8	0.053 1	0.044 3	0.030 9	0.021 7	0.010 9	0.005 6	0.002 9	0.001 6

续表

期数	12%	14%	15%	16%	18%	20%	24%	28%	32%	36%
22	0.082 6	0.056 0	0.046 2	0.038 2	0.026 2	0.018 1	0.008 8	0.004 4	0.002 2	0.001 2
23	0.073 8	0.049 1	0.040 2	0.032 9	0.022 2	0.015 1	0.007 1	0.003 4	0.001 7	0.000 8
24	0.065 9	0.043 1	0.034 9	0.028 4	0.018 8	0.012 6	0.005 7	0.002 7	0.001 3	0.000 6
25	0.058 8	0.037 8	0.030 4	0.024 5	0.016 0	0.010 5	0.004 6	0.002 1	0.001 0	0.000 5
26	0.052 5	0.033 1	0.026 4	0.021 1	0.013 5	0.008 7	0.003 7	0.001 6	0.000 7	0.000 3
27	0.046 9	0.029 1	0.023 0	0.018 2	0.011 5	0.007 3	0.003 0	0.001 3	0.000 6	0.000 2
28	0.041 9	0.025 5	0.020 0	0.015 7	0.009 7	0.006 1	0.002 4	0.001 0	0.000 4	0.000 2
29	0.037 4	0.022 4	0.017 4	0.013 5	0.008 2	0.005 1	0.002 0	0.000 8	0.000 3	0.000 1
30	0.033 4	0.019 6	0.015 1	0.011 6	0.007 0	0.004 2	0.001 6	0.000 6	0.000 2	0.000 1
35	0.018 9	0.010 2	0.007 5	0.005 5	0.003 0	0.001 7	0.000 5	0.000 2	0.000 1	*
40	0.010 7	0.005 3	0.003 7	0.002 6	0.001 3	0.000 7	0.000 2	0.000 1	*	*
45	0.006 1	0.002 7	0.001 9	0.001 3	0.000 6	0.000 3	0.000 1	*	*	*
50	0.003 5	0.001 4	0.000 9	0.000 6	0.000 3	0.000 1	*	*	*	*
55	0.002 0	0.000 7	0.000 5	0.000 3	0.000 1	*	*	*	*	*

注：* <0.000 1。

附表三　　1 元年金终值表

期数	1%	2%	3%	4%	5%	6%	7%	8%	9%	10%
1	1.000 0	1.000 0	1.000 0	1.000 0	1.000 0	1.000 0	1.000 0	1.000 0	1.000 0	1.000 0
2	2.010 0	2.020 0	2.030 0	2.040 0	2.050 0	2.060 0	2.070 0	2.080 0	2.090 0	2.100 0
3	3.030 1	3.060 4	3.090 9	3.121 6	3.152 5	3.183 6	3.214 9	3.246 4	3.278 1	3.310 0
4	4.060 4	4.121 6	4.183 6	4.246 5	4.310 1	4.374 6	4.439 9	4.506 1	4.573 1	4.641 0
5	5.101 0	5.204 0	5.309 1	5.416 3	5.525 6	5.637 1	5.750 7	5.866 6	5.984 7	6.105 1
6	6.152 0	6.308 1	6.468 4	6.633 0	6.801 9	6.975 3	7.153 3	7.335 9	7.523 3	7.715 6
7	7.213 5	7.434 3	7.662 5	7.898 3	8.142 0	8.393 8	8.654 0	8.922 8	9.200 4	9.487 2
8	8.285 7	8.583 0	8.892 3	9.214 2	9.549 1	9.897 5	10.260	10.637	11.028	11.436
9	9.368 5	9.754 6	10.159	10.583	11.027	11.491	11.978	12.488	13.021	13.579
10	10.462	10.950	11.464	12.006	12.578	13.181	13.816	14.487	15.193	15.937
11	11.567	12.169	12.808	13.486	14.207	14.972	15.784	16.645	17.560	18.531
12	12.683	13.412	14.192	15.026	15.917	16.870	17.888	18.977	20.141	21.384
13	13.809	14.680	15.618	16.627	17.713	18.882	20.141	21.495	22.953	24.523
14	14.947	15.974	17.086	18.292	19.599	21.015	22.550	24.214	26.019	27.975
15	16.097	17.293	18.599	20.024	21.579	23.276	25.129	27.152	29.361	31.772
16	17.258	18.639	20.157	21.825	23.657	25.673	27.888	30.324	33.003	35.950

续表

期数	1%	2%	3%	4%	5%	6%	7%	8%	9%	10%
17	18.430	20.012	21.762	23.698	25.840	28.213	30.840	33.750	36.974	40.545
18	19.615	21.412	23.414	25.645	28.132	30.906	33.999	37.450	41.301	45.599
19	20.811	22.841	25.117	27.671	30.539	33.760	37.379	41.446	46.018	51.159
20	22.019	24.297	26.870	29.778	33.066	36.786	40.995	45.752	51.160	57.275
21	23.239	25.783	28.676	31.969	35.719	39.993	44.865	50.423	56.765	64.002
22	24.472	27.299	30.537	34.248	38.505	43.392	49.006	55.457	62.873	71.403
23	25.716	28.845	32.453	36.618	41.430	46.996	53.436	60.883	69.532	79.543
24	26.973	30.422	34.426	39.083	44.502	50.816	58.177	66.765	76.790	88.497
25	28.243	32.030	36.459	41.646	47.727	54.863	63.249	73.106	84.701	98.347
26	29.526	33.671	38.553	44.312	51.113	59.156	68.676	79.954	93.324	109.18
27	30.821	35.344	40.710	47.084	54.669	63.706	74.484	87.351	102.72	121.10
28	32.129	37.051	42.931	49.968	58.403	68.528	80.698	95.339	112.97	134.21
29	33.450	38.792	45.219	52.966	62.323	73.640	87.347	103.97	124.14	148.63
30	34.785	40.568	47.575	56.085	66.439	79.058	94.461	113.28	136.31	164.49
40	48.886	60.402	75.401	95.026	120.80	154.76	199.64	259.06	337.88	442.59
50	64.463	84.579	112.80	152.67	209.35	290.34	406.53	573.77	815.08	1 163.9
60	81.670	114.05	163.05	237.99	353.58	533.13	813.52	1 253.2	1 944.8	3 034.8

期数	12%	14%	15%	16%	18%	20%	24%	28%	32%	36%
1	1.000 0	1.000 0	1.000 0	1.000 0	1.000 0	1.000 0	1.000 0	1.000 0	1.000 0	1.000 0
2	2.120 0	2.140 0	2.150 0	2.160 0	2.180 0	2.200 0	2.240 0	2.280 0	2.320 0	2.360 0
3	3.374 4	3.439 6	3.472 5	3.505 6	3.572 4	3.640 0	3.777 6	3.918 4	3.062 4	3.209 6
4	4.779 3	4.921 1	4.993 4	5.066 5	5.215 4	5.368 0	5.684 2	6.015 6	6.362 4	6.725 1
5	6.352 8	6.610 1	6.742 4	6.877 1	7.154 2	7.441 6	8.048 4	8.699 9	9.398 3	10.146
6	8.115 2	8.535 5	8.753 7	8.977 5	9.442 0	9.929 9	10.980	12.136	13.406	14.799
7	10.089	10.730	11.067	11.414	12.142	12.916	14.615	16.534	18.696	21.126
8	12.300	13.233	13.727	14.240	15.327	16.499	19.123	22.163	25.678	29.732
9	14.776	16.085	16.786	17.519	19.086	20.799	24.712	29.369	34.895	41.435
10	17.549	19.337	20.304	21.321	23.521	25.959	31.643	38.593	47.062	57.352
11	20.655	23.045	24.349	25.733	28.755	32.150	40.238	50.398	63.122	78.998
12	24.133	27.271	29.002	30.850	34.931	39.581	50.895	65.510	84.320	108.44
13	28.029	32.089	34.352	36.786	42.219	48.497	64.110	84.853	112.30	148.47
14	32.393	37.581	40.505	43.672	50.818	59.196	80.496	109.61	149.24	202.93
15	37.280	43.842	47.580	51.660	60.965	72.035	100.82	141.30	198.00	276.98

续表

期数	12%	14%	15%	16%	18%	20%	24%	28%	32%	36%
16	42. 753	50. 980	55. 717	60. 925	72. 939	87. 442	126. 01	181. 87	262. 36	377. 69
17	48. 884	59. 118	65. 075	71. 673	87. 068	105. 93	157. 25	233. 79	347. 31	514. 66
18	55. 750	68. 394	75. 836	84. 141	103. 74	128. 12	195. 99	300. 25	459. 45	770. 94
19	63. 440	78. 969	88. 212	98. 603	123. 41	154. 74	244. 03	385. 32	607. 47	954. 28
20	72. 052	91. 025	102. 44	115. 38	146. 63	186. 69	303. 60	494. 21	802. 86	1 298. 8
21	81. 699	104. 77	118. 81	134. 84	174. 02	225. 03	377. 46	633. 59	1 060. 8	1 767. 4
22	92. 503	120. 44	137. 63	157. 41	206. 34	271. 03	469. 06	812. 00	1 401. 2	2 404. 7
23	104. 60	138. 30	159. 28	183. 60	244. 49	326. 24	582. 63	1 040. 4	1 850. 6	3 271. 3
24	118. 16	158. 66	184. 17	213. 98	289. 49	392. 48	723. 46	1 332. 7	2 443. 8	4 450. 0
25	133. 33	181. 87	212. 79	249. 21	342. 60	471. 98	898. 09	17%. 8	3 226. 8	6 053. 0
26	150. 33	208. 33	245. 71	290. 09	405. 27	567. 38	1 114. 6	2 185. 7	4 260. 4	8 233. 1
27	169. 37	238. 50	283. 57	337. 50	479. 22	68 185	1 383. 1	2 798. 7	5 624. 8	11 198. 0
28	190. 70	272. 89	327. 10	392. 50	566. 48	819. 22	1 716. 1	3 583. 3	7 425. 7	15 230. 3
29	214. 58	312. 09	377. 17	456. 30	669. 45	984. 07	2 129. 0	4 587. 7	9 802. 9	20 714. 2
30	241. 33	356. 79	434. 75	530. 31	790. 95	1 181. 9	2 640. 9	5 873. 2	12 941. 0	28 172. 3
40	767. 09	1 342. 0	1 779. 1	2 360. 8	4 163. 2	7 343. 2	2 729. 0	69 377. 0	*	*
50	2 400. 0	4 994. 5	7 217. 7	10 436. 0	21 813. 0	45 497. 0	*	*	*	*
60	7 471. 6	18 535. 0	29 220. 0	46 058. 0	*	*	*	*	*	*

注：* >99 999。

附表四　　　　1 元年金现值表

期数	1%	2%	3%	4%	5%	6%	7%	8%	9%
1	0. 990 1	0. 980 4	0. 970 9	0. 961 5	0. 952 4	0. 943 4	0. 934 6	0. 925 9	0. 917 4
2	1. 970 4	1. 941 6	1. 913 5	1. 886 1	1. 859 4	1. 833 4	1. 808 0	1. 783 3	1. 759 1
3	2. 941 0	2. 883 9	2. 828 6	2. 775 1	2. 723 2	2. 673 0	2. 624 3	2. 577 1	2. 531 3
4	3. 902 0	3. 807 7	3. 717 1	3. 629 9	3. 546 0	3. 465 1	3. 387 2	3. 312 1	3. 239 7
5	4. 853 4	4. 713 5	4. 579 7	4. 451 8	4. 329 5	4. 212 4	4. 100 2	3. 992 7	3. 889 7
6	5. 795 5	5. 601 4	5. 417 2	5. 242 1	5. 075 7	4. 917 3	4. 766 5	4. 622 9	4. 485 9
7	6. 728 2	6. 472 0	6. 230 3	6. 002 1	5. 786 4	5. 582 4	5. 389 3	5. 206 4	5. 033 0
8	7. 651 7	7. 325 5	7. 019 7	6. 732 7	6. 463 2	6. 209 8	5. 971 3	5. 746 6	5. 534 8
9	8. 566 0	8. 162 2	7. 786 1	7. 435 3	7. 107 8	6. 801 7	6. 515 2	6. 246 9	5. 995 2
10	9. 471 3	8. 982 6	8. 530 2	8. 110 9	7. 721 7	7. 360 1	7. 023 6	6. 710 1	6. 417 7
11	10. 367 6	9. 786 8	9. 252 6	8. 760 5	8. 306 4	7. 886 9	7. 498 7	7. 139 0	6. 805 2

续表

期数	1%	2%	3%	4%	5%	6%	7%	8%	9%
12	11. 255 1	10. 575 3	9. 954 0	9. 385 1	8. 863 3	8. 383 8	7. 942 7	7. 536 1	7. 160 7
13	12. 133 7	11. 348 4	10. 635 0	9. 985 6	9. 393 6	8. 852 7	8. 357 7	7. 903 8	7. 486 9
14	13. 003 7	12. 106 2	11. 296 1	10. 563 1	9. 898 6	9. 295 0	8. 745 5	8. 244 2	7. 786 2
15	13. 865 1	12. 849 3	11. 937 9	11. 118 4	10. 379 7	9. 712 2	9. 107 9	8. 559 5	8. 060 7
16	14. 717 9	13. 577 7	12. 561 1	11. 652 3	10. 837 8	10. 105 9	9. 446 6	8. 851 4	8. 312 6
17	15. 562 3	14. 291 9	13. 166 1	12. 165 7	11. 274 1	10. 477 3	9. 763 2	9. 121 6	8. 543 6
18	16. 398 3	14. 992 0	13. 753 5	12. 689 6	11. 689 6	10. 827 6	10. 059 1	9. 371 9	8. 755 6
19	17. 226 0	15. 678 5	14. 323 8	13. 133 9	12. 085 3	11. 158 1	10. 335 6	9. 603 6	8. 960 1
20	18. 045 6	16. 351 4	14. 877 5	13. 590 3	12. 462 2	11. 469 9	10. 594 0	9. 818 1	9. 128 5
21	18. 857 0	17. 011 2	15. 415 0	14. 029 2	12. 821 2	11. 764 1	10. 835 5	10. 016 8	9. 029 22
22	19. 660 4	17. 658 0	15. 936 9	14. 451 1	13. 488 6	12. 303 4	11. 061 2	10. 200 7	9. 442 4
23	20. 455 8	18. 292 2	16. 443 6	14. 856 8	13. 488 6	12. 303 4	11. 272 2	10. 371 1	9. 580 2
24	21. 243 4	18. 913 9	16. 935 5	15. 247 0	13. 798 6	12. 550 4	11. 469 3	10. 528 8	9. 706 6
25	22. 023 2	19. 523 5	17. 413 1	15. 622 1	14. 093 9	12. 783 4	11. 653 6	10. 674 8	9. 822 6
26	22. 795 2	20. 121 0	17. 876 8	15. 982 8	14. 375 2	13. 003 2	11. 825 8	10. 810 0	9. 929 0
27	23. 559 6	20. 705 9	18. 327 0	16. 329 6	14. 643 0	13. 210 5	11. 986 7	10. 935 2	10. 026 6
28	24. 316 4	21. 281 3	18. 764 1	16. 663 1	14. 898 1	13. 406 2	12. 137 1	11. 051 1	10. 116 1
29	25. 065 8	21. 844 4	19. 188 5	16. 983 7	15. 141 1	13. 590 7	12. 277 7	11. 158 4	10. 198 3
30	25. 807 7	22. 396 5	19. 600 4	17. 292 0	15. 372 5	13. 764 8	12. 409 0	11. 257 8	10. 273 7
35	29. 408 6	24. 998 6	21. 487 2	18. 664 6	16. 374 2	14. 498 2	12. 947 7	11. 654 6	10. 566 8
40	32. 834 7	27. 355 5	23. 114 8	19. 792 8	17. 159 1	15. 046 3	13. 331 7	11. 924 6	10. 757 4
45	36. 094 5	29. 490 2	24. 518 7	20. 720 0	17. 774 1	15. 455 8	13. 605 5	12. 108 4	10. 881 2
50	39. 196 1	31. 423 6	25. 729 8	21. 482 2	18. 255 9	15. 761 9	13. 800 7	12. 233 5	10. 961 7
55	42. 147 2	33. 174 8	26. 774 4	22. 108 6	18. 633 5	15. 990 5	13. 939 9	12. 318 6	11. 014 0

期数	10%	12%	14%	15%	16%	18%	20%	24%	28%	32%
1	0. 909 1	0. 892 9	0. 877 2	0. 869 6	0. 862 1	0. 847 5	0. 833 3	0. 806 5	0. 781 3	0. 757 6
2	1. 735 5	1. 690 1	1. 646 7	1. 625 7	1. 605 2	1. 565 6	1. 527 8	1. 456 8	1. 391 6	1. 331 5
3	2. 486 9	2. 401 8	2. 321 6	2. 283 2	2. 245 9	2. 174 3	2. 106 5	1. 981 3	1. 868 4	1. 766 3
4	3. 169 9	3. 037 3	2. 917 3	2. 855 0	2. 798 2	2. 690 1	2. 588 7	2. 404 3	2. 241 0	2. 095 7
5	3. 790 8	3. 604 8	3. 433 1	3. 352 2	3. 274 3	3. 127 2	2. 990 6	2. 745 4	2. 532 0	2. 345 2
6	4. 355 3	4. 111 4	3. 888 7	3. 784 5	3. 684 7	3. 497 6	3. 325 5	3. 020 5	2. 759 4	2. 534 2
7	4. 868 4	4. 563 8	4. 288 2	4. 160 4	4. 038 6	3. 811 5	3. 604 6	3. 242 3	2. 937 0	2. 677 5
8	5. 334 9	4. 967 6	4. 638 9	4. 487 3	4. 343 6	4. 077 6	3. 837 2	3. 421 2	3. 075 8	2. 786 0

续表

期数	10%	12%	14%	15%	16%	18%	20%	24%	28%	32%
9	5.759 0	5.328 2	4.916 4	4.771 6	4.606 5	4.303 0	4.031 0	3.565 5	3.184 2	2.868 1
10	6.144 6	5.650 2	5.216 1	5.018 8	4.833 2	4.494 1	4.192 5	3.681 9	3.268 9	2.930 4
11	6.495 1	5.937 7	5.452 7	5.233 7	5.028 6	4.656 0	4.327 1	3.775 7	3.335 1	2.977 6
12	6.813 7	6.194 4	5.660 3	5.420 6	5.197 1	4.793 2	4.439 2	3.851 4	3.386 8	3.013 3
13	7.103 4	6.423 5	5.842 4	5.583 1	5.342 3	4.909 5	4.532 7	3.912 4	3.427 2	3.040 4
14	7.366 7	6.628 2	6.002 1	5.724 5	5.467 5	5.008 1	4.610 6	3.961 6	3.458 7	3.060 9
15	7.606 1	6.810 9	6.142 2	5.847 4	5.575 5	5.091 6	4.675 5	4.001 3	3.483 4	3.076 4
16	7.823 7	6.974 0	6.265 1	5.954 2	5.668 5	5.162 4	4.729 6	4.033 3	3.502 6	3.088 2
17	8.021 6	7.119 6	6.372 9	6.047 2	5.748 7	5.222 3	4.774 6	4.059 1	3.517 7	3.097 1
18	8.021 6	7.249 7	6.467 4	6.128 0	5.817 8	5.273 2	4.812 2	4.079 9	3.529 4	3.103 9
19	8.364 9	7.365 8	6.550 4	6.198 2	5.877 5	5.316 2	4.843 5	4.096 7	3.538 6	3.109 0
20	8.513 6	7.469 4	6.623 1	6.259 3	5.928 8	5.352 7	4.869 6	4.110 3	3.545 8	3.112 9
21	8.648 7	7.562 0	6.687 0	6.312 5	5.973 1	5.383 7	4.891 3	4.121 2	3.551 4	3.115 8
22	8.771 5	7.644 6	6.742 9	6.358 7	6.011 3	5.409 9	4.909 4	4.130 0	3.555 8	3.118 0
23	8.883 2	7.718 4	6.792 1	6.398 8	6.044 2	5.342 1	4.924 5	4.137 1	3.559 2	3.119 7
24	8.984 7	7.784 3	6.835 1	6.433 8	6.072 6	5.450 9	4.937 1	4.142 8	3.561 9	3.121 0
25	9.077 0	7.843 1	6.872 9	6.464 1	6.097 1	5.466 9	4.947 6	4.147 4	3.564 0	3.122 0
26	9.160 9	7.895 7	6.906 1	6.490 6	6.118 2	5.480 4	4.956 3	4.151 1	3.565 6	3.122 7
27	9.237 2	7.942 6	6.935 2	6.513 5	6.136 4	5.491 9	4.963 6	4.154 2	3.566 9	3.123 3
28	9.306 6	7.984 4	6.960 7	6.533 5	6.152 0	5.501 6	4.969 7	4.156 6	3.567 9	3.123 7
29	9.369 6	8.021 8	6.983 0	6.550 9	6.165 6	5.509 8	4.974 7	4.158 5	3.568 7	3.124 0
30	9.426 9	8.055 2	7.002 7	6.566 0	6.177 2	5.516 6	4.978 9	4.160 1	3.569 3	3.124 2
35	9.644 2	8.175 5	7.070 0	6.616 6	6.215 3	5.538 6	4.991 5	4.164 4	3.570 8	3.124 8
40	9.779 1	8.243 8	7.105 0	6.641 8	6.233 5	5.548 2	4.996 6	4.165 9	3.571 2	3.125 0
45	9.862 8	8.282 5	7.123 2	6.654 3	6.242 1	5.552 3	4.998 6	4.166 4	3.571 4	3.125 0
50	9.914 8	8.304 5	7.132 7	6.660 5	6.246 3	5.554 1	4.999 5	4.166 6	3.571 4	3.125 0

参考文献

[1] 财政部会计资格评价中心．财务管理［M］. 北京：经济科学出版社，2016.
[2] 孔德兰．财务管理实务［M］. 北京：经济科学出版社，2015.
[3] 汤谷良．财务管理案例［M］. 北京：北京大学出版社，2007.
[4] 中国注册会计师协会．财务成本管理［M］. 北京：中国财政经济出版社，2016.
[5] 财政部企业司．《企业财务通则》解读［M］. 北京：中国财政经济出版社，2007.
[6] 宋秋萍．财务管理［M］. 北京：高等教育出版社，2008.
[7] 张玉英．财务管理［M］. 北京：经济科学出版社，2015.
[8] 邹敏，吴英姿．财务管理实务［M］. 北京：清华大学出版社，2010.
[9] 孙德风，解建秀．财务管理项目化教程［M］. 北京：冶金工业出版社，2010.
[10] 刘春华，宋永鹏．财务管理实务［M］. 北京：中国人民大学出版社，2010.
[11] 孔德兰．财务管理［M］. 北京：中国财政经济出版社，2013.
[12] 闫华红．中级财务管理［M］. 北京：北京大学出版社，2016.
[13] 财政部会计资格评价中心．中级财务管理［M］. 北京：中国财政经济出版社，2017.
[14] 翟其红．财务管理［M］. 北京：北京大学出版社，2015.
[15] 董云，吴文英．财务管理实务［M］. 北京：高等教育出版社，2015.